—公共建築工事積算基準に基づく—

改訂版 公共建築改修工事の積算マニュアル

刊行にあたって

近年、我が国は本格的な少子高齢化社会に移行しつつあり、社会経済環境が激変する中で、より効率的な財政投資が強く求められています。また、社会資本・建築ストックを健全な状態に維持するとともに、有効活用と環境負荷の低減が求められております。

公共建築物に関しても、既存施設を可能な限り有効活用するために経年劣化への対応を図るとともに防災機能の確保、環境負荷低減、バリヤフリー化などの社会的ニーズに対応した改善が必要であり、建築改修工事の需要がますます増大することが見込まれます。

国の機関が発注する建築改修工事の積算については、国の「統一基準」である積算基準類が適用されることになっていますが、改修工事は改修内容や施工条件がそれぞれ異なるため、その積算に担当者が苦慮している現状にあります。このため積算基準類に取り込まれている改修工事の規定類について集約し、わかりやすくまとめた解説書の発行を強く要請され、平成18年に「公共建築改修工事の積算マニュアル」の発行を行いました。その後９年が経過し、その間の技術の進展、積算基準類の改定等による見直しが必要となりました。

このため、一般財団法人　建築コスト管理システム研究所では、国の積算基準類に整合させた、改訂版「公共建築改修工事の積算マニュアル」を編集・発行することとしました。

本書が全国の公共建築工事の積算業務に携わる方々の必携の書として、幅広く活用され、工事費の適正な積算に資することを期待するものであります。

平成27年１月

一般財団法人　建築コスト管理システム研究所
理事長　　春田　　浩司

目　　次

Ⅰ　改修工事概要

目　　次

Ⅱ　改修工事と施工条件等

目　　　　次

Ⅲ　改修工事の仮設

Ⅳ　改修工事の積算

目　　次

Ⅴ　参考資料

目　　　　次

公共建築改修工事の積算マニュアルに用いる略称一覧

【積算基準類】

積算基準	公共建築工事積算基準
共通費積算基準	公共建築工事共通費積算基準
標準単価積算基準	公共建築工事標準単価積算基準
数量基準	公共建築数量積算基準
内訳書標準書式	公共建築工事内訳書標準書式（建築工事編）
見積標準書式	公共建築工事見積標準書式（建築工事編）

【標準仕様書類】

改修標準仕様書	公共建築改修工事標準仕様書（建築工事編）
標準仕様書	公共建築工事標準仕様書（建築工事編）
改修監理指針	建築改修工事監理指針
標準詳細図	建築工事標準詳細図

【書籍類】

積算基準・解説（建築）	公共建築工事積算基準の解説（建築工事編）
耐震改修基準・解説	官庁施設の総合耐震診断・改修基準及び同解説
仮設計画標準	建築積算のための仮設計画標準

（注１）積算基準類は、国土交通省大臣官房官庁営繕部のホームページで最新版が掲載されている。

（注２）本文で略称等を用いる場合は、「　」書きとした。

（注３）参考文献は、巻末に記載した。

Ⅰ　改修工事概要

Ⅰ　改修工事概要

1）一般事項

改修工事には、経年の劣化による原状回復、建物の使用目的の変更に伴う模様替え、機能の改善、環境対策等を目的とした様々な改修工事があり、建物の用途・構造・仕上げ等の違いや劣化の程度等により躯体、外部及び内部仕上げ等で様々な改修が考えられる。

改修工事の特異性として改修する建物が無人の状態で施工できるか、建物を使用（執務中）しながら施工するかにより作業効率に違いがある。

これを歩掛りの考え方から見ると前者の無人状態の施工では、新営工事とほぼ同様な作業環境にあるため新営工事の標準歩掛りを適用することができる。

一方、後者の執務者が居る状態での施工では、執務者に対する騒音・振動の発生する作業の時間制限、改修場所が点在することによる工事用資材や撤去材の搬出入経路の制限、執務環境の維持等の様々な制約が発生することから、作業効率の低下が考えられる。

このような執務者が居る状態での改修工事の積算に歩掛りを適用する場合には、標準歩掛りに対して作業効率の低下となる施工条件等を勘案し、施工単価に適正に反映することが必要となる。

具体的には、作業効率は歩掛りの労務工数に直接影響するため、標準歩掛りの労務に相当する部分を補正して適用する。

また、歩掛り単価の他、新営工事で使用されている市場単価を改修工事で採用する場合は、同様に労務部分を補正して適用する。

改修工事は、執務状態、改修部位、改修方法等により下記のように分類でき、この内、太字部分に該当する改修工事が作業効率に影響するものとして施工単価を考慮する必要がある。

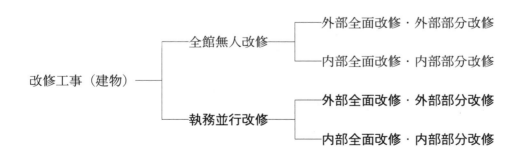

- 改修工事（建物）
  - 全館無人改修
    - 外部全面改修・外部部分改修
    - 内部全面改修・内部部分改修
  - **執務並行改修**
    - **外部全面改修・外部部分改修**
    - **内部全面改修・内部部分改修**

①　工事期間中における建物内の執務状況による区分

a　全館無人改修：仮設庁舎等が準備されている等、改修する建物全体が無人（執務者無し）の状態で行う改修をいう。

b　執務並行改修：施工する部分に関わらず執務中の状態で行う改修をいう。１フロアごとに無人状態で施工可能な改修工事の場合も、上下階に施工の影響があるため執務並行と同様の扱いとする。

②　改修部位・改修方法による区分

a　外部全面改修：建物の屋根、外壁の全面を改修するような場合をいう。

b　外部部分改修：建物の屋根、外壁の小規模で部分的な改修及びそれらが点在するような場合をいう。

c　内部全面改修：建物内部全体にわたる改修をいう。

d　内部部分改修：ⅰ）部屋単位の床、壁、天井の個別又は複合改修及びそれらが点在するような場合をいう。

ⅱ）間仕切りの撤去、新設、又は設備改修による取合い周辺の部分的な改修をいう。

⑴　適用範囲

本マニュアルの適用対象は、公共建築改修工事標準仕様書（建築工事編）（以下「改修標準仕様書」（建築）という。）の防水改修工事、外壁改修工事、建具改修工事、内装改修工事、塗装改修工事、耐震改修工事、環境配慮改修工事及びこれらに準ずる工事に適用する。

また、これらの改修工事に伴う仮設、撤去及び撤去に係る発生材処理を含む。

⑵　改修工事の用語

本マニュアルでは、改修工事における主な用語について、下記のとおり定義する。

①　改修工事

建築物等の躯体の保護及び建物機能や意匠の回復のための模様替え、修繕及び補修を施すことをいう。

②　模様替え

建築物の仕上げ、造作、装飾等を改めることをいう。

③　修　繕

劣化した建築物又はその部位、部材あるいは機器の性能又は機能を原状（建設当時の水準）あるいは実用上支障のない状態にまで回復させることをいい、模様替え、補修などを包含する。

④　補　修

建築物の一部又は全面が損傷あるいは劣化した場合、それを原形に復し、建設当初の形状、外観、性能、機能に回復させることをいう。

⑶　条件明示

改修工事は、新築工事と異なり作業・施工に関しての条件や制約等があるため設計図書に基づくこれらの施工条件等を適正に積算に盛り込むこととする。

⑷　数量明示

積算に用いる数量は、原則として公共建築数量積算基準（以下「数量基準」という。）に基づく計測・計算による数量であるが、改修工事では、隠蔽部分等のように改修部位や工法等が、設計図書から読み取れない部分があるため、一部について設計図書に想定数量が明示される場合があり、当初の積算においてはこの数量において積算する。

数量明示の主な例としては、次のようなものがある。

a　コンクリート、モルタル等のクラックの幅、長さ、改修工法

b　コンクリートの欠損部箇所、改修工法

c　モルタル塗り、タイル張り等の浮き部分の面積、改修工法

d　仕上材の除去範囲等

明示数量は、契約数量の位置付けであり、あくまで暫定的な数量であるため、施工数量調査や施工実績に基づく数量で精算変更する。

⑸　設計図書に対する疑義

改修工事における設計図書と既存建物との仕上げや取合い上の食い違いについては、設計変更などにより適正に措置する。

⑹　発生材処理

改修工事では、改修に伴うコンクリートの撤去、仕上材の撤去など様々な建設廃棄物が発生するため、関係法令に基づき廃棄物の分別を行い、Ⅱ７）改修工事と建設廃棄物の処理により適正に処理する。

２）改修工事の積算作業の流れ

改修工事の積算作業の流れを図Ⅰ－１に示す。

改修工事の数量算出から工事費算出までの一連の積算作業の流れは、基本的には新営工事とほぼ同様であるが、「数量基準」、「標準単価積算基準」、「共通費基準」、「内訳書標準書式」等、改修工事における積算基準が制定されており、これらの基準に基づいて積算業務が進められる。

この他に、当該工事における様々な条件明示項目を的確に把握し、工事費に反映させることが必要である。

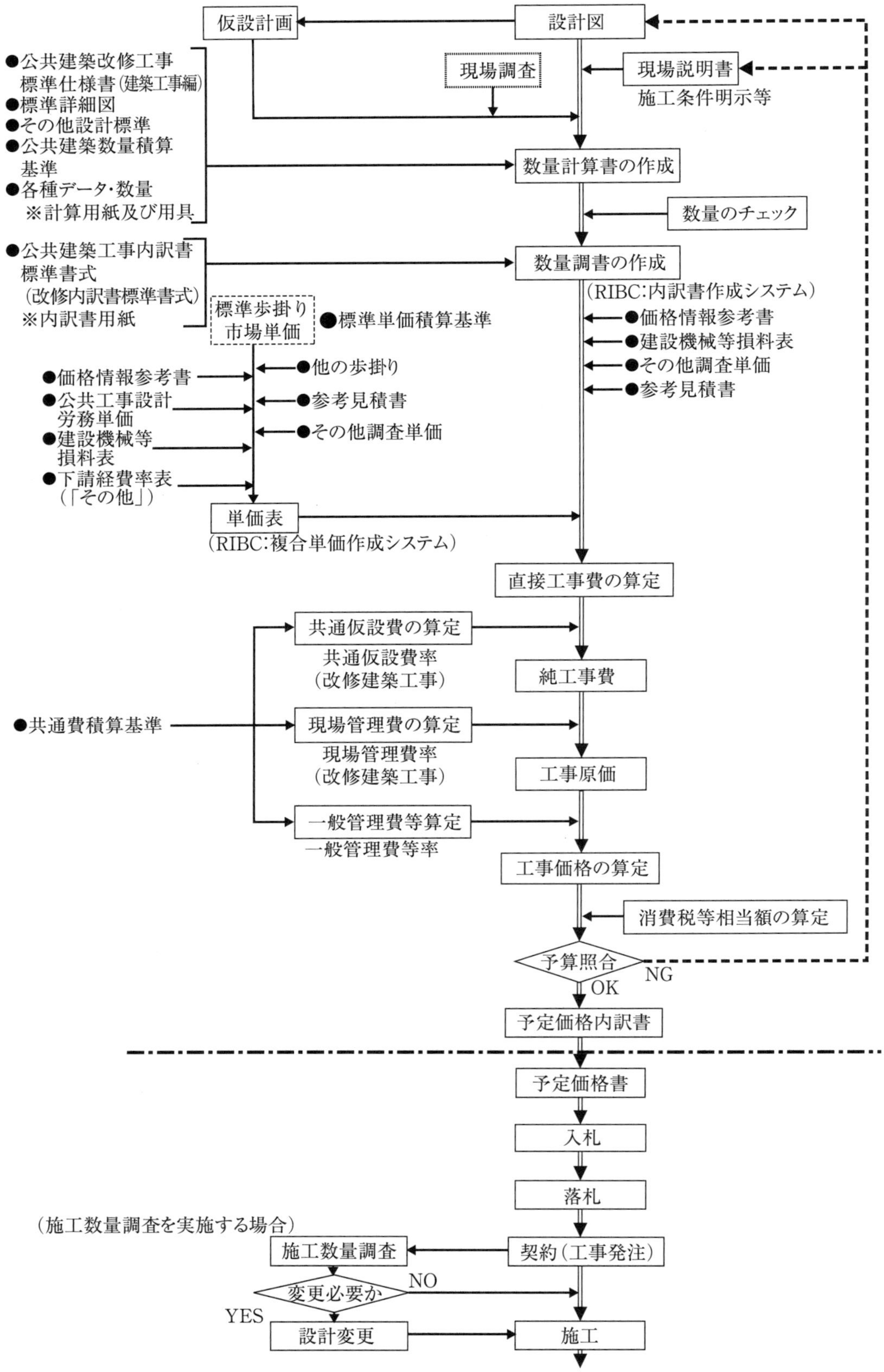

図Ⅰ－1　改修工事の積算作業の流れ

3）改修工事に関する積算基準類

(1)　公共建築工事積算基準類の体系

公共建築工事積算基準の体系は、図Ⅰ－２のとおりである。

積算基準は、数量、単価、共通費に関する基準が、定められている。

標準書式は、発注者、施工業者、専門工事業者等の利便性、効率性等の向上を図るため内訳書標準書式及び見積標準書式が整備されている。

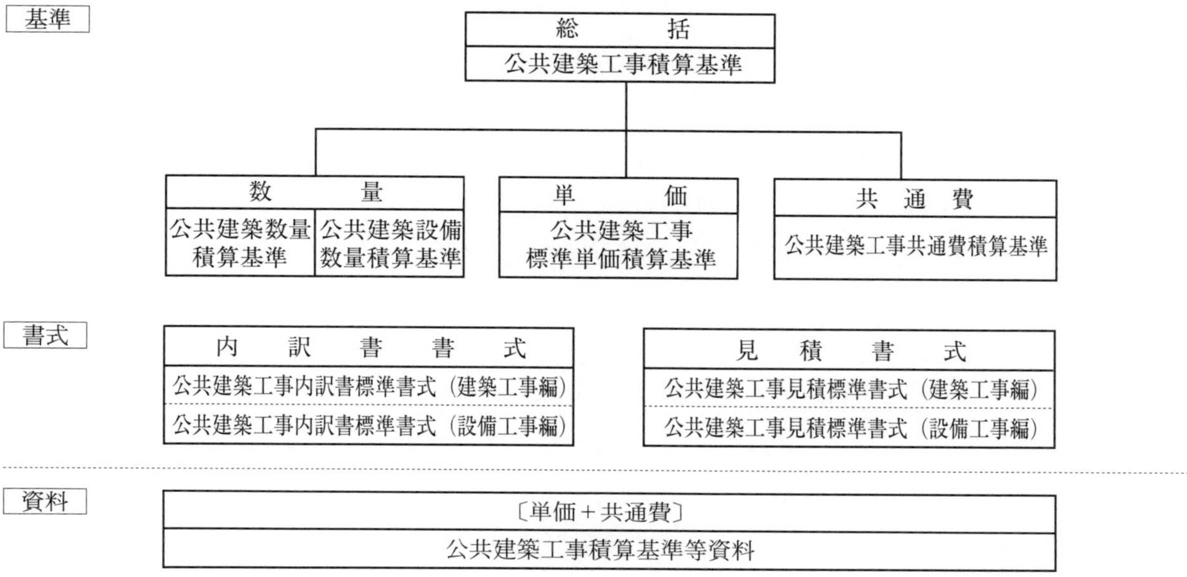

図Ⅰ－２　公共建築工事積算基準類の体系

(2)　公共建築工事積算基準

公共建築工事積算基準（以下「積算基準」という。）は、新営工事、改修工事等の予定価格のもととなる工事費内訳書に計上すべき当該工事の直接工事費の算定方法、価格及び費用等の扱い、積算数量の算出方法、共通費の算定方法のほか、消費税等相当額の扱い、設計変更の扱いなどの必要な事項を定めたものである。

(3)　公共建築数量積算基準

①　公共建築数量積算基準（以下「数量基準」という。）は、新築工事、改修工事の直接工事費を算出するための建築数量の計測・計算の方法を定めたものであり、改修工事の積算に用いる数量の計上は次による。

a　設計数量：設計図書に表示されている数量（個数）及び設計寸法から計測・計算された正味の数量をいう。

b　計画数量：設計図書に表示されていない仮設や土工のように施工計画に基づき計測・計算された数量をいう。

c　所要数量：鉄筋、鉄骨の鋼材や木材等で定尺寸法による切り無駄や、施工上やむを得ない損耗を含めた数量をいう。

② 改修工事における数量の計測・計算は、「数量基準」第７編の「改修」による。

「数量基準」第７編の「改修」は、建物を使用しながら部分的な改修を行う場合の基本的な考え方を示しており全面的な改修工事は対象としない。

基準の内容は、仮設、躯体、仕上げ、撤去等における数量の計測・計算方法であり概略は次のとおりである。

a 改修工事の仮設については、当該工事ごとに設計図書、改修部位、指定仮設（仮設間仕切等）、改修工法等を考慮し、「数量基準」第７編第１章の仮設（改修）に基づき計測・計算する。

内部改修では、床、壁、天井の改修部位が部屋単位で異なる場合は下記により区分する。

「個別改修」：１室単位において床、壁、天井のうち１つの部位のみを改修する場合をいう。

「複合改修」：１室単位において床、壁、天井のうち複数の部位を改修する場合をいう。

なお、改修を伴わない施工に必要な搬出入路部分も計測・計算の対象としている。

b 仮設以外の躯体、仕上等の改修は、原則として設計寸法により計測・計算する。

c 躯体、仕上改修に付随する部分的な取りこわし、撤去、下地調整及び取合い調整は、設計寸法又は図示がない場合は適切な余幅を加えて計測・計算する。

ただし、下地調整について図示がない場合は計測の対象としない。

d 設計図書に数量が明示している場合は、その数量による。

(4) 公共建築工事標準単価積算基準

公共建築工事標準単価積算基準（以下「標準単価積算基準」という。）のうち、標準歩掛りは、工事目的物の単位当たり作業を行うための材料、労務、機械器具、その他を含んだものである。また、市場単価は、元請業者と下請の専門工事業者間の契約に基づき調査された単位施工当たりの取引価格であり、物価資料に掲載された「建築工事市場単価」である。

両方共、施工仕様は、「改修標準仕様書（建築）」の内容が基本となっている。

標準単価積算基準は、第２編の第１章に新営工事の標準歩掛り及び市場単価、第２章に建築改修工事における標準歩掛り（仮設・撤去・外壁改修）が定められており、第２章の概略は次のとおりである。

① 仮　設

改修工事の仮設歩掛りについては、屋上防水改修、外壁改修、内部改修における改修部位、改修内容、改修箇所等による墨出し、養生、整理清掃後片付けの標準歩掛りを定めている。

② 撤　去

改修工事に伴うコンクリート躯体、仕上材等の部分的な撤去の標準歩掛りを定めている。

③ 外壁改修

外壁改修における施工前の施工数量調査の標準歩掛りを定めている。

(5) 公共建築工事共通費積算基準

公共建築工事共通費積算基準（以下「共通費基準」という。）は、建築工事における工事費のうち、共通費についてその積算の考え方や費用の算定方法を定めたものである。

改修工事における共通仮設費、現場管理費、一般管理費等は、下記による。

① 共通仮設費

共通仮設費は、通常次式のとおり共通仮設費率により算定し、共通仮設費率に含まれない内容は必要に応じて積み上げにより算定し両方を加算する。

共通仮設費＝（直接工事費×共通仮設費率）＋積み上げによる共通仮設費

② 現場管理費

現場管理費は、通常次式のとおり現場管理費率により算定し、現場管理費率に含まれない事項については別途積み上げにより算定し両方を加算する。

現場管理費＝（純工事費×現場管理費率）＋積み上げによる現場管理費

③ 一般管理費等

一般管理費等は、通常次式のとおり一般管理費等率により算定し、契約保障費については、必要に応じて算定し両方を加算する。

一般管理費等＝（工事原価×一般管理費等率）＋積み上げによる一般管理費等

(6) 公共建築工事内訳書標準書式

公共建築工事内訳書標準書式（建築工事編）（以下「内訳標準書式（建築）」という。）は、工事費の構成に基づいて、公共建築工事の積算内訳書作成に当たり標準とする書式を示し、直接工事費の各部分の分類・集積の仕方、記載順序、記載要領などについて定めたものである。

建築工事に用いられる内訳標準書式は、次のとおりである。

a　建築工事内訳書標準書式　　　：新営工事

b　建築改修工事内訳書標準書式　：改修工事

建築改修工事内訳書標準書式の構成は、下記による。

① 種目別内訳書

設計図書に基づく各建物、各工作物等（種目名）の名称、直接工事費及び共通費の種目の金額並びに消費税等相当額を記載する。

② 科目別内訳書

改修工事における科目別内訳書は、種目別内訳書において区分した工事種目の直接工事費を改修部位ごとに区分した科目の金額を記載する。

a　改修工事の科目別内訳書は、「改修標準仕様書（建築）」の改修工事ごとに次の区分とする。

イ　直接仮設

ロ　防水改修

ハ　外壁改修

ニ　建具改修

ホ　内装改修

ヘ　塗装改修

ト　耐震（躯体）改修

チ　環境配慮改修

リ　発生材処分

b　中科目別内訳書

科目内訳ごとに直接仮設及び発生材処理を除き「撤去」及び「改修」に区分する。

③　細目別内訳書

改修部位の科目ごとに区分し、各細目は複合単価、資材単価等に対応する設計数量（計画数量、所要数量）の細目とする。

(7)　公共建築工事見積標準書式

専門工事業者から見積り収集を行う場合は、公共建築工事見積標準書式（以下「見積標準書式」という。）によるものとし、発注者と専門工事業者双方に見積内容等の相違が生じないよう「見積標準書式」を定めている。

a　見積依頼書

「見積標準書式」は、発注者が専門工事業者から見積収集を行う場合、発注者と専門工事業者双方に見積内容等の相異が生じることがないように、見積書の項目の分類や見積範囲などについて標準的な書式を定めたものである。

b　見積表紙

専門工事業者の社名、代表者名、印、見積金額（合計金額）等を記載する。

c　見積内訳書

見積条件書に基づき数量、単価、金額等を記載するもので見積内容は各専門工事業者の見積書式による。

d　見積条件書

発注者が専門工事業者に見積を依頼する際に工事見積条件、見積範囲等を示し、発注者と専門工事業者の責任分担を明確にするためのチェックシートである。

e　設計図書、仕様書等

専門工事業者が見積をする際に必要な設計図書、仕様書等を配布する。

(8)　公共建築工事積算基準等資料

公共建築工事積算基準等資料は、「積算基準」、「共通費積算基準」及び「標準単価積算基準」等の運用を定めたもので、適正な工事費の積算に資することを目的としている。

4）改修工事の種類

改修工事には、経年の劣化による原状回復、建物の使用目的の変更に伴う模様替え、機能の改善、環境対策等を目的とした様々な工事があり、改修目的別の主な内容について以下に示す。

①　経年劣化による原状回復を目的とした改修

a　防水改修

b　外壁改修

c　外部建具改修

d　内部仕上げ等の改修

②　使用目的の変更に伴う模様替えを目的とした改修

a　間仕切り及び仕上げの内装改修等

③　機能の改善を目的とした改修

a　耐震改修工事による構造体、仕上材の改修

b　バリアフリー改修

④　環境対策等の社会的要因による機能改善を目的とした改修

a　吹付けアスベストの除去

b　環境負荷低減対策の改修

(1)　防水改修工事

既存の防水層（立上がり部分を含む）の下地（コンクリート等）、防水層、防水保護層（コンクリート等）及び付随するシーリング、とい、パラペットの金属製笠木等の改修工事をいう。

防水改修工法は、既存防水層から保護層まで全てを撤去し新たに防水改修する工法と、既存防水層又は保護層を残し新たに防水改修する工法があり、その適用は設計図書の特記による。

(2)　外壁改修工事

既存の外壁仕上げは、コンクリート打放し仕上げ、コンクリート打放し吹付け仕上げ、モルタル塗り吹付け仕上げ、タイル仕上げ、金属製パネル等があり、それぞれの下地面の改修と仕上げ面の改修工事をいう。

外壁改修工法の種類には、コンクリート打放し仕上げ外壁のひび割れ部改修工法・欠損部改修工法、モルタル塗り仕上げ外壁及びタイル張り仕上げ外壁のひび割れ部改修工法・欠損部改修工法・浮き部改修工法等があり適用は設計図書の特記による。

(3)　建具改修工事

既存建具を新規金属製建具に改修する場合及び新規に金属製建具を設ける場合があり、改修工法は下記によるものとする。

①　かぶせ工法

既存建具の外枠を残し、その上から新規金属製建具を取り付ける工法をいう。

②　撤去工法

既存建具の枠周りをはつり、建具（枠共）を撤去後、新規金属製建具を取り付ける工法をいう。

③　その他関連改修

建具改修に付随するガラス、枠周りシーリング、モルタル詰、塗装等の改修をいう。

(4)　内装改修工事

建物内部の模様替等による床、壁、天井、ユニット等の既存仕上げ（下地を含む）の撤去及び改

修する場合と新規に仕上げをする場合の改修工事をいう。

改修内容は、設計図書によるが、改修箇所（部屋単位）ごとに個別改修と複合改修により区分する。

(5) 塗装改修工事

建物の内・外部の模様替等によるコンクリート面、木部面、金属面、ボード面、モルタル面等の既存塗装の撤去及び改修する場合と新規に塗装をする塗装改修工事をいう。

(6) 耐震改修工事

既存鉄筋コンクリート造骨組、鉄骨鉄筋コンクリート造骨組及び鉄骨造骨組における耐震性の向上を目的とした耐震改修工事をいう。

改修工法には、現場打ち鉄筋コンクリート壁の増設工事、鉄骨ブレースの設置工事、柱補強工事（連続繊維補強工法を含む）、耐震スリット新設工事、免震改修工事、制振改修工事があり適用は設計図書の特記による。

(7) 環境配慮改修工事

環境配慮改修工事は、人体への環境改善、省エネルギー・省資源化、自然エネルギーの利用等を配慮した改修工事をいう。

既存建物のアスベスト含有建材の処理工事、断熱アスファルト防水改修工事、外断熱改修工事、ガラス改修工事、断熱・防露改修工事、屋上緑化改修工事及び構内歩道の透水性アスファルト舗装改修工事等がある。

Ⅱ　改修工事と施工条件等

1）一般事項

改修工事には、新営工事とは異なる特有の施工に係る制約条件があり、それらの条件によっては工程及び工事費等に大きな影響を与えることがある。

従って、発注者は、事前に必要な施工条件等を応札者へ示し、双方が積算の根拠となる条件に相違が生じないように留意することが必要である。

発注者が明示すべき条件は次のとおりである。

①　発注者が施工中の影響等を考慮し、必要性を認めたもので、工事中不可欠であるもの。

②　工事着手後でないと確定しない事項について、あらかじめ発注者の考え方を示すことにより、応札者の疑問に答えようとするもの。

上記①は契約事項として請負者が必ず履行しなければならないものであるに対して、②は工事の着手後に決定されるもので、請負者の責任において違う手法をとることが可能なものも含まれている。

一方、積算者は、事前に当該改修工事の施工条件等を十分把握し、その結果を積算へ適切に反映する必要がある。

以下に改修工事に係る施工条件等を示す。

2）改修工事の特殊性

改修工事が新営工事と大きく異なる点は、工事の対象となる建物が施工の時点ですでに存在し、一般にそこでは業務が行われているという作業環境の違いが挙げられる。

従って、改修工事は、一般に建物内で執務者が業務を執り、施設を利用する第三者の出入りがあるという状況の下で行われることになり、この場合は安全性の確保、可能な限り建物内外の業務に支障を及ぼさないことや短期間での工事完成が要請されることになる。

なお、執務者が他の施設へ移転し、全館無人の状態で改修工事を行うことは例外的といえる。

改修工事（執務並行改修）の特有な条件等には以下のような項目があり、作業効率に影響する場合が少なくない。

①　解体・撤去作業を伴う工事により騒音・振動等が発生しやすい。

改修工事は一般に既存仕上げを撤去し、新たな仕上げを施す場合や既存躯体の一部を解体する場合等が多く、これらの作業に伴い騒音・振動・塵埃の飛散等が発生しやすい。

②　火災・漏水事故、第三者災害等の工事災害が発生しやすい

改修工事は、工事の直前まで当該部屋で執務が行われている状況にあるため、可燃物が多く、新築工事に比べて火災事故が発生しやすい。

また、屋根や屋内の防水改修工事に伴う漏水事故や第三者等が工事場所の近くに存在することから、それらの人々を巻き込んだ工事災害が発生しやすい。

③　工事期間中、盗難等による事故が発生しやすい

比較的短い工事期間において、多業種による輻輳作業が多いことから、工事範囲内への第三者の立入りが容易になり、既存施設の有価物に対する盗難等の事故が発生しやすい。

④　作業時間等の制約が生じる

施工が執務並行の状況下にあることや比較的短期間の工期を要請されるため、作業時間や作業日の制約を受けることが多い。

⑤　既存部分・家具類等の養生などが必要な場合がある

工事に伴い既存部分・家具類等が汚損しないように、養生・保護を行う必要がある。

⑥　既存施設が利用できる場合がある

工事用電力・用水、内・外部ストックヤード、監督職員事務所及び既設昇降機設備（エレベーター設備）等の構内の既存施設が利用できる場合がある。

3）施工条件

積算者が事前に確認を必要とする施工条件項目を以下に示す。

なお、明示された施工条件は積算へ適正に反映する。

⑴　改修する建物の用途・使用状況

当該建物の用途・使用状況について十分把握をしておく必要がある。

①　建物用途の確認等

当該建物用途の確認及び下記の内容について把握しておく必要がある。

a　施設利用者の状況確認

施設利用者の状況によっては、⑵②と同様な配慮が必要である。

b　一時的な使用制限（進入禁止範囲等）の必要性

使用制限がある場合は、資機材の搬入・搬出計画の検討が必要になる。

②　建物の使用状況

a　全面的な業務停止

執務者が他の場所で業務を行うことになり、建物は無人の状態で工事を行うことができる。

この場合、新営工事と同様な施工条件となる。

ただし、家具類が存置し、それらの養生をしながら工事を進める場合もあり、火災事故防止等の配慮とともに、設計図書の特記によっては養生費の計上が必要になる。

b　一部の業務停止

改修する部屋が属する階（又は他の階）或いは改修する部屋以外の部屋では、執務を継続している状態で当該部屋（又は階）の工事を行うことになる。

この場合、執務者や第三者に対する安全性の確保や騒音・振動・塵埃・臭気等に対し、以下

のような措置が必要になる。

・執務者及び建物を利用する第三者の安全性の確保の観点から業務動線と作業動線を明確に区画するために資機材の搬入・搬出通路を確保する。

・災害防止設備（落下防止等）の設置

・騒音・振動対策及び粉塵の飛散防止等のために仮設間仕切を設置する。

なお、仮設間仕切を設置する場合、その種別等は設計図書の特記による。

⑵　改修方法の分類

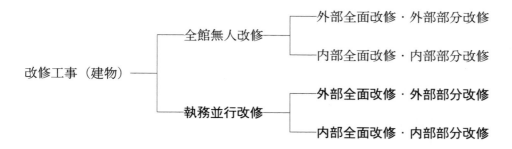

- 改修工事（建物）
  - 全館無人改修
    - 外部全面改修・外部部分改修
    - 内部全面改修・内部部分改修
  - **執務並行改修**
    - **外部全面改修・外部部分改修**
    - **内部全面改修・内部部分改修**

①　全館無人改修

上記⑴②a 全面的な業務停止の場合は全館無人改修（執務者がいない）として扱う。

この場合、執務者等の影響を受けないことから、標準歩掛り等の労務に相当する部分の補正は考慮しない。

ただし、全体的な改修であっても執務並行改修となる場合は、標準歩掛り等の労務に相当する部分の補正を行う。

②　執務並行改修

上記⑴②b 一部の業務停止の場合は、改修する階又は部屋以外においては、業務を継続（執務並行）しているもので、1フロアごとに無人状態で施工が可能な改修工事の場合もあるが、上下階に施工の影響があることから執務並行改修として扱う。

また、部分改修の極めて稀なケースとしては、執務者が執務を執っている部屋を改修する場合がある。

この場合、工事は必然的に夜間若しくは休日等を利用して行うことになり、作業条件に応じて労務費の割増し加算、養生の盛替え費用を考慮する必要がある。

なお、発注者はこのような施工条件を必要とする場合は、事前に応札者に対し、条件明示する必要がある。

執務並行改修の場合は、執務者等の影響による作業効率の低下を考慮して、標準歩掛り等の労務に相当する部分の補正を行う。

⑶　周辺環境への配慮

発注者は、施工の各段階において、騒音・振動・塵埃・臭気等の影響が生じないよう、周辺環境へ配慮する必要がある。

このため、以下の事項について把握し、施工条件明示で周知すると共に必要に応じて積算へ反映する。

①　学校・病院等の有無

近隣に学校・病院等が有る場合は、児童や人の往来が多いことから、資機材の搬入・搬出、工事関係者等の工事車両による交通事故・災害防止に留意し、交通誘導警備員の適正な配置を考慮する。

例：交通誘導警備員の配置人数・期間は、一般に設計図書の特記による。

また、工事に伴う騒音・振動・塵埃・臭気等に対する配慮から、（騒音・振動を抑える）施工方法等の選択について検討する。

②　近隣の居住条件

近隣に共同住宅等が有る場合は、上記①と同様な環境の悪化を防止する措置が必要となる。

(4)　作業時間等の制約

①　夜間作業の指定をされた場合

改修工事は、昼間作業を原則としているが、夜間作業の条件が示された場合は、関係法令（労働基準法等）に従い労務費の適切な割増し加算が必要となる。

例：深夜（原則的に午後10時から午前５時）割増し

また、作業日の制約を受ける場合もあり、発注者はこのような施工条件について、事前に応札者に対し明示する必要がある。

なお、公共工事設計労務単価（50職種）は、農林水産省及び国土交通省が、例年10月に実施する公共事業労務費調査に基づき設定した労務単価で、公共工事の工事費の積算に適用されている。例年４月頃、物価資料へ労務単価が掲載される。

この労務単価は、週40時間制に対応した所定労働時間８時間当たりの基準日額であり、以下のものは含まれていないとしている。

a　時間外、休日及び深夜の労働についての割増賃金

b　各職種の通常の作業条件又は作業内容を超えた労働に対する手当

c　現場管理費（法定福利費の事業主負担額、研修訓練等に要する費用等）及び一般管理費等の諸経費

〔例えば、交通誘導警備員Ａ、Ｂの単価については、警備会社に必要な諸経費（現場管理費及び一般管理費等）は含まれていない。〕

②　施工日の制約を受ける場合

連続する工程を踏む作業が施工日の制約を受けると、１日の施工量に影響する場合があることから、作業効率等の検討が必要となる。

(5)　材料の保管場所

使用材料の保管場所をどこに確保できるかによって、保管場所の管理のあり方、改修場所までの小運搬等への影響が出てくる。

⑹　既存部分・家具類等の養生など

既存部分（内部工事用通路を含む。）・家具類等の養生は、設計図書の特記による。

また、家具類を移動する場合についても、設計図書の特記による。

⑺　既存施設の利用

既存施設が利用できる場合は、設計図書の特記による。

例１：既設昇降機設備（エレベーター設備）の利用

既設昇降機設備（エレベーター設備）が利用できる場合、かご内部の養生の仕様は、搬出・搬入物の種類、工期等を勘案の上決定し、その費用を計上する。

例２：既存施設を仮設建物へ利用

既存施設が仮設建物へ利用できる場合、共通仮設費率には、仮設建物費を含んでいるため、仮設建物相当分を低減する必要がある。

ただし、監督員事務所が既存施設を利用できると設計図書に特記された場合は、一般に利用後の現状復旧等が必要となることを考慮し、監督員事務所は低減の対象としない。

例３：既設電力、用水を工事へ利用

一般に既設電力、用水を利用できる場合が多い。

この場合、受注者は、メーターボックスを設置し、施設管理者へ使用料の清算をすることになる。

写真Ⅱ－１　既設エレベーター設備枠養生

写真Ⅱ－２　既設エレベーター設備かご内部養生

⑻　その他

以下の事項について事前に把握する必要がある。

a　仮設物が設置可能な範囲と制約条件（植栽の保護等）

b　警備員の配置（配置人数・期間）

c　既設精密機械等の有無

d　工事車両と執務者又は第三者の車両の配置

e　自動警備システムの有無、管理会社

４）施工条件明示

建築工事は、工事ごとに次のような様々な条件を考慮して実施される。

a　敷地及び立地条件

b　自然条件

c　建物条件

d　人為的条件

一般に改修工事は、建物を利用（執務並行改修）しながら工事を行うことが多いことから、人為的条件が大きなウエイトを占める。

施工条件等は設計図書に特記されるが施工区分及び施工手順等が特に重要であり、積算上の取扱いは次の事項に留意する。

①　共通仮設の揚重機械は、現場状況に応じた揚重能力及び吊上げ高さ等を十分考慮する。また、施工区分及び施工手順に合わせた回数を検討し適切に計上する。

資材等の揚重について機械揚重ができない場合は、人力による小運搬等を状況に応じて適切に計上する。

②　施工区分及び施工手順等が条件明示された場合は、直接仮設の墨出し、養生、整理清掃後片付け及び足場等は盛替え等が生じることがあることを十分考慮する。

現場状況により複数回生じる場合は、条件明示により計上する。また、１回の数量が僅少の場合は、割増係数を乗じる等を検討し算定する。

③　撤去材等の発生材処分等は、現場状況によって撤去方法、運搬方法、運搬回数を十分考慮する。

発生材については、現場敷地状況によりストックできない場合や通路幅により小型のトラックしか利用できない場合もあるので条件明示により適切に算定する。

④　施工区分、施工手順等に応じた施工数量を内訳書において十分反映させる。

天井改修において全体で400㎡の天井改修と８㎡×50室の天井改修においては、作業の連続性、作業効率等が異なるため実情を検討し、条件明示等により適切に内訳書に反映する。

⑤　施工数量が僅少の場合の積算方法は次による。

対象工事は、改修工事のうち内装工事とし、各部位の施工数量が概ね10㎡以下の工事とする。積算方法は、条件明示により施工数量が僅少となる場合は、労務費１人工相当分と必要となる材料費等を加えて一式で算定する。なお、検討により半日単位も考慮する。

⑥　施工条件明示は、施工方法、機械施設等の仮設については、施工者の創意工夫を損なわないよう表現上留意する必要がある。

国土交通省官庁営繕部は、対象工事を施工するに当たって、制約を受ける当該工事に関する施工条件を設計図書に明示することによって、工事の円滑な執行に資することを目的として、「施工条件明示について」（平成14年５月30日付け、国営計第24号）を営繕計画課長から各地方整備局等営繕部長あてに通知をしている。（Ⅴ参考資料２　６）施工条件の明示について参照）

また、平成25年12月には、改修工事の留意事項として、下記内容が通知されている。

改修工事の実施に当たっては、工程に関する施工条件が特に重要であり、特定の条件が付され当該工事の工程に影響を及ぼすと考えられる場合は、施工手順を図示するなどにより、当該条件に対する考え方を施工条件として適切に設定すること。

作業の着手順序、作業工程、資持材の搬入経路等がわかるよう明示する。

(1)　施工条件明示の項目及び明示事項

表Ⅱ－１　主な施工条件明示の項目及び明示事項

明示項目	明　示　事　項
工程関係	・施工時期、施工時間及び施工方法が制限される場合は、制限される施工内容、施工時期、施工時間及び施工方法 ・設計工程上見込んでいる休日日数以外の作業不能日数等
公害関係	・工事に伴う公害防止（騒音、振動、粉塵、排出ガス等防止）のため、施工方法、建設機械・設備、作業時間等に指定が必要な場合は、その内容 ・工事の施工に伴って発生する騒音、振動、地盤沈下、地下水の枯渇等が予測される場合、又は、電波障害等に起因する事業損失が懸念される場合は、事前・事後等調査の区分とその調査時期、未然に防止するために必要な調査方法、範囲等
安全対策関係	・交通誘導警備員の配置を指定する場合は、その内容 ・有毒ガス及び酸素欠乏等の対策として、換気設備等が必要な場合は、その内容
工事用道路関係	・仮道路を設置する場合 仮道路の仕様と設置期間及び工事終了後の処置
仮設備関係	・仮設備の構造、工法及びその施工範囲を指定する場合は、その構造、工法及びその施工範囲 ・仮設備の設計条件を指定する場合は、その内容
建設副産物関係	・建設副産物及び建設廃棄物が発生する場合は、その処理方法、処理場所等の処理条件なお、再資源化処理施設又は最終処分場を指定する場合は、その受入場所、距離等の処分条件
その他	・工事現場発生品がある場合は、その品名、数量、現場内での再使用の有無、引き渡し場所等 ・工事用水及び工事用電力等を指定する場合は、その内容

注）Ⅴ参考資料２　６）施工条件の明示についてより抜粋

⑵　施工条件明示の設計変更

施工に際し、制約を受ける当該工事に関する施工条件が変更になった場合は、契約書の関連事項に基づき、適切に対応するものとする。

5）設備関連工事（合併工事の場合）の留意事項

公共建築工事の場合、原則として建築工事、電気設備工事及び機械設備工事等を分離発注している。ただし、軽微な工事の場合、主たる工事に含んで発注することがある。

ここでは、建築改修工事に軽微な電気設備改修工事及び機械設備改修工事（以下、「設備関連工事」という。）等を合併して発注する場合の積算上の留意事項について以下に示す。

⑴　建築改修工事と設備改修工事との取合いについて

建築改修工事と設備関連工事が合併して発注される場合は、設計図書でそれぞれの工事内容・区分等について、事前に十分確認しておく必要があり、積算時に計上漏れや重複計上のないように注意する。

建築改修工事と設備関連工事との施工区分を明確にしておくべき項目としては、以下のようなものがあり、施工区分に従いそれぞれの工事で費用を計上する。（Ⅴ参考資料２　５）工事区分表参照）

a　スリーブ、箱入れ及びその補強

b　天井ボード類の切込み及びその補強

c　機械基礎・架台

d　流しユニット、洗面ユニット、バスユニット

e　設備機器の取付けアンカー・金物類

f　排水桝及び接続管

g　自動扉・その他建具類の１次・２次配線

h　その他

⑵　施工条件等について

設備関連工事においても、前出の２）改修工事の特殊性、３）施工条件及び４）施工条件明示に述べたとおり、当該改修工事の諸条件を十分把握し、積算へ適正に反映する必要がある。

⑶　仮設について

建築改修工事に計上する仮設が設備関連工事へも使用できるかどうか、設備関連工事の専用仮設を設けるべきかどうかなどについて事前に検討しておく必要がある。

一般に外部足場等は、建築改修工事で設置したものを設備関連工事でも使用するが、揚重機械器具は、施工時期によっては、設備関連工事で単独に設置する必要がある。

内部足場についても、外部足場と同様に建築改修工事で設置したものを設備関連工事でも使用する場合が多い。

しかし、工程上、建築改修工事で足場を払った後に、設備関連工事で再設置する場合もあり、各工事間の工程を的確に把握し積算へ反映する必要がある。

⑷　共通費の算定について

建築改修工事と設備関連工事を合併して発注する場合の共通費の算定は、Ⅳ 2 公共建築工事共通費積算基準 5)⑵⑤建築改修工事に設備改修工事を一括して発注する場合の共通費等の算定による。

⑸　数量算出について

設備関連工事の数量の計測・計算は、公共建築設備数量積算基準（以下、「設備数量基準」という。）の定めによる。

なお、建築設備数量積算基準・同解説（平成15年版）が刊行されている。

ただし、電気設備改修工事の以下に示す工事は、「設備数量基準」第 3 編第 4 章改修工事の定めによる。

a　撤去工事

b　試験、調査

また、機械設備改修工事の以下に示す工事は、「設備数量基準」第 4 編第 4 章改修工事の定めによる。

a　撤去工事

b　あと施工アンカー

c　切断（切離し）・接続・閉塞

d　清掃・洗浄・消毒

e　文字標識等

f　総合調整

⑹　内訳書標準書式について

設備関連工事の内訳書式は、公共建築工事内訳書標準書式（設備工事編）による。

なお、公共建築工事内訳書標準書式【設備工事編】・同解説（平成24年版）が刊行されている。

①　電気設備改修工事

電気設備改修工事では、改修に特有な細目として、直接仮設（搬入経路養生）、機器搬出、はつり工事及び撤去等がある。

また、撤去機器を再使用する場合は、撤去の労務費と移設費等は別計上とする。

②　機械設備改修工事

機械設備改修工事では、改修に特有な細目として、以下のようなものがある。

また、撤去機器を再使用する場合は、撤去の労務費と移設費等は別計上とする。

a　直接仮設（搬入経路養生）

b　あと施工アンカー

c　はつり補修

d　断水作業（水抜き、水張り）

e　器具再取付け

f　機器類撤去、等

(7) 見積標準書式について

設備関連工事の見積標準書式は、公共建築工事見積標準書式（設備工事編）（国土交通省大臣官房官庁営繕部のホームページへ掲載）による。

ただし、新営工事の見積条件・範囲等とは異なる場合があるので注意する。

6）改修工事の作業効率に影響する要因と実施例

(1) 改修工事の作業効率に影響する要因

改修工事では、施工条件、作業条件により施工性（作業効率）が異なる。

改修の分類ごとの施工性、施工性による単価区分を判断すると概ね表Ⅱ－４、表Ⅱ－５のとおりである。

表Ⅱ－４　改修の分類と施工条件等による制約の度合い・施工性

改修の分類		施工条件等による制約の度合い	施工性
外部改修	全館無人改修	施工条件の制約を受けない	良好
	執務並行改修	施工条件の制約をやや受ける	やや悪い
内部改修	全館無人改修	施工条件の制約を受けない	良好
	執務並行改修	施工条件の制約をかなり受ける	悪い

表Ⅱ－５　施工条件と施工性に対応する単価区分

施工条件	施工性	単価区分
建物全体を空室（全館無人）	良好	標準単価
１フロアを空室（執務並行）	普通	改修単価
１部屋を単位として空室（執務並行）	悪い	改修単価
１部屋を単位として執務と並行	非常に悪い	改修単価

改修工事の作業効率が新築工事に比べて低下する具体的な要因として、次のような施工条件等が考えられる。

従ってこのような場合は、単価の補正等を考慮する必要がある。

a　執務並行の場合、作業場所の確保や段取り等に待ち時間が生ずる。

b　執務並行の場合、作業場所が部分的に区分され移動等により作業効率が低下する。

c　執務並行の場合、執務の関係から作業中断等が生ずる。

d　部分改修部と既存部分との取合い部における作業に時間を要する。

e　資機材の建物への搬入、搬出口が限定され小運搬が必要となる。

f　ストックヤードからの運搬距離が長い場合、小運搬が必要となる。

g　改修の規模が小さく１日当たりの標準作業量（標準歩掛り）に満たない。

h　撤去工事等による騒音・振動への配慮から使用する機器類が制限され､作業効率が低下する。

i　敷地の状況、工事内容等の理由から外部本足場の設置が困難な場合は、外部本足場に代えてゴンドラが使用されることがある。ゴンドラからの作業は、本足場に比べて作業効率が低下する。

j　その他

(2)　実施例

改修工事の作業効率に影響する要因（実施例）を表Ⅱ－６に示す。

表Ⅱ－６　改修工事の作業効率に影響する要因（実施例）

改修室	作業内容	作業効率に影響した内容
A	壁せっこうボード張り塗装 天井せっこうボード張り塗装	・各所に少量ずつの施工 ・各所・部分補修 ・ブラインドボックス等の細部の塗装 ・什器の移動・養生 ・下地の清掃施工、床等全面養生のため
B	天井ロックウール化粧吸音板張り	・既存と新設の見切り（納まり） ・各所・部分施工 ・什器の移動・養生 ・床等全面養生のため
C	壁せっこうボード張り塗装 天井せっこうボード張り塗装	・隣室が会議中のため、騒音を気にしながらの作業 ・施工量が僅少（８㎡程度)、段取り変えに時間を要する ・既存壁との納まり等で下地調整に手間がかかる
D	床タイルカーペット張り 壁せっこうボード張り塗装	・90㎡を３箇所で分散作業（少数施工） ・取合いが多数 ・棚等のある中での作業
E	床張物下地モルタル塗り 床タイルカーペット張り 壁せっこうボード張り塗装 壁ビニルクロス張り	・作業場所が離れており、材料移動、段取りに時間を要する ・他の作業との調整でロスタイム ・駄目回りのため作業効率が低下
F	床張物下地モルタル塗り 壁100角タイル張り	・各階20㎡ずつ分散施工のため小運搬に時間を要する ・３～８階で46㎡の施工（少量施工） ・袋詰めの場外搬出

７）改修工事と建設廃棄物の処理

改修工事は、既存仕上げ等を撤去の後、新たな仕上げ材等を設ける場合が多く、工事に伴って発生する廃棄物も新営工事に比べて多量である。

従って、改修工事に伴って発生する解体材（設備関連工事の場合は発生材）は、設計図書の特記により、引渡しを要するものは、指定された場所へ集積し、引渡しを要しないものは、関係法令等に従って分別、保管、収集、運搬、再生、処分等を適切に行う必要がある。

「建設工事に係る資材の再資源化等に関する法律」（平成12年５月31日　法律第104号、通称：建設リサイクル法）が本格施行されたことに伴い、特定建設資材※1を用いた建築物等の解体工事又はその施工に特定建設資材を使用する新築工事等で、一定規模以上の工事のもの（表Ⅱ－７対象建設工事）について、施工方法に関する一定の技術基準に従い分別解体等を実施することや分別解体等※2に伴って生じた特定建設資材廃棄物について、再資源化※3等を行う（再資源化が困難な場合には縮減）ことが義務付けられた。

表Ⅱ－７　対象建設工事（法第９条第１項、政令第２条）

対象建設工事の種類	規模の基準	
建築物の解体工事	床面積の合計	80㎡以上
建築物の新築・増築工事	床面積の合計	500㎡以上
建築物の修繕・模様替等工事※4	請負代金の額※5	１億円以上
その他の工作物工事	請負代金の額※5	500万円以上

※１：特定建設資材とは、コンクリート、コンクリート及び鉄筋から成る建設資材（プレキャスト鉄筋コンクリート版など）、木材、アスファルト・コンクリートをいう。（法第２条第５項、政令第１条）

※２：分別解体等とは、次に掲げる行為をいう。（第２条第３項）

①　建築物その他の工作物（以下「建築物等」という。）の全部又は一部を解体する建設工事（以下「解体工事」という。）

建築物等に用いられた建設資材に係る建設資材廃棄物をその種類ごとに分別しつつ当該工事を計画的に施工する行為

②　建築物等の新築その他の解体工事以外の建設工事

当該工事に伴い副次的に生ずる建設資材廃棄物をその種類ごとに分別しつつ当該工事を施工する行為

※３：再資源化とは、次に掲げる行為であって、分別解体等に伴って生じた建設資材廃棄物の運搬又は処分（再生することを含む。）に該当するものをいう。（第２条第４項）

①　分別解体等に伴って生じた建設資材廃棄物について、資材又は原材料として利用すること（建設資材廃棄物をそのまま用いることを除く。）ができる状態にする行為

②　分別解体等に伴って生じた建設資材廃棄物であって燃焼の用に供することができるもの又はその可能性のあるものについて、熱を得ることに利用することができる状態にする行為

※４：建築物の修繕・模様替等工事：建築物に係る新築工事等であって新築又は増築の工事に該当しないもの。

※５：請負代金の額には消費税を含む。

(1)　建設副産物の種類と具体例

建設副産物の種類と具体例を図Ⅱ－１に示す。

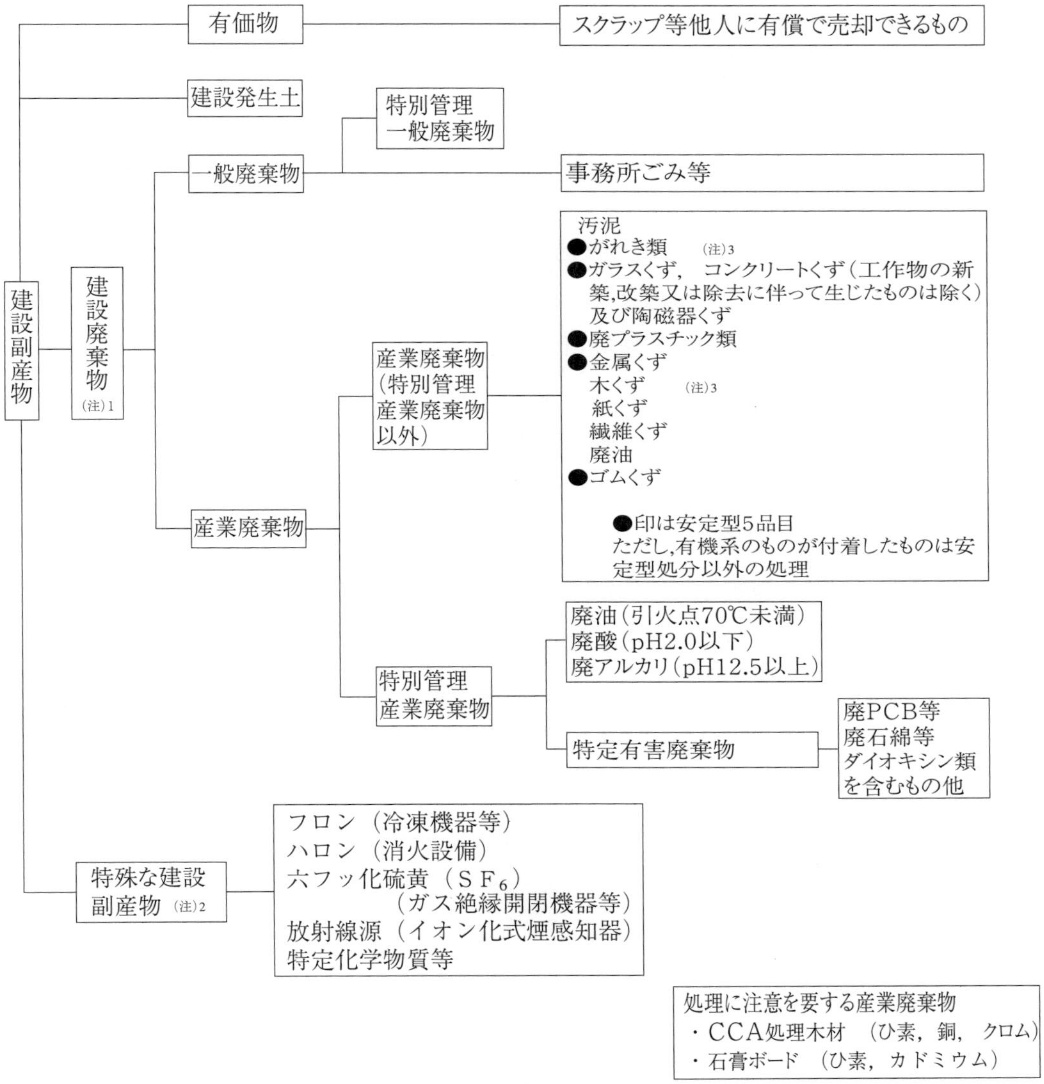

(注) 1．建設工事等に伴って生じる廃棄物をいう（廃棄物処理法)。
2．「廃棄物処理法」以外の法令による。
3．特定建設資材廃棄物に該当するものがある。

建設工事における建設副産物管理マニュアル・同解説より

図Ⅱ－１　建設副産物の種類と具体例

⑵　廃棄物の処理に関する留意事項

撤去工事に伴い発生する廃棄物の処理に関する留意事項を下記に示す。

a　石綿吹付け、石綿セメント板等のいわゆるアスベストを含有する材料の撤去工事及び処理については、第三者並びに作業者に被害が生じないように十分注意する。

アスベスト含有建材には、吹付け材の飛散性のものと成形板の非飛散性のもの及び保温材等のその中間的な位置づけのものとがあり、飛散性のものは、解体に先立って除去（封じ込め工法により残存する場合を除く。）しなければならない。

なお、石綿の除去を行う場合は、「労働安全衛生法」、「廃棄物の処理及び清掃に関する法律」（通称：廃棄物処理法）及び「大気汚染防止法」等の適用を受けるので留意する。

また、平成26年６月に「石綿障害予防規則」が施行されているので併せて留意する。

平成18年９月労働安全衛生法施行令の改正により、アスベストをその重量の0.1％を超えて含有するすべてのアスベスト含有製品の製造、使用等が全面禁止となった。

b　ビニル床タイル類、石膏ボード類、防水材料等の産業廃棄物の処理は、関係法令等に従い適切に処理する。

図Ⅱ－１　建設副産物の種類と具体例を参照のこと。

c　撤去材のうち、木材類が白蟻等の害虫に侵されている場合、若しくは侵されている恐れのある場合には、焼却するか、完全な消毒処理を行った上で搬出する。

d　ＰＣＢを使用している機器類（昭和47年以前に製造されたトランス・コンデンサー・蛍光灯安定器等）を廃棄する場合は、ＰＣＢを取出し、当面の間は管理官署が廃棄物処理法に従い保管し、かつ、このことを関係部署へ届け出なければならない。

e　排出事業者（元請負業者）は、工事に伴い発生する廃棄物（引渡しを要するものを除く。）について、廃棄物処理法等に基づき処理をすることになるが、処理方法としては、次の２通りがある。

なお、委託処理のフローは、図Ⅱ－２に示すとおりである。

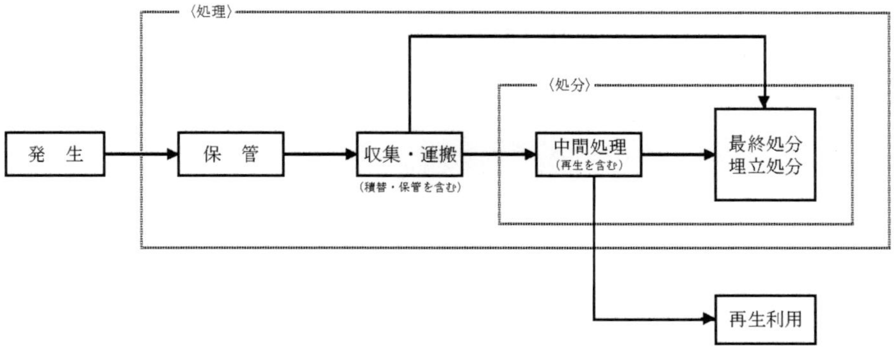

（注）１．廃棄物の処理とは、廃棄物の保管、収集・運搬（積替・保管を含む）、処分（再生を含む）をいい、各々に基準（処理基準）が定められている。処分には、中間処理と最終処理がある。
　　２．→は、排出事業者の責任範囲

図Ⅱ－２　廃棄物処理のフロー

ｉ　自己処理…処理基準に基づき、排出事業者が自ら処理する。

ⅱ　委託処理…委託基準に従い、廃棄物処理業（収集運搬・処分業）の許可をもつ業者に処理を委託する。

⑶　廃棄物の処理に関する積算

建設廃棄物は、前出４）施工条件明示の表Ⅱ－１主な施工条件明示の項目及び明示事項のとおり、その処理方法、処理場所等の処理条件を明示することとされている。

建設廃棄物の処理に関する積算は、施工条件明示に従い再生又は処分ごとに運搬費及び処分費等をそれぞれ計上する。

この場合、運搬費は歩掛りに基づく複合単価を適用し、処分費は物価資料に掲載の中間処理場受入料金、最終処分費等によるか、産業廃棄物処理業者からの見積収集による。

Ⅲ　改修工事の仮設

1）一般事項

改修工事の仮設は通常、「建築物等を改修するための一時的な仮の施設、設備であり改修が完了するまでに撤去されるもの」であり、共通仮設、直接仮設及び専用仮設に区分される。

一般に、仮設は受注者の任意とされるものであるが、改修工事では、外部足場の種別及び仮設間仕切り等の設置か所・種別等を設計図書に特記している。

しかし、設計図書に特記されない仮設的な項目も多く、積算に際しては、当該工事の施工条件等をもとに仮設計画の検討が必要になる。

また、改修工事の仮設工事は、新営工事に比べて工事費に占めるウエイトが大きく、発注者は、発注時に当該工事の施工条件を明示し、受・発注者双方の積算の前提条件が同一となるよう心がけるべきである。

ここでは、公共建築改修工事で通常必要とされる一般的な仮設について適用する。

なお、仮設計画については、「建築積算のための仮設計画標準」に詳細が記載されているので参照する。

2）改修工事の仮設計画

改修工事の仮設計画は、新営工事と異なり、既存建物の執務者・利用者及び周辺住民などへ与える影響等によりその計画が大きく異なる。

仮設計画は、敷地の状況、建物の使用状況等を的確に把握し、施工性・経済性を考慮するとともに、執務者、第三者及び現場労働者等の安全性の確保並びに災害防止の関係法令に関する十分な配慮が必要である。

改修工事では、建物に執務者、利用者が居る状況下で工事を行うことが多く、仮設計画の検討では安全性の確保が重要な要素になる。

また、改修工事に特有な条件である工事期間中における建物内の執務状況（「全館無人改修」又は「執務並行改修」）により仮設計画は異なってくる。

3）改修工事の共通仮設

⑴　共通仮設の項目

改修工事の共通仮設は、基本的には新営工事と同様の項目（「積算基準」公共建築工事共通費積算基準表－１共通仮設費参照）であるが、工事の対象である建物が現存していることやその建物に執務者や利用者が居る場合が多く、そのことから様々な制約が生ずる。

Ⅲ　改修工事の仮設

以下に、共通仮設費の各項目における留意事項を示す。

①　準備費

改修規模・内容にもよるが、資材置場（ストックヤード）、駐車スペース、仮設建物用地等、敷地内に必要なスペースを確保できない場合、借地・道路占有等が必要となる。

なお、改修工事の特性から敷地整理は含まない。

②　仮設建物費

監理事務所、現場事務所、倉庫等が敷地内又は既存建物内に確保できるかどうかの検討が必要である。

また、上記の仮設建物のスペースが敷地内及び既存建物内に確保できない場合は、借家等に要する費用を共通仮設費として積み上げ加算する必要がある。

監理事務所に設置する備品等の種類及び数量は、設計図書による。

③　工事施設費

仮囲い、仮門等が必要な場合は、設計図書の特記による。

この他に、工事用搬入通路と既存建物の執務者や利用者の通路を区分して設ける必要があるかどうかの検討を行う。

④　環境安全費

隣接建物等の事前調査、隣家及び隣接物の保護養生、安全管理・合図等の要員と警備員等の必要性について検討する。

安全管理・合図等の要員の検討においては、当該工事建物の関係者の他に近隣住民の動向についても考慮し、条件明示に従い交通誘導警備員に要する費用を計上する。

なお、交通誘導警備員については、その配置期間・人数が条件明示される。

⑤　動力用水光熱費

工事用電力・用水が本設利用できる場合は、有償又は無償の別が設計図書に特記される。

ただし、本設利用ができない場合は、仮設電力及び工事用水の引き込み箇所の調査・検討とともに、その工事費や負担金が必要になる。

⑥　屋外整理清掃費

当該建物内を除く、整理清掃後片付けに要する費用及びこれに伴う発生材処分が必要な範囲等について検討する。

⑦　機械器具費

改修工事の規模・内容にもよるが、２階建以上の垂直運搬には、必要に応じた揚重機械、工事用エレベーター及び荷取りステージ等の設置が考えられる。

また、既存エレベーターが利用できる場合は、設計図書にその旨が特記されるが、かご内の養生、使用後の点検費用を考慮する。

4）改修工事の直接仮設

⑴　直接仮設の細目

改修工事の直接仮設は、新営工事と同様な細目が必要であるが、改修内容・施工条件によっては、その内容が異なる。

また、直接仮設は、新営工事と同様に任意仮設としての扱いが一般的であるが、前述のとおり改修工事では、執務者や建物利用者等への配慮から必要な直接仮設の細目について、条件明示する場合も多い。

なお、直接仮設の数量の計測・計算は、Ⅳ　5公共建築数量積算基準による。

以下に、直接仮設の各細目における留意事項を示す。

①　墨出し

墨出しは、改修工事の内容によりその対象面積の範囲が異なる。

屋根防水改修の墨出しは、水勾配の調整をする面積とし、外壁改修（下地共）・建具改修は、新設改修面積を対象面積とする。

また、内装及び塗装改修において、床、壁及び天井仕上を下地から撤去し改修する場合は床又は天井の改修面積を、壁のみを改修する場合は、壁面から1.0mの範囲の床面積を対象面積とする。

②　養生

既存部分の養生は、設計図書の特記による。

養生は、改修工事の内容、施工条件により対象面積の範囲が異なる。

なお、執務並行改修において、当該改修部を夜間作業又は休日作業とし、その都度、現状に復旧することが条件となる場合は、養生が作業回数分必要になる。

また、資機材の搬出・搬入通路の養生の施工条件についても確認が必要である。

③　整理清掃後片付け

上記②養生に同じ。

④　外部足場等

外部足場は、通常、外部改修工事用の足場として設置される。

外部足場の種別の選定に際しては、改修内容・施工の安全性等が考慮され、その種別は設計図書の特記による（表Ⅲ－１参照）。

表Ⅲ－１　外部足場等（「改修標準仕様書（建築）」表2.2.1）

種　別	外　部　足　場　等
A　種	施工箇所面に枠組足場を設ける。
B　種	施工箇所面にくさび緊結式足場を設ける。
C　種	施工箇所面に単管本足場を設ける。
D　種	仮設ゴンドラを使用する。
E　種	移動式足場を使用する。

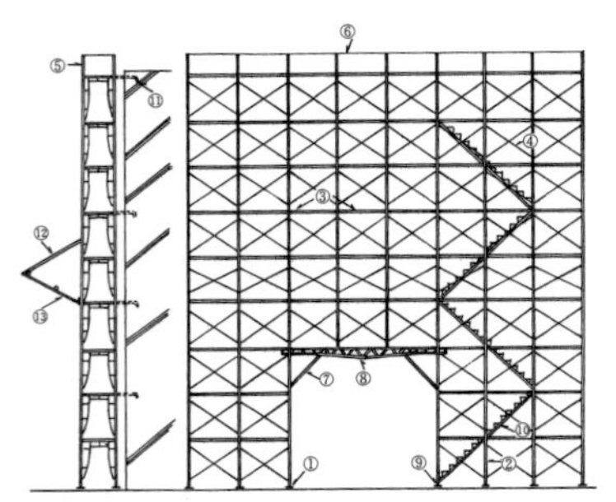

図Ⅲ－１　枠組足場（A種）

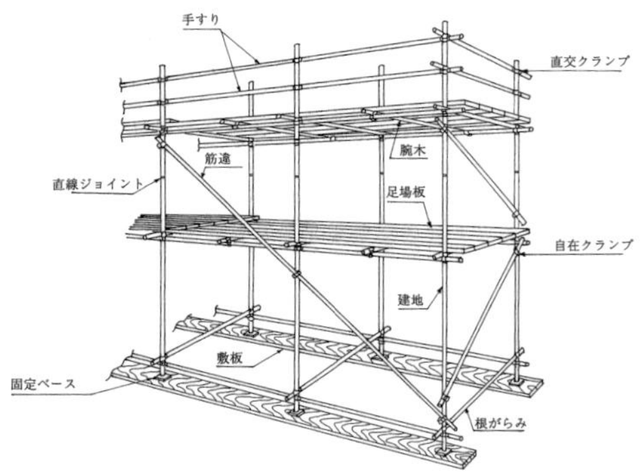

図Ⅲ－２　単管本足場（C種）

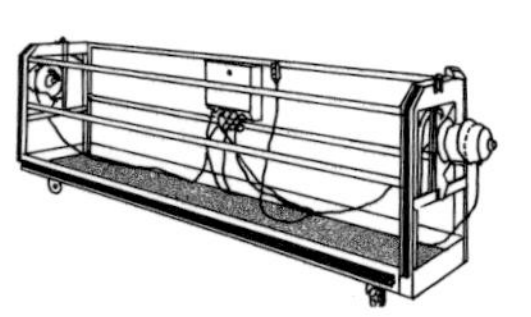

図Ⅲ－３　仮設ゴンドラ（D種）

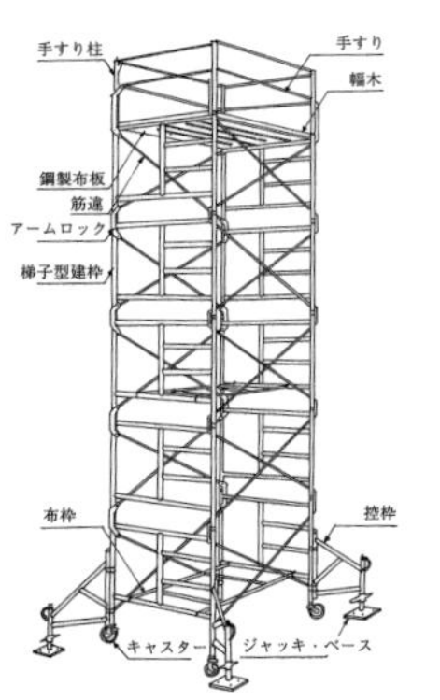

図Ⅲ－４　移動式足場（E種）

工事内容・規模等にもよるが、外部足場を設置する改修工事には、以下のような工事がある。

i　屋根防水改修工事（現場労働者の昇降用・資機材の垂直運搬用）

ii　外壁改修工事

iii　建具改修工事（施工法によっては外部足場は不用）

iv　内装改修工事（必要に応じて資機材の垂直運搬用）

v　耐震改修工事（必要に応じて資機材の垂直運搬用）

vi　環境配慮改修工事、等

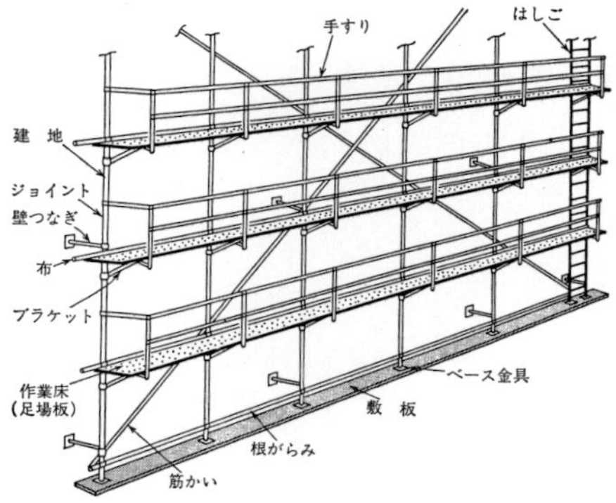

図Ⅲ－5　ブラケット付き一側(ひとかわ)足場の名称

通常、外部足場は枠組本足場とするが、改修工事では、立地条件により本足場が設置できないこともあり、その場合は、一側足場、仮設ゴンドラ、移動式足場などが採用されている。

なお、外部足場の設置範囲は、当該改修工事の内容による。

仮設ゴンドラは、作業性、垂直及び水平方向の移動、材料の補給に時間を要するなどの点で、枠組本足場よりも作業効率が低下することに留意する。

また、作業条件によっては、足場の盛替え、複数回の掛払いが必要になり、作業工程、他作業との関連等の確認を要する。

a　外部足場の存置期間

外部足場の存置期間は、改修内容・規模（面積）、外部足場の使用目的及び工程等を勘案し工事ごとに設定する。

改修工事の場合、改修内容・規模、施工条件等が同一でない限り、外部足場の存置期間は同じような日数とはならない。

従って、改修内容・規模により一定の足場平均存置日数を設定し、これを一律に適用すると、建物の使用状況、施工の連続性による相違、施工数量調査の有無等の理由から施工実態と乖離する場合があるので注意する。

b　材料、撤去材等の運搬方法

材料、撤去材等の運搬方法及び種別は、設計図書の特記による（表Ⅲ－２参照）。

表Ⅲ－2　材料、撤去材等の運搬方法（「改修標準仕様書（建築）」表2.2.2）

種　別	運　搬　方　法
A　種	二本構リフト等による。
B　種	トラッククレーン等による。
C　種	既存エレベーターによる。
D　種	既存階段による。
E　種	登り桟橋等による。

⑤　内部足場

内部足場は、一般に壁・天井改修用の足場として設置され、その種別は設計図書の特記による。

内部足場の種別は、以下に示す事項等に応じたものとする。

ⅰ　改修内容

ⅱ　改修部位（床・壁・天井）

ⅲ　設備改修の有無

ⅳ　改修範囲（全面・部分）

ⅴ　天井高、等

なお、内部足場は、通常の階高（４ｍ未満）では、脚立足場を用いるが、階高が高い場合（４ｍ以上）は、枠組棚足場、移動式足場等による。

また、内部足場は、盛替えを必要とする場合が多く、作業条件、工程等を考慮し、必要があれば複数回の掛払いを計上する。

ａ　内部足場の存置期間

内部足場の存置期間（標準設計供用日数）は、改修内容・規模（面積）、工程等を勘案して定める。（「標準単価積算基準（平成26年版）」第１章第１節表１－１－20～27の欄外参照）

⑥　仮設間仕切り

仮設間仕切りは、執務並行改修において、施工作業範囲外に騒音・振動の軽減を図り、塵埃等の飛散防止及び第三者への安全性の確保等のために設けるものである。

仮設間仕切りの設置か所及び種別は、設計図書の特記による（表Ⅲ－３参照）。

また、仮設扉の設置か所及び種別についても、設計図書の特記による。

表Ⅲ－３　仮設間仕切り等（「改修標準仕様書（建築）」表2.3.1）

種　別	仮　設　間　仕　切　り
Ａ　種	軽量鉄骨材等により支柱を組み、両面に合板張り又はせっこうボード張りを行い、内部にグラスウール等の充填を行う。
Ｂ　種	軽量鉄骨材等により支柱を組み、片面に合板張り又はせっこうボード張りを行う。
Ｃ　種	単管下地等を組み、全面シート張りを行う。

⑦　災害防止

外壁改修工事では、第三者及び作業者の安全確保、敷地周辺への落下飛散物防止のための災害防止施設を設置する。

災害防止施設には以下のようなものがあり、防護シート等による養生は、設計図書の特記による。

養生防護棚（朝顔）を設ける場合は、関係法令等※1に従い適切な措置を講じる。

ⅰ　防護シート

ⅱ　防音パネル

ⅲ　養生防護棚（朝顔）

⑧　室内家具備品等の養生等

固定された備品、机・ロッカー等の移動は、設計図書の特記による。

執務並行改修の場合は、室内家具備品等の養生、移動等を複数回行う必要があるので、工程等の検討とともに留意する。

また、工事施工に際し、既存ブラインド、カーテン等の養生方法及び保管場所等は設計図書の特記による。

※1：建築基準法施行令第136条の5、建築工事等の工事現場における落下物による危害を防止するための措置について

Ⅳ　改修工事の積算

1　公共建築工事積算基準

一般事項

公共建築工事積算基準（以下「積算基準」という。）は、前出Ⅰ改修工事概要３）⑴公共建築工事積算基準類の体系及び⑵公共建築工事積算基準のとおり、直接工事費の算定の方法、価格及び費用等の扱い、数量積算の算出方法、共通費の算定方法等について定めたものであり、新営工事及び改修工事等に共通の基準として適用する。

以下に「積算基準」（囲み枠内）及びその解説を示す。

1）目　的

（目的）

第１　この基準は、公共建築工事を請負施工に付す場合において、予定価格のもととなる工事費内訳書に計上すべき当該工事の工事費（以下「工事費」という。）の積算について必要な事項を定め、もって工事費の適正な積算に資することを目的とする。

積算基準は、公共建築工事の発注に際し必要となる予定価格を作成する上で、その基礎資料である工事費内訳書の積算について基本的な事項を定めたものであり、工事費の適正な積算に資することを目的としている。

2）工事費の種別及び区分

（工事費の種別及び区分）

第２　工事費の積算は、建築工事、電気設備工事、機械設備工事及び昇降機設備工事等の工事種別ごとに行う。工事費は、直接工事費、共通費及び消費税等相当額に区分して積算する。直接工事費については、設計図書の表示に従って各工事種目ごとに区分し、共通費については、共通仮設費、現場管理費及び一般管理費等に区分する。

工事費の積算は、発注形態にかかわらず建築工事、電気設備工事、機械設備工事及び昇降機設備工事等の工事種別ごとに行う。

工事費は、第３工事費の構成に従い、直接工事費、共通費の３費用（共通仮設費、現場管理費、一般管理費等）及び消費税等相当額に区分してそれぞれ積算を行い、直接工事費については、設計図書の表示に従って各工事種目ごとに区分する。

例：庁舎を改修する場合（同一工事に屋外施設等を含む）

直接工事費は庁舎、屋外施設等に区分して積算する。

庁舎	改修１棟
屋外施設等	改設一式

３）工事費の構成

（工事費の構成）

第３　工事費の構成は、次のとおりとする。

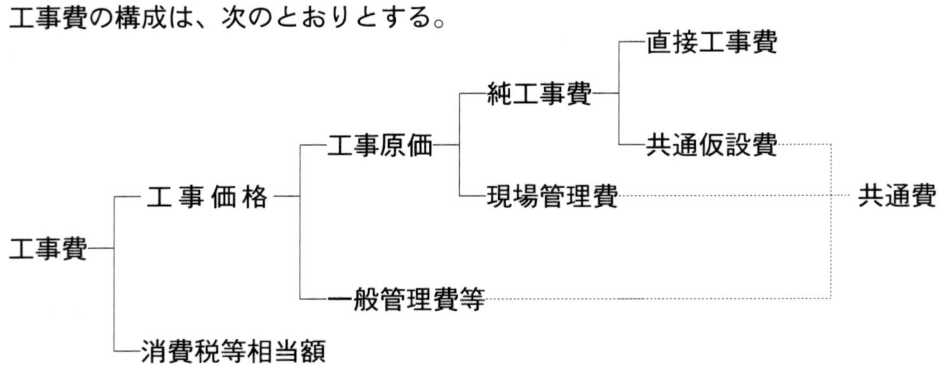

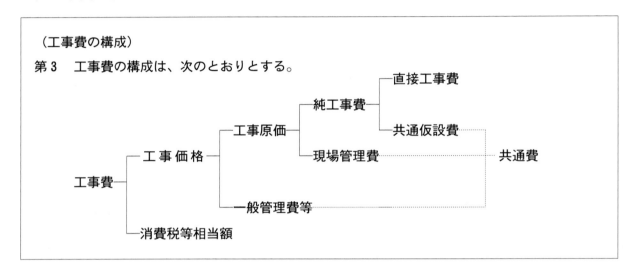

工事価格を算出するには、数量と単価が必須条件であるが、これだけでは十分ではない。

数量と単価は工事価格の構成要素としては最も重要な要素であるが、実際の施工においては、工事に必要となる仮設のための費用や現場を管理運営するための費用が必要となる。

また、施工会社には、本・支店などの管理部門があり、会社の経営管理の費用や利益も必要である。これらの工事価格を構成する各費用の関連を、積算体系上の工事費の構成として示したのが上図である。

工事費を構成する各費用は以下のとおりである。

直接工事費とは、直接、工事目的物の施工（含材料）のために必要とされる費用であり、工事目的物に対し消費された費用が、他の工事目的物と明確に区分されるものをいい、直接仮設を含む。

共通費とは、共通仮設費、現場管理費及び一般管理費等を合算した費用をいう。

共通仮設費とは、直接工事費を補完する費用であり、工事を進めるうえで必要となる総合的な仮設経費全般をいう。

純工事費とは、直接工事費と共通仮設費を合算した費用をいう。

現場管理費とは、純工事費を補完するもので、工事現場の管理運営に必要な経費をいう。

工事原価とは、純工事費と現場管理費を合算した費用をいう。

一般管理費等とは、工事原価を補完する費用とするもので、当該工事を含めた企業活動をするために要する費用をいう。すなわち、本・支店経費と建設業活動に伴って得られる利益がこれに含まれる。

工事価格とは、工事原価と一般管理費等を合算した費用をいう。

消費税等相当額とは、消費税法の税率の改正及び地方消費税の導入が平成９年４月１日から施行されたことに伴い発注者等が負担すべき税額をいい、請負工事においては、工事価格に消費税等相当額を加えて工事費としている。

４）工事費内訳書

（工事費内訳書）
第４　工事費内訳書は、「公共建築工事内訳書標準書式」による。

建築の改修工事の積算に用いる工事費内訳書は、「建築改修工事内訳書標準書式」による。

５）直接工事費

（直接工事費）
第５　直接工事費は、工事目的物を造るために直接必要とする費用で、直接仮設に要する費用を含み、その算定は次に掲げる各項による。

⑴　算定の方法

算定の方法は、次のイからハによる。

イ　材料価格及び機器類価格（「材料価格等」という。）に個別の数量を乗じて算定する。

ロ　単位施工当たりに必要な材料費、労務費、機械器具費等から構成された単価に数量を乗じて算定する。

ハ　イ又はロによりがたい場合は、施工に必要となる全ての費用を「一式」として算定する。

⑵　単価及び価格

算定の方法に用いる単価及び価格については、「公共建築工事標準単価積算基準」による。

⑶　数量

算定の方法に用いる数量は、建築工事においては、「公共建築数量積算基準」、電気設備工事及び機械設備工事においては、「公共建築設備数量積算基準」による。

⑴　算定の方法

直接工事費の算定の方法は、イ～ハに区分されている。

イ　コンクリートや鉄筋、機器類などについて、材料価格及び機器類価格に個別の数量を乗じて算定する方法である。

ロ　建築工事の場合、「標準単価積算基準」第２編の標準歩掛りによる複合単価や物価資料等に掲載される市場単価に数量を乗じて算定する方法である。改修工事の場合は、施工条件によっては労務に相当する工数を補正する必要がある。

ハ　別途算定した結果を「一式」として、細目内訳書に計上する方法である。

(2)　単価及び価格

算定の方法に用いる単価及び価格は、「標準単価積算基準」第１編２単価及び価格の算定による。

イ　材料価格等は、数量の多寡、施工条件等を考慮して、発注時の直近価格を採用する。

ロ　労務費は、「公共工事設計労務単価」による所定労働時間内８時間当たりの単価であるため、作業条件（深夜作業等）に応じて、割増し加算を行う必要がある。

ハ　機械器具損料は「請負工事機械経費積算要領」（昭和49年３月15日付建設省機発第44号）による。

また、建設機械賃料は、物価資料の掲載価格等による。

改修工事の場合、外壁改修工事等において、ゴンドラの機械器具費を専門工事業者の見積価格によることがある。

ニ　仮設材費

仮設材費は、物価資料の掲載価格等による賃料又は材料の基礎価格に損料率を乗じて算定する。

ホ　運搬費

積算に用いられる材料価格は、一般に現場渡し価格となっていることから、運搬費を含んでいるものが多い。

しかし、材料を加工場へ持込み、その加工場から現場へ運搬するような材料、仮設材、機械器具及び撤去に伴う発生材等については、運搬費を別計上する必要がある。

なお、トラック及びダンプトラックの運搬費は、標準歩掛りに基づき損料表の供用１日当たり換算値を用いて設定する。

ヘ　市場単価

市場単価は、調査の前提となる条件が刊行物に掲載されているので、この条件と当該工事の条件とが異なる場合は、単価を補正する必要がある。

特に、改修工事では、施工条件に応じて単価を補正する。

(3)　数　量

建築改修工事の数量は、Ⅳ５公共建築数量積算基準を参照する。

数量を求める対象は、設計により多種多様であり、当該設計図に従うものとする。また、数量は工事仕様及び適用する単価と密接不可分な関係にある。

6）共通費

（共通費）

第６　共通費は、次の各項について算定するものとし、具体的な算定については、「公共建築工事共通費積算基準」の定めによる。

（１）共通仮設費

共通仮設費は、各工事種目に共通の仮設に要する費用とする。

（２）現場管理費

現場管理費は、工事施工に当たり、工事現場を管理運営するために必要な費用で、共通仮設費以外の費用とする。

（３）一般管理費等

一般管理費等は、工事施工に当たる受注者の継続運営に必要な費用で、一般管理費と付加利益からなる。

共通仮設費の算定は、Ⅳ２公共建築工事共通費積算基準を参照する。

7）消費税等相当額

（消費税等相当額）

第７　消費税等相当額は、工事価格に消費税及び地方消費税相当分からなる税率を乗じて算定する。

請負工事では、工事価格に消費税等相当額を加えて工事費としている。従って、個々の材料単価、施工単価及び見積単価等には、消費税等相当額は含まない。

8）設計変更における工事費

（設計変更における工事費）

第８　設計変更における工事費は、当該変更対象の直接工事費を積算し、これに当該変更に係わる共通費を加えて得た額に、当初請負代金額から消費税等相当額を減じた額を当初工事費内訳書記載の工事価格で除した比率を乗じ、さらに消費税等相当額を加えて得た額とする。

当該変更対象の直接工事費を積算する際、施工実態や取引実態に合わせた工事内容ごとの価格で算出する必要があるが、煩雑な作業となるため一般に（設計変更における工事費）第８の方法によっている。

落札率＝（当初請負代金額－消費税等相当額）／当初工事費内訳書に記載の工事価格

2　公共建築工事共通費積算基準

共通費積算基準は、共通費についてその積算の考え方や費用の算定方法を定めたものであり、新営工事及び改修工事に適用する。以下に「共通費積算基準」（囲み枠内）及びその解説を示す。

1）共通費の区分と内容

（共通費の区分と内容）

共通費は、「共通仮設費」、「現場管理費」及び「一般管理費等」に区分し、それぞれ表－１、表－２及び表－３の内容と付加利益を一式として計上する。

ただし、共通費を算定する場合の直接工事費には、本設のための電力、水道等の各種負担金は含まないものとする。

（注）１．表－１　共通仮設費の内容は、表２－２－１による。

２．表－２　現場管理費の内容は、表２－２－２による。

３．表－３　一般管理費の内容は、表２－２－３による。

積算基準の工事費の構成に示すとおり、共通費は共通仮設費、現場管理費及び一般管理費等で構成され、それぞれ一式として内訳書へ計上する。ただし、後述する「その他工事」を単独で発注する場合は、原則として専門工事業者等からの見積りを基に費用を算定し、それぞれ一式として内訳書へ計上する。

共通仮設費は、工事種目に共通の仮設に要する費用であり、工事を進めるうえで必要となる総合的な仮設経費全般を意味する。民間建築工事の積算では、総合仮設費という名称を用いる場合もある。

現場管理費は、工事施工に際し、工事現場を管理運営するために必要な費用である。

現行の共通仮設費率、現場管理費率及びその算定方法は、平成21年度及び平成22年度第１四半期に完成する公共建築工事（公共住宅を除く。）を対象とした実態調査により定めたものであり、平成23年４月に公表されている。

一般管理費等は、工事施工に当たる受注者が継続して企業活動するために必要な費用であり、一般管理費と付加利益からなる。

一般管理費等は、平成８年度に公共建築工事の受注実績のある建設会社を対象として、平成７年度までの隔年ごとに５期分の財務諸表等に関する実態調査を行い、その結果を基に一般管理費等率及び算定手法を定めたものであり、平成９年11月に公表されている。

本設のための電力、水道等の各種負担金は、直接工事費には含めず、また、共通費の算定の対象とはせずに、当該工事の工事価格に単独の項目として加算して費用を計上する。

なお、設計変更において、「当初請負代金額から消費税等相当額を減じた額を当初工事費内訳書記載の工事価格で除した比率」（以下「落札率」という。）を求める場合、これらの費用は落札率の算定に含めない。

表２－２－１の共通仮設費は、建築工事のの共通仮設費として一般的に含まれる項目とその内容を示すものであり、前述の実態調査は、表２－２－１に示す項目、内容について実施している。

表２－２－１　共通仮設費

項目	内容
準備費	敷地測量、敷地整理、道路占有料、仮設用借地料、その他の準備に要する費用
仮設建物費	監理事務所、現場事務所、倉庫、下小屋、宿舎、作業員施設等に要する費用
工事施設費	仮囲い、工事用道路、歩道構台、場内通信設備等の工事用施設に要する費用
環境安全費	安全標識、消火設備等の施設の設置、安全管理・合図等の要員、隣接物等の養生及び補償復旧に要する費用
動力用水光熱費	工事用電気設備及び工事用給排水設備に要する費用並びに工事用電気・水道料金等
屋外整理清掃費	屋外及び敷地周辺の跡片付け及びこれに伴う屋外発生材処分等並びに除雪に要する費用
機械器具費	共通的な工事用機械器具（測量機器、揚重機械器具、雑機械器具）に要する費用
その他	材料及び製品の品質管理試験に要する費用、その他上記のいずれの項目にも属さない費用

表２－２－２の現場管理費は、建築工事の現場管理費として、一般的に含まれる項目とその内容を示すものであり、前述の実態調査は、表２－２－２に示す項目、内容について実施している。

表２－２－２　現場管理費

項目	内容
労務管理費	現場雇用労働者（各現場で元請企業が臨時に直接雇用する労働者）及び現場労働者（再下請を含む下請負契約に基づき現場労働に従事する労働者）の労務管理に要する費用 ・募集及び解散に要する費用 ・慰安、娯楽及び厚生に要する費用 ・純工事費に含まれない作業用具及び作業用被服等の費用 ・賃金以外の食事、通勤費等に要する費用 ・安全、衛生に要する費用及び研修訓練等に要する費用 ・労災保険法による給付以外に災害時に事業主が負担する費用
租税公課	工事契約書等の印紙代、申請書・謄抄本登記等の証紙代、固定資産税・自動車税等の租税公課、諸官公署手続き費用
保険料	火災保険、工事保険、自動車保険、組立保険、賠償責任保険及び法定外の労災保険の保険料
従業員給料手当	現場従業員（元請企業の社員）の給与、諸手当（交通費、住宅手当等）及び賞与
施工図等作成費	施工図等を外注した場合の費用
退職金	現場従業員に対する退職給付引当金繰入額及び現場雇用労働者の退職金
法定福利費	現場従業員、現場雇用労働者及び現場労働者に関する次の費用 ・現場従業員及び現場雇用労働者に関する労災保険料、雇用保険料、健康保険料及び厚生年金保険料の事業主負担額

	・現場労働者に関する労災保険料の事業主負担額 ・建設業退職金共済制度に基づく証紙購入代金
福利厚生費	現場従業員に対する慰安、娯楽、厚生、貸与被服、健康診断、医療、慶弔見舞等に要する費用
事務用品費	事務用消耗品費、ＯＡ機器等の事務用備品費、新聞・図書・雑誌等の購入費、工事写真代等の費用
通信交通費	通信費、旅費及び交通費
補　償　費	工事施工に伴って通常発生する騒音、振動、濁水、工事用車両の通行等に対して、近隣の第三者に支払われる補償費。ただし、電波障害等に関する補償費を除く。
そ　の　他	会議費、式典費、工事実績の登録等に要する費用、その他上記のいずれの項目にも属さない費用

なお、補償費の内容は、工事施工に伴って通常発生が予想される一般的なものであり、休業補償など相当額が支払われるものや電波障害等に関する補償費については現場管理費率には含まず、別途設計図書に従い費用を積み上げにより算定する。

表２－２－３の一般管理費は、建設企業における一般管理費の項目とその内容を示すものであり、前述の実態調査は、公共建築工事の受注実績を有する建設会社の財務諸表等について実施している。

表２－２－３　一般管理費

項　目	内　容
役員報酬	取締役及び監査役に要する報酬
従業員給料手当	本店及び支店の従業員に対する給与、諸手当及び賞与（賞与引当金繰入額を含む。）
退　職　金	本店及び支店の役員及び従業員に対する退職金（退職給付引当金繰入額及び退職年金掛金を含む）
法定福利費	本店及び支店の従業員に関する労災保険料、雇用保険料、健康保険料及び厚生年金保険料の事業主負担額
福利厚生費	本店及び支店の従業員に対する慰安、娯楽、貸与被服、医療、慶弔見舞等の福利厚生等に要する費用
維持修繕費	建物、機械、装置等の修繕維持費、倉庫物品の管理費等
事務用品費	事務用消耗品費、固定資産に計上しない事務用備品、新聞参考図書等の購入費通信交通費通信費、旅費及び交通費
動力用水光熱費	電力、水道、ガス等の費用
調査研究費	技術研究、開発等の費用
広告宣伝費	広告、公告又は宣伝に要する費用
交　際　費	得意先、来客等の接待、慶弔見舞等に要する費用
寄　付　金	社会福祉団体等に対する寄付
地代家賃	事務所、寮、社宅等の借地借家料
減価償却費	建物、車両、機械装置、事務用備品等の減価償却額
試験研究償却費	新製品又は新技術の研究のための特別に支出した費用の償却額

開発償却費	新技術又は新経営組織の採用、資源の開発並びに市場の開拓のため特別に支出した費用の償却額
租税公課	不動産取得税、固定資産税等の租税及び道路占有料その他の公課
保険料	火災保険その他の損害保険料
契約保証費	契約の保証に必要な費用
雑費	社内打合せの費用、諸団体会費等の上記のいずれの項目にも属さない費用

一般管理費には様々な項目があるが、他産業と比較しつつ公共工事の遂行に必要な項目である。

一般管理費等は、一般管理費と付加利益からなる。

2）共通仮設費の算定

（共通仮設費の算定）

(1)　共通仮設費は、表－１の内容について、費用を積み上げにより算定するか、過去の実績等に基づく直接工事費に対する比率（以下「共通仮設費率」という。）により算定する。

ただし、共通仮設費率を算定する場合の直接工事費には、発生材処分費を含まない。

(1)　共通仮設費は、通常次式のとおり共通仮設費率により算定し、率に含まれない内容は積み上げにより算定して加算する。

共通仮設費＝（直接工事費×共通仮設費率）＋積み上げによる共通仮設費

共通仮設費をすべて積み上げにより算定するには、それぞれの工事ごとに発注者自ら仮設計画を作成する必要があるが、仮設は任意性が高いことから発注者の計画どおりに仮設工事が実施されるとは限らず、また仮設計画どおりに積算することは時間的、資料的、人員的な制約から現実的には困難であるため、直接工事費に対する比率により算定することで問題のない内容については、実態調査から得られた共通仮設費率により算定し、次頁の表に示すような工事ごとに大きく相違する内容については、現場条件に合わせて費用を適切に積み上げて加算する。

また、共通仮設費率を算定する場合の直接工事費には、発生材処分費を含まない。

発生材処分費には、建設発生土処分費を含む。

建築工事の共通仮設費の積上げ内容

項目	内容
準備費	敷地測量に要する費用、道路占有料、仮設用借地料、既存施設内の家具、什器、機器等の移動・復旧に要する費用
仮設建物費	宿舎、設計図書によるイメージアップ費用
工事施設費	仮囲い、工事用道路、歩道構台、設計図書によるイメージアップ費用
環境安全費	安全管理・合図等の要員に要する費用、工事現場（施設）の警備に要する警備要員、機械警備に要する要員、交通誘導員

動力用水光熱費	本受電後の電力基本料金
屋外整理清掃費	除雪に要する費用
機械器具費	揚重機械器具に要する費用
そ　の　他	材料及び製品の品質管理試験に要する費用は、コンクリート圧縮試験費及び鉄筋の圧接試験費（引張り試験、超音波探傷試験）を除く試験費、軽微なものの費用を除く。

(2)　共通仮設費率は、別表－１から別表－７によるものとする。

なお、共通仮設費率に含まれない内容については、必要に応じ別途積み上げにより算定して加算する。

(3)　当該共通仮設費率に含まれる内容は表－４とする。

（注）１．別表－１　共通仮設費率（新営建築工事）は、掲載していない。
２．別表－２　共通仮設費率（改修建築工事）は、表－２－２－６による。
３．別表－３　共通仮設費率（新営電気設備工事）は、掲載していない。
４．別表－４　共通仮設費率（改修電気設備工事）は、掲載していない。
５．別表－５　共通仮設費率（新営機械設備工事）は、掲載していない。
６．別表－６　共通仮設費率（改修機械設備工事）は、掲載していない。
７．別表－７　共通仮設費率（昇降機設備工事）は、掲載していない。
８．表－４　建築工事の共通仮設費率に含む内容は、表－２－２－４による。
９．表－５　電気設備工事及び機械設備工事の共通仮設費率に含む内容は、掲載していない。

(2)　共通仮設費率は、各工事種別、新営工事・改修工事別に定めた率によるものとする。

なお、当該工事に前記の積み上げ内容がある場合は、現場条件に合わせて費用を適切に積み上げて算定する。

共通仮設費率は、工事規模（直接工事費）と当該工事の工期を基に、新営工事と改修工事の共通仮設費率により算定する。

ただし、共通仮設費率の適用範囲として「上限」、「下限」を定めている。

「算定式」により算定された率が適用範囲内であれば、その率を共通仮設費率とし適用範囲外の場合は「上限」又は「下限」の率を共通仮設費率とする。

工期：工期は、契約日の翌日から工期末までの期間の日数とする。

なお、工事一時中止があった場合は、その期間を除く。

共通仮設費率の算定に用いるＴ（工期）は、入札公告等に示された開札予定日から工期末までの日数を元に、開札から契約までを考慮し７日を減じた日数を30日／月にて除す。その値は小数点以下第２位を四捨五入して１位止めとする。

なお、設計図書等に工期の始期が明示されている場合は、その工期を算定に用いるＴ（工期）として共通仮設費率を算出することができる。

以下の項目については、共通仮設費率に含まれないため、設計図書等に基づき積み上げにより算定する。

(イ)　準備費

既存施設内の家具、什器及び機器等の移動・復旧に関する費用

(ロ)　仮設建物費

建築工事における、監理事務所（監督職員事務所）の備品等の費用のうち、設計図書に当該工事固有の事情により指定された内容

(ハ)　環境安全費

工事現場（施設）の警備に要する警備要員、機械警備及び交通誘導警備員に要する費用

(ニ)　機械器具費

改修工事における荷揚げ用揚重機械器具等は、機種の選定及び存置日数について施工内容、施工条件等により機種を選定。

(ホ)　その他

材料及び製品の品質管理試験に要する費用は、コンクリート圧縮試験費及び鉄筋の圧接試験費（引張り試験及び超音波探傷試験）を除き、以下の試験費を積み上げにより算定して加算する。

・アスベスト粉じん濃度測定
・アスベスト含有量調査
・室内空気中の化学物質の濃度測定
・六価クロム溶出試験費
・レディーミクストコンクリート単位水量測定費
・PCB 含有シーリング材の判定試験費
・上記に類する各種試験費

また、共通仮設費率は、一般的な市街地が施工場所の場合の比率であり、施工場所近くに水道や電力が整備されていない場合など、通常以上の共通仮設費を要する場合には、別途実情に応じた対応が必要になる。

(3)　共通仮設費のうち、直接工事費に対する比率により算定する共通仮設費率に含まれる内容は、表2－2－4に示すとおりである。

共通仮設費率の留意事項は、下記のとおりである。

(イ)　共通仮設費率に含まれる動力用水光熱費

改修工事は既存施設からの引き込みが可能である場合には、主にメータ設置費と使用料が該当する。

(ロ)　屋外整理清掃費

施工中に発生する端材等の処理に要する費用（指定された集積場所から場外へ搬出するための積込み、運搬費及び処分費）は、共通仮設費率に含む。

表２－２－４　建築工事の共通仮設費率に含む内容

項　　目	内　　　容
準　備　費	敷地整理（新営の場合)、その他の準備に要する費用
仮設建物費	監理事務所（敷地内)、現場事務所（敷地内)、倉庫、下小屋、作業員施設等に要する費用。ただし、設計図書によるイメージアップ費用を除く。
工事施設費	場内通信設備等の工事用施設に要する費用。ただし、設計図書によるイメージアップ費用を除く。
環境安全費	安全標識、消火設備等の施設の設置、隣接物等の養生及び補償復旧に要する費用
動力用水光熱費	工事用電気設備及び工事用給排水設備に要する費用並びに工事用電気・水道料金等屋外整理清掃費屋外及び敷地周辺の跡片付け及びこれに伴う屋外発生材処分等に要する費用
機械器具費	測量機器及び雑機械器具に要する費用
そ　の　他	コンクリートの圧縮試験費、鉄筋の圧接試験費、その他上記のいずれの項目にも属さないもののうち軽微なものの費用

表中の共通仮設費率に含む内容は、新営工事及び改修工事に共通とするが、下記について留意する。

(イ)　準備費

敷地整理は、新営工事に限り共通仮設費率に含む内容とする。

(ロ)　仮設建物費

建築工事において、監理事務所を設けない場合は、共通仮設費率を補正する。

この場合、新営工事及び改修工事ともに、算定した共通仮設費率に0.9を乗じる。

改修工事等で既存施設を監理事務所（監督職員事務所）等として利用できる場合は、利用中の維持管理費、利用後の現場復旧に要する費用も考慮し、共通仮設費率の低減を行わないこともできる。

監理事務所（監督職員事務所）の通常の備品等の費用については、設計図書により当該工事固有の事情により指定された場合を除き、監理事務所費に含む。

(ハ)　動力用水光熱費

共通仮設費率に含まれる動力用水光熱費は、新営工事は引込費用及び使用料、改修工事は既存施設からの引き込みが可能であるため、主にメーター設置費と使用料が該当する。

(ニ)　屋外整理清掃費

施工中に発生する端材等の処理に要する費用（指定された集積場所から場外へ搬出するための積込み、運搬費及び処分費）は、共通仮設費率に含む。

(ホ)　その他

材料及び製品の品質管理試験に要する費用については、コンクリートの圧縮試験費、鉄筋の圧接試験費（引張り試験、超音波探傷試験）のほか、通常の配管及び機器類の水抜き、水張り試験費を含む。

(4)　建築工事の発注において、鉄骨造及び鉄骨鉄筋コンクリート造の主体構造物に係わる鉄骨工事については、共通仮設費率の補正を行う。

(5)　建築工事、電気設備工事及び機械設備工事の発注において、通常の建物本体工事（以下「一

般工事」という。）に、通常の建物本体工事に含まれない表－６に示す工事等（以下「その他工事」という。）を含ませて発注する場合、別途共通仮設費を算定する。

（注）表－６　その他工事の内容は表２－２－５による。

(4)　建築工事の鉄骨造及び鉄骨鉄筋コンクリート造の場合、主体構造物に係わる鉄骨工事の直接工事費（ただし、建方用機械器具費※２を除く。）を鉄骨工事以外の一般工事の直接工事費に加算した全体の直接工事費に対応する共通仮設費率を求め、鉄骨工事以外の一般工事の直接工事費に対してはこの共通仮設費率により共通仮設費を算定し、鉄骨工事の直接工事費に対してはこの共通仮設費率に0.9を乗じて共通仮設費を算定する。

なお、積み上げによる共通仮設費がある場合には、これを鉄骨工事以外の一般工事の共通仮設費とし、純工事費は鉄骨工事以外の一般工事の純工事費と鉄骨工事の純工事費に区分する。

(5)　建築工事の発注において、一般工事にその他工事を含ませて発注する場合は、一般工事とその他工事の直接工事費の合計額に対応する共通仮設費率により一般工事の共通仮設費を算定し、その他工事の共通仮設費は別途算定する。この場合、その他工事の直接工事費に対応する共通仮設費率は、１％として共通仮設費を算定する。

なお、積み上げによる共通仮設費がある場合には、これを一般工事の共通仮設費とし、一般工事の純工事費とその他工事の純工事費に区分する。

表２－２－５　その他工事の内容

表６　その他工事
特殊な室内装備品（家具、書架及び実験台の類）工事
造園工事
舗装工事
取り壊し工事

表－６　（表２－２－５）その他工事は以下のとおりとする。

特殊な室内装備品	：家具・書架・実験器具等の通常の建物本体工事に含まれない特殊な室内装備品とする。ただし、現場での取付けに造作工事等が伴う家具（造り付け家具）は一般工事とする。また、カーテン、ブラインド、ＯＡフロアー、可動・移動間仕切は一般工事とする。
造園工事	：種目で造園工事として取り扱われる項目全てとする。
舗装工事	：種目で舗装工事として取り扱われる項目全てとする。ただし、土工、縁石、側溝、排水ます、排水管は一般工事とする。
取り壊し工事	：種目で取り壊し工事として取り扱われる項目全てとする。ただし、取り壊し工事にアスベスト含有建材の処理工事が含まれる場合のアスベスト含有建材処理工事は、一般（改修）工事とする。

> ⑹　その他工事を単独で発注する場合並びに電気設備工事及び機械設備工事の発注において、労務費の比率が著しく少ない工事を発注する場合は、別途共通仮設費を算定する。
> ⑺　設計変更における共通仮設費については、共通仮設費を積み上げにより算定した場合は設計変更においても積み上げにより算定し、比率により算定した場合は設計変更においても比率により算定する。
> 　この場合の共通仮設費は、設計変更の内容を当初発注工事内に含めた場合の共通仮設費を求め、当初発注工事の共通仮設費を控除した額とする。

⑹　その他工事を単独で発注する場合は、原則として専門工事業者等の見積りを基に共通仮設費を算定する。専門工事業者等の見積りは、従来から直接工事費と諸経費に区分していたが、見積収集をする際は、共通費の個々の費用を的確に把握するため、共通仮設費、現場管理費及び一般管理費等に区分するように依頼する必要がある。

なお、その他工事を単独で発注する場合の事例には、書架工事、造園工事等のような工事がある。

⑺　設計変更における共通仮設費の算定は、当初発注時と同様の方法による。また、共通仮設費の設計変更額は、設計変更の内容を含む全体の共通仮設費を算定し、この額から当初発注工事の共通仮設費を控除して算定する。

3）現場管理費の算定

> 3　現場管理費の算定
> ⑴　現場管理費は、表－２の内容について、費用を積み上げにより算定するか、過去の実績等に基づく純工事費に対する比率（以下「現場管理費率」という。）により算定する。
> 　ただし、現場管理費率を算定する場合の純工事費には、発生材処分費を含まないものとする。

⑴　現場管理費は、通常次式のとおり現場管理費率により算定し、率に含まれない内容は積み上げにより算定して加算する。

現場管理費＝（純工事費×現場管理費率）＋積み上げによる現場管理費

現場管理費は、共通仮設費と同様にすべて積み上げにより算定することは困難である。従って、純工事費に対する比率により算定し、率に含まない内容については、費用を積み上げて加算することとする。

また、現場管理費率を算定する場合の純工事費には、発生材処分費を含まない。

発生材処分費には、建設発生土処分費を含む。

⑵　現場管理費率は、別表－８から別表－14によるものとする。
なお、現場管理費率に含まれない特記事項については、別途積み上げにより算定して加算する。
⑶　現場管理費率に含まれる内容は表－２による。

（注）１．別表－８　現場管理費率（新営建築工事）は、掲載していない。
２．別表－９　現場管理費率（改修建築工事）は、表２－２－８による。
３．別表－10　現場管理費率（新営電気設備工事）は、掲載していない。
４．別表－11　現場管理費率（改修電気設備工事）は、掲載していない。
５．別表－12　現場管理費率（新営機械設備工事）は、掲載していない。
６．別表－13　現場管理費率（改修機械設備工事）は、掲載していない。
７．別表－14　現場管理費率（昇降機設備工事）は、掲載していない。

⑵　現場管理費率は、各工事種別、新営工事・改修工事別に定めた率によるものとする。
現場管理費率は、工事規模（純工事費）と当該工事の工期を基に新営工事と改修工事の現場管理費率による。
ただし、現場管理費率の適用範囲として「上限」、「下限」を定めている。
なお、現場管理費率に含まれる内容は表２－２－２に示すとおりであり、当該工事に前記「現場管理費の算定の積み上げ内容」がある場合は、設計図書による特記事項に従い費用を積み上げにより算定して加算する。また、現場管理費率は、一般的な市街地が施工場所の場合の比率であり、施工場所が山間へき地、離島等の特殊な条件の場合には、別途実情に応じた対応が必要になる。
⑶　現場管理費率に含まれる内容は表２－２－２に示すとおりであり、純工事費に対する比率として適用する。

⑷　建築工事の発注において、鉄骨造及び鉄骨鉄筋コンクリート造の主体構造物に係わる鉄骨工事については、現場管理費率の補正を行う。
⑸　建築工事、電気設備工事及び機械設備工事の発注において、一般工事にその他工事を含ませて発注する場合、別途現場管理費を算定する。

⑷　建築工事の鉄骨造及び鉄骨鉄筋コンクリート造の場合、主体構造物に係わる鉄骨工事の純工事費を鉄骨工事以外の一般工事の純工事費に加算した全体の純工事費に対応する現場管理費率を求め、鉄骨工事以外の一般工事の純工事費に対してはこの現場管理費率により現場管理費を算定し、鉄骨工事の純工事費に対してはこの現場管理費率に1.0を乗じて現場管理費を算定する。
なお、積み上げによる現場管理費がある場合には、これを鉄骨工事以外の一般工事の現場管理費とし、工事原価は鉄骨工事以外の一般工事の工事原価と鉄骨工事の工事原価に区分するものとする。

(5)　建築工事の発注において、一般工事にその他工事を含ませて発注する場合は、一般工事とその他工事の純工事費の合計額に対応する現場管理費率により一般工事の現場管理費を算定し、その他工事の現場管理費は別途算定する。この場合、その他工事の純工事費に対応する現場管理費率は、２％として現場管理費を算定する。

なお、積み上げによる現場管理費がある場合には、これを一般工事の現場管理費とし、一般工事の工事原価とその他工事の工事原価に区分する。

> **(6)　その他工事を単独で発注する場合並びに電気設備工事及び機械設備工事の発注において、労務費の比率が著しく少ない工事を発注する場合は、別途現場管理費を算定する。**
>
> **(7)　設計変更における現場管理費については、現場管理費を積み上げにより算定した場合は設計変更においても積み上げにより算定し、比率により算定した場合は設計変更においても比率により算定する。**
>
> **この場合の現場管理費は、設計変更の内容を当初発注工事内に含めた場合の現場管理費を求め、当初発注工事の現場管理費を控除した額とする。**

(6)　その他工事を単独で発注する場合は、前出２共通仮設費の算定と同様に原則として専門工事業者等の見積りを基に現場管理費を算定する。

(7)　設計変更における現場管理費の算定は、当初発注時と同様の方法による。また、現場管理費の設計変更額は、設計変更の内容を含む全体の現場管理費を算定し、この額から当初発注工事の現場管理費を控除して算定する。

４）一般管理費等の算定

> **４　一般管理費の算定**
>
> **(1)　一般管理費等は、表－３の内容と付加利益について、工事原価に対する比率により算定する。なお、契約保証費については、必要に応じて別途加算する。**

(1)　一般管理費等は、通常次式のとおり一般管理費等率により算定し、必要に応じて契約保証費の加算等を行い算定する。

一般管理費等＝（工事原価×一般管理費等率）＋積み上げによる一般管理費等

契約保証に必要な費用は、必要に応じて別途加算する。ただし、設計変更については、契約補償費の加算は行わない。

契約保証費については、下記により補正値を加算する。ただし、設計変更においては補正を行わない。

契約保証費に関する一般管理費等率の補正値

内　　　容	補正値（%）
保証の方法１：発注者が金銭的保証を必要とする場合 （工事請負契約書第４条を採用する場合）	0.04
保証の方法２：上記以外の場合	補正しない
注）契約保証のうち、保証の方法２の具体例は以下のとおり。 ①　予算決算及び会計令第100条の２第１項第１号の規定により、工事請負契約書の作成を省略できる工事請負契約である場合	

前払金支出割合による補正

(イ)　前払金支出割合が35パーセント以下とした場合の一般管理費等は、下記の前払金支出割合区分ごとに定める補正係数を一般管理費等率に乗じる。

(ロ)　前払い金の支出割合に対して補正係数を求め一般管理費等率に乗じるものであり、支払限度額の割合に対しては適用しない。

一般管理費等率補正係数

前払金支出割合区分（%）	補正係数
５以下	1.05
５を超え15以下	1.04
15を超え25以下	1.03
25を超え35以下	1.01

（一般管理費等率）

(2)　一般管理費等率は、別表－15から別表－17による。

（注）１．別表－15　一般管理費等率（建築工事）は、表－２－２－10による。

２．別表－16　一般管理費等率（電気設備工事）は、掲載していない。

３．別表－17　一般管理費等率（機械設備工事、昇降機設備工事）は、掲載していない。

(2)　一般管理費等率は、各工事種別に定めた率によるものとする。

なお、一般管理費等率は、各工事種別の新営工事及び改修工事に共通である。

一般管理費等率は、工事原価に対する比率として適用する。

(3)　その他工事を単独で発注する場合並びに電気設備工事及び機械設備工事の発注において、労務費の比率が著しく少ない工事を発注する場合は、別途一般管理費等を算定する。

(3)　その他工事を単独で発注する場合は、前出「共通仮設費の算定」と同様に原則として専門工事業者等の見積りを基に一般管理費等を算定する。

(4)　設計変更における一般管理費等については、設計変更の内容を当初発注工事内に含めた場合の一般管理費等を求め、当初発注工事の一般管理費等を控除した額とする。ただし、設計変更については契約保証費にかかる補正を行わない。

(4)　設計変更における一般管理費等の算定は、当初発注時と同様の方法による。

また、一般管理費等の設計変更額は、設計変更の内容を含む全体の一般管理費等を算定し、この額から当初発注工事の一般管理費を控除して算定する。

5）その他工事及び留意事項

(1)　その他工事として取り扱う工事について

その他工事として取り扱う工事の具体例を下記に示す。

その他工事としての取り扱い

（注）○印は対象項目、×印は対象外項目

特殊な室内装備品	家具・書架及び実験台の類で通常の建物本体工事に含まれない特殊な室内法備品				
壁面収納（造り付け以外）	○	ローパーティション	○	移動書架	○
書架（スチール棚）	○	書架（既製木製棚）	○	家具（造り付け以外）	○
造り付け家具	×	カーテン	×	ブラインド	×
ファンコイルカバー	×	じゅうたん	×	OA フロア	×
一般（湯沸室）流し台	×	トイレブース	×	可動・移動間仕切	×
実験流し台	○	実験・医療器具	○	シールド工事	○
舞台機構装置	○	浴室・シャワーユニット	×	厨房機器	×
清掃用ゴンドラ	×				
造園工事	種目で造園工事として取り扱われる項目全て。				
樹木費	○	植え込み費	○	地被類（芝張り、は種）	○
支柱	○	移植	○	客土	○
植栽基盤	○	土壌改良	○	ツリーサークル	○
伐採・抜根	○	人工土壌	○	排水マット敷設	○
庭石・モニュメント	○	温室工事	○		
舗装工事	種目で舗装工事として取り扱われる項目全て。ただし、土工、縁石、側溝は一般工事とする。				
土工事	×	直接仮設（舗装用）	○	アスファルト舗装	○
コンクリート舗装	○	タイル張り舗装	○	石張り舗装	○
インターロッキング舗装	○	舗石舗装	○	グランド・テニスコート	○
平板舗装	○	路床整正	○	舗装機械運搬	○

トラフィックペイント	○	縁石	×	L型側溝・V型溝	×
排水ます	×	開きょ（U字溝）	×	排水管	×
取り壊し工事	種目で取り壊し工事として取り扱われる項目全て。ただし、アスベスト含有建材処理工事については、一般（改修）工事とする。				
とりこわし費	○	集積積込み	○	アスベスト処理工事費	×
とりこわし材運搬費	○	とりこわし機械運搬	○		

(2)　共通費の算定に関する留意事項は以下による。

①　その他工事を単独で発注する場合の共通費の区分について

「共通費積算基準」の１共通費の区分と内容により区分し、専門工事業者からの見積りを参考に計上する。

②　新営工事と改修工事を一括して発注する場合について

a　共通仮設費及び現場管理費は、新営工事と改修工事に区分して算定する。

b　共通仮設費率及び現場管理費率は、新営工事と改修工事の直接工事費の合計額に対応する新営工事と改修工事の共通仮設費率、純工事費の合計額に対応する新営工事と改修工事の現場管理費率とする。

c　積み上げによる共通仮設費及び現場管理費は、新営工事と改修工事のうち主な工事の共通仮設費又は現場管理費に計上する。

d　一般管理費等は、新営工事と改修工事の工事原価の合計額に対する一般管理費等率により算定する。

e　工事の内容により指定部分と指定部分以外を分けて算定することができる。

なお、指定部分とは工事目的物について、発注者が設計図書において工事の完成に先立って引渡しを受けるべきことを指定した部分をいい、当該部分以外を指定部分以外という。

③　敷地が異なる複数の工事を一括して発注する場合について

a　共通仮設費及び現場管理費は、それぞれの敷地の工事ごとに算定する。

b　共通仮設費率及び現場管理費率は、それぞれの敷地の工事ごとの直接工事費及び工期に対応する共通仮設費率、純工事費及び工期に対応する現場管理費率とする。

c　積み上げによる共通仮設費及び現場管理費は、それぞれの敷地の工事ごとに計上する。

d　一般管理費等は、それぞれの敷地の工事ごとの工事原価の合計額に対する一般管理費等率により算定する。

④　同一敷地又は近接した敷地の複数の工事を一括して発注する場合について

a　共通仮設費及び現場管理費は、同一敷地全体又は近接した敷地を一括して算定する。

b　共通仮設費率及び現場管理費率は、同一敷地全体又は近接した敷地における直接工事費の合計額に対応する共通仮設費率、純工事費の合計額に対応する現場管理費率とする。

c　一般管理費等は、それぞれの工事の工事原価の合計額に対する一般管理費等率により算定する。

d　工事の内容により指定部分と指定部分以外を分けて算定することができる。

⑤　建築工事、電気設備工事、機械設備工事及び昇降機設備工事のいずれかを一括して発注する場合について

a　共通仮設費及び現場管理費は、それぞれの工事種別毎の共通仮設費及び現場管理費に関する定めにより算定し、それらの合計による。

ただし、主たる工事以外のいずれかの工事（昇降機設備工事を除く。）が、主たる工事と比較して軽微な工事であり、かつ、単独の工期設定がない場合は、当該工事を主たる工事に含め、主たる工事の定めにより共通仮設費及び現場管理費を算定することができる。なお、主たる工事とは発注時の工事種別をいう。

b　積み上げによる共通仮設費及び現場管理費は、それぞれの工事種別毎に区分して計上する。

c　一般管理費等は、それぞれの工事種別の工事原価の合計額に対する主たる工事の一般管理費等率により算定する。

d　軽微な工事とは、原則として次のいずれかに該当するものをいう。また、工事内容、工事費の比率等を考慮し、適切に対応する。

①主たる工事以外のいずれかの工事の直接工事費が、主たる工事の直接工事費の１／20以下又は300万円以下の場合

②工事内容、工事費及び工期から判断して、①に準ずるとみなせる場合

e　共通費の積算手法は、設計図書の変更があった場合においても、原則として変更しない。

⑥　後工事の扱いについて

本来一体とすべき同一建築物又は同一敷地内の工事を分割して発注し、新規に発注する工事（以下「後工事」という。）を現に施工中の工事の受注者と随意契約しようとする場合の共通仮設費及び現場管理費並びに一般管理費等は、契約済みの全ての工事（以下「前工事」という。）と後工事を一括して発注したとして算定した額から、前工事の額を控除した額とする。

⑦　工事の一時中止に伴う増加費用について

工事を一時中止した場合の増加費用（工事現場の維持に要する費用、工事体制の縮小に要する費用、工事の再開準備に要する費用）の算定は、「工事の一時中止に伴う増加費用等の積算上の取扱いについて」（平成元年２月８日付建設省技調発第57号）による他、以下による。

a　工事一時中止に伴う増加費用は、工事現場の維持に要する費用、工事体制の縮小に要する費用及び工事の再開準備に要する費用（以下、「工事現場の維持等に要する費用」という。）に本支店における増加費用を加算した費用とする。

b　工事現場の維持等に要する費用は、中止期間中における工事現場の管理に関する計画（基本計画書）に基づき実施した内容について見積りを求め、それを参考に積み上げ計上する。

c　工事現場の維持等に要する費用として積み上げる内容に、仮囲い等の仮設、警備要員など当初予定価格の作成時に積み上げで算定したものがある場合、当初積算の方法により積み上げ計上する。

d　工事一時中止に係る本支店における増加費用は、設計変更における一般管理費等の算定方法

と同様に、工事中止に伴う増加費用（積み上げ分）を当初発注工事内に含めた場合の一般管理費等を求め、当初発注工事の一般管理費等を控除した額とする。

e　一般管理費等率は、工事原価に工事一時中止に伴う増加費用（積み上げ分）を加算した額に対応する一般管理費等率とする。

なお、設計変更においても同様とする。

f　契約保証費は補正を行わない。

g　工事一時中止に伴う増加費用の算定は、落札率を考慮し、工事現場の維持等に要する費用に本支店における増加費用を加えて得た額に落札率を乗じ、さらに消費税等相当額を加えて得た額とする。

⑧　営繕工事のいずれかと営繕工事以外の工事を一括して発注する場合について

a　共通仮設費及び現場管理費は、営繕工事と営繕工事以外の工事に分け、それぞれの工事毎の共通仮設費又は現場管理費に関する定めにより算定する。

b　一般管理費等は、営繕工事と営繕工事以外の工事の工事原価の合計額に対応するそれぞれの工事毎の定めにより算定する。

⑨　改修工事における後工事の扱いについて

改修工事で後工事を現に施工中の受注者と随意契約しようとする場合の共通仮設費及び現場管理費並びに一般管理費等は、後工事のみを対象として算定する。ただし、後工事の工期の過半が前工事の工期と重なる場合は、前工事と後工事を一括して発注したとして算定した額から、前工事の額を控除した額とする。

6）各共通費の率

(1)　共通仮設費率

改修建築工事の共通仮設率は、表２－２－６に示す率によるものとする。なお、主な共通仮設率を表２－２－７に示す。

表２－２－６　共通仮設費率（改修建築工事）

別表－２　共通仮設費率（改修建築工事）			
直接工事費		５百万円以下	５百万円を超える
共通仮設費率	上限	6.07％	$11.74 \times P^{-0.0774}$
		共通仮設費率算定式により算定された率	
	下限	3.59％	$6.94 \times P^{-0.0774}$

算定式

$$Kr = 18.03 \times P^{-0.2027} \times T^{0.4017}$$

ただし、Kr　：共通仮設費率（％）
P　：直接工事費（千円）とし、５百万円以下の場合は、５百万円として扱う
T　：工期（か月）

注１．本表の共通仮設費率は、施工場所が一般的な市街地の比率である。
注２．Krの値は、小数点以下第３位を四捨五入して２位止めとする。

表２－２－７　改修建築工事の主な共通仮設費率（Kr）（積み上げ分を除く）　　（%）

T：工期（か月）	P：直接工事費（千円）										
	5,000	10,000	20,000	40,000	60,000	80,000	100,000	300,000	500,000	800,000	1,000,000
1.0											
2.0	4.24	3.68									
3.0	4.99	4.33	3.77	3.27	3.01						
4.0	5.60	4.86	4.23	3.67	3.38	3.19	3.05				
5.0		5.32	4.62	4.02	3.70	3.49	3.34	2.67			
6.0		5.73	4.97	4.32	3.98	3.76	3.59	2.87	2.59		
7.0			5.29	4.60	4.24	4.00	3.82	3.06	2.76	2.51	2.39
8.0				4.85	4.47	4.22	4.03	3.23	2.91	2.64	2.53
9.0				5.09	4.69	4.42	4.22	3.38	3.05	2.77	2.65
10.0					4.89	4.61	4.41	3.53	3.18	2.89	2.76
11.0						4.79	4.58	3.67	3.30	3.00	2.87
12.0							4.74	3.80	3.42	3.11	2.97
13.0								3.92	3.53	3.21	3.07
14.0								4.04	3.64	3.31	3.16
15.0								4.15	3.74	3.40	3.25
16.0								4.26	3.84	3.49	3.34
17.0								4.37	3.94	3.58	3.42
18.0									4.03	3.66	3.50
19.0									4.12	3.74	3.58
20.0									4.20	3.82	3.65
21.0										3.90	3.72
22.0										3.97	3.79
23.0										4.04	3.86
24.0											3.93
25.0											3.99
26.0											
27.0											
28.0											
29.0											
30.0											
31.0											
32.0											
33.0											
34.0											
35.0											
36.0											

下限値
直接工事費5,000千円を超える共通仮設費率
$Kr=6.94\times P^{-0.0774}$

上限値
直接工事費5,000千円を超える共通仮設費率
$Kr=11.74\times P^{-0.0774}$

下限及び上限の算定値

	5,000	10,000	20,000	40,000	60,000	80,000	100,000	300,000	500,000	800,000	1,000,000
下限値	3.59	3.40	3.22	3.06	2.96	2.90	2.85	2.61	2.51	2.42	2.38
上限値	6.07	5.76	5.45	5.17	5.01	4.90	4.82	4.42	4.25	4.10	4.03

注）１．主な共通仮設費率は、別表－２共通仮設費率（改修建築工事）の算定式により算定された率である。
２．直接工事費5,000千円以下の共通仮設費率の下限値は3.59%、上限値は6.07%とし、直接工事費5,000千円を超える共通仮設費率の下限値及び上限値は、表中のそれぞれの算定式から求めた率とする。

なお、共通仮設費率に含まれる内容は表２－２－１に示すとおりであり、当該工事に積み上げ内容がある場合は、現場条件に合わせて費用を適切に積み上げて算定する。また、共通仮設費率は、一般的な市街地が施工場所の比率であり、施工場所近くに水道や電力が整理されていない場合など、通常以上の共通仮設費を要する場合には、別途実情に応じた対応が必要になる。

(2)　現場管理費率

改修建築工事の現場管理費率は、表２－２－８に示す率によるものとする。

なお、主な現場管理率を表２－２－９に示す。

表２－２－８　現場管理率（改修建築工事）

別表－９　現場管理費率（改修建築工事）			
純工事費		５百万円以下	５百万円を超える
現場管理費率	上限	26.86％	$184.58 \times Np^{-0.2263}$
		現場管理費率算定式により算定された率	
	下限	12.70％	$87.29 \times Np^{-0.2263}$

算定式

$$Jo = 356.20 \times Np^{-0.4085} \times T^{0.5766}$$

ただし、Jo　：現場管理費率（％）

Np　：純工事費（千円）とし、５百万円以下の場合は、５百万円として扱う

T　：工期（か月）

注１．本表の現場管理費率は、施工場所が一般的な市街地の比率である。

注２．Joの値は、小数点以下第３位を四捨五入して２位止めとする。

表２－２－９　改修建築工事の主な現場管理費率（Jo）（積み上げ分を除く）

（％）

T：工期（か月）	Np：純工事費（千円） 5,000	10,000	20,000	40,000	60,000	80,000	100,000	300,000	500,000	800,000	1,000,000
1.0											
2.0	16.38	12.34	9.30								
3.0	20.69	15.59	11.74	8.85	7.50						
4.0	24.42	18.40	13.86	10.44	8.85	7.87	7.18				
5.0		20.93	15.77	11.88	10.07	8.95	8.17	5.22			
6.0			17.51	13.20	11.18	9.94	9.08	5.79	4.70		
7.0			19.14	14.42	12.22	10.87	9.92	6.33	5.14	4.24	3.87
8.0				15.58	13.20	11.74	10.71	6.84	5.55	4.58	4.18
9.0				16.67	14.13	12.56	11.47	7.32	5.94	4.90	4.48
10.0					15.01	13.35	12.18	7.78	6.31	5.21	4.76
11.0						14.10	12.87	8.22	6.67	5.50	5.03
12.0							13.53	8.64	7.01	5.79	5.28
13.0								9.05	7.34	6.06	5.53
14.0								9.44	7.67	6.33	5.77
15.0								9.83	7.98	6.58	6.01
16.0								10.20	8.28	6.83	6.24
17.0								10.56	8.57	7.08	6.46
18.0									8.86	7.31	6.68
19.0									9.14	7.54	6.89
20.0									9.42	7.77	7.09
21.0										7.99	7.30
22.0										8.21	7.49
23.0										8.42	7.69
24.0											7.88
25.0											8.07
26.0											
27.0											
28.0											
29.0											
30.0											
31.0											
32.0											
33.0											
34.0											
35.0											
36.0											

下限値
純工事費5,000千円を超える現場管理費率
$Jo = 87.29 \times Np^{-0.2263}$

上限値
純工事費5,000千円を超える現場管理費率
$Jo = 184.58 \times Np^{-0.2263}$

下限及び上限の算定値

	5,000	10,000	20,000	40,000	60,000	80,000	100,000	300,000	500,000	800,000	1,000,000
下限値	12.70	10.86	9.28	7.93	7.24	6.78	6.45	5.03	4.48	4.03	3.83
上限値	26.86	22.96	19.63	16.78	15.31	14.34	13.64	10.63	9.47	8.52	8.10

注）１．主な現場管理費率は、別表－９現場管理費率（改修建築工事）の算定式により算定された率である。

２．純工事費5,000千円以下の現場管理費率の下限値は12.7％、上限値は26.86％とし、純工事費5,000千円を超える現場管理費率の下限値及び上限値は、表中のそれぞれの算定式から求めた率とする。

なお、現場管理費率に含まれる内容は表２－２－２に示すとおりであり、当該工事に積み上げ内容がある場合は、設計図書による特記事項に従い費用を積み上げにより算定して加算する。

また、現場管理費率は、一般的な市街地が施工場所の場合の比率であり、施工場所が山間へき地、離島等の特殊な条件の場合には、別途実情に応じた対応が必要になる。

(3)　一般管理費等率

建築工事の一般管理費等率は、表２－２－10に示す率とするものとする。なお、主な、一般管理費等率を表２－２－11に示す。

表２－２－10　一般管理費等率（建築工事）

別表－15　一般管理費等率（建築工事）			
工事原価	５百万円以下	５百万円を超え30億円以下	30億円を超える
一般管理費等率	11.26%	一般管理費等率算定式により算定された率	8.41%

算定式

$Gp=15.065-1.028\times\log(Cp)$

ただし、Gp：一般管理費等率（%）

Cp：工事原価（千円）

注１．Gp の値は、小数点以下第３位を四捨五入して２位止めとする。

表２－２－11　建築工事の主な一般管理費等率（Gp）

工事原価（千円）	一般管理費等（%）	工事原価（千円）	一般管理費等（%）	工事原価（千円）	一般管理費等（%）
5,000	11.26	120,000	9.84	1,000,000	8.90
10,000	10.95	140,000	9.77	1,200,000	8.82
20,000	10.64	160,000	9.72	1,400,000	8.75
30,000	10.46	180,000	9.66	1,600,000	8.69
40,000	10.33	200,000	9.62	1,800,000	8.63
50,000	10.23	300,000	9.43	2,000,000	8.59
60,000	10.15	400,000	9.31	2,200,000	8.54
70,000	10.08	500,000	9.21	2,400,000	8.51
80,000	10.02	600,000	9.13	2,600,000	8.47
90,000	9.97	800,000	9.00	2,800,000	8.44
100,000	9.93	900,000	8.94	3,000,000	8.41

注）主な一般管理費等率は、別表－15一般管理費等率（建築工事）の算定式により算定された率である。

なお、一般管理費等に含まれる内容は表２－２－３に示すとおりである。一般管理費等率は、工事原価に対する比率として適用する。

7）共通費の計算例

改修建築工事における共通費の計算例を表２－２－12に示す。

⑴　計算例の諸元

①　改修建築工事の工期：契約日の翌日から工期末までの期間の日数＝228（日）

228（日）/30（日）＝7.6（か月）

※小数点以下第２位を四捨五入して１位止め

②　改修建築工事にはその他工事を含む

③　発生材処分費（運搬費は含まない。）を含む

⑵　直接工事費

直接工事費は、建築工事の一般工事（改修）・その他工事、及び発生材処分費に区分する。

なお、後述のとおり共通仮設費を算定する場合の直接工事費、現場管理費を算定する場合の純工事費には、それぞれ発生材処分費を含まない。

⑶　共通仮設費の算定

①　建築工事の一般工事（改修）の共通仮設費の算定

一般工事（改修）の共通仮設費は、一般工事（改修）の直接工事費に以下で求めた共通仮設費率を乗じて算定する。

一般工事（改修）の共通仮設費率は、一般工事（改修）及びその他工事の直接工事費の合計額（91,300,000円）と工期（7.6か月）を**別表－２**（表２－２－６）共通仮設費率（改修建築工事）の算定式（$Kr=18.03\times P^{-0.2027}\times T^{0.4017}$）に代入し求めると、4.02（%）になる。

共通仮設費率の上限及び下限は、**別表－２**（表２－２－６）の算定式（上限＝$11.74\times P^{-0.0774}$及び下限＝$6.94\times P^{-0.0774}$）に代入して求めると、上限＝4.85（%）及び下限＝2.87（%）であり、共通仮設費率4.02（%）は上限値及び下限値の範囲内となっている。

従って、一般工事（改修）の共通仮設費は、以下のとおり算定する。

建築工事の一般工事（改修）の共通仮設費＝90,300,000（円）×4.02（%）＝3,630,060（円）

②　建築工事のその他工事の共通仮設費の算定

その他工事の共通仮設費は、その他工事の直接工事費に共通仮設費率（１%）を乗じて以下のとおり算定する。

建築工事のその他工事の共通仮設費＝1,000,000（円）×１（%）＝10,000（円）

⑷　現場管理費の算定

①　建築工事の一般工事（改修）の現場管理費の算定

一般工事（改修）の現場管理費は、一般工事（改修）の純工事費に以下で求めた現場管理費率を乗じて算定する。

一般工事（改修）の現場管理費率は、一般工事（改修）及びその他工事の純工事費の合計額（94,940,060円）と工期（7.6か月）を**別表－９**（表２－２－８）現場管理費率（改修建築工事）の算定式（$Jo=356.20\times Np^{-0.4085}\times T^{-0.5766}$）に代入し求めると、10.62（%）になる。

現場管理費率の上限及び下限は、**別表－９**（表２－２－８）の算定式（上限＝184.58×$Np^{-0.2263}$及び下限＝87.29×$Np^{-0.2263}$）に代入して求めると、上限＝13.80（％）及び下限＝6.52（％）であり、現場管理費率10.62（％）は上限値及び下限値の範囲内となっている。

従って、一般工事（改修）の現場管理費は、以下のとおり算定する。

建築工事の一般工事（改修）の現場管理費＝93,930,060（円）×10.62（％）＝9,975,372（円）

②　建築工事のその他工事の現場管理費の算定

その他工事の現場管理費は、その他工事の純工事費に現場管理費率（２％）を乗じて算定する。

建築工事のその他工事の現場管理費＝1,010,000（円）×２（％）＝20,200（円）

(5)　一般管理費等の算定

一般管理費等は、工事原価の総額に以下で求めた一般管理費等率を乗じて算定する。

一般管理費等率は、工事原価の合計額（105,435,632円）を主たる工事（建築工事）の**別表－15**（表２－２－10）一般管理費等率（建築工事）の算定式（Gp＝15.065－1.028×log（Cp））に代入し求めると、9.90（％）になる。

従って、一般管理費等は、以下のとおり算定する。

なお、発生材処分費は、工事原価に含み、一般管理費等の対象とする。

一般管理費等＝105,435,632（円）×9.9（％）＝10,438,127（円）

(6)　工事価格の算定

工事価格は、工事原価の合計額に上記(5)により算定した一般管理費等を加算し、以下のとおり算定する。

工事価格＝105,435,632（円）＋10,438,127（円）＝115,873,759（円）

表２－２－12　建築工事における共通費の計算例

（改修建築工事）

単位：円

工事種別	工期	直接工事費	契約済工事	今回工事	計	共通仮設費率	補正率	全体共通仮設費	契約済共通仮設費	今回共通仮設費
建築工事	7.6	一般工事（改修）		90,300,000	90,300,000	4.02	1.0	3,630,060		3,630,060
		その他工事		1,000,000	1,000,000	1.00	1.0	10,000		10,000
		小計		91,300,000	91,300,000			3,640,060		3,640,060
							発生材処分費等は共通仮設費の対象としない			
		発生材処分費		500,000	500,000					—
		計		91,800,000	91,800,000			3,640,060		3,640,060
工事種別	工期	純工事費	契約済工事	今回工事	計	現場管理費率	補正率	全体現場管理費	契約済現場管理費	今回現場管理費
建築工事	7.6	一般工事（改修）		93,930,060	93,930,060	10.62	1.0	9,975,372		9,975,372
		その他工事		1,010,000	1,010,000	2.00	1.0	20,200		20,200
		小計		94,940,060	94,940,060			9,995,572		9,995,572
							発生材処分費等は現場管理費の対象としない			
		発生材処分費		500,000	500,000					—
		計		95,440,060	95,440,060			9,995,572		9,995,572
工事種別	—	工事原価	契約済工事	今回工事	計	一般管理費等率	補正率	全体一般管理費等	契約済一般管理費等	今回一般管理費等
建築工事		一般工事（改修）		103,905,432	103,905,432					
		その他工事		1,030,200	1,030,200					
		小計		104,935,632	104,935,632					
		発生材処分費		500,000	500,000					
		計		105,435,632	105,435,632	9.9	1.0	10,438,127		10,438,127
		合計（工事価格）								115,873,759

注）１．契約保証費を必要とする場合は、一般管理費等率を補正する。
　　２．発生材処分費とは、建設発生土処分費、取り壊し発生材処分費をいう。

3　公共建築工事標準単価積算基準・解説

1）一般事項

標準単価積算基準は、単価及び価格について定めたものであり、新営工事及び改修工事に適用する。以下に「標準単価積算基準」（囲み枠内）及びその解説を示す。

(1)　基本的事項

第１編　総則

１　基本的事項

本基準は、公共建築工事における工事費積算に用いる単価及び価格に関する基本的事項を定める。なお、山間へき地、離島等の地理・気象条件が特異な場合や社会・経済動向に著しい変化が認められる場合等においては、実情に応じた適切な単価及び価格を用いる。

公共建築工事標準単価積算基準（以下「標準単価積算基準」という。）は、公共建築工事の工事費積算に際して用いる単価及び価格について、その基本的な事項を定めるもので、発注者は各工事の施工条件等を勘案して実情に応じた適切な単価及び価格を用いる必要がある。

なお、山間へき地、離島等においては、施工場所が一般的な市街地である工事に比べて、費用及び資機材の手配に期間を要することが予想されることから工事の積算にあたっては、材料・労務の調達、プラント・建設器具等の有無及び運搬方法等についての特殊事情を調査・検討し、実情に応じた積算が必要である。

施工場所における気象条件（積雪、寒冷地等）、発注時の市場における労務の動向・材料単価等の取引状況についても十分な把握が必要である。

また、寒冷地では、除雪に関する費用及び寒中養生のための費用等について、実情に応じて積算する。

改修工事等の積算において、工事量が僅少の場合及び施工箇所が点在する場合並びに工程上連続作業が困難な場合等の単価及び価格は、施工に最低限必要な単位の材料、労務、機械器具等の費用を実情に応じて算定する。

(2)　単価及び価格の算定

２　単価及び価格の算定

単価及び価格の算定については次による。

単価及び価格の算定に係わる材料価格等、複合単価、市場単価並びに前記以外の単価及び価格については以下のとおり定める。

> ⑴　材料価格等
> 　材料価格等は、積算時の最新の現場渡し価格とし、物価資料の掲載価格又は製造業者の見積価格等を参考に定める。
> ⑵　複合単価
> 　複合単価は、材料、労務、機械器具等の各要素と単位施工当たりに必要とされる数量（以下「所要量」という。）から構成される歩掛りに、次の単価等を乗じて算定する。
> イ．材料単価
> 　材料単価は、物価資料の掲載価格等による。
> ロ．労務単価
> 　労務単価は、「公共工事設計労務単価」による。ただし、基準作業時間外の作業、特殊条件による作業等については、労務単価の割増しを行うことができる。
> ハ．機械器具費
> 　機械器具損料は、「請負工事機械経費積算要領」（昭和49年３月15日付建設省機発第44号）による。また、建設機械賃料は物価資料の掲載価格等による。
> ニ．仮設材費
> 　仮設材費は、物価資料の掲載価格等による賃料又は材料の基礎価格に損料率を乗じて算定する。

①　材料価格等とは、杭・鉄筋・コンクリート・鉄骨等の価格変動が大きい資材及び建物ごとの個別性が強い機器等の単価及び価格をいい、数量の多寡、施工条件等を考慮し、積算時の最新の価格を採用する。

建築工事の材料価格は、一般に物価資料の掲載価格を採用する。掲載価格の荷渡し場所は現場持ち込みを条件としている。ただし、加工を施す材料（鉄筋、鉄骨等）については、加工場から施工場所までの運搬費を別途計上する必要がある。

主要資材である鉄筋、コンクリート及び鉄骨等は、細目別内訳書に単独の細目として計上される。これらの材料は多量に使用されるとともに、工事費の中で占める割合も大きいことから、価格の動向には注意を払う必要がある。単価及び価格を算定するにあたって、物価資料による場合は、積算資料（(一財）経済調査会発行）又は建設物価（(一財）建設物価調査会発行）等の掲載価格を採用する。また、材料価格が物価資料に掲載されていない場合は、製造業者等のカタログ価格又は見積りを収集し、市場の取引実勢や類似工事の実績等に基づき価格を決定する。

②　複合単価は、通常、材料費、労務費、機械器具費、下請経費等で構成する。

歩掛りは、上記の各要素について、単位施工当たりに必要な所要量としての数値で示すもので、単位施工当たりの単位としては、㎡、㎥、ｔ、本又は日等がある。また、複合単価を構成する要素については、施工手間（人力土工等）のように労務費、下請経費等で構成するものもある。

イ．複合単価を構成する要素の一つである材料単価は、前記(1)材料価格等と同様に、一般に物価資料の掲載価格を採用し、この掲載価格の渡し場所は現場持ち込みを条件としている。また、材料単価が物価資料に掲載されていない場合は、前記(1)材料価格等による。

ロ．毎年、農林水産省と国土交通省の２省が原則として、10月１日から10月31日までを調査対象期間として実施している公共事業労務費調査の結果について、翌年３月までの時点修正を行って労働者の賃金を決定したものが、公共工事設計労務単価（基準額）（以下「労務単価」という。）であり、年度当初に物価資料へ掲載されている。

なお、労務単価は、公共工事の工事費の積算に用いるためのものであり、下請契約等における労務に係る単価を拘束するものではない。また、労務単価は、所定労働時間内８時間当たりの単価であり、時間外及び休日並びに深夜の労働についての割増賃金、各職種の通常の作業条件または作業内容を超えた労働に対する手当等は含まれていない。時間外及び休日並びに深夜の労働は、施工時期・施工時間が制限され、割増賃金を見込む必要が設計図書に明示された場合は、割増しを考慮する。

ハ．「請負工事機械経費積算要領」（昭和49年３月15日付建設省機発第44号、最終改正平成22年３月30日付国総施第272号）は、建設機械の使用に必要な経費（以下「機械経費」という。）の積算について、必要な事項を定めたものである。

機械損料の積算は、この「請負工事機械経費積算要領」第４第４項に定められている。

また、荷揚げ・荷降ろし等に用いる建設機械（クレーンなど）の賃料は物価資料の掲載価格による。

ニ．請負業者が自ら仮設材を保有することは、資材置き場・仮設材の維持管理等に必要な経費を要することから、昨今ではリース材を使用することが多くなっている。このような実態を踏まえ、平成17年３月に「建設用仮設材損料算定基準」（以下「損料算定基準」という。（昭和44年６月12日付け建設省機発第65号、最終改正平成17年３月24日付け国総施第139号））が改正され、損料算定基準から仮設材に関する損料や損耗費等を削除し、「～中略～過去の実績又は推定により適正に定めるものとする」とされた。建築工事では、平成19年度から仮設資材費に賃料を採用することとし、併せて仮設関連歩掛りが改正された。（第２章第１節仮設参照）

なお、仮設材費を材料の基礎価格に１現場当たりの損料率を乗じて算定するものには、仮設における遣方の構成部材や仮設間仕切り下地・仕上げ材の構成部材等がある。

(3)　市場単価

市場単価は、元請業者と下請の専門工事業者間の契約に基づき調査された単位施工当たりの取引価格であり、物価資料に掲載された「建築工事市場単価」による。

なお、第２編～第４編に定める工種に適用する。また、市場単価は材料費、労務費、機械経費等によって構成されるが、その掲載条件が一部異なる場合の単価については、類似の市場単

価を適切に補正して算定することができる。

(4)　上記以外の単価及び価格

上記以外の単価及び価格は、物価資料の掲載価格又は製造業者・専門工事業者の見積価格等を参考に定める。

③　市場単価は、元請業者と下請けの専門工事業者間の契約に基づき調査された単位施工当たりの取引価格であり、建築施工単価（(一財）経済調査会発行）又は建築コスト情報（(一財）建設物価調査会発行）に掲載の「建築工事市場単価」を採用する。

「標準単価積算基準」では、第２編各節に適用する市場単価の細目工種が定められている。ただし、建築工事は一般に個別性が強いことから、工事ごとに多種の単価が必要とされる。

このため、市場単価に類似する単価については、市場単価を適切に補正して算定し適用することとしている。

市場単価を補正して算出する単価（以下「補正市場単価」という。）の補正方法は、次式による。

補正市場単価Ａ’＝市場単価Ａ×算定式

算定式＝ａ’÷ａ

ａ’＝補正市場単価Ａ’の細目工種に対応する歩掛りによる複合単価

ａ＝市場単価Ａの細目工種に対応する歩掛りによる複合単価

なお、補正市場単価の細目工種、補正に用いる歩掛りについては、各章による。

④　材料価格等、複合単価、市場単価以外の単価及び価格は、物価資料の掲載価格又は製造業者・専門工事業者の見積価格等を参考に定める。

製造業者又は専門工事業者の見積価格等を参考にして単価及び価格を算定する場合は、必要に応じてヒアリング等を行い市中における取引状況等の確認し、類似の取引価格、数量の多寡及び施工条件等を勘案して単価及び価格を決定する。

また、製造業者の見積価格等には、公表しているカタログ価格を含む。

建設副産物（建設発生土を含む。）の処理に関する積算は、「再生資源の利用の促進について」（平成３年10月25日建設省技調発第243号）及び「公共建設工事における再生資源活用の当面の運用について」（平成14年５月30日国営計第27号）により、工事現場から処理施設等までの運搬及び受入れに要する費用等を施工条件の明示事項等に従い、適切に計上する。

(3)　歩掛り

３　歩掛り

「２単価及び価格の算定」による複合単価の算定に用いる歩掛りは、第２編～第４編に定める歩掛りを標準とする（以下「標準歩掛り」という。)。なお、歩掛りにおける構成については次による。

歩掛りとは、工事目的物の単位施工（単位面積、単位容積等）に要する材料、労務を含んだものと解釈されている。ここでは専門工事業者が元請業者から下請けをして、自社従業員による施工を基本としている。

(1)　材料

材料の所要量は、施工に伴い通常発生する材料の切り無駄等（以下「端材等」という。）を考慮した割増しを含む。

(2)　労務

労務の所要量は、平均的能力の作業員による標準作業量とする。

(3)　機械器具

機械器具の所要量は、平均的能力の機種による標準作業量とする。

(4)　その他

「その他」は、下請経費及び小器材の損耗費等であり、表３－１－１～３の工種毎の率による。

①　材料歩掛りは、施工上必要とする数量を採用するため、材料の端材等を考慮したロスを含むものとする。必要とする材料の所要量は、工法によって相違することに注意しなければならない。従って、歩掛りの所要量を考える場合、後述する労務も含めて、前提となる施工仕様が明確となっていることが重要である。「標準単価積算基準」第２編第１章新営工事、第２章改修工事の標準歩掛りでは、施工仕様として「標準仕様書（建築）」及び「改修標準仕様書（建築）」の規定が基本となっている。つまり、施工仕様と標準歩掛りとは、密接不可分な関係にある。また、材料のロス率は、施工業者の能力によって異なる。しかし、歩掛りを検討する場合、標準的な施工状態を前提として考えていかなければならないことから、業者の施工能力については、平均的な水準としている。材料歩掛りについては、主材料のみではなく、副資材や消耗材料等についても考慮し、図面や仕様書等から、発注者の意図する内容を歩掛りに正確に反映する必要がある。

②　施工に従事する作業員は、経験豊かな能力のある熟練工から職に付いて日の浅い見習工まで、その能力には幅がある。複雑で特殊な作業になるほどこの傾向は強くなる。

標準歩掛りにおける労務の所要量は、作業員として平均的な能力を有することを前提とした標準作業量としている。また、施工規模が歩掛りに与える影響も大きいものがあり、施工規模が僅かな場合、単位時間当たりの平均施工数量は少なくなる。標準歩掛りでは、標準的な内容を前提としているので、条件がこれと大幅に異なる場合は、労務の所要量も実情に応じて補正することも考えていかねばならない。

③　機械器具は、同一規格であってもメーカーによっては必ずしも能力が同一とは限らないことや整備状況によっても能力に差が生じる可能性もある。しかし、標準歩掛りにおける機械器具の所要量は、平均的な能力を発揮できる機械による標準作業量としている。

④　「その他」は、元請業者の下請けとなる専門工事業者の経費等であり、この中には、施工時に使用する小器材（工具類）の損耗費等を含んでいる。

「標準単価積算基準」第１編３⑷その他表３－１－１建築工事のとおり、「その他」の率が「労」（労務費）を対象にする場合と「材＋労」（材料費＋労務費）を対象とする場合に大別される。

歩掛りの「その他」の率は、地域の特殊性等を考慮のうえ適切に定める。

「その他」の基本的な考えは、次のとおりである。

イ　元請業者が直接購入する可能性のある材料は、「その他」の対象外とした。

ロ　下請業者が施工対象材料の製造部門を持ち、材料価格の中にメーカーとしての一般管理費が含まれている場合は、その材料は、「その他」の対象外とした。

ハ　機械経費については、「請負工事機械経費積算要領」が主として元請業者を対象とする調査に基づくことから、「その他」の対象外とした。

⑷　単価及び価格の適用

> **４　単価及び価格の適用**
>
> **単価及び価格の適用については、第２編～第５編によるほか次による。**
>
> **⑴　材料価格等の採用にあたっては、数量の多寡や仕様・規格の違い等、各々の工事における特殊性を考慮する。**

①　公共発注者の積算は、予決令第80条の規定に基づき適正に行う必要があり、材料価格等の採用にあたっても同様に工事ごとの施工条件等を考慮する。

特に、改修工事において施工数量が少量の場合は、材料の歩留りについて検討を要する。

> **⑵　製造業者又は専門工事業者の見積価格等を参考に価格を算定するにあたっては、市中における取引状況を把握し適切に補正して定める。**
>
> **⑶　施工中に発生する端材等を指定場所まで集積する費用は、別に定める場合を除き、単位施工当たりに必要となる単価及び価格に含む。**

②　見積価格等を参考に価格を算定する際は、物価資料の掲載価格や製造業者及び専門工事業者に対するヒアリング等により需要の状況を把握し、その結果を反映する。

③　工事現場から発生する残材等は、元請業者の責任の下、適切に処分することが義務付けられている。

施工中に発生する端材等を指定場所まで集積する費用は、単位施工当たりに必要となる単価及び価格に含んでいる。ただし、設計図書により一般に想定される指定場所以外の場所を指示された場合は、別途費用を検討する。

⑷　材料及び機器等の場内小運搬に要する費用は、別に定める場合を除き、単位施工当たりに必要となる単価及び価格に含む。
⑸　材料及び機器等の揚重に要する費用は、別に定める場合を除き、単位施工当たりに必要となる単価及び価格に含まない。

④　材料及び機器等は、一般に工事現場の所定のエリアで荷受けをして、そこから施工階までの垂直運搬を経て、施工箇所までの場内小運搬をすることになる。この場内小運搬に要する費用は、単位施工当たりに必要となる単価及び価格に含んでいる。ただし、設計図書により一般に想定される小運搬以外の指示をされた場合は、別途費用を検討する。

⑤　荷受けから施工階までの垂直運搬に要する費用は、単位施工当たりに必要となる単価及び価格に含まれていないため、階数、建物規模に応じた揚重機（クレーン、荷上用リフト等）を別途計上する。

⑸　設計変更時の取り扱い

5　設計変更時の取り扱い
設計変更における工事費積算に用いる単価及び価格は、当初設計における工事費積算時の単価及び価格とする。

設計変更は、契約当初の設計図書と工事現場の状態とが異なる場合や工事の施工条件について予期し得ない特別な事態が生じた場合等において、必要があると認められ、設計図書の訂正又は変更が行われた場合に行われる。この場合、当初設計の工事費内訳書に対応する種目により積算を行うのが一般的であり、この際に用いる単価及び価格は当初設計における工事費積算時の単価及び価格とする。

⑹　分割発注の取り扱い

6　分割発注の取り扱い
本来一体とすべき同一建築物又は同一敷地内の工事を分割して発注する場合の後から発注する工事（以下「後工事」という。）の工事費算定に用いる単価及び価格は、後工事の工事費積算時の単価及び価格とする。

発注者が工事費算定に用いる単価及び価格は、当該工事の発注時のものとしている。

従って、後工事に現に施工中の前工事（同一建築物又は同一敷地内の工事についてすでに発注している工事を指す。）の受注者が競争入札に参加する場合においても、後工事の工事費算定に用いる単価及び価格は、後工事の工事費積算時の単価及び価格とする。また、分割発注する工事の積算は、設計図書の定める範囲によるほか、施工条件明示等による条件区分に従い、前工事・後工事の積算上の重複及び脱漏に留意する。特に、足場等の仮設費については、設計図書により発注区分を確認した上で積算する。

表３－１－１　建築工事

工事種別	工　　種	「その他」の率	備　　考
建築工事	仮設	（労）×（12～20%）	
	土工	（労＋雑）×（12～20%）	
	地業	（労＋雑）×（12～20%）	
	鉄筋	（労＋雑）×（12～20%）	（雑）に工場管理費を含む
	コンクリート	（労＋雑）×（12～20%）	
	型枠	（材＋労＋雑）×（12～20%）	
	鉄骨	（労＋雑）×（12～20%）	
	既製コンクリート	（材＋労）×（10～15%）	
	防水	（材＋労＋雑）×（10～15%）	
	石	（材＋労）×（10～15%）	（材）に石材は含めない
	タイル	（材＋労）×（10～15%）	
	木工	（労）×（12～20%）	
	屋根及びとい	（材＋労）×（10～15%）	
	金属	（材＋労）×（10～15%）	
	左官	（材＋労）×（13～18%）	
	建具（建具取付）	（労）×（10～15%）	
	建具（ガラス）	（材＋労）×（10～15%）	
	塗装	（材＋労＋雑）×（13～18%）	
	内外装	（材＋労）×（10～15%）	
	仕上ユニット	（労）×（12～20%）	
	構内舗装	（材＋労＋雑）×（10～20%）	
	植栽（樹木費以外）	（材＋労＋雑）×（10～20%）	（材）に芝を含む
	植栽（樹木費）	（材）×（上記決定率×0.7）	（材）に地被類を含む
	撤去	（労）×（12～20%）	
	外壁改修	（労）×（12～20%）	
	とりこわし	（労）×（12～20%）	

（注）１．表中（材）は「材料費」、（労）は「労務費」、（雑）は「運搬費及び消耗材料費等」を示す。
　　　２．植栽の「その他」の率には枯保証、枯損処理を含むものとする。
　　　３．取り外しの場合は、取り外しを行う製品等に対応する工種の「その他」の率を適用する。

表３－１－２電気設備工事及び表３－１－３機械設備工事は掲載略。

2）改修工事の共通事項

(1)　一般事項

公共建築改修工事に適用する単価は「標準単価積算基準第2編第2章改修工事」による。以下に「標準単価積算基準」（囲み枠内）及びその解説を示す。

> **第2章　改修工事**
>
> **1．本章は、建築物等の模様替え及び修繕（以下「改修」という。）に係る建築工事の積算に適用する。**
>
> **2．本章に記載の標準歩掛りは、改修工事特有の細目工種について定める。**
>
> **3．本章に定める以外の細目工種については第1章による。ただし、作業効率の低下等を考慮し必要に応じ単価及び価格の割増しができる。**

①　仮設は、改修の種類毎の細目工種について標準歩掛りを定めている。また、撤去は、内部改修などで発生する細目工種について標準歩掛りを定める。

②　改修工事は、本章に定める以外の多くの細目工種が係わることが多く、この場合は、新営工事との施工条件等を勘案し、新営工事の標準歩掛りによる単価及び価格の割増しをする必要がある。

(2)　改修工事の特性と積算

建築改修工事における歩掛りの考え方・適用については、第1章総則及び第1章新営工事と基本的には同一である。ただし、歩掛りの適用に際しては、工事の諸条件を十分検討のうえ、新営工事と比較し明らかに異なる要素について加味する必要がある。

改修工事が歩掛りに影響する大きな要因の一つとして、工事を行う建物が無人の状態であるか、執務者がいる状態であるか、という作業効率に影響する作業環境の違いがある。

無人状態での工事の場合は、執務者への影響がないため細かい点では多少の差があるものの、概ね第1章新営工事の各節の標準歩掛りや市場単価を適用することができる。

一方、執務者がいる状態での工事では、騒音や振動の発生する作業の時間制限、改修場所が点在することによる工事用資材の搬入と撤去物の搬出のための経路や時間の制限等、執務環境保持のための様々な制約が発生することから、作業効率が低下する。

また、改修工事の作業効率に影響する要因の一つに工程上の作業連続性がある。例えば、内装工事の施工では、既存下地・仕上材の撤去、間仕切下地の新設、仕上材の新設及び塗装仕上げ等の工程があり、一般に一連の作業が連続して行われるが、部屋の使い勝手等から作業が連続してできない場合もある。このような場合は、1日の作業量が少量になったり、専門工事業者等の手待ちが生じるなど作業効率に影響する。

さらに、建物用途によっては、執務者以外の建物利用者に対する配慮のために、作業効率が低下する場合もある。

以上のような状況下における改修工事の積算において、歩掛りを適用する場合は、標準的な歩掛りに対して作業効率の低下となる施工条件等を勘案し、複合単価等に適正に反映することが必要になる。作業効率は労務工数に直接影響するため、歩掛りを構成する要素のうち、労務に相当する部分を補正して適用する。

また、歩掛りによる複合単価のほか、新営工事に適用している市場取引価格に基づいた市場単価を改修工事において採用する場合は、歩掛りと同様な考え方により適切な補正を行う必要がある。この場合の補正方法としては、従来用いられていた歩掛り（参考歩掛り）のうち、労務部分を補正した複合単価と補正前の複合単価を比較し、その変化の度合いを基に類似の市場単価の補正を行う方法がある。

ただし、執務者の有無等による影響を受けない場合は、補正の対象としない。

⑶　改修工事の種類

改修工事は、建築物等の経年による劣化の原状回復、建物の使用目的の変更に伴う模様替え、機能の改善、環境対策等を目的として行うもので、その種類は下記のとおりである。

①　経年劣化による原状回復工事

屋根防水改修、外壁改修、内部仕上げ改修等。

②　使用目的の変更に伴う模様替え工事

間仕切り及び仕上げの内装改修等。

③　機能の改善工事

イ　耐震改修工事による構造体、仕上げ材の改修。

ロ　バリアフリー化工事によるスロープ新設、玄関自動ドア改修等。

④　環境対策工事

吹付けアスベストの除去、グリーン改修等。

⑷　執務状態等による積算上の分類

改修工事は、執務状態、改修部位、改修方法等により下記のように分類できる。

①　執務状態、改修部位、改修方法等による改修工事の分類

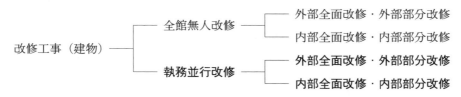

- 改修工事（建物）
  - 全館無人改修
    - 外部全面改修・外部部分改修
    - 内部全面改修・内部部分改修
  - **執務並行改修**
    - **外部全面改修・外部部分改修**
    - **内部全面改修・内部部分改修**

注）太字部分が積算上、改修工事として施工単価を考慮する範囲。

②　執務状態の区分

改修工事は、工事期間における建物内の執務状況により、全館無人改修、執務並行改修に積算上区分することができる。

イ　全館無人改修：仮庁舎等が準備されている等、改修する建物全館が無人（執務者がいない）の状態で行う改修工事をいう。

ロ　執務並行改修：建物に執務者がいる状態で行う改修工事をいい、施工場所と執務中の場所が

区画されている状態の工事も含まれる。また、増築工事において既存建物と取り合う部分の改修工事については、既存建物の執務者の有無の状態により分類する。

なお、執務並行改修の場合は、施工者が執務環境に配慮等しながら施工を行うことを前提として単価の補正を行う。

③　改修部位・改修方法の区分

改修工事は、上記⑵執務状態の区分による二つの区分を下記のとおりさらに細かく区分することができる。

イ　外部全面改修：建物の屋根、外壁等の全面を改修する場合をいう。

ロ　外部部分改修：建物の屋根、外壁等の小規模で部分的な改修及びそれらが点在する部分を改修する場合をいう。

ハ　内部全面改修：建物の内部全面を改修する場合をいう。

ニ　内部部分改修：１）部屋単位の床、壁、天井等の個別又は複合改修及びそれらが点在する部分を改修する場合をいう。

２）間仕切り等の撤去・新設、又は設備改修等による取合い周辺の部分的な改修をいう。

⑸　改修工事の積算に用いる単価の種類

①　基準単価（新築工事と同じ単価）

公共建築工事標準単価積算基準の第２編の標準歩掛り（参考歩掛りも含む）による複合単価並びに市場単価及び補正市場単価とする。

改修工事における基準単価の適用は下記による。

イ　全館無人改修工事の場合

ロ　執務並行改修の場合は、表Ⅴ－１により躯体関連工種、外構関連工種、仮設（改修）、撤去（改修）、及び外壁改修とする。

②　基準補正単価（改修割増し単価）

標準歩掛りによる複合単価は労務所要数量の15％増した単価とする。

執務者がいる状態での工事では、作業時間の制限、搬入及び搬出の制限、執務環境保持のための制限があることから、作業効率が低下するための労務割増しである。

また、市場単価及び補正市場単価においては表Ⅴ－２により補正した単価とする。

改修工事における、基準補正単価の適用は下記による。

イ　執務並行改修の場合、表Ⅴ－１により仕上関連工種とする。

単価の適用の標準は、全館無人改修の場合は４⑴基準単価を適用し、執務並行改修の場合は、表Ⅴ－１による。

表Ⅴ－１　執務並行改修の場合の単価適用区分

科　　目	執務並行改修	備　　考
仮設	—	
土工	—	躯体関連工種
地業	—	〃
鉄筋	—	〃
コンクリート	—	〃
型枠	—	〃
鉄骨	—	〃
既製コンクリート	○	仕上関連工種
防水	○	〃
石	○	〃
タイル	○	〃
木工	○	〃
屋根及びとい	○	〃
金属	○	〃
左官（仕上塗材仕上）	—	〃
左官（仕上塗材仕上以外）	○	〃
建具	○	〃
塗装（改修標準仕様書）	○	〃
内外装	○	〃
仕上ユニット	○	〃
構内舗装	—	外構関連工種
植栽	—	〃
仮設（改修）	—	改修関連工種
撤去（改修）	—	〃
外壁改修	—	〃

凡例　—：基準単価
　　　○：基準補正単価

表Ⅴ－２　市場単価及び補正市場単価補正率

工　　　　　　種	摘　　　　要	改修補正率
仮　設　工　事		1.0
土　　工　　事		1.0
地　業　工　事		1.0
鉄　筋　工　事		1.0
コンクリート工事		1.0
型　枠　工　事		1.0
鉄　骨　工　事		1.0
既製コンクリート		1.08
防　水　工　事		1.07
防水工事（シーリング）		1.11
石　　工　　事		1.09
タ　イ　ル　工　事		1.11
木　　工　　事		1.07
屋根及びとい		1.08
金　属　工　事		1.09
左　官　工　事		1.13
建具（ガラス）		1.07
建具（シーリング）		1.14
塗　装　工　事		1.13
内　外　装　工　事		1.12
内外装工事（ビニル系床材）		1.05
ユニットその他		1.03
排　水　工　事		1.0
舗　装　工　事		1.0
植栽及び屋上緑化		1.0

注）上記の改修補正率には、法定福利費相当額を適切に反映するための補正は含まれていないので必要に応じ加算する。

③　その他の単価

改修工事（全館無人及び執務並行共）において改修する面積が少なく、改修箇所が点在している場合は、改修の工程等を考慮した材料及び労務工数により単価を定める。

また、著しく作業効率が悪い場合も実状を考慮して、算定する。

⑹　工事量が僅少の場合等の取り扱い

工事量が僅少の場合及び施工場所が点在する場合並びに工程上連続作業が困難な場合等の単価及び価格は、施工に最低限必要な単位の材料、労務、機械器具等の費用を実情に応じて算定する。

施工数量が僅少の場合は、労務費は、半日単位又は、１日単位（１人工相当分）として算定する。

⑺　改修工事の積算にあたっての留意事項

改修工事の積算にあたっては、実情又は施工条件明示事項等を考慮し、施工計画上必要となる仮設類の盛替え費用、施工条件の制約を考慮した費用等を適切に積算する。また、製造業者・専門工事業者の見積価格等を参考にする場合は、当該工事の施工条件を満たしている内容であることを確認する。

⑻　改修工事単価の補正例

※新営標準単価の改修補正単価作成例（床 タイル（一般床タイル張り　100㎜角）（1㎡当たり））

①　標準歩掛りによる単価作成例（全館無人改修の場合）

床 タイル（一般床タイル張り　100㎜角）（1㎡当たり）

名称	適用	単位	歩掛り	乗率	補正率	単価	金額
床 タイル	Ⅰ類 無ゆう 100㎜角 厚物	枚	102	1		32	3,264
普通ポルトランドセメント		kg	3	1		17	51
砂	荒目	㎥	0.004	0.3		4,230	5
砂	細目	㎥	0.004	0.7		3,930	11
タイル工		人	0.22	1		23,500	5,170
普通作業員		人	0.09	1		18,900	1,701
							10,202
その他（材＋労）×15％		式	1	0.15		10,202	1,530
計							11,732

②　標準歩掛りの補正（執務並行改修の場合）

※労務所要量を15％増しとしている。

床 タイル（一般床タイル張り　100㎜角）（1㎡当たり）

名称	適用	単位	歩掛り	乗率	補正率	単価	金額
床 タイル	Ⅰ類 無ゆう 100㎜角 厚物	枚	102	1		32	3,264
普通ポルトランドセメント		kg	3	1		17	51
砂	荒目	㎥	0.004	0.3		4,230	5
砂	細目	㎥	0.004	0.7		3,930	11
タイル工		人	0.22	1	**1.15**	23,500	5,946
普通作業員		人	0.09	1	**1.15**	18,900	1,956
							11,233
その他（材＋労）×15％		式	1	0.15		11,233	1,685
計							12,918

3）　仮　設

⑴　一般事項

①　仮設全般については、第2章改修工事第1節仮設によるものとし、本節では、防水改修、外壁改修、建具改修、内装改修、塗装改修、耐震改修、環境配慮改修工事等における仮設に係る標準

歩掛りが定められている。

② 上記改修工事における仮設計画並びに墨出し、養生、整理清掃後片付け、外部足場、内部足場、仮設間仕切り等の細目工種について適用する。

③ 仮設は、原則として受注者の任意とされるものであるため契約書に基づく仮設内容、条件明示等が明示されている場合及び施工範囲の変更等を除き設計変更の対象としない。

(2) 仮設計画と施工条件

改修工事の積算を行うにあたり、改修内容を的確に積算へ反映させるために、設計図書による施工条件、作業条件等の条件明示事項を把握し、施工計画の確認をする必要があり、主なものを下記に示す。

① 作業スペースの確保に関する事項

安全確保及び執務空間と作業スペースの隔離等の目的のために仮囲い及び仮設間仕切りの設置及び範囲の確認を行う。

② 作業区分域と作業時間の制約に関する事項

執務並行工事の場合の騒音、振動及び塵埃等を伴う作業は、執務時間外の作業と執務並行作業の作業区分を把握しておく。

③ 資機材の搬入搬出路に関する事項

イ 工事用の資機材の搬入搬出路の経路を想定し、経路に対する養生方法及び範囲等の検討を行う。

ロ 工事関係者と第三者との通路の区別が必要な場合は、仮囲いや専用の搬入搬出口を検討する。

ハ 高所への資機材の搬入等については、既存エレベータ及び既存階段の利用並びに外部足場、荷取り用のステージ及び揚重機械（二本溝リフト、クレーン等）の設置の検討を行う。また、既存エレベータ及び既存階段を工事用として利用できる場合は、エレベータ及び階段内の養生を検討する。

④ ストックヤード等の確保に関する事項

資機材のストックヤード、工事関係者の工事車両の駐車スペース、作業スペースの検討を行う。

⑤ 工事の安全及び養生等に関する事項

工事関係者、第三者の安全、養生のため法令等に基づく安全対策及び養生対策として落下物に対する防護、防音シート等の設置及び範囲の検討を行う。

⑥ 改修工事のための室内の什器類の養生、移動に関する事項

什器の養生及び移動に関しては原則として入居者が行うが、工事に含む場合は設計図書による。

(3) 数量及び費用区分

仮設の数量は、任意仮設を原則としていることから、仮設計画図に基づき仮設材そのものを計算することはせず、仮設の設置範囲を数量として取り扱うことが一般的であり下記による。

① 防水改修面積、外壁改修面積、内部の床又は天井の改修面積を数量とするもの。

② 外部足場のように設計図書から計画数量として数量を算出するもの。

改修工事は、個別ごとに改修内容が様々であり、「標準歩掛り」に対応した数量基準を以下に示す。

③　墨出し

イ　屋根防水改修

水勾配の調整を必要とする改修に適用し、その数量は、水勾配の調整を必要とする面積とする。露出防水や塗膜防水のように防水層のみの改修には適用しない。

ロ　外壁改修

外壁モルタル塗り、タイル張り等を撤去し、新たに仕上（以下「新設仕上」という）をする場合に適用し、その数量は、外壁改修面積とする。

外壁のクラック改修、浮き改修、吹付材のみの改修には適用しない。

ハ　内部改修

床、壁及び天井仕上を下地（モルタル、軽量鉄骨下地等）から撤去し、新設仕上をする場合に適用し、その数量は、床又は天井の改修面積とする。また、壁のみを新設及び改修する場合は、新設壁の前面から１ｍの範囲の床面積とする。

④　養生及び整理清掃後片付け

イ　屋根防水改修

数量は、改修防水層の平場面積とする。なお、部分改修で図示がない場合は、隣接する既存部分（1.0m幅を標準とする）を改修防水の平場の面積に加算する。

ロ　外壁改修

数量は、改修する外壁面から２ｍの範囲の面積とする。従って、改修する外壁が１面の場合は、外壁面の水平長さに２ｍを乗じた面積とする。また、改修する外壁が全面の場合は、外壁面の水平長さに８ｍ（四隅分）を加えた長さに２ｍを乗じた面積とする。

ハ　内部改修

床、壁及び天井を改修する場合の数量は、床又は天井の改修面積とする。また、壁のみを新設及び改修する場合は、新設壁の前面から１ｍの範囲の床面積とする。

ニ　資材搬出入通路

改修を行わない廊下、階段室、ホール等を対象とし、その数量は、通路幅を２ｍとした床面積とする。ただし、廊下等の幅が２ｍ未満の場合は、その幅とする。

⑤　外部足場

第１章新営工事第１節仮設による。ただし、外部足場の設置基準は、**改修表２－１**に示す。

改修表２－１　外部足場の設置基準

建枠寸法	板付布枠	階　　数	仕　上　げ
1,200枠	500布枠×２枚	３階建以上	外壁改修（タイル、モルタルはつり補修程度）
900枠	500＋240布枠	３階建以上	外壁改修（吹付け、ピンニング程度）
		２階建以下	外壁改修（タイル、モルタルはつり補修程度）
600枠	500布枠×１枚	２階建以下	外壁改修（吹付け、ピンニング程度）
			防水改修等で昇降用に設置する足場

（注）階高は、４m程度とする。
建枠及び板付布枠の寸法単位は㎜とする。

⑥　内部足場

内部仕上足場は、天井の高さに応じて区分し、その数量は、天井の改修面積とする。また、壁のみを新設及び改修する場合は、改修する壁の水平長さに１mを乗じた面積とする。

⑦　仮設間仕切り

仮設間仕切りは、**改修表２－２**に示す種別ごとに区分し、その数量は、設計図書による明示数量又は設計寸法による面積、長さ又は箇所数とする。

改修表２－２　仮設間仕切りの種別

種　別	仮　設　間　仕　切　り
Ａ　種	軽量鉄骨材等により支柱を組み､両面に合板張り又はせっこうボード張りを行い､内部にグラスウール等の充填を行う。
Ｂ　種	軽量鉄骨材等により支柱を組み、片面に合板張り又はせっこうボード張りを行う。
Ｃ　種	単管下地等を組み、全面シート張りを行う。

(4)　標準歩掛り

改修工事における仮設の歩掛りは、改修工事特有の施工条件を考慮した標準歩掛りとしているため、新営工事の標準歩掛りとは異なる。ただし、外部足場などは、新営工事の標準歩掛りによる。この場合、足場の存置日数に留意する。

①　墨出し

改修工事における墨出しは、防水改修の水勾配の墨出し、外壁改修及び内部改修で下地撤去を含む改修、間仕切りの新設等、新たに仕上墨が必要な改修部位に適用するもので以下による。

イ　屋根防水改修

防水保護層及び防水層を全て撤去、新設する改修工法等に適用する。

ロ　外壁改修

外壁モルタル塗り、タイル張り等を撤去し、新設仕上をする場合に適用する。

ハ　内部改修

内部改修は、床、壁、天井の改修部位で単一の部位の改修のみの場合や複数の部位の改修等があり、作業の度合いを考慮して、以下の「個別改修」、「複合改修」に区別している。

「個別改修」：１室において床、壁、天井のうち１つの部位のみを改修する場合

「複合改修」：１室において床、壁、天井のうち複数の部位のみを改修する場合

②　養生及び整理清掃後片付け

イ　屋根防水改修

屋根防水改修は、作業の度合いを考慮してアスファルト防水（防水保護層共）とアスファルト露出防水（防水保護層無し）及び塗膜・シート防水等の簡易な防水改修により区分する。

ロ　外壁改修

外壁改修は、タイル張り、モルタル塗り等、下地を含めて改修する場合と、表面の吹付け材のみを改修する場合に区分されるが、撤去材の集積・積込みは撤去歩掛りに含まれているため、特に仕上げ種類による区分はせずに外部足場の足元周辺を対象とした養生及び整理清掃後片付けの標準歩掛りによる。

なお、開口部の養生は、タイル張り、モルタル塗り等の撤去がある場合に適用し、必要に応じて開口部養生の標準歩掛りによる。

ハ　外部足場

外壁改修における外部足場は、新営工事の標準歩掛りによる。ただし、足場の存置日数については、施工条件明示がない場合は、外壁改修内容により算定した日数による。

ニ　内部改修

内部改修は、部屋単位での改修内容がそれぞれ異なるために作業の度合いを考慮して、「個別改修」、「複合改修」及び「塗装塗替え程度」による区分としている。また、撤去材及び資材等の「搬出入用通路」を必要に応じて改修範囲以外の部分を対象として計上する。

ホ　内部足場

内部仕上足場は、仕上げ材の撤去及び新設を対象とした「一般」と「塗装塗替え程度」により区分する。

ヘ　仮設間仕切り

仮設間仕切りは、**改修表２－２**の仕様による下地と仕上材の歩掛りの組み合わせによる。

(5)　改修工事単価作成例（仮設工事）

①　改修標準歩掛り単価

改修標準歩掛り単価の作成例を以下に示す。

なお、作成例に示す労務単価は平成26年度公共工事設計労務単価（東京都）、材料費は物価資料等に掲載されている市中価格（東京地区）等を用いている。

また、「その他」の数値については、公共建築工事標準単価積算基準第１編総則表3-1-1建築工事（「その他」の率）の最大値を用いている。

表中の仮設用資材の損料は、転用を考慮した備考欄の損料率による。

②　細目工種

（屋上防水改修）

Ⅳ　改修工事の積算

墨出し（屋上防水改修）（「改修標準歩掛り」表2-1-1）（水平面積１㎡当たり）

名　　称	摘　　要	単位	損料等	単　　価	墨出し	
					数　　量	金　　額
特殊作業員		人		21,600	0.002	43.20
普通作業員		人		18,900	0.001	18.90
そ　の　他	(労）×20％	式			1	12.42
計						74.52
						75

1.墨出しは、水勾配の調整を必要とする改修に適用し、数量は防水改修平場面積とする。

養生（屋上防水改修）（「改修標準歩掛り」表2-1-2）　（１㎡当たり）

名　　称	摘　　要	単位	損料等	単　　価	アスファルト防水（防水保護層共）		露出防水・簡易防水（塗膜・シート）	
					数　　量	金　　額	数　　量	金　　額
普通作業員		人		18,900	0.004	75.60	0.002	37.80
そ　の　他	(労）×20％	式			1	15.12	1	7.56
計						90.72		45.36
						91		45

1.養生は、防水保護層（防水押さえコンクリート）の有無により区分し、数量は防水改修平場面積とする。

整理清掃後片付け（屋上防水改修）（「改修標準歩掛り」表2-1-3）　（１㎡当たり）

名　　称	摘　　要	単位	損料等	単　　価	アスファルト防水（防水保護層共）		露出防水・簡易防水（塗膜・シート）	
					数　　量	金　　額	数　　量	金　　額
軽 作 業 員		人		13,500	0.018	243.00	0.009	121.50
そ　の　他	(労）×20％	式			1	48.60	1	24.30
計						291.60		145.80
						290		150

1.整理清掃後片付けは、防水保護層（防水押さえコンクリート）の有無により区分し、数量は防水改修平場面積とする。

Ⅳ　改修工事の積算

（外壁改修）

墨出し（外壁改修）（「改修標準歩掛り」表2-1-4）　　（１㎡当たり）

名　　称	摘　　要	単位	損料等	単　　価	タイル・モルタル塗替等	
					数　量	金　額
特殊作業員		人		21,600	0.002	43.20
普通作業員		人		18,900	0.001	18.90
そ　の　他	（労）×20％	式			1	12.42
計						74.52
						75

1.壁面積（改修部のみ）に対して計上する。
2.数量は改修する外壁面積（タイル張り替え・モルタル塗替等）を対象とするが、表面仕上げ（仕上塗材塗り等）のみを改修する場合には適用しない。

養生・整理清掃後片付け（外壁改修）（「改修標準歩掛り」表2-1-5・6）　　（１㎡当たり）

名　　称	摘　　要	単位	損料等	単　　価	養　　生		整理清掃後片付け	
					数　量	金　額	数　量	金　額
普通作業員		人		18,900	0.015	283.50		
軽 作 業 員		人		13,500			0.07	945.00
そ　の　他	（労）×20％	式			1	56.70	1	189.00
計						340.20		1,134.00
						340		1,130

1.外壁面から幅２ｍの平面積に対して計上する。
2.養生・整理清掃片付けは、外部足場の足下周辺を対象としており、外壁面から２ｍの範囲の面積としている。このため、階高及び階数等による補正は行わない。

開口部養生（外壁改修）（「改修標準歩掛り」表2-1-7）　　（１㎡当たり）

名　　称	摘　　要	単位	損料等	単　　価	開口部養生	
					数　量	金　額
合　　板	２類　厚5.5	㎡	0.33	430	1.05	149.00
木 下 地 材	仮設用材	㎥	0.33	51,500	0.01	169.95
く　　ぎ		kg		150	0.02	3.00
大　　工		人		24,700	0.04	988.00
そ　の　他	（労）×20％	式			1	197.60
計						1,507.55
						1,510

1.開口部養生は、外壁タイル等の撤去に伴う、窓ガラス等の破損防止のために行うものである。
2.数量は窓等の面積とする。
3.表中の施工手間は、設置65％、撤去35％の割合とする。

（内部改修）

1.「個別改修」とは、1室において床、壁、天井のうち1つの部位のみを改修する場合をいう。
2.「複合改修」とは、1室において床、壁、天井のうち複数の部位を改修する場合をいう。

1．改修内容により「個別改修」及び「複合改修」に区分し、数量は改修面積による。

墨出し（内部改修）（「改修標準歩掛り」表2-1-8）　（床面積1㎡当たり）

名　称	摘　要	単位	損料等	単　価	個別改修		複合改修	
					数　量	金　額	数　量	金　額
特殊作業員		人		21,600	0.002	43.20	0.003	64.80
普通作業員		人		18,900	0.001	18.90	0.002	37.80
そ　の　他	（労）×20％	式			1	12.42	1	20.52
計						74.52		123.12
						75		120

1.墨出しは、間仕切りの新設や仕上改修において、下地共改修するなど、新たに仕上墨が必要な場合に適用する。

養生（内部改修）（「改修標準歩掛り」表2-1-9）　（床面積1㎡当たり）

名　称	摘　要	単位	損料等	単　価	個別改修		複合改修	
					数　量	金　額	数　量	金　額
普通作業員		人		18,900	0.007	132.30	0.011	207.90
そ　の　他	（労）×20％	式			1	26.46	1	41.58
計						158.76		249.48
						160		250

養生（内部改修）（「改修標準歩掛り」表2-1-9）　（床面積1㎡当たり）

名　称	摘　要	単位	損料等	単　価	塗装塗替え程度		搬出入路部分	
					数　量	金　額	数　量	金　額
普通作業員		人		18,900	0.004	76.60	0.004	75.60
そ　の　他	（労）×20％	式			1	15.12	1	15.12
計						90.72		90.72
						91		91

1.養生は、「個別改修」、「複合改修」及び「塗装塗替え程度」に適用し、数量は改修面積による。また、改修範囲以外に、撤去材及び資材等の搬出入用通路が必要な場合は、「搬出入路部分」として別途計上する。なお、室内の什器類で特別な養生が必要な場合は、特記により別途計上する。

整理清掃後片付け（内部改修）（「改修標準歩掛り」表2-1-10）　（床面積１㎡当たり）

名　称	摘　要	単位	損料等	単　価	個別改修		複合改修	
					数　量	金　額	数　量	金　額
軽作業員		人		13,500	0.036	486	0.054	729.00
その他	（労）×20％	式			1	97.20	1	145.80
計						583.20		874.80
						580		870

整理清掃後片付け（内部改修）（「改修標準歩掛り」表2-1-10）　（床面積１㎡当たり）

名　称	摘　要	単位	損料等	単　価	塗装塗替え程度		搬出入路部分	
					数　量	金　額	数　量	金　額
軽作業員		人		13,500	0.018	243.00	0.018	243.00
その他	（労）×20％	式			1	48.60	1	48.60
計						291.60		291.60
						290		290

1.塗装塗替え程度は、既存塗膜を除去する場合に適用する。
2.整理清掃後片付けは、「個別改修」、「複合改修」及び「塗装塗替え程度」に適用し、数量は改修面積による。また、改修範囲以外に、撤去材及び資材等の搬出入用通路が必要な場合は、「搬出入路部分」として別途計上する。なお、室内の什器類で特別な養生が必要な場合は、特記により別途計上する。

（内部足場）

内部仕上足場（階高４ｍ未満　脚立足場　改修）（「改修標準歩掛り」表2-1-11）
（床面積１㎡当たり）

名　称	摘　要	単位	損料等	単　価	一　般	
					数　量	金　額
鋼製脚立		脚	4％	5,190	0.2	41.52
合板足場板	240×4000×25㎜	枚	4％	4,250	0.2	34.00
普通作業員		人		18,900	0.028	529.20
その他	（労）×20％	式			1	105.84
計						710.56
						710

内部仕上足場（階高４ｍ未満　脚立足場　改修）（「改修標準歩掛り」表2-1-11）　（床面積１㎡当たり）

名　称	摘　要	単位	損料等	単　価	塗装塗替え程度			
					既存塗膜の除去あり		既存塗膜の除去なし	
					数　量	金　額	数　量	金　額
鋼製脚立		脚	4%	5,190	0.2	41.52	0.2	20.76
合板足場板	240×4000×25㎜	枚	4%	4,250	0.2	34.00	0.2	17.00
普通作業員		人		18,900	0.014	264.60	0.009	170.10
そ　の　他	（労）×20%	式			1	52.92	1	34.02
計						393.04		241.88
						390		240

1.内部仕上足場は、塗装塗替え改修では、既存塗膜の除去の有無により区分する。
2.既存塗膜の除去なしは、損料等は２％とする。

（仮設間仕切り）

仮設間仕切り下地（Ａ、Ｂ種）（「改修標準歩掛り」表2-1-12）　（１㎡当たり）

名　称	摘　要	単位	損料等	単　価	軽鉄下地		木下地	
					数　量	金　額	数　量	金　額
スタッド	65型	m	50%	200	2.3	230.00		
ランナ		m	50%	150	0.6	45.00		
スペンサー		個	100%	14	3.5	49.00		
打込みピン		個	100%	37	0.7	25.90		
振止め		m	50%	57	0.8	22.80		
木下地	仮設用材	㎥	33%	51,500			0.014	237.93
特殊作業員		人		21,600	0.038	820.80		
大　工		人		24,700			0.098	2,420.60
そ　の　他	（労）×20%	式			1	164.16	1	484.12
計						1,357.66		3,142.65
						1,360		3,140

Ⅳ　改修工事の積算

仮設間仕切り仕上材（A、B種）（「改修標準歩掛り」表2-1-13）　（1 ㎡当たり）

名　称	摘　要	単位	損料等	単　価	A種（両面）			
					合　板		せっこうボード（ボードくぎ300円／kg）	
					数　量	金　額	数　量	金　額
合　板	厚9.0	㎡	33%	730	2.1	505.89		
せっこうボード	厚9.5 準不燃	㎡	50%	180			2.1	189.00
く　ぎ		kg	100%	150	0.04	6.00	0.04	12.00
グラスウール	32K　厚50	㎡	50%	690	1.05	362.25	1.05	362.25
大　工		人		24,700	0.14	3,458.00	0.14	3,458.00
内　装　工		人		23,000	0.03	690.00	0.03	690.00
そ　の　他	（労）×20%	式			1	829.60	1	829.60
計						5,851.74		5,540.85
						5,850		5,540

仮設間仕切り仕上材（A、B種）（「改修標準歩掛り」表2-1-13）　（1 ㎡当たり）

名　称	摘　要	単位	損料等	単　価	B種（片面）			
					合　板		せっこうボード（ボードくぎ300円／kg）	
					数　量	金　額	数　量	金　額
合　板	厚9.0	㎡	33%	730	1.05	252.95		
せっこうボード	厚9.5準不燃	㎡	50%	180			1.05	94.50
く　ぎ		kg	100%	150	0.02	3.00	0.02	6.00
大　工		人		24,700	0.07	1,729.00	0.07	1,729.00
そ　の　他	（労）×20%	式			1	345.80	1	345.80
計						2,330.75		2,175.30
						2,330		2,180

仮設間仕切り（C種）（「改修標準歩掛り」表2-1-14）　（1 ㎡当たり）

名　称	摘　要	単位	損料等	単　価	数　量	金　額
丸パイプ		m	5%	370	1.42	26.27
養生シート		㎡	8%	280	1.1	24.64
クランプ		個	20%	170	0.45	15.30
固定ベース		個	20%	170	0.06	2.04
と　び　工		人		23,800	0.048	1,142.40
そ　の　他	（労）×20%	式			1	228.48
計						1,439.13
						1,440

（仮設材運搬）

仮設材運搬（「改修標準歩掛り」表2-1-15）（仮間仕切り・Ｃ種）（100㎡当たり往復）

名　　称	摘　　要	単位	損料等	単　　価	単管下地	
					数　　量	金　　額
トラック運転	4ｔ積	日		31,700	0.15	4,755
計						4,755
						4,760

1.改修規模や現場状況等によりトラックは２ｔ積も考慮する。

トラック運転（「改修標準歩掛り」表2-1-16）（１日当たり）

名　　称	摘　　要	単位	損料等	単　　価	4ｔ車	
					数　　量	金　　額
一般運転士		人		17,600	1.0	17,600.00
燃　料　費		L		130	32.6	4,238.00
機 械 損 料	4ｔ積	供用日		5,620	1.13	6,350.60
そ　の　他	（労）×20％	式			1	3,520.00
計						31,708.60
						31,700

1.改修規模や現場状況等によりトラックは２ｔ積も考慮する。

4）撤去及び内部・耐震改修工事

⑴　一般事項

①　改修工事における撤去に係る標準歩掛りが定められている。
従って、建物一式のとりこわし工事の撤去には適用しない。

②　標準単価積算基準にない撤去の単価は、物価資料の掲載価格又は専門工事業者の見積価格等による。

⑵　数　量

①　各改修工事共通

既存の躯体又は仕上げ部を部分的に撤去する場合、既存部との縁切りのために必要に応じてカッター入れを計上する。

なお、数量の計測・計算の方法は、「数量積算基準（建築）」による。

②　防水改修

防水押さえコンクリートの撤去を行う場合、防水押さえコンクリート及び伸縮調整目地とも計測・計算の対象とするが、伸縮調整目地の撤去は、押さえコンクリートと共に撤去することから計上しない。ただし、発生材処理については別計上する。

③　外壁改修

吹付け仕上げ（下地モルタル塗り）において、下地モルタルから撤去する場合は、下地モルタルのみを計測・計算の対象とする。

④　建具改修

撤去工法により建具周囲はつりを行う場合、建具の内法寸法による長さを数量とする。

また、かぶせ工法による既存建具枠の補強、防錆処理等は原則として計測の対象としない。

(3)　標準歩掛り

①　適用条件等

イ　改修工事における躯体及び仕上げの撤去に適用する。

ロ　建具改修において、既存建具を更新する場合の工法は特記による。

ハ　内部改修は床、壁、天井等の改修に伴う撤去に適用する。

ニ　塗装改修は、既存面の塗装塗替えに伴う塗膜除去に適用する。

ホ　コンクリート撤去は、コンクリートブレーカーを標準とし、少量の場合は人力を考慮する。

ヘ　カッター入れは必要に応じて計上する。

②　各改修工事共通事項

イ　撤去歩掛りには、撤去後の清掃及び集積場所までの小運搬を含む。

ロ　改修面積が極端に少なく、改修箇所が点在している場合等は、改修の工程を考慮し、必要な材料及び人工数を考慮する。

③　防水改修

イ　防水保護コンクリート、防水押さえレンガの撤去は、少量の場合及び工法が指定されている場合を除きコンクリートブレーカーによる撤去を標準とし、「標準歩掛り」表Ａ２－２－１、２による。

歩掛りには、防水押さえコンクリート撤去後の既存防水層に付着しているコンクリート等のケレン及び清掃を含む。

なお、断熱防水の場合の断熱材撤去及びコンクリートカッター入れは、「標準歩掛り」表Ａ２－２－１には含まないので必要に応じて別途考慮する。

ロ　既存防水層（平面及び立上り部）撤去は、「標準歩掛り」表Ａ２－２－45による。

歩掛りは、既存防水層撤去後の下地に付着している防水層残存物等のケレン及び清掃を含むが、コンクリート、モルタル面の下地補修及び処置は含まない。

既存防水層撤去後の処置のうち、既存防水層に付着しているコンクリート等のケレンは、「標準歩掛り」表Ａ２－２－６による。既存防水層撤去後の清掃は、コンクリート撤去の歩掛りに含む。

ハ　以下の項目は、特記により計上する。

ａ　既存防水層の補修及び処置

ｂ　既存防水層撤去後のコンクリート、モルタル面の下地補修及び処理

ニ　「標準歩掛り」表Ａ２－２－46シーリング撤去は、標準的なサイズのシーリグ撤去とする。

④　外壁改修

イ　モルタル、タイル仕上げ等の撤去は、ピックハンマによる。

ロ　タイルを下地モルタルも含めて撤去する場合は、「標準歩掛り」表Ａ２－２－27による。
なお、歩掛りには、カッター入れは含まない。

⑤　建具改修

イ　建具を扉・枠共撤去する場合及び扉のみ撤去する場合は、「標準歩掛り」表Ａ２－２－36、37による。
なお、歩掛りは、撤去工法（はつり工法）を想定している。
また、建具周囲はつりが必要な場合は「標準歩掛り」表Ａ２－２－38により、必要に応じてカッター入れ（「標準歩掛り」表Ａ２－２－９）を見込む。

ロ　ガラス撤去は、既存建具は現状のままにガラスのみを撤去する場合を想定しており、ガラス回りシーリングの撤去を含む。

⑥　内部改修

イ　「標準歩掛り」表Ａ２－２－13ビニル床タイル撤去、「標準歩掛り」表Ａ２－２－29壁合板・ボード撤去、「標準歩掛り」表Ａ２－２－33天井合板・ボード撤去のアスベスト含有の歩掛りは、撤去材が非飛散性アスベスト含有建材の場合に適用する。

ロ　ビニル床シート及びビニル床タイル等の仕上げ材撤去は、接着剤の除去を含む。

ハ　アスベスト成形板の撤去は、アスベストを含まない内装材等と区分する。

⑦　塗装改修

イ　「標準歩掛り」表Ａ２－２－44既存塗膜除去の工程 RA 種は、既存塗膜全面除去であり、RB 種は、塗替え面積の30％程度を除去する歩掛りとなっている。

ロ　既存塗膜除去は、素地面ごとに区分し、「標準歩掛り」表Ａ２－２－44による。

ハ　既存面への塗装は、既存塗膜除去、下地調整及び仕上げ塗装（錆止め塗装がある場合はこれを含む）を併せて計上する。

ニ　単価基準及び基準運用に定めのない細幅物（糸幅300㎜以下）の単価を作成する際は、㎡単価に「0.4（係数)」を乗じて算定する。

⑧　耐震改修

イ　鉄筋加工組立の細目工種は、耐震改修で使用する場合に標準的な鉄筋と構成比が異なるため補正が必要である。

ロ　型枠の細目工種は、耐震改修で使用する場合に標準的な型枠と構成比が異なるため本項による。

補正市場単価　（４．補正市場単価算出方法を参照。）

細　　目	摘　　要	単位	備　　考
鉄筋加工組立	耐震改修用	t	

補正市場単価　（4．補正市場単価算出方法を参照。）

細　目	摘　要	単位	備　考
普通合板型枠	耐震改修用　地下軸部	㎡	
普通合板型枠	耐震改修用　地上軸部	㎡	
打放し合板型枠	耐震改修用　地下軸部Ａ種	㎡	
打放し合板型枠	耐震改修用　地下軸部Ｂ種	㎡	
打放し合板型枠	耐震改修用　地下軸部Ｃ種	㎡	
打放し合板型枠	耐震改修用　地上軸部Ａ種	㎡	
打放し合板型枠	耐震改修用　地上軸部Ｂ種	㎡	
打放し合板型枠	耐震改修用　地上軸部Ｃ種	㎡	

⑨　発生材処理

イ　発生材積込みは、発生材の集積場所から運搬用ダンプトラックへの積込みまでを含み、細目工種は「標準歩掛り」表Ａ２－２－43による。

ロ　発生材運搬は、発生材の種別ごとに図面等の特記により処分地までの距離に応じて計上するものとし、細目工種は公共建築工事標準単価積算基準の表Ａ２－２－48～別表Ａ２－２－49－3による。

　なお、想定される運搬経路がDID区間を一部でも通過する場合は、DID区間有りを選定する。

ハ　ダンプトラックの規格は10ｔ、4ｔ及び2ｔ積とあるが、施工規模を考慮して選定する。

ニ　発生材処分は、発生材の種別ごとに図面等の特記により計上するものとし、産業廃棄物処理業者の見積価格等を参考にする。

(4)　単価作成例

(1)　撤去工事の細目工種

コンクリート撤去（「改修標準歩掛り」表2-2-1）　（1㎥当たり）

名　称	摘　要	単位	単　価	鉄筋切断共			
				人　力		コンクリートブレーカ	
				数　量	金　額	数　量	金　額
特殊作業員		人	21,600	2.7	58,320.00	1.0	21,600.00
普通作業員		人	18,900	0.68	12,852.00	0.33	6,237.00
溶　接　工		人	26,300	0.03	789.00	0.03	789.00
削　岩　機	コンクリートブレーカ30kg	日	260			1	260.00
酸　　素		㎥	240	0.08	19.20	0.08	19.20
アセチレン		kg	1,050	0.02	21.00	0.02	21.00
コンプレッサ運転	可搬式スクリューエンジン掛7.6㎥	日	16,631			0.33	5,488.23
そ　の　他	(労)×20%	式		1	14,392.20	1	5,725.20
計					86,393.40		40,139.63
					86,400		40,100

コンクリート撤去（「改修標準歩掛り」表2-2-1）　　（1㎥当たり）

名　　称	摘　　要	単位	単　　価	無　　筋			
				人　　力		コンクリートブレーカ	
				数　　量	金　　額	数　　量	金　　額
特殊作業員		人	21,600	1.62	34,992.00	0.6	12,960.00
普通作業員		人	18,900	0.408	7,711.20	0.198	3,742.20
削　岩　機	コンクリートブレーカ30kg	日	260			0.6	156.00
コンプレッサ運転	可搬式スクリューエンジン掛7.6㎥	日	16,631			0.198	3,292.94
そ　の　他	（労）×20％	式		1	8,540.64	1	3,340.44
計					51,243.84		23,491.58
					51,200		23,500

1.コンクリート撤去は、少量の場合及び工法が指定されている場合を除きコンクリートブレーカを標準とする。

れんが撤去（「改修標準歩掛り」表2-2-2）　　（1㎥当たり）

名　　称	摘　　要	単位	単　　価	人　　力		コンクリートブレーカ	
				数　　量	金　　額	数　　量	金　　額
特殊作業員		人	21,600	1.08	23,328.00	0.4	8,640.00
普通作業員		人	18,900	0.272	5,140.80	0.132	2,494.80
削　岩　機	コンクリートブレーカ30kg	日	260	—	—	0.4	104.00
コンプレッサ運転	可搬式スクリューエンジン掛7.6㎥	日	16,631	—	—	0.132	2,195.29
そ　の　他	（労）×20％	式		1	5,693.76	1	2,226.96
計					34,162.56		15,661.05
					34,200		15,700

1.防水押さえれんがの撤去は、少量の場合及び工法が指定されている場合を除きコンクリートブレーカによる。
また、モルタル塗撤去は、歩掛りに含まれるが、発生材処理は別計上とする。

ＣＢ撤去（「改修標準歩掛り」表2-2-3）

（１㎥当たり）

名　　称	摘　　要	単位	単　　価	人　　力		コンクリートブレーカ	
				数　　量	金　　額	数　　量	金　　額
特殊作業員		人	21,600	1.08	23,328.00	0.4	8,640.00
普通作業員		人	18,900	0.272	5,140.80	0.132	2,494.80
溶　接　工		人	26,300	0.012	315.60	0.012	315.60
酸　　素		㎥	240	0.032	7.68	0.032	7.68
アセチレン		kg	1,050	0.008	8.40	0.008	8.40
削　岩　機	コンクリート ブレーカ30kg	日	260	—	—	0.4	104.00
コンプレッサ運転	可搬式スクリューエンジン掛7.6㎥	日	16,631	—	—	0.132	2,195.29
そ　の　他	（労）×20％	式		1	5,756.68	1	2,290.08
計					34,557.36		16,055.85
					34,600		16,100

1.少量の場合及び工法が指定されている場合を除きコンクリートブレーカによる。

コンクリートはつり（「改修標準歩掛り」表2-2-4）

（１㎥当たり）

名　　称	摘　　要	単位	単　　価	床：厚30		壁：厚30	
				数　　量	金　　額	数　　量	金　　額
普通作業員		人	18,900	0.03	567.00	0.033	623.70
は　つ　り　工		人	22,900	0.125	2,862.50	0.135	3,091.50
ピックハンマ		日	140	0.125	17.50	0.135	18.90
コンプレッサ運転	可搬式スクリューエンジン掛5.0㎥	日	11,196.4	0.03	335.89	0.033	369.48
そ　の　他	（労）×20％	式		1	685.90	1	743.04
計					4,468.79		4,846.62
					4,470		4,850

1.溝はつり、貫通穴あけ及び幅木等の細幅のはつりの場合は別途考慮する。

目あらし（「改修標準歩掛り」表2-2-5）　　（1㎡当たり）

名　　称	摘　　要	単位	単　価	コンクリート面			
				床		壁	
				数　量	金　額	数　量	金　額
普通作業員		人	18,900	0.01	189.00	0.012	226.80
はつり工		人	22,900	0.04	916.00	0.05	1,145.00
ピックハンマ		日	140	0.04	5.60	0.05	7.00
コンプレッサ運転	可搬式スクリューエンジン掛5.0㎥	日	11,196.4	0.01	111.96	0.012	134.36
そ　の　他	（労）×20％	式		1	221.00	1	274.36
計					1,443.56		1,787.52
					1,440		1,790

1.細幅の目あらしの場合は別途考慮する。

ケレン（「改修標準歩掛り」表2-2-6）　　（1㎡当たり）

名　　称	摘　　要	単位	単　価	床		壁	
				数　量	金　額	数　量	金　額
普通作業員		人	18,900	0.03	567.00	0.035	661.50
そ　の　他	（労）×20％	式		1	113.40	1	132.30
計					680.40		793.80
					680		790

1.ケレンはデッキブラシ等で行うものとする。
2.塗装面のケレンには、適用しない。

床・壁清掃（「改修標準歩掛り」表2-2-7・8）　　（1㎡当たり）

名　　称	摘　　要	単位	単　価	床		壁	
				数　量	金　額	数　量	金　額
軽作業員		人	13,500	0.018	243.00	0.018	243.00
そ　の　他	（労）×20％	式		1	48.60	1	48.60
計					291.60		291.60
					290		290

1.布等による汚れの拭き取り程度。
2.共通仮設費及び撤去歩掛りに含まれる清掃を除く。

カッター入れ（「改修標準歩掛り」表2-2-9）　（１ｍ当たり）

名　　称	摘　　要	単位	単　　価	モルタル面厚さ20～30㎜		コンクリート面厚さ20～30㎜	
				数　　量	金　　額	数　　量	金　　額
は つ り 工		人	22,900	0.03	687.00	0.05	1,145.00
コンクリート カッター運転	手動式	日	647.61	0.03	19.43	0.05	32.38
そ　の　他	（労）×20％	式		1	137.40	1	229.00
計					843.80		1,406.38
					840		1,410

1.カッター入れは、設計図書に示す範囲又は部分的な撤去で必要に応じて計上する。

床タイル・モルタル・床人研ぎ撤去（「改修標準歩掛り」表2-2-10・11）　（１㎡当たり）

名　　称	摘　　要	単位	単　　価	床タイル		床モルタル・人研ぎ	
				数　　量	金　　額	数　　量	金　　額
普 通 作 業 員		人	18,900	0.025	472.50	0.02	378.00
は つ り 工		人	22,900	0.1	2,290.00	0.08	1,832.00
ピックハンマ		日	140	0.1	14.00	0.08	11.20
コンプレッサ運転	可搬式スクリューエンジン掛5.0㎥	日	11,196.4	0.025	279.91	0.02	223.93
そ　の　他	（労）×20％	％		1	552.50	1	442.00
計					3,608.91		2,887.13
					3,610		2,890

1.歩掛りにカッター入れは含まない。

ビニル床シート・ビニル幅木撤去（「改修標準歩掛り」表2-2-12・26）　（１㎡当たり）

名　　称	摘　　要	単位	単　　価	ビニル床シート		ビニル幅木（１ｍ当たり）	
				数　　量	金　　額	数　　量	金　　額
普通作業員		人	18,900	0.04	756.00	0.01	189.00
そ　の　他	（労）×20％	式		1	151.20	1	37.80
計					907.20		226.80
					910		230

1.カッターによる切断及び接着剤の除去を含む。

ビニル床タイル撤去（「改修標準歩掛り」表2-2-13）　（1㎡当たり）

名　　称	摘　　要	単位	単　価	一　般		アスベスト含有	
				数　量	金　額	数　量	金　額
普通作業員		人	18,900	0.06	1,134.00	0.08	1,512.00
そ の 他	（労）×20％	式		1	226.80	1	302.40
計					1,360.80		1,814.40
					1,360		1,810

1.カッターによる切断及び接着剤の除去を含む。
2.ビニル床タイル撤去のアスベスト含有の歩掛りは、撤去材が非飛散性アスベスト含有建材の場合に適用する。

カーペット・タイルカーペット撤去（「改修標準歩掛り」表2-2-14・15）　（1㎡当たり）

名　　称	摘　　要	単位	単　価	カーペット		タイルカーペット	
				数　量	金　額	数　量	金　額
普通作業員		人	18,900	0.04	756.00	0.03	567.00
そ の 他	（労）×20％	式		1	151.20	1	113.40
計					907.20		680.40
					910		680

1.カッターによる切断及び接着剤の除去を含む。
2.カーペット下敷き材のある場合の下敷き材撤去は、歩掛りに含まれている。

土台・敷居撤去（「改修標準歩掛り」表2-2-16・20）

名　　称	摘　　要	単位	単　価	土台（1ｍ当たり）		敷居（1本当たり）	
				数　量	金　額	数　量	金　額
普通作業員		人	18,900	0.05	945.00	0.035	661.50
そ の 他	（労）×20％	式		1	189.00	1	132.30
計					1,134.00		793.80
					1,130		790

1.木製間仕切りの土台に適用する。
2.アンカーボルト切断を含む。
3.鉄筋コンクリート造の内部造作の撤去に適用する。

床組撤去（「改修標準歩掛り」表2-2-17）　　（1㎡当たり）

名称	摘要	単位	単価	床組			
				つか立て		ころばし	
				数量	金額	数量	金額
普通作業員		人	18,900	0.14	2,646.00	0.11	2,079.00
その他	(労)×20%	式		1	529.20	1	415.80
計					3,175.20		2,494.80
					3,180		2,490

1.畳下、フローリング下の床組に適用する。
2.つか、土台、アンカーボルト切断を含む。
3.鉄筋コンクリート造の内部造作の撤去に適用する。

床・縁甲板フローリング・床下地板撤去（「改修標準歩掛り」表2-2-18・19）　　（1㎡当たり）

名称	摘要	単位	単価	床・縁甲板フローリング		床下地板	
				数量	金額	数量	金額
普通作業員		人	18,900	0.07	1,323.00	0.02	378.00
その他	(労)×20%	式		1	264.60	1	75.60
計					1,587.60		453.60
					1,590		450

1.床・縁甲板フローリング撤去には床組は含まない。
2.床下地板：畳下、フローリング下の下地板に適用し、床組は含まない。
3.鉄筋コンクリート造の内部造作の撤去に適用する。

鴨居・柱撤去（「改修標準歩掛り」表2-2-21・23）

名称	摘要	単位	単価	鴨居（1本当たり）		柱（1本当たり）	
				数量	金額	数量	金額
普通作業員		人	18,900	0.035	661.50	0.06	1,134.00
その他	(労)×20%	式		1	132.30	1	226.80
計					793.80		1,360.80
					790		1,360

1.鉄筋コンクリート造の内部造作の撤去に適用する。
2.鴨居の断面寸法は、「標準詳細図」程度とする。また、1本当たりの長さは900㎜から2,700㎜程度とする。

畳撤去（「改修標準歩掛り」表2-2-22）　　（1枚当たり）

名　　称	摘　　要	単位	単　価	畳（1枚当たり）			
				一　　畳		半　　畳	
				数　量	金　額	数　量	金　額
普通作業員		人	18,900	0.03	567.00	0.018	340.20
そ　の　他	（労）×20％	式		1	113.40	1	68.04
計					680.40		408.24
					680		410

1.「改修標準仕様書（建築）」の畳床（A種・B種・C種・D種）に適用する。

頭押さえ・木製幅木撤去（「改修標準歩掛り」表2-2-24・25）

名　　称	摘　　要	単位	単　価	頭押さえ（1ｍ当たり）		木製幅木（1ｍ当たり）	
				数　量	金　額	数　量	金　額
普通作業員		人	18,900	0.04	756.00	0.02	378.00
そ　の　他	（労）×20％	式		1	151.20	1	75.60
計					907.20		453.60
					910		450

1.アンカーボルトの切断を含む。
2.鉄筋コンクリート造等の内部造作の撤去に適用する。
3.頭押さえの断面寸法は、「標準詳細図」程度とする。

壁タイル・モルタル・プラスター撤去（「改修標準歩掛り」表2-2-27・28）　　（1㎡当たり）

名　　称	摘　　要	単位	単　価	壁タイル		壁モルタル・プラスター	
				数　量	金　額	数　量	金　額
普通作業員		人	18,900	0.025	472.50	0.023	434.70
はつり工		人	22,900	0.1	2,290.00	0.09	2,061.00
ピックハンマ		日	140	0.1	14.00	0.09	12.60
コンプレッサ運転	可搬式スクリューエンジン掛5.0㎥	日	11,196.4	0.025	279.91	0.023	257.52
そ　の　他	（労）×20％	式		1	552.50	1	499.14
計					3,608.91		3,264.96
					3,610		3,260

1.外壁及び内壁タイルの下地モルタルも含めて撤去する場合に適用する。
2.タイル等仕上げの撤去はピックハンマによる。
3.歩掛りにカッター入れは含まない。
4.外壁モルタル及び内壁モルタル・プラスターを撤去する場合に適用する。
5.歩掛りにカッター入れは含まない。

壁合板・ボード撤去（「改修標準歩掛り」表2-2-29）　　　　（1㎡当たり）

名　　称	摘　　要	単位	単　　価	一重張り			
				一　　般		アスベスト含有	
				数　　量	金　　額	数　　量	金　　額
普通作業員		人	18,900	0.04	756.00	0.09	1,701.00
そ の 他	(労) ×20%	式		1	151.20	1	340.20
計					907.20		2,041.20
					910		2,040

1.下地撤去は含まない。
2.二重張り撤去は、躯体若しくは準躯体より二重張りのまま撤去する場合に適用する。
3.アスベスト含有材撤去の作業区分をレベル3で想定している。

壁合板・ボード撤去（「改修標準歩掛り」表2-2-29）　　　　（1㎡当たり）

名　　称	摘　　要	単位	単　　価	二重張り			
				一　　般		アスベスト含有	
				数　　量	金　　額	数　　量	金　　額
普通作業員		人	18,900	0.048	907.20	0.11	2,079.00
そ の 他	(労) ×20%	式		1	181.44	1	415.80
計					1,088.64		2,494.80
					1,090		2,490

1.下地撤去は含まない。
2.二重張り撤去は、躯体若しくは準躯体より二重張りのまま撤去する場合に適用する。
3.アスベスト含有材撤去の作業区分をレベル3で想定している。

壁下地・クロス撤去（「改修標準歩掛り」表2-2-30・31）　　　　（1㎡当たり）

名　　称	摘　　要	単位	単　　価	壁下地		壁クロス	
				数　　量	金　　額	数　　量	金　　額
普通作業員		人	18,900	0.02	378.00	0.03	567.00
そ の 他	(労) ×20%	式		1	75.60	1	113.40
計					453.60		680.40
					450		680

1.ボード等の仕上げ撤去は含まない。
2.軽量鉄骨壁下地（50形・65形・90形・100形）及び木製間仕切壁下地の撤去に適用する。
3.「改修標準仕様書（建築）」による壁紙の張り付けは、下地に直接張付けるものとしているので、壁クロス撤去にあたって、下地は損傷のないよう撤去する。
　クロス張り替えで、下地の損傷が大きい場合の下地調整は適宜考慮する。

天井プラスター撤去（「改修標準歩掛り」表2-2-32）　（1㎡当たり）

名　称	摘　要	単位	単　価	天井プラスター	
				数　量	金　額
普通作業員		人	18,900	0.023	434.70
はつり工		人	22,900	0.09	2,061.00
ピックハンマ		運転日	140	0.09	12.60
コンプレッサ運転	可搬式スクリューエンジン掛5.0㎥	日	11,196.4	0.023	257.52
そ　の　他	（労）×20％	式		1	499.14
計					3,264.96
					3,260

1.歩掛りにカッター入れは含まない。

天井合板・ボード撤去（「改修標準歩掛り」表2-2-33）　（1㎡当たり）

名　称	摘　要	単位	単　価	一重張り			
				一　般		アスベスト含有	
				数　量	金　額	数　量	金　額
普通作業員		人	18,900	0.05	945.00	0.11	2,079.00
そ　の　他	（労）×20％	式		1	189.00	1	415.80
計					1,134.00		2,494.80
					1,130		2,490

1.下地撤去は含まない。
2.二重張り撤去は、躯体若しくは準躯体より二重張りのまま撤去する場合に適用する。
3.アスベスト含有材撤去の作業区分をレベル3で想定している。

天井合板・ボード撤去（「改修標準歩掛り」表2-2-33）　（1㎡当たり）

名　称	摘　要	単位	単　価	二重張り			
				一　般		アスベスト含有	
				数　量	金　額	数　量	金　額
普通作業員		人	18,900	0.06	1,134.00	0.13	2,457.00
そ　の　他	（労）×20％	式		1	226.80	1	491.40
計					1,360.80		2,948.40
					1,360		2,950

1.下地撤去は含まない。
2.二重張り撤去は、躯体若しくは準躯体より二重張りのまま撤去する場合に適用する。
3.アスベスト含有材撤去の作業区分をレベル3で想定している。

天井下地・クロス撤去（「改修標準歩掛り」表2-2-34・35）　（1 ㎡当たり）

名　　称	摘　　要	単位	単　　価	天井下地		天井クロス	
				数　量	金　額	数　量	金　額
普通作業員		人	18,900	0.03	567.00	0.03	567.00
そ　の　他	（労）×20%	式		1	113.40	1	113.40
計					680.40		680.40
					680		680

1.ボード等の仕上げ撤去は含まない。
2.軽量鉄骨天井下地及び木製天井下地の撤去に適用する。
3.吊りボルト及び振れ止め補強（1段程度）の撤去は歩掛りに含む。
4.「改修標準仕様書（建築）」による壁紙の張り付けは、下地に直接張付けたものとなっているので、壁クロス撤去にあたって、下地は損傷のないよう撤去する。
　クロス張り替えで、下地の損傷が大きい場合の下地調整は適宜考慮する。

木製戸撤去（「改修標準歩掛り」表2-2-36）　（1 ㎡当たり）

名　　称	摘　　要	単位	単　　価	片開き戸			
				枠共		扉のみ	
				数　量	金　額	数　量	金　額
普通作業員		人	18,900	0.047	888.30	0.024	453.60
そ　の　他	（労）×20%	式		1	177.66	1	90.72
計					1,065.96		544.32
					1,070		540

1.建具に組み込まれたガラスの撤去は含まない。

木製戸撤去（「改修標準歩掛り」表2-2-36）　（1 ㎡当たり）

名　　称	摘　　要	単位	単　　価	両開き戸			
				枠共		扉のみ	
				数　量	金　額	数　量	金　額
普通作業員		人	18,900	0.041	774.90	0.02	378.00
そ　の　他	（労）×20%	式		1	154.98	1	75.60
計					929.88		453.60
					930		450

1.建具に組み込まれたガラスの撤去は含まない。

鋼製戸撤去（「改修標準歩掛り」表2-2-37）　（1㎡当たり）

名　称	摘　要	単位	単　価	片開き戸			
				枠共		扉のみ	
				数　量	金　額	数　量	金　額
普通作業員		人	18,900	0.024	453.60	0.012	226.80
サッシ工		人	22,400	0.094	2,105.60	0.047	1,052.80
そ の 他	（労）×20%	式		1	511.84	1	255.92
計					3,071.04		1,535.52
					3,070		1,540

1.歩掛りには枠回りのはつり及び建具に組み込まれたガラスの撤去は含まない。
2.建具枠回りのはつりが必要な場合は「改修標準歩掛り」表2-2-38による。

鋼製戸撤去（「改修標準歩掛り」表2-2-37）　（1㎡当たり）

名　称	摘　要	単位	単　価	両開き戸			
				枠共		扉のみ	
				数　量	金　額	数　量	金　額
普通作業員		人	18,900	0.02	378.00	0.01	189.00
サッシ工		人	22,400	0.081	1,814.40	0.041	918.40
そ の 他	（労）×20%	式		1	438.48	1	221.48
計					2,630.88		1,328.88
					2,630		1,330

1.歩掛りには、枠廻りのはつり及び建具に組み込まれたガラスの撤去は含まない。
2.建具廻りのはつりが必要な場合は「改修標準歩掛り」表2-2-38による。

建具周囲はつり（「改修標準歩掛り」表2-2-38）　（1ｍ当たり）

名　称	摘　要	単位	単　価	ＲＣ　15cm		ＲＣ　20cm	
				数　量	金　額	数　量	金　額
普通作業員		人	18,900	0.03	567.00	0.035	661.50
はつり工		人	22,900	0.12	2,748.00	0.14	3,206.00
削 岩 機	コンクリートブレーカ30kg	日	260	0.12	31.20	0.14	36.40
コンプレッサ運転	可搬式スクリューエンジン掛7.6㎥	日	16,631	0.03	498.93	0.035	582.09
そ の 他	（労）×20%	式		1	663.00	1	773.50
計					4,508.13		5,259.49
					4,510		5,260

1.建具枠回りのはつりが必要な場合に計上する。

ガラス・マンホール・点検口撤去（「改修標準歩掛り」表2-2-39・40）

名　　称	摘　　要	単位	単　　価	ガラス 1㎡当たり 数　量	金　額	床マンホール・点検口 1か所当たり 数　量	金　額
ガラス工		人	21,500	0.2	4,300.00		
はつり工		人	22,900	0.2			4,580.00
その他	(労)×20%	式		1	860.00	1	916.00
計					5,160.00		5,496.00
					5,160		5,500

1.単層ガラスとする。
2.ガラスの撤去には、ガラス留め材の撤去を含む。
3.床マンホール等の歩掛りには、枠回りのはつり及び撤去を含む。
4.カッター入れが必要な場合は、図示又は特記による。

天井点検口撤去（「改修標準歩掛り」表2-2-41）

名　　称	摘　　要	単位	単　　価	天井点検口 1か所当たり 数　量	金　額
普通作業員		人	18,900	0.1	1,890.00
その他	(労)×20%	式		1	378.00
計					2,268.00
					2,270

1.軽量鉄骨天井下地及び木製天井下地の撤去に適用する。

たてどい撤去（「改修標準歩掛り」表2-2-42）　（1m当たり）

名　　称	摘　　要	単位	単　　価	鋼管 数　量	金　額	VP管 数　量	金　額
配管工		人	20,400	0.2	4,080.00	0.1	2,040.00
その他	(労)×20%	式		1	816.00	1	408.00
計					4,896.00		2,448.00
					4,900		2,450

1.屋内といの防露巻きの撤去は別途考慮する。

発生材人力積込み（「改修標準歩掛り」表2-2-43）　（1㎥当たり）

名　称	摘　要	単位	単　価	コンクリート類		ボード・木材類	
				数　量	金　額	数　量	金　額
普通作業員		人	18,900	0.24	4,536.00	0.2	3,780.00
ベルトコンベヤ運転	エンジン駆動　機長7m ベルト幅350mm	日	2,322.84	0.24	557.48		
そ　の　他	（労）×20％	式		1	907.20	1	756.00
計					6,000.68		4,536.00
					6,000		4,540

1.アスベスト含有のボード等は丁寧に積込みを行う必要があるが、本歩掛りを適用する。

既存塗膜除去（「改修標準歩掛り」表2-2-44）　（1㎡当たり）

名　称	摘　要	単位	単　価	鉄面・亜鉛メッキ面			
				工程ＲＡ種		工程ＲＢ種	
				数　量	金　額	数　量	金　額
研　磨　紙	P120～320	枚	31	0.85	26.35	0.25	7.75
塗　装　工		人	24,600	0.1	2,460.00	0.028	688.80
そ　の　他	（労）×20％	式		1	492.00	1	137.76
計					2,978.35		834.31
					2,980		830

1.既存面の塗装塗り替えに適用し、既存塗膜除去の工程 RA 種は、既存塗膜全面除去100％であり、工程 RB 種は、塗り替え面積の30％程度の除去とする。

既存塗膜除去（「改修標準歩掛り」表2-2-44）　（1㎡当たり）

名　称	摘　要	単位	単　価	コンクリート・モルタル面			
				工程ＲＡ種		工程ＲＢ種	
				数　量	金　額	数　量	金　額
研　磨　紙	P120～320	枚	31	0.85	26.35	0.25	7.75
塗　装　工		人	24,600	0.06	1,476.00	0.017	418.20
そ　の　他	（労）×20％	式		1	295.20	1	83.64
計					1,797.55		509.59
					1,800		510

1.工程ＲＢ種の場合の除去範囲は、塗替え面積の30％とする。
2.工程 RA 種の場合は、除去範囲は塗替え面積の100％とする。
3.アスファルト防水層の歩掛りには、断熱防水の断熱材撤去は含まない。

既存塗膜除去（「改修標準歩掛り」表2-2-44）　　（1㎡当たり）

名　　称	摘　　要	単位	単　　価	木部・ボード面			
				工程ＲＡ種		工程ＲＢ種	
				数　　量	金　　額	数　　量	金　　額
研　磨　紙	P120～320	枚	31	0.85	26.35	0.25	7.75
塗　装　工		人	24,600	0.054	1,328.40	0.015	369.00
そ　の　他	(労) ×20%	式		1	265.68	1	73.80
計					1,620.43		450.55
					1,620		450

1.工程ＲＢ種の場合の除去範囲は、塗替え面積の30%とする。
2.工程 RA 種の場合は、除去範囲は塗替え面積の100%とする。

既存防水層撤去（「改修標準歩掛り」表2-2-45）　　（1 ㎡当たり）

名　　称	摘　　要	単位	単　　価	屋上防水層			
				アスファルト防水層		シート防水層	
				数　　量	金　　額	数　　量	金　　額
普通作業員		人	18,900	0.08	1,512.00	0.07	1,323.00
そ　の　他	(労) ×20%	式		1	302.40	1	264.60
計					1,814.40		1,587.60
					1,810		1,590

1.立ち上がり部を含む。
2.押さえコンクリート、保護モルタル等の撤去は含まない。
3.アスファルト防水層の歩掛りには、断熱防水の断熱材撤去は含まない。

既存防水層撤去（「改修標準歩掛り」表2-2-45）　　（1 ㎡当たり）

名　　称	摘　　要	単位	単　　価	屋内防水層	
				アスファルト防水層	
				数　　量	金　　額
普通作業員		人	18,900	0.1	1,890.00
そ　の　他	(労) ×20%	式		1	378.00
計					2,268.00
					2,270

1.立ち上がり部を含む。
2.押さえコンクリート、保護モルタル等の撤去は含まない。

シーリング撤去（「改修標準歩掛り」表2-2-46）　　（1 m当たり）

名　　称	摘　　要	単位	単　　価	数　　量	金　　額
防　水　工		人	26,000	0.02	520.00
そ　の　他	(労) ×20%	式		1	104.00
計					624.00
					620

1.ガラス留め材のシーリングの撤去は、ガラス撤去に含む。

5）外壁改修

①　一般事項

主として鉄筋コンクリート造の外壁改修における本施工前に改修範囲を確定するために行う既存外壁面の施工数量調査に係る標準歩掛りが定められている。

②　調査の仕様

調査方法は、目視調査を主とした調査又は目視調査と打診調査を併用した調査に区分する。目視調査は、仕上の劣化程度、亀裂調査等を調査内容とし、打診調査は、仕上材の浮き、コンクリートの劣化等を調査内容とする。

③　数　量

施工数量調査面積は、外壁改修面積による。

④　標準歩掛り

既存の外壁仕上により、下記により区分する。

イ　既存仕上がコンクリート打放し又はコンクリート打放し仕上塗り材等

ロ　既存仕上がタイル張り・モルタル塗り等

なお、調査は本施工に使用する足場での調査とする。

⑤　単価作成例

施工数量調査（外壁改修）（「改修標準歩掛り」表2-3-1）　（1㎡当たり）

名　称	摘　要	単位	単　価	タイル・モルタル塗替		打放し面・仕上げ塗材	
				数　量	金　額	数　量	金　額
特殊作業員		人	21,600	0.012	259.20	0.01	216.00
そ　の　他	（労）×20％	式		1	51.84	1	43.2
計					311.64		259.20
					310		260

1.壁面積（実調査面積）に対して計上する。
2.足場等使い、壁面の直近で行う目視、打診調査及び報告資料の作成を含む。
3.歩掛りには、ゴンドラ等の費用は含まれていない。
4.施工数量調査は、原則として外壁の劣化の度合いにかかわらず、調査対象外壁面の実調査面積を数量とする。

4　補正市場単価算出方法

補正市場単価作成上の留意点

歩掛りによって、補正市場単価を作成する場合

1　資材単価及び価格

市場単価採用都市と同じ採用都市の資材単価及び価格を使用する。ただし、採用都市において資材単価及び価格の掲載がない場合は、各発注機関における複合単価作成時の資材単価及び価格採用の方法に則るものとする。

2　労務単価

市場単価採用都市と同じ県の労務単価を使用する。ただし、採用県における労務単価の掲載がない場合は、各発注機関における複合単価作成時の労務単価採用の方法に則るものとする。

【補正市場単価を採用する場合の採用都市労務単価の採用（例）】

市場単価採用都市	採用県労務単価
札　幌（北海道）	北海道
仙　台（東　北）	宮　城
東　京（関　東）	東　京
新　潟（北　陸）	新　潟
名古屋（中　部）	愛　知
大　阪（近　畿）	大　阪
広　島（中　国）	広　島
高　松（四　国）	香　川
福　岡（九　州）	福　岡
那　覇（沖　縄）	沖　縄

【建築工事】

【土工】

＊＊市場単価＊＊

細　目	摘　　　要	単位	単価記号	
根切り	つぼ、布掘　深さ2.5m程度	㎥	A	
床付け	つぼ、布掘	㎡	B	
根切り	総掘　法付オープンカット	㎥	C	
根切り	自立山留め内	㎥	D	
床付け	総掘	㎡	E	
すきとり	H＝300程度	㎥	F	
杭間ざらい	既製コンクリート杭　φ350～600	本	G	
埋戻し	発生土	㎥	H	
機械運搬費	片道30㎞以内　バックホウ	往復	I	

＊＊参考歩掛り＊＊

細　目	摘　　　要	単位	歩掛り記号	表番号
根切り	つぼ掘り及び布掘り（バックホウ0.8㎥）	㎥	a	表RA—２—１
根切り	山止め付き総掘り　自立式（バックホウ0.8㎥）	㎥	d	表RA—２—４
根切り	山止め付き総掘り　切梁腹起方式（バックホウ0.8㎥）	㎥	c	表RA—２—６
根切り	山止め付き総掘り　切梁腹起方式（バックホウ0.45㎥・クラムシェル積込）	㎥	b	表RA—２—７
根切り	山止め付き総掘り　グランドアンカ方式（バックホウ0.8㎥）	㎥	e	表RA—２—９
根切り	小規模土工（バックホウ0.28㎥）	㎥	f	表RA—２—14
埋戻し	つぼ掘り及び布掘り（バックホウ0.8㎥）	㎥	h	表RA—２—18
埋戻し	小規模土工（バックホウ0.28㎥）	㎥	g	表RA—２—22
盛土	（バックホウ0.8㎥）	㎥	j	表RA—２—24
敷きならし	（ブルドーザー３ｔ）	㎥	k	表RA—２—27
締固め	（振動ローラー2.4～2.8ｔ）	㎥	l	表RA—２—29
積込み	（バックホウ0.8㎥）	㎥	m	表RA—２—33
土工機械運搬	バックホウ　排出ガス対策型油圧式クローラー型0.28㎥	往復	n	表RA—２—39
土工機械運搬	バックホウ　排出ガス対策型油圧式クローラー型0.8㎥	往復	i	表RA—２—39
土工機械運搬	クラムシェル　機械ロープ式クローラー型0.6㎥（平積）	往復	o	表RA—２—39
土工機械組立分解	クラムシェル　機械ロープ式クローラー型0.6㎥（平積）	回	p	表RA—２—41

＊＊補正市場単価＊＊

細　目	摘　　　要	単位	市場単価	算定式
根切り	山留め内　切梁あり	㎥	D	((３ｄ＋２ｃ)÷５)÷ｄ
根切り	山留め内　切梁あり（クラムシェルによる積込み）	㎥	D	((３ｄ＋ｃ＋２ｂ)÷８)÷ｄ
根切り	山留め内　グランドアンカー（クラムシェルによる積込み）	㎥	D	((８ｄ＋２ｅ)÷10)÷ｄ
根切り	小規模土工	㎥	A	ｆ÷ａ
埋戻し	小規模土工　発生土	㎥	H	ｇ÷ｈ
盛土	発生土	㎥	H	ｊ÷ｈ
敷き均し	発生土　締固め共	㎥	H	(k+l)　÷h
積込み	発生土	㎥	A	ｍ÷ａ
機械運搬費	片道30㎞以内　バックホウ＋クラムシェル（分解組立共）	往復	I	(i+o+p)÷i
機械運搬費	小規模土工　片道30㎞以内　バックホウ	往復	I	ｎ÷ｉ

Ⅳ　改修工事の積算

【建築工事】

【鉄筋】

＊＊市場単価＊＊

細　目	摘　　　要	単位	単価記号	
鉄筋加工組立	RC ラーメン構造　階高3.5～4.0m程度　形状単純	t	A	
鉄筋加工組立	SRC ラーメン構造　階高3.5～4.0m程度　形状単純	t	B	
鉄筋加工組立	RC 壁式構造　階高2.8m程度　形状単純	t	C	
鉄筋加工組立	スパイラルフープ取付	t	D	
運搬費	加工場～現場　30km程度　4 t 車	t	E	
運搬費	加工場～現場　30km程度　10 t 車	t	F	
ガス圧接	D19―D19	カ所	G	
ガス圧接	D22―D22	カ所	H	
ガス圧接	D25―D25	カ所	I	
ガス圧接	D29―D29	カ所	J	
ガス圧接	D32―D32	カ所	K	
ガス圧接	D19―D22	カ所	L	
ガス圧接	D22―D25	カ所	M	
ガス圧接	D25―D29	カ所	N	
ガス圧接	D29―D32	カ所	O	

＊＊参考歩掛り＊＊

細　目	摘　　　要	単位	歩掛り記号	表番号
鉄筋工場加工	一般　太物	t	a	表 RA―４―１
鉄筋工場加工	一般　細物	t	b	表 RA―４―１
鉄筋組立	RC 造　太物（圧接）	t	c	表 RA―４―３
鉄筋組立	RC 造　細物	t	d	表 RA―４―３
鉄筋加工組立	Ｓ造スラブ　鉄筋加工　工場	t	e	表 RA―４―６
鉄筋加工組立	Ｓ造スラブ　鉄筋組立て	t	f	表 RA―４―６
鉄筋加工組立	小型構造物	t	g	表 RA―４―９

＊＊補正市場単価＊＊

細　目	摘　　　要	単位	市場単価	算定式
鉄筋加工組立	Ｓ造　床版	t	A	(e+f)÷(0.4(a+c) +0.6(b+d))
鉄筋加工組立	小型構造物	t	A	g÷(0.4(a+c)+0.6(b+d))

【鉄筋（耐震改修）】

＊＊市場単価＊＊

細　目	摘　　　要	単位	単価記号	
鉄筋加工組立	RC ラーメン構造　階高3.5～4.0m程度　形状単純	t	A	

＊＊補正市場単価＊＊

細　目	摘　　　要	単位	市場単価	補正率
鉄筋加工組立	耐震改修用	t	A	1.53

【建築工事】

【コンクリート】

＊＊市場単価＊＊

細　　目	摘　　　　要	単位	単価記号	
打設手間	捨コンクリート　ポンプ打ち	㎥	A	
打設手間	土間コンクリート　ポンプ打ち	㎥	B	
打設手間	基礎コンクリート　ポンプ打ち	㎥	C	
打設手間	く体コンクリート　ポンプ打ち	㎥	D	
打設手間	防水押えコンクリート　ポンプ打ち	㎥	E	
ポンプ圧送	圧送基本料金　1回の打設量が100㎥以上	回	F	
ポンプ圧送	圧送基本料金　1回の打設量が50㎥以上100㎥未満	回	G	
ポンプ圧送	圧送基本料金　1回の打設量が30㎥以上50㎥未満	回	H	
ポンプ圧送	圧送料金　1回の打設量が100㎥以上	㎥	I	
ポンプ圧送	圧送料金　1回の打設量が50㎥以上100㎥未満	㎥	J	
ポンプ圧送	圧送料金　1回の打設量が30㎥以上50㎥未満	㎥	K	

＊＊参考歩掛り＊＊

細　　目	摘　　　　要	単位	歩掛り記号	表番号
コンクリート打設手間（ブーム式）	1回当たりの打設量　20㎥以上50㎥未満	㎥	a	表RA—5—1
コンクリート打設手間（ブーム式）	1回当たりの打設量　50㎥以上100㎥未満	㎥	b	表RA—5—1
コンクリート打設手間（ブーム式）	1回当たりの打設量　100㎥以上170㎥未満	㎥	c	表RA—5—1
コンクリート打設手間（配管式）	1回当たりの打設量　50㎥未満	㎥	d	表RA—5—2
コンクリート打設手間（配管式）	1回当たりの打設量　50㎥以上100㎥未満	㎥	e	表RA—5—2
コンクリート打設手間（配管式）	1回当たりの打設量　100㎥以上170㎥未満	㎥	f	表RA—5—2
コンクリート打設手間（小型構造物）	人力打設　工作物の基礎等	㎥	g	表RA—5—8
コンクリート打設手間（小型構造物）	人力打設　擁壁、囲障の基礎等	㎥	h	表RA—5—8

＊＊補正市場単価＊＊

細　　目	摘　　　　要	単位	市場単価	算定式
打設手間	基礎コンクリート　ポンプ打設　施工規模50～100㎥/回　程度	㎥	C	(0.5b+0.5e)÷(0.5c+0.5f)
打設手間	基礎コンクリート　ポンプ打設　施工規模50㎥/回　程度	㎥	C	(0.5a+0.5d)÷(0.5c+0.5f)
打設手間	く体コンクリート　ポンプ打設　施工規模50～100㎥/回　程度	㎥	D	(0.5b+0.5e)÷(0.5c+0.5f)
打設手間	く体コンクリート　ポンプ打設　施工規模50㎥/回　程度	㎥	D	(0.5a+0.5d)÷(0.5c+0.5f)
打設手間	S造スラブコンクリート　ポンプ打設　施工規模50㎥/回　程度	㎥	B	1.0
打設手間	小型構造物コンクリート　人力打設　工作物の基礎等	㎥	B	g÷a
打設手間	小型構造物コンクリート　人力打設　擁壁、囲障の基礎等	㎥	B	h÷a

【建築工事】

公共建築工事積算基準等資料による補正市場単価は、以下による。

【コンクリート】

＊＊市場単価＊＊

細　　目	摘　　　　要	単位	単価記号	
打設手間	捨コンクリート　ポンプ打ち	㎥	A	
打設手間	防水押えコンクリート　ポンプ打ち	㎥	E	

＊＊参考歩掛り＊＊

細　　目	摘　　　　要	単位	歩掛り記号	表番号
コンクリート打設手間（ブーム式）	1回当たりの打設量　20㎥以上50㎥未満	㎥	a	表RA―5―1
コンクリート打設手間（配管式）	1回当たりの打設量　50㎥以上100㎥未満	㎥	e	表RA―5―2

＊＊別添歩掛り＊＊

細　　目	摘　　　　要	単位	歩掛り記号	表番号
コンクリート打設手間（人力）	捨コンクリート　人力　S15～18	㎥	o	表SA―1―2
コンクリート打設手間（人力）	防水保護　人力　S15～18	㎥	p	表SA―1―2

＊＊補正市場単価＊＊

細　　目	摘　　　　要	単位	市場単価	算定式
打設手間	捨コンクリート　人力打設	㎥	A	o ÷ a
打設手間	防水押さえコンクリート　人力打設	㎥	E	p ÷ e

【建築工事】

【型枠】

＊＊市場単価＊＊

細　　目	摘　　　　要	単位	単価記号	
普通合板型枠	基礎部	㎡	A	
普通合板型枠	地下軸部　階高5.0m程度	㎡	B	
普通合板型枠	ラーメン構造　地上軸部　階高2.8m程度	㎡	C	
普通合板型枠	ラーメン構造　地上軸部　階高3.5～4.0m程度	㎡	D	
打放し合板型枠	ラーメン構造　地上軸部Ｂ種　階高3.5～4.0m程度	㎡	E	
打放し合板型枠	ラーメン構造　地上軸部Ｃ種　階高3.5～4.0m程度	㎡	F	
普通合板型枠	壁式構造　地上軸部　階高2.8m程度	㎡	G	
打放し合板型枠	壁式構造　地上軸部Ｂ種　階高2.8m程度	㎡	H	
打放し合板型枠	壁式構造　地上軸部Ｃ種　階高2.8m程度	㎡	I	
運搬費	型枠運搬費　４ｔ車　基準距離30㎞以内	㎡	J	
運搬費	型枠運搬費　10ｔ車　基準距離30㎞以内	㎡	K	

＊＊参考歩掛り＊＊

細　　目	摘　　　　要	単位	歩掛り記号	表番号
普通合板型枠	鉄筋コンクリート造建物（壁式）	㎡	a	表RA―６―１
普通合板型枠	小型構造物	㎡	h	表RA―６―１
打放し合板型枠	Ａ種　鉄筋コンクリート造建物（一般ラーメン）	㎡	m	表RA―６―２
打放し合板型枠	Ｂ種　鉄筋コンクリート造建物（一般ラーメン）	㎡	b	表RA―６―２
打放し合板型枠	Ｂ種　鉄筋コンクリート造建物（壁式）	㎡	e	表RA―６―２
打放し合板型枠	Ｃ種　鉄筋コンクリート造建物（一般ラーメン）	㎡	c	表RA―６―２
打放し合板型枠	Ｃ種　鉄筋コンクリート造建物（壁式）	㎡	f	表RA―６―２

＊＊補正市場単価＊＊

細　　目	摘　　　　要	単位	市場単価	算定式
普通合板型枠	壁式構造　基礎部	㎡	A	1.0
打放し合板型枠	ラーメン構造・壁式構造　基礎部Ｂ種	㎡	A	Ｅ÷Ｄ
打放し合板型枠	ラーメン構造・壁式構造　基礎部Ｃ種	㎡	A	Ｆ÷Ｄ
打放し合板型枠	ラーメン構造　地下軸部Ａ種　階高5.0m程度	㎡	B	（Ｅ×ｍ÷ｄ）÷Ｄ
打放し合板型枠	ラーメン構造　地下軸部Ｂ種　階高5.0m程度	㎡	B	Ｅ÷Ｄ
打放し合板型枠	ラーメン構造　地下軸部Ｃ種　階高5.0m程度	㎡	B	Ｆ÷Ｄ
打放し合板型枠	ラーメン構造　地上軸部Ａ種　階高3.5～4.0m程度	㎡	E	ｍ÷ｂ
打放し合板型枠	壁式構造　地上軸部Ａ種　階高2.8m程度	㎡	H	ｍ÷ｂ
小型構造物用型枠	擁壁、囲障の基礎等	㎡	A	ｈ÷ａ

【型枠（耐震改修）】

＊＊市場単価＊＊

細　　目	摘　　　　要	単位	単価記号	
普通合板型枠	地下軸部　階高5.0m程度	㎡	B	
普通合板型枠	ラーメン構造　地上軸部　階高3.5～4.0m程度	㎡	D	
打放し合板型枠	ラーメン構造　地上軸部Ｂ種　階高3.5～4.0m程度	㎡	E	
打放し合板型枠	ラーメン構造　地上軸部Ｃ種　階高3.5～4.0m程度	㎡	F	

＊＊補正市場単価＊＊

細　　目	摘　　　　要	単位	市場単価	補正率
普通合板型枠	耐震改修用　地下軸部	㎡	B	1.17
普通合板型枠	耐震改修用　地上軸部	㎡	D	1.17
打放し合板型枠	耐震改修用　地下軸部Ａ種	㎡	B	1.40
打放し合板型枠	耐震改修用　地下軸部Ｂ種	㎡	B	1.26
打放し合板型枠	耐震改修用　地下軸部Ｃ種	㎡	B	1.24
打放し合板型枠	耐震改修用　地上軸部Ａ種	㎡	E	1.30
打放し合板型枠	耐震改修用　地上軸部Ｂ種	㎡	E	1.17
打放し合板型枠	耐震改修用　地上軸部Ｃ種	㎡	F	1.17

Ⅳ　改修工事の積算

【建築工事】

【防水１】

＊＊市場単価＊＊

細　　目	摘　　　　要	単位	単価記号	
屋根アスファルト防水	A―２　密着工法　平部	㎡	A	
屋根アスファルト防水	A―２　密着工法　立上り	㎡	B	
屋根アスファルト防水	AI―２　断熱工法　平部	㎡	C	
屋根アスファルト防水	B―１　絶縁工法　平部	㎡	D	
屋根アスファルト防水	B―１　絶縁工法　立上り	㎡	E	
屋根アスファルト防水	D―１　絶縁工法　平部	㎡	F	
屋根アスファルト防水	D―１　絶縁工法　立上り	㎡	G	
屋内アスファルト防水	E―１　密着工法　平部	㎡	H	
屋内アスファルト防水	E―１　密着工法　立上り	㎡	I	
シーリング	PS―2　ポリサルファイド（２成分形）幅10×深さ10	m	J	
シーリング	PS―2　ポリサルファイド（２成分形）幅15×深さ10	m	K	
シーリング	PS―2　ポリサルファイド（２成分形）幅20×深さ10	m	L	
シーリング	PU―2　ポリウレタン（２成分形）幅10×深さ10	m	M	
シーリング	PU―2　ポリウレタン（２成分形）幅15×深さ10	m	N	
シーリング	PU―2　ポリウレタン（２成分形）幅20×深さ10	m	O	
シーリング	MS―2　変成シリコーン（２成分形）幅10×深さ10	m	P	
シーリング	MS―2　変成シリコーン（２成分形）幅15×深さ10	m	Q	
シーリング	MS―2　変成シリコーン（２成分形）幅20×深さ10	m	R	
シーリング	SR―1　シリコーン（１成分形）幅10×深さ10	m	S	
シーリング	SR―1　シリコーン（１成分形）幅15×深さ10	m	T	
シーリング	SR―2　シリコーン（２成分形）幅10×深さ10	m	U	
シーリング	SR―2　シリコーン（２成分形）幅15×深さ10	m	V	

＊＊参考歩掛り＊＊

細　　目	摘　　　　要	単位	歩掛り記号	表番号
屋根保護防水密着工法	A―１　平面	㎡	w	表 RA―９―１
屋根保護防水密着工法	A―１　立上り立下り面	㎡	x	表 RA―９―１
屋根保護防水密着工法	A―２　平面	㎡	a	表 RA―９―１
屋根保護防水密着工法	A―２　立上り立下り面	㎡	b	表 RA―９―１
屋根保護防水密着断熱工法	AI―１　平面	㎡	y	表 RA―９―２
屋根保護防水密着断熱工法	AI―２　平面	㎡	c	表 RA―９―２
屋根保護防水絶縁工法	B―１　平面	㎡	d	表 RA―９―３
屋根保護防水絶縁工法	B―１　立上り立下り面	㎡	e	表 RA―９―３
屋根保護防水絶縁工法	B―２　平面	㎡	②	表 RA―９―３
屋根保護防水絶縁工法	B―２　立上り立下り面	㎡	③	表 RA―９―３
屋根保護防水絶縁断熱工法	BI―１　平面	㎡	④	表 RA―９―４
屋根保護防水絶縁断熱工法	BI―２　平面	㎡	⑥	表 RA―９―４
屋根露出防水絶縁工法	D―１　平面	㎡	f	表 RA―９―５
屋根露出防水絶縁工法	D―１　立上り立下り面	㎡	g	表 RA―９―５

【建築工事】

＊＊参考歩掛り＊＊

細　目	摘　　　　要	単位	歩掛り記号	表番号
屋根露出防水絶縁工法	D―2　平面	㎡	⑧	表RA―9―5
屋根露出防水絶縁工法	D―2　立上り立下り面	㎡	⑨	表RA―9―5
屋内防水密着工法	E―1　平面	㎡	h	表RA―9―6
屋内防水密着工法	E―1　立上り立下り面	㎡	i	表RA―9―6
屋内防水密着工法	E―2　平面	㎡	⑩	表RA―9―6
屋内防水密着工法	E―2　立上り立下り面	㎡	⑪	表RA―9―6
シーリング	MS―2　変性シリコーン系　シーリング幅15㎜を超え20㎜以下	m	r	表RA―9―8
シーリング	MS―2　変性シリコーン系　シーリング幅20㎜を超え25㎜以上	m	⑯	表RA―9―8
シーリング	MS―2　変性シリコーン系　シーリング幅25㎜を超え30㎜以上	m	⑰	表RA―9―8
シーリング	SR―1　シリコーン系　シーリング幅10㎜以下	m	s	表RA―9―7
シーリング	SR―1　シリコーン系　シーリング幅10㎜を超え15㎜以下	m	t	表RA―9―7
シーリング	SR―1　シリコーン系　シーリング幅15㎜を超え20㎜以下	m	⑱	表RA―9―7
シーリング	SR―1　シリコーン系　シーリング幅20㎜を超え25㎜以下	m	⑲	表RA―9―7
シーリング	SR―1　シリコーン系　シーリング幅25㎜を超え30㎜以下	m	⑳	表RA―9―7
シーリング	SR―1シリコーン系　防かびタイプ　シーリング幅10㎜以下	m	㉔	表RA―9―7
シーリング	SR―1シリコーン系　防かびタイプ　シーリング幅10㎜を超え15㎜以下	m	㉕	表RA―9―7
シーリング	SR―1シリコーン系　防かびタイプ　シーリング幅15㎜を超え20㎜以下	m	㉖	表RA―9―7
シーリング	SR―1シリコーン系　防かびタイプ　シーリング幅20㎜を超え25㎜以下	m	㉗	表RA―9―7
シーリング	SR―1シリコーン系　防かびタイプ　シーリング幅25㎜を超え30㎜以下	m	㉘	表RA―9―7
シーリング	SR―2　シリコーン系　シーリング幅10㎜を超え15㎜以下	m	v	表RA―9―8
シーリング	SR―2　シリコーン系　シーリング幅15㎜を超え20㎜以下	m	㉑	表RA―9―8
シーリング	SR―2　シリコーン系　シーリング幅20㎜を超え25㎜以下	m	㉒	表RA―9―8
シーリング	SR―2　シリコーン系　シーリング幅25㎜を超え30㎜以下	m	㉓	表RA―9―8
シーリング	PS―2　ポリサルファイド系　シーリング幅15㎜を超え20㎜以下	m	l	表RA―9―8
シーリング	PS―2　ポリサルファイド系　シーリング幅20㎜を超え25㎜以下	m	⑫	表RA―9―8
シーリング	PS―2　ポリサルファイド系　シーリング幅25㎜を超え30㎜以下	m	⑬	表RA―9―8
シーリング	PU―2　ポリウレタン系　シーリング幅15㎜を超え20㎜以下	m	o	表RA―9―8
シーリング	PU―2　ポリウレタン系　シーリング幅20㎜を超え25㎜以下	m	⑭	表RA―9―8
シーリング	PU―2　ポリウレタン系　シーリング幅25㎜を超え30㎜以下	m	⑮	表RA―9―8

＊＊補正市場単価＊＊

細　目	摘　　　　要	単位	市場単価	算定式
屋根アスファルト防水	A―1　密着工法　平部	㎡	A	w ÷ a
屋根アスファルト防水	A―1　密着工法　立上り	㎡	B	x ÷ b
屋根アスファルト防水	AI―1　断熱工法　平部	㎡	C	y ÷ c
屋根アスファルト防水	AI―1　断熱工法　立上り	㎡	B	x ÷ b
屋根アスファルト防水	AI―2　断熱工法　立上り	㎡	B	1.0
屋根アスファルト防水	B―2　絶縁工法　平部	㎡	D	② ÷ d
屋根アスファルト防水	B―2　絶縁工法　立上り	㎡	E	③ ÷ e
屋根アスファルト防水	BI―1　絶縁工法　平部	㎡	C	④ ÷ c
屋根アスファルト防水	BI―1　絶縁工法　立上り	㎡	E	1.0
屋根アスファルト防水	BI―2　絶縁工法　平部	㎡	C	⑥ ÷ c
屋根アスファルト防水	BI―2　絶縁工法　立上り	㎡	E	③ ÷ e
屋根アスファルト防水	D―2　絶縁工法　平部	㎡	F	⑧ ÷ f
屋根アスファルト防水	D―2　絶縁工法　立上り	㎡	G	⑨ ÷ g
屋内アスファルト防水	E―2　密着工法　平部	㎡	H	⑩ ÷ h
屋内アスファルト防水	E―2　密着工法　立上り	㎡	I	⑪ ÷ i

【建築工事】

【防水２】

＊＊補正市場単価＊＊

細　　目	摘　　　　要	単位	市場単価	算定式
シーリング	PS—2　ポリサルファイド（２成分形）幅25×深さ10	m	L	⑫÷ l
シーリング	PS—2　ポリサルファイド（２成分形）幅30×深さ10	m	L	⑬÷ l
シーリング	PU—2　ポリウレタン（２成分形）幅25×深さ10	m	O	⑭÷ o
シーリング	PU—2　ポリウレタン（２成分形）幅30×深さ10	m	O	⑮÷ o
シーリング	MS—2　変成シリコーン（２成分形）幅25×深さ10	m	R	⑯÷ r
シーリング	MS—2　変成シリコーン（２成分形）幅30×深さ10	m	R	⑰÷ r
シーリング	SR—1　シリコーン（１成分形）幅20×深さ10	m	T	⑱÷ t
シーリング	SR—1　シリコーン（１成分形）幅25×深さ10	m	T	⑲÷ t
シーリング	SR—1　シリコーン（１成分形）幅30×深さ10	m	T	⑳÷ t
シーリング	SR—1シリコーン（１成分形）防かびタイプ　幅10×深さ10	m	S	㉔÷ s
シーリング	SR—1シリコーン（１成分形）防かびタイプ　幅15×深さ10	m	T	㉕÷ t
シーリング	SR—1シリコーン（１成分形）防かびタイプ　幅20×深さ10	m	T	㉖÷ t
シーリング	SR—1シリコーン（１成分形）防かびタイプ　幅25×深さ10	m	T	㉗÷ t
シーリング	SR—1シリコーン（１成分形）防かびタイプ　幅30×深さ10	m	T	㉘÷ t
シーリング	SR—2　シリコーン（２成分形）幅20×深さ10	m	V	㉑÷ v
シーリング	SR—2　シリコーン（２成分形）幅25×深さ10	m	V	㉒÷ v
シーリング	SR—2　シリコーン（２成分形）幅30×深さ10	m	V	㉓÷ v

【建築工事】

【金属１】

＊＊市場単価＊＊

細　目	摘　要	単位	単価記号	
軽量鉄骨壁下地	スタッド50形　@300　スタッド高さH≦2.7m　直張り用	㎡	A	
軽量鉄骨壁下地	スタッド50形　@450　スタッド高さH≦2.7m　下地張りあり	㎡	B	
軽量鉄骨壁下地	スタッド65形　@300　スタッド高さH≦4.0m　直張り用	㎡	C	
軽量鉄骨壁下地	スタッド65形　@450　スタッド高さH≦4.0m　下地張りあり	㎡	D	
軽量鉄骨壁下地	スタッド90形　@300　スタッド高さ4.0＜H≦4.5m　直張り用	㎡	E	
軽量鉄骨壁下地	スタッド90形　@450　スタッド高さ4.0＜H≦4.5m　下地張りあり	㎡	F	
軽量鉄骨壁下地	スタッド100形　@300　スタッド高さ4.5＜H≦5.0m　直張り用	㎡	G	
軽量鉄骨壁下地	スタッド100形　@450　スタッド高さ4.5＜H≦5.0m　下地張りあり	㎡	H	
屋内軽量鉄骨天井下地	野縁19形　@225　ふところ高1.5m未満　直張り用	㎡	I	
屋内軽量鉄骨天井下地	野縁19形　@300　ふところ高1.5m未満　直張り用	㎡	J	
屋内軽量鉄骨天井下地	野縁19形　@360　ふところ高1.5m未満　下地張りあり	㎡	K	
屋外軽量鉄骨天井下地	野縁25形　@300　ふところ高1.0m未満　直張り用	㎡	L	
屋内軽量鉄骨下がり壁下地	野縁19形H300～500程度	m	M	
屋外軽量鉄骨下がり壁下地	野縁25形H300～500程度	m	N	
屋内天井下地補強	ふところ高1.5m～3.0m	㎡	O	
壁下地開口補強	扉等三方補強スタッド　65形　W900×H2000㎜程度	カ所	P	
壁下地開口補強	扉等三方補強スタッド　65形　W1800×H2000㎜程度	カ所	Q	
壁下地開口補強	扉等三方補強スタッド　90形　W900×H2000㎜程度	カ所	R	
壁下地開口補強	扉等三方補強スタッド　90形　W1800×H2000㎜程度	カ所	S	
壁下地開口補強	ダクト等四方補強スタッド　65形　W300×H600㎜程度	カ所	T	
壁下地開口補強	ダクト等四方補強スタッド　65形　W450×H900㎜程度	カ所	U	
壁下地開口補強	ダクト等四方補強スタッド　90形　W300×H600㎜程度	カ所	V	
壁下地開口補強	ダクト等四方補強スタッド　90形　W450×H900㎜程度	カ所	W	
屋内天井下地開口部補強	ボード等切込み共　19形　300×300㎜程度	カ所	XA	
屋内天井下地開口部補強	ボード等切込み共　19形　450×450㎜程度	カ所	XB	
屋内天井下地開口部補強	ボード等切込み共　19形　600×600㎜程度	カ所	XC	
屋内天井下地開口部補強	ボード等切込み共　19形　300×1200㎜程度	カ所	XD	
屋内天井下地開口部補強	ボード等切込み共　19形　300×3600㎜程度	カ所	XE	
屋外天井下地開口部補強	ボード等切込み共　25形　450×450㎜程度	カ所	YA	
屋外天井下地開口部補強	ボード等切込み共　25形　600×600㎜程度	カ所	YB	

＊＊参考歩掛り＊＊

細　目	摘　要	単位	歩掛り記号	表番号
軽量鉄骨天井下地	19形（屋内）下張りなし　@225	㎡	i	表RA—14—2
軽量鉄骨天井下地	19形（屋内）下張りなし　@300	㎡	j	表RA—14—2
軽量鉄骨天井下地	19形（屋内）下張りあり　@360	㎡	k	表RA—14—2
軽量鉄骨天井下地	19形（屋内）金属成形板用　@360	㎡	④	表RA—14—2
軽量鉄骨天井下地	25形（屋外）下張りなし　@225	㎡	⑭	表RA—14—2
軽量鉄骨天井下地	25形（屋外）下張りなし　@300	㎡	l	表RA—14—2
軽量鉄骨天井下地	25形（屋外）下張りあり　@300	㎡	㉑	表RA—14—2
軽量鉄骨天井下地	25形（屋外）金属成形板用　@300	㎡	㉕	表RA—14—2

【建築工事】

公共建築工事積算基準等資料による補正市場単価は、以下による。

【金属】

＊＊市場単価＊＊

細　　目	摘　　　　要	単位	単価記号	
壁下地開口補強	扉等三方補強　スタッド　65形　W900×H2000㎜程度	カ所	P	
壁下地開口補強	扉等三方補強　スタッド　65形　W1800×H2000㎜程度	カ所	Q	
壁下地開口補強	扉等三方補強　スタッド　90形　W900×H2000㎜程度	カ所	R	
壁下地開口補強	扉等三方補強　スタッド　90形　W1800×H2000㎜程度	カ所	S	
壁下地開口補強	ダクト等四方補強　スタッド　65形　W300×H600㎜程度	カ所	T	
壁下地開口補強	ダクト等四方補強　スタッド　65形　W450×H900㎜程度	カ所	U	
壁下地開口補強	ダクト等四方補強　スタッド　90形　W300×H600㎜程度	カ所	V	
壁下地開口補強	ダクト等四方補強　スタッド　90形　W450×H900㎜程度	カ所	W	
屋内天井下地開口部補強	ボード等切込み共　19形　300×300㎜程度	カ所	XA	
屋内天井下地開口部補強	ボード等切込み共　19形　450×450㎜程度	カ所	XB	
屋内天井下地開口部補強	ボード等切込み共　19形　600×600㎜程度	カ所	XC	
屋内天井下地開口部補強	ボード等切込み共　19形　300×1200㎜程度	カ所	XD	
屋内天井下地開口部補強	ボード等切込み共　19形　300×3600㎜程度	カ所	XE	
屋外天井下地開口部補強	ボード等切込み共　25形　450×450㎜程度	カ所	YA	
屋外天井下地開口部補強	ボード等切込み共　25形　600×600㎜程度	カ所	YB	

＊＊参考歩掛り＊＊

細　　目	摘　　　　要	単位	歩掛り記号	表番号
軽量鉄骨天井下地	19形（屋内）下張りなし　@225	㎡	i	表RA―14―2
軽量鉄骨天井下地	19形（屋内）下張りなし　@300	㎡	j	表RA―14―2
軽量鉄骨天井下地	19形（屋内）下張りあり　@360	㎡	k	表RA―14―2
軽量鉄骨天井下地	19形（屋内）金属成形板用　@360	㎡	④	表RA―14―2
軽量鉄骨天井下地	25形（屋外）下張りなし　@225	㎡	⑭	表RA―14―2
軽量鉄骨天井下地	25形（屋外）下張りなし　@300	㎡	l	表RA―14―2
軽量鉄骨天井下地	25形（屋外）下張りあり　@360	㎡	㉑	表RA―14―2
軽量鉄骨天井下地	25形（屋外）金属成形板用　@360	㎡	㉕	表RA―14―2

＊＊別添歩掛り＊＊

細　　目	摘　　　　要	単位	歩掛り記号	表番号
軽量鉄骨壁開口補強	65形　出入口等　リップみぞ形鋼補強　片開き（900×2000程度）	カ所	p	表SA―1―3
軽量鉄骨壁開口補強	65形　出入口等　リップみぞ形鋼補強　親子（1200×2000程度）	カ所	29	表SA―1―3
軽量鉄骨壁開口補強	65形　出入口等　リップみぞ形鋼補強　両開き（1800×2000程度）	カ所	q	
軽量鉄骨壁開口補強	65形　ダクト等　スタッド、ランナ同材補強　吹出口（200×400程度）	カ所	34	表SA―1―3
軽量鉄骨壁開口補強	65形　ダクト等　スタッド、ランナ同材補強　ダクト（300×600程度）	カ所	t	表SA―1―3
軽量鉄骨壁開口補強	65形　ダクト等　スタッド、ランナ同材補強　ダクト（450×900程度）	カ所	u	
軽量鉄骨壁開口補強	90形　出入口等　リップみぞ形鋼補強　片開き（900×2000程度）	カ所	r	表SA―1―3
軽量鉄骨壁開口補強	90形　出入口等　リップみぞ形鋼補強　親子（1200×2000程度）	カ所	30	表SA―1―3
軽量鉄骨壁開口補強	90形　出入口等　リップみぞ形鋼補強　両開き（1800×2000程度）	カ所	s	
軽量鉄骨壁開口補強	90形　ダクト等　スタッド、ランナ同材補強　吹出口（200×400程度）	カ所	35	表SA―1―3
軽量鉄骨壁開口補強	90形　ダクト等　スタッド、ランナ同材補強　ダクト（300×600程度）	カ所	v	表SA―1―3
軽量鉄骨壁開口補強	90形　ダクト等　スタッド、ランナ同材補強　ダクト（450×900程度）	カ所	w	
軽量鉄骨壁開口補強	100形　出入口等　リップみぞ形鋼補強　片開き（900×2000程度）	カ所	31	表SA―1―3
軽量鉄骨壁開口補強	100形　出入口等　リップみぞ形鋼補強　親子（1200×2000程度）	カ所	32	表SA―1―3
軽量鉄骨壁開口補強	100形　出入口等　リップみぞ形鋼補強　両開き（1800×2000程度）	カ所	33	表SA―1―3

【建築工事】

公共建築工事積算基準等資料による補正市場単価は、以下による。

【金属】

＊＊別添歩掛り＊＊

細　目	摘　要	単位	歩掛り記号	表番号
軽量鉄骨壁開口補強	100形　ダクト等　スタッド、ランナ同材補強　吹出口（200×400程度）	カ所	36	表SA—1—3
軽量鉄骨壁開口補強	100形　ダクト等　スタッド、ランナ同材補強　ダクト（300×600程度）	カ所	37	表SA—1—3
軽量鉄骨壁開口補強	100形　ダクト等　スタッド、ランナ同材補強　ダクト（450×900程度）	カ所	38	表SA—1—3
軽量鉄骨天井開口部補強	19形　150角、150Φ以下ボード切込み共	カ所	39	表SA—1—3
軽量鉄骨天井開口部補強	19形　300角、300Φ以下ボード切込み共	カ所	xa	表SA—1—3
軽量鉄骨天井開口部補強	19形　450角、450Φ以下ボード切込み共	カ所	xb	表SA—1—3
軽量鉄骨天井開口部補強	19形　650角、650Φ以下ボード切込み共	カ所	xc	
軽量鉄骨天井開口部補強	19形　900角、900Φ以下ボード切込み共	カ所	40	表SA—1—3
軽量鉄骨天井開口部補強	19形　1300角、1300Φ以下ボード切込み共	カ所	41	表SA—1—3
軽量鉄骨天井開口部補強	19形　300×1300以下ボード切込み共	カ所	xd	表SA—1—3
軽量鉄骨天井開口部補強	19形　300×2500以下ボード切込み共	カ所	42	表SA—1—3
軽量鉄骨天井開口部補強	19形　300×3700以下ボード切込み共	カ所	xe	
軽量鉄骨天井開口部補強	25形　150角、150Φ以下ボード切込み共	カ所	43	表SA—1—3
軽量鉄骨天井開口部補強	25形　300角、300Φ以下ボード切込み共	カ所	44	表SA—1—3
軽量鉄骨天井開口部補強	25形　450角、450Φ以下ボード切込み共	カ所	ya	表SA—1—3
軽量鉄骨天井開口部補強	25形　650角、650Φ以下ボード切込み共	カ所	yb	
軽量鉄骨天井開口部補強	25形　900角、900Φ以下ボード切込み共	カ所	45	表SA—1—3
軽量鉄骨天井開口部補強	25形　1300角、1300Φ以下ボード切込み共	カ所	46	表SA—1—3
軽量鉄骨天井開口部補強	25形　300×1300以下ボード切込み共	カ所	47	表SA—1—3
軽量鉄骨天井開口部補強	25形　300×2500以下ボード切込み共	カ所	48	表SA—1—3
軽量鉄骨天井開口部補強	25形　300×3700以下ボード切込み共	カ所	49	

＊＊補正市場単価＊＊

細　目	摘　要	単位	市場単価	算定式
壁下地開口補強	扉等三方補強　スタッド　65形　W1200×H2000㎜程度	カ所	P	29÷p
壁下地開口補強	扉等三方補強　スタッド　90形　W1200×H2000㎜程度	カ所	R	30÷r
壁下地開口補強	扉等三方補強　スタッド　100形　W900×H2000㎜程度	カ所	R	31÷r
壁下地開口補強	扉等三方補強　スタッド　100形　W1200×H2000㎜程度	カ所	R	32÷r
壁下地開口補強	扉等三方補強　スタッド　100形　W1800×H2000㎜程度	カ所	R	33÷r
壁下地開口補強	ダクト等四方補強　スタッド　65形　W200×H400㎜程度	カ所	T	34÷t
壁下地開口補強	ダクト等四方補強　スタッド　90形　W200×H400㎜程度	カ所	V	35÷v
壁下地開口補強	ダクト等四方補強　スタッド　100形　W200×H400㎜程度	カ所	V	36÷v
壁下地開口補強	ダクト等四方補強　スタッド　100形　W300×H600㎜程度	カ所	V	37÷v
壁下地開口補強	ダクト等四方補強　スタッド　100形　W450×H900㎜程度	カ所	V	38÷v
屋内天井下地開口部補強	ボード等切込み共　19形　150×150㎜程度	カ所	XA	39÷xa
屋内天井下地開口部補強	ボード等切込み共　19形　900×900㎜程度	カ所	XB	40÷xb
屋内天井下地開口部補強	ボード等切込み共　19形　1300×1300㎜程度	カ所	XB	41÷xb
屋内天井下地開口部補強	ボード等切込み共　19形　300×2500㎜程度	カ所	XD	42÷xd
屋外天井下地開口部補強	ボード等切込み共　25形　150×150㎜程度	カ所	YA	43÷ya
屋外天井下地開口部補強	ボード等切込み共　25形　300×300㎜程度	カ所	YA	44÷ya
屋外天井下地開口部補強	ボード等切込み共　25形　900×900㎜程度	カ所	YA	45÷ya
屋外天井下地開口部補強	ボード等切込み共　25形　1300×1300㎜程度	カ所	YA	46÷ya
屋外天井下地開口部補強	ボード等切込み共　25形　300×1200㎜程度	カ所	YA	47÷ya
屋外天井下地開口部補強	ボード等切込み共　25形　300×2500㎜程度	カ所	YA	48÷ya
屋外天井下地開口部補強	ボード等切込み共　25形　300×3600㎜程度	カ所	YA	49÷ya

【金属２】

＊＊補正市場単価＊＊

細　　目	摘　　　　　要	単位	市場単価	算定式
屋内軽量鉄骨天井下地	野縁19形　@360　ふところ高1.5m未満　金属成形板用	㎡	K	④÷ k
屋外軽量鉄骨天井下地	野縁25形　@225　ふところ高1.0m未満　直張り用	㎡	L	⑭÷ l
屋外軽量鉄骨天井下地	野縁25形　@300　ふところ高1.0m未満　下地張りあり	㎡	L	㉑÷ l
屋外軽量鉄骨天井下地	野縁25形　@300　ふところ高1.0m未満　金属成形板用	㎡	L	㉕÷ l

【建築工事】

【左官１】

＊＊市場単価＊＊

細　目	摘　　要	単位	単価記号	
床コンクリート面直均し仕上げ	金ごて　直均し仕上げ　薄張物下地【手間のみ】	㎡	A	
床コンクリート面直均し仕上げ	金ごて　防水下地　厚張物下地【手間のみ】	㎡	B	
床モルタル塗り	金ごて　厚28　張物下地	㎡	C	
床モルタル塗り	木ごて　厚37　一般タイル下地	㎡	D	
床モルタル塗り	金ごて　厚15　防水下地	㎡	E	
階段モルタル塗り	金ごて　厚28　張物下地	㎡	F	
幅木モルタル塗り	金ごて　H100　出幅木	m	G	
幅木モルタル塗り	金ごて　H100　目地用ジョイナー共	m	H	
ささら幅木モルタル塗り	金ごて　H150　出幅木	m	I	
壁モルタル塗り	金ごて　厚20　内壁３回塗り	㎡	J	
柱型モルタル塗り	金ごて　厚20　３回塗り	㎡	K	
はり型モルタル塗り	金ごて　厚20　３回塗り	㎡	L	
壁モルタル塗り	木ごて　厚16　外壁小口タイル下地２回塗り	㎡	M	
壁モルタル塗り	木ごて　厚20　外壁ユニットタイル下地２回塗り	㎡	N	
壁モルタル塗り	木ごて　厚11　内壁小口タイル下地２回塗り	㎡	O	
壁モルタル塗り	木ごて　厚15　内壁ユニットタイル下地２回塗り	㎡	P	
壁薄塗モルタル	金ごて　厚５　既調合品	㎡	Q	
柱薄塗モルタル	金ごて　厚５　既調合品	㎡	R	
はり薄塗モルタル	金ごて　厚５　既調合品	㎡	S	
笠木天端コンクリート直均し仕上げ	金ごて　幅300【手間のみ】	m	T	
水切りモルタル塗り	金ごて　糸幅200　厚30	m	U	
手摺笠木モルタル塗り	金ごて　糸幅200　厚30	m	V	
側溝モルタル塗り	金ごて　糸幅200　厚30	m	W	
建具周囲モルタル充填	内部建具	m	X	
建具周囲防水モルタル充填	外部建具	m	Y	

＊＊参考歩掛り＊＊

細　目	摘　　要	単位	歩掛り記号	表番号
床モルタル塗り	ビニル系床材下地	㎡	c	表 RA―15―２
床モルタル塗り	一般タイル下地	㎡	d	表 RA―15―２
床モルタル塗り	防水下地	㎡	e	表 RA―15―２
階段モルタル塗り	ビニル系床材下地	㎡	f	表 RA―15―３
幅木モルタル塗り	出幅木　H＝100㎜	m	g	表 RA―15―５
幅木モルタル塗り	階段出幅木　H＝150㎜	m	i	表 RA―15―５
壁モルタル塗り	モルタル仕上　内壁　金ごて	㎡	j	表 RA―15―６
壁モルタル塗り	下地モルタル　外装タイル下地　外壁	㎡	m	表 RA―15―７
壁モルタル塗り	下地モルタル　ユニットタイル下地　外壁	㎡	n	表 RA―15―７
壁モルタル塗り	下地モルタル　外装タイル下地内壁	㎡	o	表 RA―15―７
外部役物モルタル塗り	水切　糸＝170㎜	m	u	表 RA―15―８
床モルタル塗り	モルタル仕上げ	㎡	①	表 RA―15―２
床モルタル塗り	ユニットタイル下地	㎡	③	表 RA―15―２
階段モルタル塗り	モルタル仕上げ	㎡	④	表 RA―15―３

【建築工事】

＊参考歩掛り＊＊

細　目	摘　　　要	単位	歩掛り記号	表番号
幅木モルタル塗り	出幅木　H＝300㎜	m	⑥	表RA―15―5
床役物モルタル塗り	くつずり幅＝100㎜　戸当たり付	m	⑦	表RA―15―4
床役物モルタル塗り	くつずり幅＝100㎜　戸当たり無	m	⑧	表RA―15―4
床役物モルタル塗り	ボーダー幅＝150㎜　平部	m	⑨	表RA―15―4
床役物モルタル塗り	ボーダー幅＝150㎜　階段部	m	⑩	表RA―15―4
壁モルタル塗り	下地モルタル　内装タイル下地　接着張り	㎡	⑪	表RA―15―7
壁モルタル塗り	モルタル仕上　外壁　金ごて	㎡	⑫	表RA―15―6
壁モルタル塗り	下地モルタル　内装タイル下地　改良積上張り	㎡	⑬	表RA―15―7
壁モルタル塗り	モルタル仕上　内壁　はけ引き	㎡	⑭	表RA―15―6
壁モルタル塗り	モルタル仕上　外壁　はけ引き	㎡	⑮	表RA―15―6
外部役物モルタル塗り	パラペット　糸幅＝500㎜	m	⑯	表RA―15―8
外部役物モルタル塗り	笠木　糸幅＝340㎜	m	⑰	表RA―15―8
外部役物モルタル塗り	窓台　糸幅＝150㎜	m	⑱	表RA―15―8
内部役物モルタル塗り	膳板　糸幅＝150㎜	m	⑲	表RA―15―9

【左官2】

＊＊補正市場単価＊＊

細　目	摘　　　要	単位	市場単価	算定式
床モルタル塗り	金ごて　厚30　モルタル仕上げ	㎡	C	①÷c
床モルタル塗り	金ごて　厚30　塗り仕上げ下地	㎡	C	①÷c
床モルタル塗り	木ごて　厚22　ユニットタイル下地	㎡	D	③÷d
階段モルタル塗り	金ごて　厚30　モルタル仕上げ	㎡	F	④÷f
階段モルタル塗り	金ごて　厚30　塗り仕上げ下地	㎡	F	④÷f
幅木モルタル塗り	金ごて　H300　出幅木	m	G	⑥÷g
くつずりモルタル塗り	金ごて　幅100　戸当り有り	m	G	⑦÷g
くつずりモルタル塗り	金ごて　幅100　戸当り無し	m	G	⑧÷g
ボーダーモルタル塗り	金ごて　幅150　平部	m	I	⑨÷i
ボーダーモルタル塗り	金ごて　幅150　階段部	m	I	⑩÷i
壁モルタル塗り	金ごて　厚25　外壁3回塗り	㎡	J	⑫÷j
壁モルタル塗り	金ごて　内装タイル接着張り下地	㎡	J	⑪÷j
壁モルタル塗り	木ごて　内装タイル改良積上張り下地	㎡	O	⑬÷o
壁モルタル塗り	刷毛引き　厚20　内壁	㎡	J	⑭÷j
壁モルタル塗り	刷毛引き　厚25　外壁	㎡	J	⑮÷j
笠木モルタル塗り	パラペット　金ごて　糸幅500程度	m	U	⑯÷u
笠木モルタル塗り	金ごて　糸幅340程度	m	U	⑰÷u
窓台モルタル塗り	金ごて　糸幅150程度	m	U	⑱÷u
膳板モルタル塗り	金ごて　糸幅150程度	m	U	⑲÷u

【建築工事】

【建具】

＊＊市場単価＊＊

細　目	摘　　　要	単位	単価記号	
型板ガラス	厚４㎜　特寸2.18㎡以下	㎡	A	
網入り型板ガラス	厚6.8㎜　特寸2.18㎡以下	㎡	B	
フロート板ガラス	厚５㎜　特寸2.18㎡以下	㎡	C	
フロート板ガラス	厚５㎜　特寸4.45㎡以下	㎡	D	
フロート板ガラス	厚６㎜　特寸2.18㎡以下	㎡	E	
フロート板ガラス	厚６㎜　特寸4.45㎡以下	㎡	F	
網入りみがき板ガラス	厚6.8㎜　特寸2.18㎡以下	㎡	G	
複層ガラス	FL５＋A６＋FL５　特寸2.0㎡以下	㎡	H	
複層ガラス	FL５＋A６＋PW6.8　特寸2.0㎡以下	㎡	I	
強化ガラス	厚８㎜　特寸2.0㎡以下	㎡	J	
ガラスとめシーリング	片面５×５　バックアップ材共　シリコーン系　１成分形	m	K	

＊＊参考歩掛り＊＊

細　目	摘　　　要	単位	歩掛り記号	表番号
型板ガラス	厚４㎜　特寸2.18㎡以下	㎡	a	表RA―16―６
網入り型板ガラス	厚6.8㎜　特寸2.18㎡以下	㎡	b	表RA―16―７
フロート板ガラス	厚５㎜　特寸2.18㎡以下	㎡	c	表RA―16―８
フロート板ガラス	厚５㎜　特寸4.45㎡以下	㎡	d	表RA―16―８
フロート板ガラス	厚６㎜　特寸2.18㎡以下	㎡	e	表RA―16―８
フロート板ガラス	厚６㎜　特寸4.45㎡以下	㎡	f	表RA―16―８
網入りみがき板ガラス	厚6.8㎜　特寸2.18㎡以下	㎡	g	表RA―16―10
複層ガラス	FL５：A６：FL５　2.0㎡以下	㎡	h	表RA―16―13
複層ガラス	FL５：A６：PW6.8　2.0㎡以下	㎡	i	表RA―16―13
強化ガラス	厚８㎜　特寸2.0㎡以下	㎡	j	表RA―16―15
型板ガラス	厚６㎜　特寸2.18㎡以下	㎡	①	表RA―16―６
網入り型板ガラス	厚6.8㎜　特寸4.45㎡以下	㎡	②	表RA―16―７
フロート板ガラス	厚３㎜　特寸2.18㎡以下	㎡	③	表RA―16―８
フロート板ガラス	厚８㎜　特寸2.18㎡以下	㎡	④	表RA―16―９
フロート板ガラス	厚８㎜　特寸4.45㎡以下	㎡	⑤	表RA―16―９
フロート板ガラス	厚８㎜　特寸6.81㎡以下	㎡	⑥	表RA―16―９
網入りみがき板ガラス	厚6.8㎜　特寸4.45㎡以下	㎡	⑨	表RA―16―10
複層ガラス	FL３：A６：FL３　2.0㎡以下	㎡	⑫	表RA―16―13
複層ガラス	FL３：A６：FL３　4.0㎡以下	㎡	⑬	表RA―16―13
複層ガラス	FL５：A６：FL５　4.0㎡以下	㎡	⑭	表RA―16―13
複層ガラス	FL６：A６：FL６　2.0㎡以下	㎡	⑮	表RA―16―13
複層ガラス	FL６：A６：FL６　4.0㎡以下	㎡	⑯	表RA―16―13
複層ガラス	FL５：A６：PW6.8　4.0㎡以下	㎡	⑰	表RA―16―13
複層ガラス	FL６：A６：PW6.8　2.0㎡以下	㎡	⑱	表RA―16―13
複層ガラス	FL６：A６：PW6.8　4.0㎡以下	㎡	⑲	表RA―16―13
強化ガラス	厚５㎜　特寸2.0㎡以下	㎡	⑳	表RA―16―14
強化ガラス	厚５㎜　特寸4.0㎡以下	㎡	㉑	表RA―16―14

【建築工事】

＊＊参考歩掛り＊＊

細　目	摘　　　　要	単位	歩掛り記号	表番号
強化ガラス	厚６㎜　特寸2.0㎡以下	㎡	㉒	表 RA―16―14
強化ガラス	厚６㎜　特寸4.0㎡以下	㎡	㉓	表 RA―16―14
強化ガラス	厚８㎜　特寸4.0㎡以下	㎡	㉔	表 RA―16―15
強化ガラス	厚10㎜　特寸4.0㎡以下	㎡	㉕	表 RA―16―16
強化ガラス	厚12㎜　特寸4.0㎡以下	㎡	㉖	表 RA―16―16

＊＊補正市場単価＊＊

細　目	摘　　　　要	単位	市場単価	算定式
型板ガラス	厚６㎜　特寸2.18㎡以下	㎡	A	①÷ a
網入り型板ガラス	厚6.8㎜　特寸4.45㎡以下	㎡	B	②÷ b
フロート板ガラス	厚３㎜　特寸2.18㎡以下	㎡	C	③÷ c
フロート板ガラス	厚８㎜　特寸2.18㎡以下	㎡	E	④÷ e
フロート板ガラス	厚８㎜　特寸4.45㎡以下	㎡	F	⑤÷ f
フロート板ガラス	厚８㎜　特寸6.81㎡以下	㎡	F	⑥÷ f
網入りみがき板ガラス	厚6.8㎜　特寸4.45㎡以下	㎡	G	⑨÷ g
複層ガラス	FL３＋A６＋FL３　特寸2.0㎡以下	㎡	H	⑫÷ h
複層ガラス	FL３＋A６＋FL３　特寸4.0㎡以下	㎡	H	⑬÷ h
複層ガラス	FL５＋A６＋FL５　特寸4.0㎡以下	㎡	H	⑭÷ h
複層ガラス	FL６＋A６＋FL６　特寸2.0㎡以下	㎡	H	⑮÷ h
複層ガラス	FL６＋A６＋FL６　特寸4.0㎡以下	㎡	H	⑯÷ h
複層ガラス	FL５＋A６＋PW6.8　特寸4.0㎡以下	㎡	I	⑰÷ i
複層ガラス	FL６＋A６＋PW6.8　特寸2.0㎡以下	㎡	I	⑱÷ i
複層ガラス	FL６＋A６＋PW6.8　特寸4.0㎡以下	㎡	I	⑲÷ i
強化ガラス	厚５㎜　特寸2.0㎡以下	㎡	J	⑳÷ j
強化ガラス	厚５㎜　特寸4.0㎡以下	㎡	J	㉑÷ j
強化ガラス	厚６㎜　特寸2.0㎡以下	㎡	J	㉒÷ j
強化ガラス	厚６㎜　特寸4.0㎡以下	㎡	J	㉓÷ j
強化ガラス	厚８㎜　特寸4.0㎡以下	㎡	J	㉔÷ j
強化ガラス	厚10㎜　特寸4.0㎡以下	㎡	J	㉕÷ j
強化ガラス	厚12㎜　特寸4.0㎡以下	㎡	J	㉖÷ j

【建築工事】

公共建築工事積算基準等資料による補正市場単価は、以下による。

【建具】

＊＊市場単価＊＊

細　目	摘　　要	単位	単価記号	
フロート板ガラス	厚６㎜　特寸4.45㎡以下	㎡	F	
網入りみがき板ガラス	厚6.8㎜　特寸2.18㎡以下	㎡	G	

＊＊参考歩掛り＊＊

細　目	摘　　要	単位	歩掛り記号	表番号
フロート板ガラス	厚６㎜　特寸4.45㎡以下	㎡	f	表 RA—16—8
網入りみがき板ガラス	厚6.8㎜　特寸2.18㎡以下	㎡	g	表 RA—16—10

＊＊別添歩掛り＊＊

細　目	摘　　要	単位	歩掛り記号	表番号
フロート板ガラス	フロート板ガラス規格　厚10　4.45㎡以下	㎡	⑦	表 SA—１—４
フロート板ガラス	フロート板ガラス規格　厚10　6.81㎡以下	㎡	⑧	表 SA—１—４
網入りみがき板ガラス	網入りみがき板ガラス規格　厚10　4.45㎡以下	㎡	⑩	表 SA—１—４
網入りみがき板ガラス	網入りみがき板ガラス規格　厚10　6.81㎡以下	㎡	⑪	表 SA—１—４

＊＊補正市場単価＊＊

細　目	摘　　要	単位	市場単価	算定式
フロート板ガラス	厚　10㎜　特寸4.45㎡以下	㎡	F	⑦÷f
フロート板ガラス	厚　10㎜　特寸6.81㎡以下	㎡	F	⑧÷f
網入りみがき板ガラス	厚　10㎜　特寸4.45㎡以下	㎡	G	⑩÷g
網入りみがき板ガラス	厚　10㎜　特寸6.81㎡以下	㎡	G	⑪÷g

Ⅳ　改修工事の積算

【建築工事】

【塗装１】改修工事は、【塗装改修】を参照する。

＊＊市場単価＊＊

細　目	摘要 下地種類等	塗装種別	作業工程	単位	単価記号	
錆止め塗り	現場１回　鉄鋼面（屋外）	Ａ種	Ａ種	㎡	A	
錆止め塗り	現場１回　鉄鋼面（屋内）	Ｂ種	Ａ種	㎡	B	
錆止め塗り	現場１回　亜鉛めっき鋼・鋼製建具面（屋内外）	Ａ種	Ａ種	㎡	C	
SOP 塗り	鉄鋼・亜鉛めっき鋼・鋼製建具面（屋内外）	１種	Ｂ種	㎡	D	
SOP 塗り	（素地ごしらえＡ種共）木部（屋内）	１種	Ｂ種	㎡	E	
EP 塗り	（素地ごしらえＢ種共）せっこうボード面		Ｂ種	㎡	F	
EP 塗り	（素地ごしらえＢ種共）けい酸カルシウム板・モルタル面		Ｂ種	㎡	R	
DP 塗り	鉄鋼・亜鉛めっき鋼・鋼製建具面	１級		㎡	G	
CL 塗り	（素地ごしらえＡ種共）木部		Ｂ種	㎡	I	
OS 塗り	（汚れ除去の上）木部			㎡	J	
SOP 塗り	細幅物糸幅300㎜以下（素地ごしらえ共）木部（屋内）	１種	Ｂ種	m	K	
SOP 塗り	細幅物糸幅300㎜以下（錆止め現場１回共）鉄鋼面（屋内）		Ｂ種	m	L	
CL 塗り	細幅物糸幅300㎜以下（素地ごしらえ共）木部		Ｂ種	m	M	
OS 塗り	細幅物糸幅300㎜以下（汚れ除去の上）木部			m	N	
素地ごしらえ	木部（屋内）		Ａ種	㎡	O	
素地ごしらえ	せっこうボード面		Ｂ種	㎡	P	
素地ごしらえ	けい酸カルシウム板・モルタル面		Ｂ種	㎡	S	
素地ごしらえ	押出成形セメント板面		Ｂ種	㎡	Q	

＊＊参考歩掛り（標仕仕様）＊＊

細　目	摘要 下地種類等	塗装種別	作業工程	単位	歩掛り記号	表番号
錆止め塗り	現場１回　鉄鋼面（仕様：第８節）	水系	Ａ種	㎡	1	表 RA—17—７
錆止め塗り	現場１回　鉄鋼面（仕様：第８節）	水系	Ｂ種	㎡	2	表 RA—17—７
錆止め塗り	現場１回　鉄鋼面　素地ごしらえ別途	Ａ種	Ａ種	㎡	119	表 RA—17—７
錆止め塗り	現場１回　鉄鋼面　素地ごしらえ別途	Ａ種	Ｂ種	㎡	3	表 RA—17—７
錆止め塗り	工場１回　鉄鋼面　素地ごしらえ別途	Ａ種	Ａ、Ｂ種	㎡	4	表 RA—17—７
SOP 塗り（合成樹脂調合ペイント塗り）	木部　素地ごしらえ別途	１種	Ａ種	㎡	120	表 RA—17—８
SOP 塗り（合成樹脂調合ペイント塗り）	木部　素地ごしらえ別途	１種	Ｂ種	㎡	121	表 RA—17—８
SOP 塗り（合成樹脂調合ペイント塗り）	鉄鋼面（屋内外）	１種	Ａ種	㎡	9	表 RA—17—８
SOP 塗り（合成樹脂調合ペイント塗り）	鉄鋼面（屋内外）	１種	Ｂ種	㎡	d 1	表 RA—17—８
EP 塗り（合成樹脂エマルションペイント塗り）	一般面　素地ごしらえ別途		Ａ種	㎡	12	表 RA—17—９
EP 塗り（合成樹脂エマルションペイント塗り）	見上げ面　素地ごしらえ別途		Ａ種	㎡	13	表 RA—17—９
EP 塗り（合成樹脂エマルションペイント塗り）	一般面　素地ごしらえ別途		Ｂ種	㎡	122	表 RA—17—９
EP 塗り（合成樹脂エマルションペイント塗り）	見上げ面　素地ごしらえ別途		Ｂ種	㎡	123	表 RA—17—９
EP—G 塗り（つや有合成樹脂エマルションペイント塗り）	一般面　素地ごしらえ別途		Ａ種	㎡	44	表 RA—17—10
EP—G 塗り（つや有合成樹脂エマルションペイント塗り）	見上げ面　素地ごしらえ別途		Ａ種	㎡	45	表 RA—17—10

【建築工事】

＊＊参考歩掛り（標仕仕様）＊＊

細　　目	摘　　要			単位	歩掛り記号	表番号
EP―G塗り（つや有合成樹脂エマルションペイント塗り）	一般面　素地ごしらえ別途		B種	㎡	46	表 RA―17―10
EP―G塗り（つや有合成樹脂エマルションペイント塗り）	見上げ面　素地ごしらえ別途		B種	㎡	48	表 RA―17―10
EP―G塗り（つや有合成樹脂エマルションペイント塗り）	屋内木部　素地ごしらえ別途			㎡	109	表 RA―17―11
EP―G塗り（つや有合成樹脂エマルションペイント塗り）	屋内鉄鋼面　素地ごしらえ別途		A種	㎡	111	表 RA―17―12
EP―G塗り（つや有合成樹脂エマルションペイント塗り）	屋内鉄鋼面　素地ごしらえ別途		B種	㎡	114	表 RA―17―12
EP―G塗り（つや有合成樹脂エマルションペイント塗り）	屋内亜鉛メッキ鋼面　素地ごしらえ別途			㎡	117	表 RA―17―13
アクリル樹脂系非水分散形塗料塗り	素地ごしらえ別途		A種	㎡	76	表 RA―17―14
アクリル樹脂系非水分散形塗料塗り	素地ごしらえ別途		B種	㎡	78	表 RA―17―14
CL塗り（クリアラッカー塗り）	木部　素地ごしらえ別途		A種	㎡	94	表 RA―17―15
CL塗り（クリアラッカー塗り）	木部　素地ごしらえ別途		B種	㎡	i	表 RA―17―15
LE塗り（ラッカーエナメル塗り）	素地ごしらえ別途		A種	㎡	95	表 RA―17―16
LE塗り（ラッカーエナメル塗り）	素地ごしらえ別途		B種	㎡	96	表 RA―17―16
SOP塗り（合成樹脂調合ペイント塗り）	細幅物糸幅300㎜以下（素地ごしらえ共）木部		A種	m	124	表 RA―17―18
SOP塗り（合成樹脂調合ペイント塗り）	細幅物糸幅300㎜以下（素地ごしらえ共）木部		B種	m	125	表 RA―17―18
EP―G塗り（つや有合成樹脂エマルションペイント塗り）	細幅物糸幅300㎜以下（素地ごしらえ共）木部	水系		m	97	表 RA―17―19
CL塗り（クリアラッカー塗り）	細幅物糸幅300㎜以下（素地ごしらえ共）木部		A種	m	98	表 RA―17―20
CL塗り（クリアラッカー塗り）	細幅物糸幅300㎜以下（素地ごしらえ共）木部		B種	m	m	表 RA―17―20
LE塗り（ラッカーエナメル塗り）	細幅物糸幅300㎜以下（素地ごしらえ共）木部		A種	m	129	表 RA―17―21
LE塗り（ラッカーエナメル塗り）	細幅物糸幅300㎜以下（素地ごしらえ共）木部		B種	m	130	表 RA―17―21
OS塗り	細幅物糸幅300㎜以下（素地ごしらえ共）木部			m	n	表 RA―17―22
素地ごしらえ	木部（屋外）		A種	㎡	126	表 RA―17―1
素地ごしらえ	木部（屋内）		A種	㎡	127	表 RA―17―1
素地ごしらえ	木部（屋内）セラックニス		A種	㎡	131	表 RA―17―1
素地ごしらえ	木部		B種	㎡	99	表 RA―17―1
素地ごしらえ	鉄鋼面		B種	㎡	100	表 RA―17―1
素地ごしらえ	鉄鋼面		C種	㎡	101	表 RA―17―1
素地ごしらえ	モルタル及びプラスター面		A種	㎡	102	表 RA―17―2
素地ごしらえ	モルタル及びプラスター面		B種	㎡	p 1	表 RA―17―2
素地ごしらえ	モルタル及びプラスター面（付着物の除去）			㎡	103	表 RA―17―2
素地ごしらえ	コンクリート面		A種	㎡	104	表 RA―17―3
素地ごしらえ	コンクリート面		B種	㎡	105	表 RA―17―3
素地ごしらえ	せっこうボード及びその他ボード面		A種	㎡	106	表 RA―17―5
素地ごしらえ	せっこうボード及びその他ボード面		B種	㎡	128	表 RA―17―5
素地ごしらえ	けい酸カルシウム板面		A種	㎡	107	表 RA―17―6
素地ごしらえ	押出成形セメント板面		A種	㎡	108	表 RA―17―4
素地ごしらえ	押出成形セメント板面		B種	㎡	q	表 RA―17―4

【建築工事】

＊＊参考歩掛り（改修標仕仕様）＊＊

細　　目	摘　　要			単位	歩掛り記号	表番号
	下地種類等	塗装種別	作業工程（塗り回数）			
錆止め塗り	現場１回　鉄鋼面　素地ごしらえ別途	A種	A種	㎡	2’	表 RA—17—30
錆止め塗り	現場１回　鉄鋼面　素地ごしらえ別途	A種	B種	㎡	4’	表 RA—17—30
錆止め塗り	現場２回　鉄鋼面　素地ごしらえ別途	A種	C種	㎡	5’	表 RA—17—30
錆止め塗り	工場１回　鉄鋼面　素地ごしらえ別途	A種	A、B種	㎡	6’	表 RA—17—30
錆止め塗り	現場１回　鉄鋼面（仕様：第９節）	水系	A種	㎡	10’	表 RA—17—31
錆止め塗り	現場１回　鉄鋼面（仕様：第９節）	水系	B種	㎡	14’	表 RA—17—31
錆止め塗り	現場２回　鉄鋼面（仕様：第９節）	水系	C種	㎡	16’	表 RA—17—31
錆止め塗り	工場１回　鉄鋼面（仕様：第９節）	水系	A、B種	㎡	18’	表 RA—17—31
SOP 塗り（合成樹脂調合ペイント塗り）	木部　下地調整別途	１種	A種	㎡	48’	表 RA—17—32
SOP 塗り（合成樹脂調合ペイント塗り）	木部　下地調整別途	１種	B種	㎡	50’	表 RA—17—32
SOP 塗り（合成樹脂調合ペイント塗り）	木部　下地調整別途	１種	C種	㎡	52’	表 RA—17—32
SOP 塗り（合成樹脂調合ペイント塗り）	鉄鋼面（新規面）　下地調整別途	１種	A種	㎡	54’	表 RA—17—33
SOP 塗り（合成樹脂調合ペイント塗り）	鉄鋼面（塗替え面）　下地調整別途	１種	A種	㎡	319’	表 RA—17—33
SOP 塗り（合成樹脂調合ペイント塗り）	鉄鋼面（新規面）　下地調整別途	１種	B種	㎡	55’	表 RA—17—33
SOP 塗り（合成樹脂調合ペイント塗り）	鉄鋼面（塗替え面）　下地調整別途	１種	B種	㎡	320’	表 RA—17—33
SOP 塗り（合成樹脂調合ペイント塗り）	鉄鋼面（塗替え面）　下地調整別途	１種	C種	㎡	61’	表 RA—17—33
アクリル樹脂系非水分散形塗料塗り	下地調整別途		A種	㎡	76’	表 RA—17—39
アクリル樹脂系非水分散形塗料塗り	下地調整別途		B種	㎡	78’	表 RA—17—39
CL 塗り（クリアラッカー塗り）	木部　下地調整別途		A種	㎡	105’	表 RA—17—40
LE 塗り（ラッカーエナメル塗り）	木部　下地調整別途		A種	㎡	132’	表 RA—17—41
LE 塗り（ラッカーエナメル塗り）	木部　下地調整別途		B種	㎡	133’	表 RA—17—41
EP 塗り（合成樹脂エマルションペイント塗り）	一般面　下地調整別途		A種	㎡	110’	表 RA—17—34
EP 塗り（合成樹脂エマルションペイント塗り）	見上げ面　下地調整別途		A種	㎡	111’	表 RA—17—34
EP 塗り（合成樹脂エマルションペイント塗り）	一般面　下地調整別途		B種	㎡	112’	表 RA—17—34
EP 塗り（合成樹脂エマルションペイント塗り）	見上げ面　下地調整別途		B種	㎡	113’	表 RA—17—34
EP 塗り（合成樹脂エマルションペイント塗り）	一般面　下地調整別途		C種	㎡	118’	表 RA—17—34
EP 塗り（合成樹脂エマルションペイント塗り）	見上げ面　下地調整別途		C種	㎡	120’	表 RA—17—34
EP—G 塗り（つや有合成樹脂エマルションペイント塗り）	一般面　下地調整別途		A種	㎡	204’	表 RA—17—35
EP—G 塗り（つや有合成樹脂エマルションペイント塗り）	見上げ面　下地調整別途		A種	㎡	205’	表 RA—17—35
EP—G 塗り（つや有合成樹脂エマルションペイント塗り）	一般面　下地調整別途		B種	㎡	206’	表 RA—17—35
EP—G 塗り（つや有合成樹脂エマルションペイント塗り）	見上げ面　下地調整別途		B種	㎡	207’	表 RA—17—35
EP—G 塗り（つや有合成樹脂エマルションペイント塗り）	一般面　下地調整別途		C種	㎡	212’	表 RA—17—35
EP—G 塗り（つや有合成樹脂エマルションペイント塗り）	見上げ面　下地調整別途		C種	㎡	214’	表 RA—17—35
EP—G 塗り（つや有合成樹脂エマルションペイント塗り）	屋内木部　下地調整別途		A種	㎡	182’	表 RA—17—36
EP—G 塗り（つや有合成樹脂エマルションペイント塗り）	屋内木部　下地調整別途		B種	㎡	184’	表 RA—17—36

EP―G塗り（つや有合成樹脂エマルションペイント塗り）	屋内木部　下地調整別途		C種	㎡	186’	表RA―17―36
EP―G塗り（つや有合成樹脂エマルションペイント塗り）	屋内鉄鋼面　下地調整別途		A種	㎡	188’	表RA―17―37
EP―G塗り（つや有合成樹脂エマルションペイント塗り）	屋内鉄鋼面　下地調整別途		B種	㎡	191’	表RA―17―37
EP―G塗り（つや有合成樹脂エマルションペイント塗り）	屋内鉄鋼面　下地調整別途		C種	㎡	194’	表RA―17―37
EP―G塗り（つや有合成樹脂エマルションペイント塗り）	屋内亜鉛メッキ鋼面　下地調整別途		A種	㎡	196’	表RA―17―38
EP―G塗り（つや有合成樹脂エマルションペイント塗り）	屋内亜鉛メッキ鋼面　下地調整別途		B種	㎡	199’	表RA―17―38
EP―G塗り（つや有合成樹脂エマルションペイント塗り）	屋内亜鉛メッキ鋼面　下地調整別途		C種	㎡	202’	表RA―17―38
SOP塗り（合成樹脂調合ペイント塗り）	細幅物糸幅300㎜以下（下地RA種　新規面）木部	1種	B種	m	39’	表RA―17―43

【建築工事】

＊＊参考歩掛り（改修標仕仕様）＊＊

細　　目	摘　　　要			単位	歩掛り記号	表番号
SOP 塗り（合成樹脂調合ペイント塗り）	細幅物糸幅300㎜以下（下地 RB 種　塗替面）木部	1 種	B 種	m	40'	表 RA—17—43
SOP 塗り（合成樹脂調合ペイント塗り）	細幅物糸幅300㎜以下（下地 RC 種　塗替面）木部	1 種	C 種	m	41'	表 RA—17—43
EP—G 塗り（つや有合成樹脂エマルションペイント塗り）	細幅物糸幅300㎜以下（下地 RA 種　新規面）木部		A 種	m	42'	表 RA—17—44
EP—G 塗り（つや有合成樹脂エマルションペイント塗り）	細幅物糸幅300㎜以下（下地 RB 種　塗替面）木部		B 種	m	43'	表 RA—17—44
EP—G 塗り（つや有合成樹脂エマルションペイント塗り）	細幅物糸幅300㎜以下（下地 RC 種　塗替面）木部		C 種	m	44'	表 RA—17—44
CL 塗り（クリアラッカー塗り）	細幅物糸幅300㎜以下（下地 RB 種　塗替面）木部		A 種	m	45'	表 RA—17—45
CL 塗り（クリアラッカー塗り）	細幅物糸幅300㎜以下（下地 RB 種　塗替面）木部		B 種	m	46'	表 RA—17—45
LE 塗り（ラッカーエナメル塗り）	細幅物糸幅300㎜以下（下地 RA 種　塗替面）木部		A 種	m	134'	表 RA—17—46
LE 塗り（ラッカーエナメル塗り）	細幅物糸幅300㎜以下（下地 RA 種　塗替面）木部		B 種	m	135'	表 RA—17—46
OS 塗り	細幅物糸幅300㎜以下（付着除去　塗替面）木部			m	47'	表 RA—17—47
下地調整	木部（塗替え面）		RA 種	㎡	276'	表 RA—17—23
下地調整	木部（塗替え面）セラックニス		RA 種	㎡	311'	表 RA—17—23
下地調整	木部（塗替え面）		RA 種（屋外）	㎡	318'	表 RA—17—23
下地調整	木部（塗替え面）		RB 種	㎡	277'	表 RA—17—23
下地調整	木部（塗替え面）		RC 種	㎡	278'	表 RA—17—23
下地調整	木部（新規面）		RA 種	㎡	279'	表 RA—17—23
下地調整	木部（新規面）セラックニス		RA 種	㎡	312'	表 RA—17—23
下地調整	木部（新規面）		RA 種（屋外）	㎡	321'	表 RA—17—23
下地調整	木部（新規面）		RB 種	㎡	280'	表 RA—17—23
下地調整	モルタル面（塗替え面）		RA 種	㎡	281'	表 RA—17—25
下地調整	モルタル面（塗替え面）		RB 種	㎡	282'	表 RA—17—25
下地調整	モルタル面（塗替え面）		RC 種	㎡	283'	表 RA—17—25
下地調整	モルタル面（新規面）		RA 種	㎡	284'	表 RA—17—25
下地調整	モルタル面（新規面）		RB 種	㎡	285'	表 RA—17—25
下地調整	モルタル面（付着物除去）			㎡	286'	表 RA—17—25
下地調整	コンクリート面（塗替え面）		RA 種	㎡	287'	表 RA—17—26
下地調整	コンクリート面（塗替え面）		RB 種	㎡	288'	表 RA—17—26
下地調整	コンクリート面（塗替え面）		RC 種	㎡	289'	表 RA—17—26
下地調整	コンクリート面（新規面）		RA 種	㎡	290'	表 RA—17—26
下地調整	コンクリート面（新規面）		RB 種	㎡	291'	表 RA—17—26
下地調整	押出成形セメント板面（塗替え面）		RA 種	㎡	292'	表 RA—17—27
下地調整	押出成形セメント板面（塗替え面）		RB 種	㎡	293'	表 RA—17—27
下地調整	押出成形セメント板面（塗替え面）		RC 種	㎡	294'	表 RA—17—27
下地調整	押出成形セメント板面（新規面）		RA 種	㎡	295'	表 RA—17—27
下地調整	押出成形セメント板面（新規面）		RB 種	㎡	296'	表 RA—17—27
下地調整	ボード面（塗替え面）		RA 種	㎡	297'	表 RA—17—28
下地調整	ボード面（塗替え面）		RB 種	㎡	298'	表 RA—17—28
下地調整	ボード面（塗替え面）		RC 種	㎡	299'	表 RA—17—28
下地調整	ボード面（新規面）		RA 種	㎡	300'	表 RA—17—28
下地調整	ボード面（新規面）		RB 種	㎡	301'	表 RA—17—28
下地調整	けい酸カルシウム板面（塗替え面）		RA 種	㎡	302'	表 RA—17—29
下地調整	けい酸カルシウム板面（塗替え面）		RB 種	㎡	303'	表 RA—17—29
下地調整	けい酸カルシウム板面（塗替え面）		RC 種	㎡	304'	表 RA—17—29

【建築工事】

＊＊参考歩掛り（改修標仕仕様）＊＊

細　　目	摘　　　　　要		単位	歩掛り記号	表番号
下地調整	けい酸カルシウム板面（新規面）	RA 種	㎡	305'	表 RA—17—29
下地調整	けい酸カルシウム板面（新規面）	RB 種	㎡	306'	表 RA—17—29
下地調整	鉄鋼面（塗替え面）	RA 種	㎡	307'	表 RA—17—24
下地調整	鉄鋼面（塗替え面）	RB 種	㎡	308'	表 RA—17—24
下地調整	鉄鋼面（塗替え面）	RC 種	㎡	309'	表 RA—17—24
下地調整	鉄鋼面（新規面）	RA 種	㎡	310'	表 RA—17—24

【建築工事】

【塗装２】改修工事は、【塗装改修】を参照する。

＊＊補正市場単価＊＊

細　目	摘　要			単位	市場単価	算定式
	下地種類等	塗装種別	作業工程			
錆止め塗り	現場１回　鉄鋼面屋内（仕様：第８節）	水系	Ｂ種	㎡	Ｂ	２÷１
錆止め塗り	現場１回　鉄鋼面　素地ごしらえ別途	Ａ種	Ｂ種	㎡	Ａ	３÷119
錆止め塗り	工場１回　鉄鋼面　素地ごしらえ別途	Ａ種	Ｂ種	㎡	Ａ	４÷119
SOP 塗り（合成樹脂調合ペイント塗り）	木部　素地ごしらえ別途	１種	Ａ種	㎡	Ｅ—Ｏ	120÷121
SOP 塗り（合成樹脂調合ペイント塗り）	木部　素地ごしらえ別途	１種	Ｂ種	㎡	Ｅ—Ｏ	—
SOP 塗り（合成樹脂調合ペイント塗り）	鉄鋼面　錆止別途	１種	Ａ種	㎡	Ｄ	９÷ｄ１
EP 塗り（合成樹脂エマルションペイント塗り）	せっこうボード面　一般面　素地ごしらえ別途		Ａ種	㎡	Ｆ—Ｐ	12÷122
EP 塗り（合成樹脂エマルションペイント塗り）	せっこうボード面　見上げ面　素地ごしらえ別途		Ａ種	㎡	Ｆ—Ｐ	12÷122
EP 塗り（合成樹脂エマルションペイント塗り）	せっこうボード面　一般面　素地ごしらえ別途		Ｂ種	㎡	Ｆ—Ｐ	—
EP 塗り（合成樹脂エマルションペイント塗り）	せっこうボード面　見上げ面　素地ごしらえ別途		Ｂ種	㎡	Ｆ—Ｐ	—
EP 塗り（合成樹脂エマルションペイント塗り）	けい酸カルシウム板面・モルタル面・コンクリート面・押出成形セメント板面　一般面　素地ごしらえ別途		Ａ種	㎡	Ｒ—Ｓ	12÷122
EP 塗り（合成樹脂エマルションペイント塗り）	けい酸カルシウム板面・モルタル面・コンクリート面・押出成形セメント板面　見上げ面　素地ごしらえ別途		Ａ種	㎡	Ｒ—Ｓ	12÷122
EP 塗り（合成樹脂エマルションペイント塗り）	けい酸カルシウム板面・モルタル面・コンクリート面・押出成形セメント板面　一般面　素地ごしらえ別途		Ｂ種	㎡	Ｒ—Ｓ	—
EP 塗り（合成樹脂エマルションペイント塗り）	けい酸カルシウム板面・モルタル面・コンクリート面・押出成形セメント板面　見上げ面　素地ごしらえ別途		Ｂ種	㎡	Ｒ—Ｓ	—
EP—G 塗り（つや有合成樹脂エマルションペイント塗り）	せっこうボード面　一般面　素地ごしらえ別途		Ａ種	㎡	Ｆ—Ｐ	44÷122
EP—G 塗り（つや有合成樹脂エマルションペイント塗り）	せっこうボード面　見上げ面　素地ごしらえ別途		Ａ種	㎡	Ｆ—Ｐ	44÷122
EP—G 塗り（つや有合成樹脂エマルションペイント塗り）	せっこうボード面　一般面　素地ごしらえ別途		Ｂ種	㎡	Ｆ—Ｐ	46÷122
EP—G 塗り（つや有合成樹脂エマルションペイント塗り）	せっこうボード面　見上げ面　素地ごしらえ別途		Ｂ種	㎡	Ｆ—Ｐ	46÷122
EP—G 塗り（つや有合成樹脂エマルションペイント塗り）	けい酸カルシウム板面・モルタル面・コンクリート面・押出成形セメント板面　一般面　素地ごしらえ別途		Ａ種	㎡	Ｒ—Ｓ	44÷122
EP—G 塗り（つや有合成樹脂エマルションペイント塗り）	けい酸カルシウム板面・モルタル面・コンクリート面・押出成形セメント板面　見上げ面　素地ごしらえ別途		Ａ種	㎡	Ｒ—Ｓ	44÷122
EP—G 塗り（つや有合成樹脂エマルションペイント塗り）	けい酸カルシウム板面・モルタル面・コンクリート面・押出成形セメント板面　一般面　素地ごしらえ別途		Ｂ種	㎡	Ｒ—Ｓ	46÷122
EP—G 塗り（つや有合成樹脂エマルションペイント塗り）	けい酸カルシウム板面・モルタル面・コンクリート面・押出成形セメント板面　見上げ面　素地ごしらえ別途		Ｂ種	㎡	Ｒ—Ｓ	46÷122

【建築工事】

＊＊補正市場単価＊＊

細　　目	摘要 下地種類等	塗装種別	作業工程	単位	市場単価	算定式
EP─G 塗り（つや有合成樹脂エマルションペイント塗り）	屋内木部　素地ごしらえ別途			㎡	R─S	109÷122
EP─G 塗り（つや有合成樹脂エマルションペイント塗り）	屋内鉄鋼面　錆止別途		A 種	㎡	R─S	111÷122
EP─G 塗り（つや有合成樹脂エマルションペイント塗り）	屋内鉄鋼面　錆止別途		B 種	㎡	R─S	114÷122
EP─G 塗り（つや有合成樹脂エマルションペイント塗り）	屋内亜鉛メッキ鋼面　錆止別途			㎡	R─S	117÷122
アクリル樹脂系非水分散形塗料塗り	モルタル面・コンクリート面・押出成形セメント板面　素地ごしらえ別途		A 種	㎡	R─S	76÷122
アクリル樹脂系非水分散形塗料塗り	モルタル面・コンクリート面・押出成形セメント板面　素地ごしらえ別途		B 種	㎡	R─S	78÷122
CL 塗り（クリアラッカー塗り）	木部　素地ごしらえ別途		A 種	㎡	I─O	94÷ i
CL 塗り（クリアラッカー塗り）	木部　素地ごしらえ別途		B 種	㎡	I─O	─
LE 塗り（ラッカーエナメル塗り）	木部　素地ごしらえ別途		A 種	㎡	I─O	95÷ i
LE 塗り（ラッカーエナメル塗り）	木部　素地ごしらえ別途		B 種	㎡	I─O	96÷ i
SOP 塗り（合成樹脂調合ペイント塗り）	細幅物糸幅300㎜以下（素地ごしらえA種共）木部	1 種	A 種（屋外）	m	K	124÷125
EP─G 塗り（つや有合成樹脂エマルションペイント塗り）	細幅物糸幅300㎜以下（素地ごしらえA種共）木部			m	K	97÷125
CL 塗り（クリアラッカー塗り）	細幅物糸幅300㎜以下（素地ごしらえB種共）木部		A 種	m	M	98÷m
LE 塗り（ラッカーエナメル塗り）	細幅物糸幅300㎜以下（素地ごしらえA種共）木部		A 種	m	M	129÷m
LE 塗り（ラッカーエナメル塗り）	細幅物糸幅300㎜以下（素地ごしらえA種共）木部		B 種	m	M	130÷m
素地ごしらえ	木部		A 種（屋外）	㎡	O	126÷127
素地ごしらえ	木部		B 種	㎡	O	99÷127
素地ごしらえ	木部（屋内）　セラックニス		A 種	㎡	O	131÷127
素地ごしらえ	鉄鋼面		B 種	㎡	S	100÷ p 1
素地ごしらえ	鉄鋼面		C 種	㎡	S	101÷ p 1
素地ごしらえ	モルタル及びプラスター面		A 種	㎡	S	102÷ p 1
素地ごしらえ	モルタル及びプラスター面（付着物の除去）			㎡	S	103÷ p 1
素地ごしらえ	コンクリート面		A 種	㎡	S	104÷ p 1
素地ごしらえ	コンクリート面		B 種	㎡	S	105÷ p 1
素地ごしらえ	せっこうボード及びその他ボード面		A 種	㎡	P	106÷128
素地ごしらえ	けい酸カルシウム板面		A 種	㎡	S	107÷ p 1
素地ごしらえ	押出成形セメント板面		A 種	㎡	Q	108÷ q

【建築工事】

【塗装改修１】

＊＊補正市場単価＊＊

細　　目	摘　　要			単位	市場単価	算定式
	下地種類等	塗装種別	作業工程			
錆止め塗り	現場１回　鉄鋼面　新規面	A種	A種	㎡	A	2' ÷119
錆止め塗り	現場１回　鉄鋼面　新規面	A種	B種	㎡	A	4' ÷119
錆止め塗り	現場２回　鉄鋼面　塗替え面	A種	C種	㎡	A	5' ÷119
錆止め塗り	工場１回　鉄鋼面　新規面	A種	A、B種	㎡	A	6' ÷119
錆止め塗り	現場１回　鉄鋼面（屋内）新規面	水系	A種	㎡	B	10' ÷ 1
錆止め塗り	現場１回　鉄鋼面（屋内）新規面	水系	B種	㎡	B	14' ÷ 1
錆止め塗り	現場２回　鉄鋼面（屋内）塗替え面	水系	C種	㎡	B	16' ÷ 1
錆止め塗り	工場１回　鉄鋼面（屋内）新規面	水系	A、B種	㎡	B	18' ÷ 1
SOP 塗り（合成樹脂調合ペイント塗り）	細幅物糸幅300㎜以下（下地 RA 種　新規面）木部	１種	B種	m	K	39' ÷125
SOP 塗り（合成樹脂調合ペイント塗り）	細幅物糸幅300㎜以下（下地 RB 種　塗替面）木部	１種	B種	m	K	40' ÷125
SOP 塗り（合成樹脂調合ペイント塗り）	細幅物糸幅300㎜以下（下地 RC 種　塗替面）木部	１種	C種	m	K	41' ÷125
EP—G 塗り（つや有合成樹脂エマルションペイント塗り）	細幅物糸幅300㎜以下（下地 RA 種　新規面）木部		A種	m	K	42' ÷125
EP—G 塗り（つや有合成樹脂エマルションペイント塗り）	細幅物糸幅300㎜以下（下地 RB 種　塗替面）木部		B種	m	K	43' ÷125
EP—G 塗り（つや有合成樹脂エマルションペイント塗り）	細幅物糸幅300㎜以下（下地 RC 種　塗替面）木部		C種	m	K	44' ÷125
CL 塗り（クリアラッカー塗り）	細幅物糸幅300㎜以下（下地 RB 種　塗替面）木部		A種	m	M	45' ÷ m
CL 塗り（クリアラッカー塗り）	細幅物糸幅300㎜以下（下地 RB 種　塗替面）木部		B種	m	M	46' ÷ m
LE 塗り（ラッカーエナメル塗り）	細幅物糸幅300㎜以下（下地 RA 種　新規面）木部		A種	m	M	134' ÷ m
LE 塗り（ラッカーエナメル塗り）	細幅物糸幅300㎜以下（下地 RA 種　塗替面）木部		B種	m	M	135' ÷ m
OS 塗り	細幅物糸幅300㎜以下（付着除去　塗替面）木部			m	N	47' ÷ n

【建築工事】

【塗装改修２】

＊＊補正市場単価＊＊

細　　目	摘　　　要			単位	市場単価	算定式
	下地種類等	塗装種別	作業工程			
SOP 塗り（合成樹脂調合ペイント塗り）	木部　下地調整別途	１種	Ａ種	㎡	Ｅ—Ｏ	48’÷121
SOP 塗り（合成樹脂調合ペイント塗り）	木部　下地調整別途	１種	Ｂ種	㎡	Ｅ—Ｏ	50’÷121
SOP 塗り（合成樹脂調合ペイント塗り）	木部　下地調整別途	１種	Ｃ種	㎡	Ｅ—Ｏ	52’÷121
SOP 塗り（合成樹脂調合ペイント塗り）	鉄鋼面（新規面）錆止別途　下地調整別途	１種	Ａ種	㎡	Ｄ	54’÷ｄ１
SOP 塗り（合成樹脂調合ペイント塗り）	鉄鋼面（塗替え面）錆止別途　下地調整別途	１種	Ａ種	㎡	Ｄ	319’÷ｄ１
SOP 塗り（合成樹脂調合ペイント塗り）	鉄鋼面（新規面）錆止別途　下地調整別途	１種	Ｂ種	㎡	Ｄ	55’÷ｄ１
SOP 塗り（合成樹脂調合ペイント塗り）	鉄鋼面（塗替え面）錆止別途　下地調整別途	１種	Ｂ種	㎡	Ｄ	320’÷ｄ１
SOP 塗り（合成樹脂調合ペイント塗り）	鉄鋼面（塗替え面）錆止別途　下地調整別途	１種	Ｃ種	㎡	Ｄ	61’÷ｄ１
アクリル樹脂系非水分散形塗料塗り	モルタル面・コンクリート面・押出成形セメント板面　下地調整別途		Ａ種	㎡	Ｒ—Ｓ	76’÷122
アクリル樹脂系非水分散形塗料塗り	モルタル面・コンクリート面・押出成形セメント板面　下地調整別途		Ｂ種	㎡	Ｒ—Ｓ	78’÷122
CL 塗り（クリアラッカー塗り）	木部　下地調整別途		Ａ種	㎡	Ｉ—Ｏ	105’÷ｉ
CL 塗り（クリアラッカー塗り）	木部　下地調整別途		Ｂ種	㎡	Ｉ—Ｏ	—
LE 塗り（ラッカーエナメル塗り）	木部　下地調整別途		Ａ種	㎡	Ｉ—Ｏ	132’÷ｉ
LE 塗り（ラッカーエナメル塗り）	木部　下地調整別途		Ｂ種	㎡	Ｉ—Ｏ	133’÷ｉ
OS 塗り	木部　付着物除去共（塗替え面）			㎡	Ｊ	—
EP 塗り（合成樹脂エマルションペイント塗り）	ボード面（継目）　一般面　下地調整別途		Ａ種	㎡	Ｆ—Ｐ	110’÷122
EP 塗り（合成樹脂エマルションペイント塗り）	ボード面（継目）　見上げ面　下地調整別途		Ａ種	㎡	Ｆ—Ｐ	110’÷122
EP 塗り（合成樹脂エマルションペイント塗り）	ボード面（継目）　一般面　下地調整別途		Ｂ種	㎡	Ｆ—Ｐ	112’÷122
EP 塗り（合成樹脂エマルションペイント塗り）	ボード面（継目）　見上げ面　下地調整別途		Ｂ種	㎡	Ｆ—Ｐ	112’÷122
EP 塗り（合成樹脂エマルションペイント塗り）	ボード面（継目）　一般面　下地調整別途		Ｃ種	㎡	Ｆ—Ｐ	118’÷122
EP 塗り（合成樹脂エマルションペイント塗り）	ボード面（継目）　見上げ面　下地調整別途		Ｃ種	㎡	Ｆ—Ｐ	118’÷122
EP 塗り（合成樹脂エマルションペイント塗り）	けい酸カルシウム板面・モルタル面・コンクリート面・押出成形セメント板面　一般面　下地調整別途		Ａ種	㎡	Ｒ—Ｓ	110’÷122
EP 塗り（合成樹脂エマルションペイント塗り）	けい酸カルシウム板面・モルタル面・コンクリート面・押出成形セメント板面　見上げ面　下地調整別途		Ａ種	㎡	Ｒ—Ｓ	110’÷122
EP 塗り（合成樹脂エマルションペイント塗り）	けい酸カルシウム板面・モルタル面・コンクリート面・押出成形セメント板面　一般面　下地調整別途		Ｂ種	㎡	Ｒ—Ｓ	112’÷122
EP 塗り（合成樹脂エマルションペイント塗り）	けい酸カルシウム板面・モルタル面・コンクリート面・押出成形セメント板面　見上げ面　下地調整別途		Ｂ種	㎡	Ｒ—Ｓ	112’÷122
EP 塗り（合成樹脂エマルションペイント塗り）	けい酸カルシウム板面・モルタル面・コンクリート面・押出成形セメント板面　一般面　下地調整別途		Ｃ種	㎡	Ｒ—Ｓ	118’÷122
EP 塗り（合成樹脂エマルションペイント塗り）	けい酸カルシウム板面・モルタル面・コンクリート面・押出成形セメント板面　見上げ面　下地調整別途		Ｃ種	㎡	Ｒ—Ｓ	118’÷122

【建築工事】

＊＊補正市場単価＊＊

細　目	摘　要			単位	市場単価	算定式
	下地種類等	塗装種別	作業工程			
EP―G塗り（つや有合成樹脂エマルションペイント塗り）	ボード面（継目）　一般面　下地調整別途		A種	㎡	F―P	204'÷122
EP―G塗り（つや有合成樹脂エマルションペイント塗り）	ボード面（継目）　見上げ面　下地調整別途		A種	㎡	F―P	204'÷122
EP―G塗り（つや有合成樹脂エマルションペイント塗り）	ボード面（継目）　一般面　下地調整別途		B種	㎡	F―P	206'÷122
EP―G塗り（つや有合成樹脂エマルションペイント塗り）	ボード面（継目）　見上げ面　下地調整別途		B種	㎡	F―P	206'÷122
EP―G塗り（つや有合成樹脂エマルションペイント塗り）	ボード面（継目）　一般面　下地調整別途		C種	㎡	F―P	212'÷122
EP―G塗り（つや有合成樹脂エマルションペイント塗り）	ボード面（継目）　見上げ面　下地調整別途		C種	㎡	F―P	212'÷122
EP―G塗り（つや有合成樹脂エマルションペイント塗り）	けい酸カルシウム板面・モルタル面・コンクリート面・押出成形セメント板面　一般面　下地調整別途		A種	㎡	R―S	204'÷122
EP―G塗り（つや有合成樹脂エマルションペイント塗り）	けい酸カルシウム板面・モルタル面・コンクリート面・押出成形セメント板面　見上げ面　下地調整別途		A種	㎡	R―S	204'÷122
EP―G塗り（つや有合成樹脂エマルションペイント塗り）	けい酸カルシウム板面・モルタル面・コンクリート面・押出成形セメント板面　一般面　下地調整別途		B種	㎡	R―S	206'÷122
EP―G塗り（つや有合成樹脂エマルションペイント塗り）	けい酸カルシウム板面・モルタル面・コンクリート面・押出成形セメント板面　見上げ面　下地調整別途		B種	㎡	R―S	206'÷122
EP―G塗り（つや有合成樹脂エマルションペイント塗り）	けい酸カルシウム板面・モルタル面・コンクリート面・押出成形セメント板面　一般面　下地調整別途		C種	㎡	R―S	212'÷122
EP―G塗り（つや有合成樹脂エマルションペイント塗り）	けい酸カルシウム板面・モルタル面・コンクリート面・押出成形セメント板面　見上げ面　下地調整別途		C種	㎡	R―S	212'÷122
EP―G塗り（つや有合成樹脂エマルションペイント塗り）	屋内木部　下地調整別途		A種	㎡	R―S	182'÷122
EP―G塗り（つや有合成樹脂エマルションペイント塗り）	屋内木部　下地調整別途		B種	㎡	R―S	184'÷122
EP―G塗り（つや有合成樹脂エマルションペイント塗り）	屋内木部　下地調整別途		C種	㎡	R―S	186'÷122
EP―G塗り（つや有合成樹脂エマルションペイント塗り）	屋内鉄鋼面　下地調整別途		A種	㎡	R―S	188'÷122
EP―G塗り（つや有合成樹脂エマルションペイント塗り）	屋内鉄鋼面　下地調整別途		B種	㎡	R―S	191'÷122
EP―G塗り（つや有合成樹脂エマルションペイント塗り）	屋内鉄鋼面　下地調整別途		C種	㎡	R―S	194'÷122
EP―G塗り（つや有合成樹脂エマルションペイント塗り）	屋内亜鉛メッキ鋼面　下地調整別途		A種	㎡	R―S	196'÷122
EP―G塗り（つや有合成樹脂エマルションペイント塗り）	屋内亜鉛メッキ鋼面　下地調整別途		B種	㎡	R―S	199'÷122
EP―G塗り（つや有合成樹脂エマルションペイント塗り）	屋内亜鉛メッキ鋼面　下地調整別途		C種	㎡	R―S	202'÷122

【建築工事】

【塗装改修３】

＊＊補正市場単価＊＊

細　目	摘　要			単位	市場単価	算定式
	下地種類等	塗装種別	作業工程			
下地調整	木部（塗替え面）		RA 種	㎡	O	276’÷127
下地調整	木部（塗替え面）セラックニス		RA 種	㎡	O	311’÷127
下地調整	木部（塗替え面）		RA 種（屋外）	㎡	O	318’÷127
下地調整	木部（塗替え面）		RB 種	㎡	O	277’÷127
下地調整	木部（塗替え面）		RC 種	㎡	O	278’÷127
下地調整	木部（新規面）		RA 種	㎡	O	279’÷127
下地調整	木部（新規面）　セラックニス		RA 種	㎡	O	312’÷127
下地調整	木部（新規面）		RA 種（屋外）	㎡	O	321’÷127
下地調整	木部（新規面）		RB 種	㎡	O	280’÷127
下地調整	モルタル面（塗替え面）		RA 種	㎡	S	281’÷ｐ１
下地調整	モルタル面（塗替え面）		RB 種	㎡	S	282’÷ｐ１
下地調整	モルタル面（塗替え面）		RC 種	㎡	S	283’÷ｐ１
下地調整	モルタル面（新規面）		RA 種	㎡	S	284’÷ｐ１
下地調整	モルタル面（新規面）		RB 種	㎡	S	285’÷ｐ１
下地調整	モルタル面　付着物除去			㎡	S	286’÷ｐ１
下地調整	コンクリート面（塗替え面）		RA 種	㎡	S	287’÷ｐ１
下地調整	コンクリート面（塗替え面）		RB 種	㎡	S	288’÷ｐ１
下地調整	コンクリート面（塗替え面）		RC 種	㎡	S	289’÷ｐ１
下地調整	コンクリート面（新規面）		RA 種	㎡	S	290’÷ｐ１
下地調整	コンクリート面（新規面）		RB 種	㎡	S	291’÷ｐ１
下地調整	押出成形セメント板面（塗替え面）		RA 種	㎡	Q	292’÷q
下地調整	押出成形セメント板面（塗替え面）		RB 種	㎡	Q	293’÷q
下地調整	押出成形セメント板面（塗替え面）		RC 種	㎡	Q	294’÷q
下地調整	押出成形セメント板面（新規面）		RA 種	㎡	Q	295’÷q
下地調整	押出成形セメント板面（新規面）		RB 種	㎡	Q	—
下地調整	ボード面（塗替え面）		RA 種	㎡	P	297’÷128
下地調整	ボード面（塗替え面）		RB 種	㎡	P	298’÷128
下地調整	ボード面（塗替え面）		RC 種	㎡	P	299’÷128
下地調整	ボード面（新規面）		RA 種	㎡	P	300’÷128
下地調整	ボード面（新規面）		RB 種	㎡	P	301’÷128
下地調整	けい酸カルシウム板面（塗替え面）		RA 種	㎡	S	302’÷ｐ１
下地調整	けい酸カルシウム板面（塗替え面）		RB 種	㎡	S	303’÷ｐ１
下地調整	けい酸カルシウム板面（塗替え面）		RC 種	㎡	S	304’÷ｐ１
下地調整	けい酸カルシウム板面（新規面）		RA 種	㎡	S	305’÷ｐ１
下地調整	けい酸カルシウム板面（新規面）		RB 種	㎡	S	306’÷ｐ１
下地調整	鉄鋼面（塗替え面）		RA 種	㎡	S	307’÷ｐ１
下地調整	鉄鋼面（塗替え面）		RB 種	㎡	S	308’÷ｐ１
下地調整	鉄鋼面（塗替え面）		RC 種	㎡	S	309’÷ｐ１
下地調整	鉄鋼面（新規面）		RA 種	㎡	S	310’÷ｐ１

【建築工事】

【塗装】改修工事は、【塗装改修】を参照する。

＊＊市場単価＊＊

細　　目	摘　　　　要			単位	単価記号	
	下地種類等	塗装種別	作業工程			
錆止め塗り	現場１回　鉄鋼面（屋内）	Ｂ種	Ａ種	㎡	B	
錆止め塗り	現場１回　亜鉛めっき鋼・鋼製建具面（屋内外）	Ａ種	Ａ種	㎡	C	
SOP 塗り	鉄鋼・亜鉛メッキ鋼・鋼製建具面（屋内外）	１種	Ｂ種	㎡	D	
素地ごしらえ	けい酸カルシウム板面・モルタル面		Ｂ種	㎡	S	

【塗装改修】

＊＊補正市場単価＊＊

細　　目	摘　　　　要			単位	市場単価	算定式
	下地種類等	塗装種別	作業工程			
錆止め塗り	現場２回　亜鉛メッキ鋼面・鋼製建具面（屋内）塗替え面	水系	Ａ種	㎡	B	19’÷１
錆止め塗り	現場１回　亜鉛メッキ鋼面・鋼製建具面（屋内）新規面	水系	Ａ種	㎡	B	20’÷１
錆止め塗り	現場１回　亜鉛メッキ鋼面・鋼製建具面（屋内）塗替え面	水系	Ｂ種	㎡	B	21’÷１
錆止め塗り	現場１回　亜鉛メッキ鋼面・鋼製建具面（屋内）塗替え面	水系	Ｃ種	㎡	B	22’÷１
錆止め塗り	工場１回　亜鉛メッキ鋼面・鋼製建具面（屋内）新規面	水系	Ａ、Ｂ種	㎡	B	23’÷１
錆止め塗り	現場２回　亜鉛メッキ鋼面・鋼製建具面（屋内外）塗替え面	Ａ種	Ａ種	㎡	C	29’÷ｃ１
錆止め塗り	現場１回　亜鉛メッキ鋼面・鋼製建具面（屋内外）新規面	Ａ種	Ａ種	㎡	C	—
錆止め塗り	現場１回　亜鉛メッキ鋼面・鋼製建具面（屋内外）塗替え面	Ａ種	Ｂ種	㎡	C	31’÷ｃ１
錆止め塗り	現場１回　亜鉛メッキ鋼面・鋼製建具面（屋内外）塗替え面	Ａ種	Ｃ種	㎡	C	32’÷ｃ１
錆止め塗り	工場１回　亜鉛メッキ鋼面・鋼製建具面（屋内外）新規面	Ａ種	Ａ、Ｂ種	㎡	C	33’÷ｃ１
SOP 塗り（合成樹脂調合ペイント塗り）	亜鉛メッキ鋼面・鋼製建具面（屋内外）錆止別途　下地調整別途	１種	Ａ種	㎡	D	62’÷ｄ１
SOP 塗り（合成樹脂調合ペイント塗り）	亜鉛メッキ鋼面・鋼製建具面（屋内外）錆止別途　下地調整別途	１種	Ｂ種	㎡	D	64’÷ｄ１
SOP 塗り（合成樹脂調合ペイント塗り）	亜鉛メッキ鋼面・鋼製建具面（屋内外）錆止別途　下地調整別途	１種	Ｃ種	㎡	D	67’÷ｄ１
下地調整	亜鉛メッキ鋼面（塗替え面）		RA 種	㎡	S	311’÷ｐ１
下地調整	亜鉛メッキ鋼面（塗替え面）		RB 種	㎡	S	312’÷ｐ１
下地調整	亜鉛メッキ鋼面（塗替え面）		RC 種	㎡	S	313’÷ｐ１
下地調整	亜鉛メッキ鋼面（新規面）		RA 種	㎡	S	314’÷ｐ１

Ⅳ　改修工事の積算

【建築工事】

【内外装１】

＊＊市場単価＊＊

細　　目	摘　　　　　　　要	単位	単価記号	
床ビニル床シート張り	厚2.0㎜　織布積層ビニル床シート　無地　FS	㎡	U	
床ビニル床シート張り	厚2.5㎜　織布積層ビニル床シート　無地　FS	㎡	A	
階段ビニル床シート張り	厚2.0㎜　織布積層ビニル床シート　無地　FS	㎡	V	
階段ビニル床シート張り	厚2.5㎜　織布積層ビニル床シート　無地　FS	㎡	B	
床ビニル床タイル張り	厚2.0㎜　コンポジションビニル床タイル　半硬質　KT	㎡	C	
階段ビニル床タイル張り	厚2.0㎜　コンポジションビニル床タイル　半硬質　KT	㎡	D	
床タイルカーペット張り	全厚6.5㎜　500角　第一種ループパイル（一般事務室用）	㎡	E	
ビニル幅木(ソフト幅木)	H60㎜	m	F	
ささらビニル幅木（ソフト幅木）	H330㎜	m	G	
壁せっこうボード張り	厚12.5㎜　不燃　突付け	㎡	H	
壁せっこうボード張り	厚12.5㎜　不燃　突付け　下地せっこうボード厚12.5㎜共	㎡	I	
壁せっこうボード張り	厚12.5㎜　不燃　突付け　GL 工法	㎡	J	
天井不燃積層せっこうボード張り	厚9.5㎜　不燃　突付け	㎡	K	
天井不燃化粧せっこうボード張り	厚9.5㎜　不燃　突付け	㎡	L	
壁けい酸カルシウム板張り	（タイプ２、無石綿、0.8FK）　厚8.0㎜　不燃　突付け	㎡	M	
壁けい酸カルシウム板張り	（タイプ２、無石綿、0.8FK）　厚8.0㎜　不燃　目透し	㎡	N	
天井けい酸カルシウム板張り	（タイプ２、無石綿、0.8FK）　厚6.0㎜　不燃　突付け	㎡	O	
天井けい酸カルシウム板張り	（タイプ２、無石綿、0.8FK）　厚6.0㎜　不燃　目透し	㎡	P	
天井ロックウール吸音板張り（内部用）	厚9.0㎜　不燃　フラットタイプ　下地不燃積層せっこうボード厚9.5㎜共	㎡	Q	
天井ロックウール吸音板張り（内部用）	厚12.0㎜　不燃　凹凸タイプ　下地不燃積層せっこうボード厚9.5㎜共	㎡	R	
せっこうボード継目処理	継目処理工法（テーパーエッジ）	㎡	S	
せっこうボード継目処理	Ｖ目地工法（ベベルエッジ）	㎡	T	

＊＊参考歩掛り＊＊

細　　目	摘　　　　　　　要	単位	歩掛り記号	表　番　号
ビニル床シート張り	階段（織布積層ビニル床シート　無地　FS 厚さ2.5）	㎡	a 2	表 RA—18—1
ビニル床シート張り	階段（織布積層ビニル床シート　無地　FS 厚さ2.0）	㎡	a 26	表 RA—18—1
ビニル床シート張り	階段（織布積層ビニル床シート　マーブル　FS 厚さ2.0）	㎡	a 27	表 RA—18—1
ビニル床シート張り	階段（織布積層ビニル床シート　マーブル　FS 厚さ2.5）	㎡	a 28	表 RA—18—1
ビニル床タイル張り	床（半硬質　コンポジションビニル床タイル KT 厚さ２一般床）	㎡	a 3	表 RA—18—1
ビニル床タイル張り	床（半硬質　コンポジションビニル床タイル KT 厚さ２多湿部）	㎡	a 29	表 RA—18—1
ビニル床タイル張り	床（軟質　コンポジションビニル床タイル KT 厚さ２一般床）	㎡	a 30	表 RA—18—1
ビニル床タイル張り	床（軟質　コンポジションビニル床タイル KT 厚さ２多湿部）	㎡	a 31	表 RA—18—1
ビニル床タイル張り	ビニル床タイル　階段（半硬質　コンポジションビニル床タイル KT 厚さ２）	㎡	a 4	表 RA—18—1
ビニル床タイル張り	ビニル床タイル　階段（軟質　コンポジションビニル床タイル KT 厚さ２）	㎡	a 32	表 RA—18—1
ビニル幅木張り	一般（高さ60）	m	a 5	表 RA—18—2
ビニル幅木張り	一般（高さ75）	m	a 33	表 RA—18—2
ビニル幅木張り	一般（高さ100）	m	a 34	表 RA—18—2
ビニル幅木張り	階段ささら（高さ330）	m	a 6	表 RA—18—2
壁せっこうボード張り	突付け（厚12.5　不燃）	㎡	a 8	表 RA—18—3
壁せっこうボード張り	突付け（厚9.5　準不燃）	㎡	a 38	表 RA—18—3

【建築工事】

＊＊参考歩掛り＊＊

細　目	摘　要	単位	歩掛り記号	表番号
壁せっこうボード張り	突付け（厚15　不燃）	㎡	a 77	表 RA―18―3
壁せっこうボード張り	突付け（不燃積層　厚9.5　不燃）	㎡	a 86	表 RA―18―3
壁せっこうボード張り	突付け（吸音用あなあき石膏ボード　厚9.5　φ6―22不燃紙裏打ち　準不燃）	㎡	a 111	表 RA―18―3
壁せっこうボード張り	突付け（シージング石膏ボード　厚9.5　準不燃）	㎡	a 112	表 RA―18―3
壁せっこうボード張り	突付け（シージング石膏ボード　厚12.5　準不燃）	㎡	a 137	表 RA―18―3
壁せっこうボード張り	突付け（強化せっこうボード　厚15　不燃）	㎡	a 156	表 RA―18―3
壁せっこうボード張り	突付け（強化せっこうボード　厚21　不燃）	㎡	a 161	表 RA―18―3
壁せっこうボード張り	Ｖ目地（厚9.5　準不燃）	㎡	a 41	表 RA―18―3
壁せっこうボード張り	Ｖ目地（厚12.5　不燃）	㎡	a 63	表 RA―18―3
壁せっこうボード張り	Ｖ目地（厚15　不燃）	㎡	a 78	表 RA―18―3
壁せっこうボード張り	Ｖ目地（不燃積層　厚9.5　不燃）	㎡	a 89	表 RA―18―3
壁せっこうボード張り	Ｖ目地（シージング石膏ボード　厚9.5　準不燃）	㎡	a 115	表 RA―18―3
壁せっこうボード張り	Ｖ目地（シージング石膏ボード　厚12.5　準不燃）	㎡	a 139	表 RA―18―3
壁せっこうボード張り	目透かし（厚9.5　準不燃）	㎡	a 44	表 RA―18―3
壁せっこうボード張り	目透かし（厚12.5　不燃）	㎡	a 65	表 RA―18―3
壁せっこうボード張り	目透かし（厚15　不燃）	㎡	a 79	表 RA―18―3
壁せっこうボード張り	目透かし（不燃積層　厚9.5　不燃）	㎡	a 92	表 RA―18―3
壁せっこうボード張り	目透かし（シージング石膏ボード　厚9.5　準不燃）	㎡	a 118	表 RA―18―3
壁せっこうボード張り	目透かし（シージング石膏ボード　厚12.5　準不燃）	㎡	a 141	表 RA―18―3
壁せっこうボード張り	継目処理（厚9.5　準不燃）	㎡	a 47	表 RA―18―3
壁せっこうボード張り	継目処理（厚12.5　不燃）	㎡	a 67	表 RA―18―3
壁せっこうボード張り	継目処理（厚15　不燃）	㎡	a 80	表 RA―18―3
壁せっこうボード張り	継目処理（不燃積層　厚9.5　不燃）	㎡	a 95	表 RA―18―3
壁せっこうボード張り	継目処理（シージング石膏ボード　厚9.5　準不燃）	㎡	a 121	表 RA―18―3
壁せっこうボード張り	継目処理（シージング石膏ボード　厚12.5　準不燃）	㎡	a 143	表 RA―18―3
壁せっこうボード張り	継目処理（強化せっこうボード　厚15　不燃）	㎡	a 154	表 RA―18―3
壁せっこうボード張り	継目処理（強化せっこうボード　厚21　不燃）	㎡	a 159	表 RA―18―3
壁せっこうボード張り	下地張り（厚9.5　準不燃）	㎡	a 50	表 RA―18―3
壁せっこうボード張り	下地張り（厚12.5　不燃）	㎡	a 69	表 RA―18―3
壁せっこうボード張り	下地張り（厚15　不燃）	㎡	a 81	表 RA―18―3
壁せっこうボード張り	下地張り（不燃積層　厚9.5　不燃）	㎡	a 98	表 RA―18―3
壁せっこうボード張り	下地張り（シージング石膏ボード　厚9.5　準不燃）	㎡	a 124	表 RA―18―3
壁せっこうボード張り	下地張り（シージング石膏ボード　厚12.5　準不燃）	㎡	a 145	表 RA―18―3
壁せっこうボード張り	下地張り（強化せっこうボード　厚15　不燃）	㎡	a 158	表 RA―18―3
壁せっこうボード張り	下地張り（強化せっこうボード　厚21　不燃）	㎡	a 163	表 RA―18―3
壁せっこうボード張り	ラスボード（厚9.5）	㎡	a 164	表 RA―18―3
壁せっこうボード張り	直張り突付け（厚12.5　不燃）	㎡	a 10	表 RA―18―3
壁せっこうボード張り	直張り突付け（厚9.5　準不燃）	㎡	a 51	表 RA―18―3
壁せっこうボード張り	直張り突付け（厚15　不燃）	㎡	a 82	表 RA―18―3
壁せっこうボード張り	直張り突付け（不燃積層　厚9.5　不燃）	㎡	a 99	表 RA―18―3
壁せっこうボード張り	直張り突付け（シージング石膏ボード　厚9.5　準不燃）	㎡	a 125	表 RA―18―3
壁せっこうボード張り	直張り突付け（シージング石膏ボード　厚12.5　準不燃）	㎡	a 146	表 RA―18―3
壁せっこうボード張り	直張り突付けＶ目地（厚9.5　準不燃）	㎡	a 54	表 RA―18―3
壁せっこうボード張り	直張り突付けＶ目地（厚15　不燃）	㎡	a 83	表 RA―18―3

【建築工事】

＊＊参考歩掛り＊＊

細　目	摘　　　要	単位	歩掛り記号	表番号
壁せっこうボード張り	直張り突付けＶ目地（不燃積層　厚9.5　不燃）	㎡	a 102	表 RA—18—3
壁せっこうボード張り	直張り突付けＶ目地（シージング石膏ボード　厚9.5　準不燃）	㎡	a 128	表 RA—18—3
壁せっこうボード張り	直張り突付けＶ目地（シージング石膏ボード　厚12.5　準不燃）	㎡	a 148	表 RA—18—3
壁せっこうボード張り	直張り継目処理（厚9.5　準不燃）	㎡	a 59	表 RA—18—3
壁せっこうボード張り	直張り継目処理（厚12.5　不燃）	㎡	a 74	表 RA—18—3
壁せっこうボード張り	直張り継目処理（厚15　不燃）	㎡	a 84	表 RA—18—3
壁せっこうボード張り	直張り継目処理（不燃積層　厚9.5　不燃）	㎡	a 107	表 RA—18—3
壁せっこうボード張り	直張り継目処理（シージング石膏ボード　厚9.5　準不燃）	㎡	a 133	表 RA—18—3
壁せっこうボード張り	直張り継目処理（シージング石膏ボード　厚12.5　準不燃）	㎡	a 151	表 RA—18—3
壁せっこうボード張り	直張り下地張り（厚9.5　準不燃）	㎡	a 62	表 RA—18—3
壁せっこうボード張り	直張り下地張り（厚12.5　不燃）	㎡	a 76	表 RA—18—3
壁せっこうボード張り	直張り下地張り（厚15　不燃）	㎡	a 85	表 RA—18—3
壁せっこうボード張り	直張り下地張り（不燃積層　厚9.5　不燃）	㎡	a 110	表 RA—18—3
壁せっこうボード張り	直張り下地張り（シージング石膏ボード　厚9.5　準不燃）	㎡	a 136	表 RA—18—3
壁せっこうボード張り	直張り下地張り（シージング石膏ボード　厚12.5　準不燃）	㎡	a 153	表 RA—18—3
けい酸カルシウム板張り	壁　突付け（タイプ２ノンアス0.8FK　厚８）	㎡	a 11	表 RA—18—5
けい酸カルシウム板張り	壁　突付け（タイプ２ノンアス0.8FK　厚５）	㎡	a 165	表 RA—18—5
けい酸カルシウム板張り	壁　突付け（タイプ２ノンアス0.8FK　厚６）	㎡	a 168	表 RA—18—5
けい酸カルシウム板張り	壁　突付け（タイプ２ノンアス0.8FK　厚10）	㎡	a 173	表 RA—18—5
けい酸カルシウム板張り	壁　突付け（タイプ２ノンアス0.8FK　厚12）	㎡	a 176	表 RA—18—5
けい酸カルシウム板張り	壁　目透かし（タイプ２ノンアス0.8FK　厚８）	㎡	a 12	表 RA—18—5
けい酸カルシウム板張り	壁　目透かし（タイプ２ノンアス0.8FK　厚５）	㎡	a 166	表 RA—18—5
けい酸カルシウム板張り	壁　目透かし（タイプ２ノンアス0.8FK　厚６）	㎡	a 169	表 RA—18—5
けい酸カルシウム板張り	壁　目透かし（タイプ２ノンアス0.8FK　厚10）	㎡	a 174	表 RA—18—5
けい酸カルシウム板張り	壁　目透かし（タイプ２ノンアス0.8FK　厚12）	㎡	a 178	表 RA—18—5
けい酸カルシウム板張り	壁　下地張り（タイプ２ノンアス0.8FK　厚８）	㎡	a 172	表 RA—18—5
けい酸カルシウム板張り	壁　下地張り（タイプ２ノンアス0.8FK　厚５）	㎡	a 167	表 RA—18—5
けい酸カルシウム板張り	壁　下地張り（タイプ２ノンアス0.8FK　厚６）	㎡	a 170	表 RA—18—5
けい酸カルシウム板張り	壁　下地張り（タイプ２ノンアス0.8FK　厚10）	㎡	a 175	表 RA—18—5
けい酸カルシウム板張り	壁　下地張り（タイプ２ノンアス0.8FK　厚12）	㎡	a 179	表 RA—18—5
天井せっこうボード張り	突付け（不燃積層　厚9.5　不燃　化粧無し）	㎡	a 13	表 RA—18—4
天井せっこうボード張り	突付け（厚9.5　準不燃）	㎡	a 180	表 RA—18—4
天井せっこうボード張り	突付け（厚12.5　不燃）	㎡	a 184	表 RA—18—4
天井せっこうボード張り	突付け（シージング石膏ボード　厚9.5　準不燃）	㎡	a 192	表 RA—18—4
天井せっこうボード張り	突付け（シージング石膏ボード　厚12.5　準不燃）	㎡	a 196	表 RA—18—4
天井せっこうボード張り	突付け（化粧石膏ボード　厚9.5　準不燃）	㎡	a 200	表 RA—18—4
天井せっこうボード張り	突付け（吸音用あなあき石膏ボード　厚9.5　φ6—22不燃紙裏打ち　準不燃）	㎡	a 191	表 RA—18—4
天井せっこうボード張り	目透かし（厚9.5　準不燃）	㎡	a 181	表 RA—18—4
天井せっこうボード張り	目透かし（厚12.5　準不燃）	㎡	a 185	表 RA—18—4
天井せっこうボード張り	目透かし（不燃積層　厚9.5　不燃　化粧無し）	㎡	a 188	表 RA—18—4
天井せっこうボード張り	目透かし（シージング石膏ボード　厚9.5　準不燃）	㎡	a 193	表 RA—18—4
天井せっこうボード張り	目透かし（シージング石膏ボード　厚12.5　準不燃）	㎡	a 197	表 RA—18—4
天井せっこうボード張り	継目処理（厚9.5　準不燃）	㎡	a 182	表 RA—18—4
天井せっこうボード張り	継目処理（厚12.5　不燃）	㎡	a 186	表 RA—18—4

【建築工事】

＊＊参考歩掛り＊＊

細　目	摘　要	単位	歩掛り記号	表番号
天井せっこうボード張り	継目処理（不燃積層　厚9.5　不燃　化粧無し）	㎡	a 189	表 RA—18—4
天井せっこうボード張り	継目処理（シージング石膏ボード　厚9.5　準不燃）	㎡	a 194	表 RA—18—4
天井せっこうボード張り	継目処理（シージング石膏ボード　厚12.5　準不燃）	㎡	a 198	表 RA—18—4
天井せっこうボード張り	下地張り（厚9.5　準不燃）	㎡	a 183	表 RA—18—4
天井せっこうボード張り	下地張り（厚12.5　不燃）	㎡	a 187	表 RA—18—4
天井せっこうボード張り	化粧ボード（不燃積層　厚9.5　不燃　化粧有りトラバーチン）	㎡	a 14	表 RA—18—4
天井せっこうボード張り	下地張り（不燃積層　厚9.5　不燃　化粧無し）	㎡	a 190	表 RA—18—4
天井せっこうボード張り	下地張り（シージング石膏ボード　厚9.5　準不燃）	㎡	a 195	表 RA—18—4
天井せっこうボード張り	下地張り（シージング石膏ボード　厚12.5　準不燃）	㎡	a 199	表 RA—18—4
天井ロックウール吸音板張り	フラット　内部用　軽天直張り（厚９　準不燃）	㎡	a 202	表 RA—18—6
天井ロックウール吸音板張り	フラット　内部用　軽天直張り（厚12　不燃）	㎡	a 203	表 RA—18—6
天井ロックウール吸音板張り	フラット　内部用　下地張り共（厚９　不燃　下地不燃積層せっこうボード厚9.5）	㎡	a 15	表 RA—18—6
天井ロックウール吸音板張り	フラット　内部用　下地張り共（厚９　不燃　下地せっこうボード厚12.5）	㎡	a 228	表 RA—18—6
天井ロックウール吸音板張り	フラット　内部用　下地張り共（厚12.0　不燃　下地不燃積層せっこうボード厚9.5）	㎡	a 229	表 RA—18—6
天井ロックウール吸音板張り	フラット　内部用　下地張り共（厚12　不燃　下地せっこうボード厚12.5）	㎡	a 230	表 RA—18—6
天井ロックウール吸音板張り	フラット　外部用　下地張り共（厚９　不燃　下地シージングせっこうボード厚12.5）	㎡	a 231	表 RA—18—6
天井ロックウール吸音板張り	フラット　外部用　下地張り共（厚12　不燃　下地シージングせっこうボード厚12.5）	㎡	a 232	表 RA—18—6
天井ロックウール吸音板張り	凹凸模様　内部用　下地張り共（厚12　不燃　下地不燃積層せっこうボード厚9.5）	㎡	a 16	表 RA—18—6
天井ロックウール吸音板張り	凹凸模様　内部用　下地張り共（厚12　不燃　下地せっこうボード厚12.5）	㎡	a 208	表 RA—18—6
天井ロックウール吸音板張り	凹凸模様　内部用　下地張り共（厚15　不燃　下地不燃積層せっこうボード厚9.5）	㎡	a 233	表 RA—18—6
天井ロックウール吸音板張り	凹凸模様　内部用　下地張り共（厚15　不燃　下地せっこうボード厚12.5）	㎡	a 209	表 RA—18—6
天井ロックウール吸音板張り	凹凸模様　内部用　下地張り共（厚19　不燃　下地不燃積層せっこうボード厚9.5）	㎡	a 234	表 RA—18—6
天井ロックウール吸音板張り	凹凸模様　内部用　下地張り共（厚19　不燃　下地せっこうボード厚12.5）	㎡	a 211	表 RA—18—6
天井ロックウール吸音板張り	凹凸模様　外部用　下地張り共（厚12　不燃　下地シージングせっこうボード厚12.5）	㎡	a 235	表 RA—18—6
天井ロックウール吸音板張り	凹凸模様　外部用　下地張り共（厚15　不燃　下地シージングせっこうボード厚12.5）	㎡	a 236	表 RA—18—6

＊＊参考歩掛り＊＊

細　目	摘　要	単位	歩掛り記号	表番号
けい酸カルシウム板張り	天井　突付け（タイプ２ノンアス0.8FK　厚６）	㎡	a 17	表 RA—18—5
けい酸カルシウム板張り	天井　突付け（タイプ２ノンアス0.8FK　厚５）	㎡	a 215	表 RA—18—5
けい酸カルシウム板張り	天井　突付け（タイプ２ノンアス0.8FK　厚８）	㎡	a 219	表 RA—18—5
けい酸カルシウム板張り	天井　突付け（タイプ２ノンアス0.8FK　厚10）	㎡	a 222	表 RA—18—5
けい酸カルシウム板張り	天井　突付け（タイプ２ノンアス0.8FK　厚12）	㎡	a 225	表 RA—18—5
けい酸カルシウム板張り	天井　目透かし（タイプ２ノンアス0.8FK　厚６）	㎡	a 18	表 RA—18—5
けい酸カルシウム板張り	天井　目透かし（タイプ２ノンアス0.8FK　厚５）	㎡	a 216	表 RA—18—5
けい酸カルシウム板張り	天井　目透かし（タイプ２ノンアス0.8FK　厚８）	㎡	a 220	表 RA—18—5
けい酸カルシウム板張り	天井　目透かし（タイプ２ノンアス0.8FK　厚10）	㎡	a 223	表 RA—18—5
けい酸カルシウム板張り	天井　目透かし（タイプ２ノンアス0.8FK　厚12）	㎡	a 226	表 RA—18—5
けい酸カルシウム板張り	天井　下地張り（タイプ２ノンアス0.8FK　厚５）	㎡	a 217	表 RA—18—5
けい酸カルシウム板張り	天井　下地張り（タイプ２ノンアス0.8FK　厚６）	㎡	a 218	表 RA—18—5
けい酸カルシウム板張り	天井　下地張り（タイプ２ノンアス0.8FK　厚８）	㎡	a 221	表 RA—18—5
けい酸カルシウム板張り	天井　下地張り（タイプ２ノンアス0.8FK　厚10）	㎡	a 224	表 RA—18—5
けい酸カルシウム板張り	天井　下地張り（タイプ２ノンアス0.8FK　厚12）	㎡	a 227	表 RA—18—5

【建築工事】

【内外装２】

＊＊補正市場単価＊＊

細　　目	摘　　　　要	単位	市場単価	算定式
階段ビニル床シート張り	厚2.0㎜　織布積層ビニル床シート　マーブル　FS	㎡	V	a 27÷ a 26
階段ビニル床シート張り	厚2.5㎜　織布積層ビニル床シート　マーブル　FS	㎡	B	a 28÷ a 2
床ビニル床タイル張り	厚2.0㎜　コンポジションビニル床タイル　半硬質　KT　多湿部	㎡	C	a 29÷ a 3
床ビニル床タイル張り	厚2.0㎜　コンポジションビニル床タイル　軟質　KT	㎡	C	a 30÷ a 3
床ビニル床タイル張り	厚2.0㎜　コンポジションビニル床タイル　軟質　KT　多湿部	㎡	C	a 31÷ a 3
階段ビニル床タイル張り	厚2.0㎜　コンポジションビニル床タイル　軟質　KT	㎡	D	a 32÷ a 4
ビニル幅木(ソフト幅木)	H＝75㎜	m	F	a 33÷ a 5
ビニル幅木(ソフト幅木)	H＝100㎜	m	F	a 34÷ a 5

【建築工事】

【内外装３】

＊＊補正市場単価＊＊

細　　目	摘　　　　要	単位	市場単価	算定式
壁せっこうボード張り	厚9.5㎜　準不燃　突付け	㎡	H	a 38÷a 8
壁せっこうボード張り	厚9.5㎜　準不燃　突付けＶ目地	㎡	H	a 41÷a 8
壁せっこうボード張り	厚9.5㎜　準不燃　目透かし	㎡	H	a 44÷a 8
壁せっこうボード張り	厚9.5㎜　準不燃　下地張り	㎡	I―H	a 50÷a 69
壁せっこうボード張り	厚9.5㎜　準不燃　突付け　GL 工法	㎡	J	a 51÷a 10
壁せっこうボード張り	厚9.5㎜　準不燃　突付けＶ目地　GL 工法	㎡	J	a 54÷a 10
壁せっこうボード張り	厚9.5㎜　準不燃　下地張り　GL 工法	㎡	J	a 62÷a 10
壁せっこうボード張り	厚12.5㎜　不燃　突付けＶ目地	㎡	H	a 63÷a 8
壁せっこうボード張り	厚12.5㎜　不燃　目透かし	㎡	H	a 65÷a 8
壁せっこうボード張り	厚12.5㎜　不燃　下地張り	㎡	I―H	1.00
壁せっこうボード張り	厚12.5㎜　不燃　突付けＶ目地　GL 工法	㎡	J	1.00
壁せっこうボード張り	厚12.5㎜　不燃　下地張り　GL 工法	㎡	J	a 76÷a 10
壁せっこうボード張り	厚15.0㎜　不燃　突付け	㎡	H	a 77÷a 8
壁せっこうボード張り	厚15.0㎜　不燃　突付けＶ目地	㎡	H	a 78÷a 8
壁せっこうボード張り	厚15.0㎜　不燃　目透かし	㎡	H	a 79÷a 8
壁せっこうボード張り	厚15.0㎜　不燃　下地張り	㎡	I―H	a 81÷a 69
壁せっこうボード張り	厚15.0㎜　不燃　突付け　GL 工法	㎡	J	a 82÷a 10
壁せっこうボード張り	厚15.0㎜　不燃　突付けＶ目地　GL 工法	㎡	J	a 83÷a 10
壁せっこうボード張り	厚15.0㎜　不燃　下地張り　GL 工法	㎡	J	a 85÷a 10
壁不燃積層せっこうボード張り	厚9.5㎜　不燃　突付け	㎡	H	a 86÷a 8
壁不燃積層せっこうボード張り	厚9.5㎜　不燃　突付けＶ目地	㎡	H	a 89÷a 8
壁不燃積層せっこうボード張り	厚9.5㎜　不燃　目透かし	㎡	H	a 92÷a 8
壁不燃積層せっこうボード張り	厚9.5㎜　不燃　下地張り	㎡	I―H	a 98÷a 69
壁不燃積層せっこうボード張り	厚9.5㎜　不燃　突付け　GL 工法	㎡	J	a 99÷a 10
壁不燃積層せっこうボード張り	厚9.5㎜　不燃　突付けＶ目地　GL 工法	㎡	J	a 102÷a 10
壁不燃積層せっこうボード張り	厚9.5㎜　不燃　下地張り　GL 工法	㎡	J	a 110÷a 10
壁シージングせっこうボード張り	厚9.5㎜　準不燃　突付け	㎡	H	a 112÷a 8
壁シージングせっこうボード張り	厚9.5㎜　準不燃　突付けＶ目地	㎡	H	a 115÷a 8
壁シージングせっこうボード張り	厚9.5㎜　準不燃　目透かし	㎡	H	a 118÷a 8
壁シージングせっこうボード張り	厚9.5㎜　準不燃　下地張り	㎡	I―H	a 124÷a 69
壁シージングせっこうボード張り	厚9.5㎜　準不燃　突付け　GL 工法	㎡	J	a 125÷a 10
壁シージングせっこうボード張り	厚9.5㎜　準不燃　突付けＶ目地　GL 工法	㎡	J	a 128÷a 10
壁シージングせっこうボード張り	厚9.5㎜　準不燃　下地張り　GL 工法	㎡	J	a 136÷a 10
壁シージングせっこうボード張り	厚12.5㎜　準不燃　突付け	㎡	H	a 137÷a 8
壁シージングせっこうボード張り	厚12.5㎜　準不燃　突付けＶ目地	㎡	H	a 139÷a 8
壁シージングせっこうボード張り	厚12.5㎜　準不燃　目透かし	㎡	H	a 141÷a 8
壁シージングせっこうボード張り	厚12.5㎜　準不燃　下地張り	㎡	I―H	a 145÷a 69
壁シージングせっこうボード張り	厚12.5㎜　準不燃　突付け　GL 工法	㎡	J	a 146÷a 10
壁シージングせっこうボード張り	厚12.5㎜　準不燃　突付けＶ目地　GL 工法	㎡	J	a 148÷a 10
壁シージングせっこうボード張り	厚12.5㎜　準不燃　下地張り　GL 工法	㎡	J	a 153÷a 10

※壁せっこうボード張り、壁不燃積層せっこうボード張り、壁シージングせっこうボード張りで継目処理の場合は、上記に記載されている突付け仕様の市場補正単価に、「せっこうボード継目処理継目処理工法（テーパーエッジ）【単価記号Ｓ】」の市場単価を加算する。

【内外装４】

＊＊補正市場単価＊＊

細　　目	摘　　　　要	単位	市場単価	算　定　式
壁強化せっこうボード張り	厚15.0㎜　不燃　突付け	㎡	H	a 156÷ a 8
壁強化せっこうボード張り	厚15.0㎜　不燃　下地張り	㎡	I ─H	a 158÷ a 69
壁強化せっこうボード張り	厚21.0㎜　不燃　突付け	㎡	H	a 161÷ a 8
壁強化せっこうボード張り	厚21.0㎜　不燃　下地張り	㎡	I ─H	a 163÷ a 69
壁吸音用穴あきせっこうボード張り	厚9.5㎜　準不燃（不燃紙裏打ち）突付け穴　φ6─22	㎡	H	a 111÷ a 8
壁せっこうラスボード張り	厚9.5㎜　下地張り	㎡	I ─H	a 164÷ a 69
壁けい酸カルシウム板張り	厚5.0㎜　不燃　突付け（タイプ２、無石綿、0.8FK）	㎡	M	a 165÷ a 11
壁けい酸カルシウム板張り	厚5.0㎜　不燃　目透かし（タイプ２、無石綿、0.8FK）	㎡	N	a 166÷ a 12
壁けい酸カルシウム板張り	厚5.0㎜　不燃　下地張り（タイプ２、無石綿、0.8FK）	㎡	M	a 167÷ a 11
壁けい酸カルシウム板張り	厚6.0㎜　不燃　突付け（タイプ２、無石綿、0.8FK）	㎡	M	a 168÷ a 11
壁けい酸カルシウム板張り	厚6.0㎜　不燃　目透かし（タイプ２、無石綿、0.8FK）	㎡	N	a 169÷ a 12
壁けい酸カルシウム板張り	厚6.0㎜　不燃　下地張り（タイプ２、無石綿、0.8FK）	㎡	M	a 170÷ a 11
壁けい酸カルシウム板張り	厚8.0㎜　不燃　下地張り（タイプ２、無石綿、0.8FK）	㎡	M	a 172÷ a 11
壁けい酸カルシウム板張り	厚10.0㎜　不燃　突付け（タイプ２、無石綿、0.8FK）	㎡	M	a 173÷ a 11
壁けい酸カルシウム板張り	厚10.0㎜　不燃　目透かし（タイプ２、無石綿、0.8FK）	㎡	N	a 174÷ a 12
壁けい酸カルシウム板張り	厚10.0㎜　不燃　下地張り（タイプ２、無石綿、0.8FK）	㎡	M	a 175÷ a 11
壁けい酸カルシウム板張り	厚12.0㎜　不燃　突付け（タイプ２、無石綿、0.8FK）	㎡	M	a 176÷ a 11
壁けい酸カルシウム板張り	厚12.0㎜　不燃　目透かし（タイプ２、無石綿、0.8FK）	㎡	N	a 178÷ a 12
壁けい酸カルシウム板張り	厚12.0㎜　不燃　下地張り（タイプ２、無石綿、0.8FK）	㎡	M	a 179÷ a 11

※壁強化せっこうボード張りで継目処理の場合は上記に記載されている突付け仕様の市場補正単価に、「せっこうボード継目処理継目処理工法（テーパーエッジ）【単価記号Ｓ】」の市場単価を加算する。

【建築工事】

【内外装５】

＊＊補正市場単価＊＊

細　　　目	摘　　　　要	単位	市場単価	算　定　式
天井せっこうボード張り	厚9.5㎜　準不燃　突付け	㎡	K	a 180÷a 13
天井せっこうボード張り	厚9.5㎜　準不燃　目透かし	㎡	K	a 181÷a 13
天井せっこうボード張り	厚9.5㎜　準不燃　下地張り	㎡	K	a 183÷a 13
天井せっこうボード張り	厚12.5㎜　不燃　突付け	㎡	K	a 184÷a 13
天井せっこうボード張り	厚12.5㎜　不燃　目透かし	㎡	K	a 185÷a 13
天井せっこうボード張り	厚12.5㎜　不燃　下地張り	㎡	K	a 187÷a 13
天井不燃積層せっこうボード張り	厚9.5㎜　不燃　目透かし	㎡	K	a 188÷a 13
天井不燃積層せっこうボード張り	厚9.5㎜　不燃　下地張り	㎡	K	a 190÷a 13
天井吸音用穴あきせっこうボード張り	厚9.5㎜　準不燃（不燃紙裏打ち）　突付け　穴φ 6―22	㎡	K	a 191÷a 13
天井シージングせっこうボード張り	厚9.5㎜　準不燃　突付け	㎡	K	a 192÷a 13
天井シージングせっこうボード張り	厚9.5㎜　準不燃　目透かし	㎡	K	a 193÷a 13
天井シージングせっこうボード張り	厚9.5㎜　準不燃　下地張り	㎡	K	a 195÷a 13
天井シージングせっこうボード張り	厚12.5㎜　準不燃　突付け	㎡	K	a 196÷a 13
天井シージングせっこうボード張り	厚12.5㎜　準不燃　目透かし	㎡	K	a 197÷a 13
天井シージングせっこうボード張り	厚12.5㎜　準不燃　下地張り	㎡	K	a 199÷a 13
天井化粧せっこうボード張り	厚9.5㎜　準不燃　突付け　トラバーチン	㎡	L	a 200÷a 14
天井けい酸カルシウム板張り	厚5.0㎜　不燃　突付け（タイプ２、無石綿、0.8FK）	㎡	O	a 215÷a 17
天井けい酸カルシウム板張り	厚5.0㎜　不燃　目透かし（タイプ２、無石綿、0.8FK）	㎡	P	a 216÷a 18
天井けい酸カルシウム板張り	厚5.0㎜　不燃　下地張り（タイプ２、無石綿、0.8FK）	㎡	O	a 217÷a 17
天井けい酸カルシウム板張り	厚6.0㎜　不燃　下地張り（タイプ２、無石綿、0.8FK）	㎡	O	a 218÷a 17
天井けい酸カルシウム板張り	厚8.0㎜　不燃　突付け（タイプ２、無石綿、0.8FK）	㎡	O	a 219÷a 17
天井けい酸カルシウム板張り	厚8.0㎜　不燃　目透かし（タイプ２、無石綿、0.8FK）	㎡	P	a 220÷a 18
天井けい酸カルシウム板張り	厚8.0㎜　不燃　下地張り（タイプ２、無石綿、0.8FK）	㎡	O	a 221÷a 17
天井けい酸カルシウム板張り	厚10.0㎜　不燃　突付け（タイプ２、無石綿、0.8FK）	㎡	O	a 222÷a 17
天井けい酸カルシウム板張り	厚10.0㎜　不燃　目透かし（タイプ２、無石綿、0.8FK）	㎡	P	a 223÷a 18
天井けい酸カルシウム板張り	厚10.0㎜　不燃　下地張り（タイプ２、無石綿、0.8FK）	㎡	O	a 224÷a 17
天井けい酸カルシウム板張り	厚12.0㎜　不燃　突付け（タイプ２、無石綿、0.8FK）	㎡	O	a 225÷a 17
天井けい酸カルシウム板張り	厚12.0㎜　不燃　目透かし（タイプ２、無石綿、0.8FK）	㎡	P	a 226÷a 18
天井けい酸カルシウム板張り	厚12.0㎜　不燃　下地張り（タイプ２、無石綿、0.8FK）	㎡	O	a 227÷a 17

※天井せっこうボード張り、天井不燃積層せっこうボード張り、天井シージングせっこうボード張りで継目処理の場合は、上記に記載されている突付け仕様の市場補正単価に、「せっこうボード継目処理継目処理工法（テーパーエッジ）【単価記号Ｓ】」の市場単価を加算する。

【建築工事】

【内外装６】

＊＊補正市場単価＊＊

細　　目	摘　　　　要	単位	市場単価	算　定　式
天井ロックウール吸音板張り（内部用）	厚9.0mm　不燃　フラットタイプ　下地せっこうボード厚12.5mm共	㎡	Q	a 228÷a 15
天井ロックウール吸音板張り（内部用）	厚12.0mm　不燃　フラットタイプ　下地不燃積層せっこうボード厚9.5mm共	㎡	Q	a 229÷a 15
天井ロックウール吸音板張り（内部用）	厚12.0mm　不燃　フラットタイプ　下地せっこうボード厚12.5mm共	㎡	Q	a 230÷a 15
天井ロックウール吸音板張り（内部用）	厚9.0mm　準不燃　フラットタイプ　軽鉄直貼り	㎡	Q	a 202÷a 15
天井ロックウール吸音板張り（内部用）	厚12.0mm　不燃　フラットタイプ　軽鉄直貼り	㎡	Q	a 203÷a 15
天井ロックウール吸音板張り（外部用）	厚9.0mm　不燃　フラットタイプ　下地シージングせっこうボード厚12.5mm共	㎡	Q	a 231÷a 15
天井ロックウール吸音板張り（外部用）	厚12.0mm　不燃　フラットタイプ　下地シージングせっこうボード厚12.5mm共	㎡	Q	a 232÷a 15
天井ロックウール吸音板張り（内部用）	厚12.0mm　不燃　凹凸タイプ　下地せっこうボード厚12.5mm共	㎡	R	a 208÷a 16
天井ロックウール吸音板張り（内部用）	厚15.0mm　不燃　凹凸タイプ　下地不燃積層せっこうボード厚9.5mm共	㎡	R	a 233÷a 16
天井ロックウール吸音板張り（内部用）	厚15.0mm　不燃　凹凸タイプ　下地せっこうボード厚12.5mm共	㎡	R	a 209÷a 16
天井ロックウール吸音板張り（内部用）	厚19.0mm　不燃　凹凸タイプ　下地不燃積層せっこうボード厚9.5mm共	㎡	R	a 234÷a 16
天井ロックウール吸音板張り（内部用）	厚19.0mm　不燃　凹凸タイプ　下地せっこうボード厚12.5mm共	㎡	R	a 211÷a 16
天井ロックウール吸音板張り（外部用）	厚12.0mm　不燃　凹凸タイプ　下地シージングせっこうボード厚12.5mm共	㎡	R	a 235÷a 16
天井ロックウール吸音板張り（外部用）	厚15.0mm　不燃　凹凸タイプ　下地シージングせっこうボード厚12.5mm共	㎡	R	a 236÷a 16

【建築工事】

公共建築工事積算基準等資料による補正市場単価は、以下による。

【内外装】

＊＊市場単価＊＊

細　目	摘　要	単位	単価記号	
床ビニル床シート張り	厚　2.5㎜　織布積層ビニル床シート　無地　FS	㎡	A	
床ビニル床シート張り	厚　2.0㎜　織布積層ビニル床シート　無地　FS	㎡	U	

＊＊参考歩掛り＊＊

細　目	摘　要	単位	歩掛り記号	表番号
ビニル床シート張り	床（厚2.0㎜　織布積層ビニル床シート　無地　FS　突付工法）	㎡	a 19’	表 RA—18—1
ビニル床シート張り	床（厚2.0㎜　織布積層ビニル床シート　マーブル　FS　突付工法）	㎡	a 22’	表 RA—18—1
ビニル床シート張り	床（厚2.0㎜　織布積層ビニル床シート　無地　FS　突付工法　多湿部）	㎡	a 20’	表 RA—18—1
ビニル床シート張り	床（厚2.0㎜　織布積層ビニル床シート　マーブル　FS　突付工法　多湿部）	㎡	a 23’	表 RA—18—1
ビニル床シート張り	床（厚2.5㎜　織布積層ビニル床シート　無地　FS　突付工法）	㎡	a 1	表 RA—18—1
ビニル床シート張り	床（厚2.5㎜　織布積層ビニル床シート　マーブル　FS　突付工法）	㎡	a 24’	表 RA—18—1
ビニル床シート張り	床（厚2.5㎜　織布積層ビニル床シート　無地　FS　突付工法　多湿部）	㎡	a 21’	表 RA—18—1
ビニル床シート張り	床（厚2.5㎜　織布積層ビニル床シート　マーブル　FS　突付工法　多湿部）	㎡	a 25’	表 RA—18—1

＊＊別添歩掛り＊＊

細　目	摘　要	単位	歩掛り記号	表番号
ビニル床シート熱溶接工法加算額		㎡	b	表 SA—1—7
ビニル幅木張り	ビニル幅木　階段ささら（稲妻　高さ　60）	m	a 35	表 SA—1—7
ビニル幅木張り	ビニル幅木　階段ささら（稲妻　高さ　75）	m	a 36	表 SA—1—7
ビニル幅木張り	ビニル幅木　階段ささら（稲妻　高さ　100）	m	a 37	表 SA—1—7

＊＊補正市場単価＊＊

細　目	摘　要	単位	市場単価	算　定　式
床ビニル床シート張り	厚2.0㎜　織布積層ビニル床シート　マーブル　FS　熱溶接工法	㎡	U	(a 22’＋b)÷(a 19’＋b)
床ビニル床シート張り	厚2.0㎜　織布積層ビニル床シート　無地　FS　突付工法	㎡	U	a 19’÷(a 19’＋b)
床ビニル床シート張り	厚2.0㎜　織布積層ビニル床シート　マーブル　FS　突付工法	㎡	U	a 22’÷(a 19’＋b)
床ビニル床シート張り	厚2.0㎜　織布積層ビニル床シート　無地　FS　熱溶接工法　多湿部	㎡	U	(a 20’＋b)÷(a 19’＋b)
床ビニル床シート張り	厚2.0㎜　織布積層ビニル床シート　マーブル　FS　熱溶接工法　多湿部	㎡	U	(a 23’＋b)÷(a 19’＋b)
床ビニル床シート張り	厚2.0㎜　織布積層ビニル床シート　無地　FS　突付工法　多湿部	㎡	U	a 20’÷(a 19’＋b)
床ビニル床シート張り	厚2.0㎜　織布積層ビニル床シート　マーブル　FS　突付工法　多湿部	㎡	U	a 23’÷(a 19’＋b)
床ビニル床シート張り	厚2.5㎜　織布積層ビニル床シート　マーブル　FS　熱溶接工法	㎡	A	(a 24’＋b)÷(a 1＋b)
床ビニル床シート張り	厚2.5㎜　織布積層ビニル床シート　無地　FS　突付工法	㎡	A	a 1÷(a 1＋b)
床ビニル床シート張り	厚2.5㎜　織布積層ビニル床シート　マーブル　FS　突付工法	㎡	A	a 24’÷(a 1＋b)
床ビニル床シート張り	厚2.5㎜　織布積層ビニル床シート　無地　FS　熱溶接工法　多湿部	㎡	A	(a 21’＋b)÷(a 1＋b)
床ビニル床シート張り	厚2.5㎜　織布積層ビニル床シート　マーブル　FS　熱溶接工法　多湿部	㎡	A	(a 25’＋b)÷(a 1＋b)
床ビニル床シート張り	厚2.5㎜　織布積層ビニル床シート　無地　FS　突付工法　多湿部	㎡	A	a 21’÷(a 1＋b)
床ビニル床シート張り	厚2.5㎜　織布積層ビニル床シート　マーブル　FS　突付工法　多湿部	㎡	A	a 25’÷(a 1＋b)
稲妻ビニル幅木（ソフト幅木）	H＝60㎜	m	G	a 35÷a 6
稲妻ビニル幅木（ソフト幅木）	H＝75㎜	m	G	a 36÷a 6
稲妻ビニル幅木（ソフト幅木）	H＝100㎜	m	G	a 37÷a 6

5　公共建築数量積算基準

1）一般事項

公共建築数量積算基準※1（以下「数量基準」という。）は、第1編　総則、第2編　仮設、第3編　土工・地業、第4編　躯体、第5編　仕上、第6編　屋外施設等、第7編　改修、第8編　発生材処理から構成されている。

以下に「数量基準」第7編　改修の数量基準（囲み枠内）、第8編　発生材処理の数量基準（囲み枠内）及びその解説を示す。

第7編　改　修

建築物等の躯体の保護及び建物機能や意匠の回復のための模様替え及び修繕（以下「改修」という）工事に適用する。本編に定めのない場合は、第2編から第5編による。

改修工事の数量に関する基準は、「数量基準」の第7編において、仮設が第1章、躯体改修が第2章、仕上改修が第3章、その他改修が第4章、発生材が第5章にそれぞれの定めがある。

なお、第7編は、建築改修工事のうち、部分改修に適用するもので、全面的な仕上改修の場合は新営工事と同じ扱いとする。

2）仮設（改修）

第1章　仮設（改修）

第2節　直接仮設の計測・計算

1　通則

1）設計図書に数量が明示してある場合は、その数量による。

仮設は、共通仮設と直接仮設に区分する。直接仮設の数量の計測・計算は、第7編の定めによる。第7編に定めがない場合は、第2編　仮設の定めによる。

ただし、特殊な足場等で仮設数量が明示してある場合はその数量とする。

※1：　この「建築数量積算基準」は、官民合同の「建築工事建築数量積算研究会」（事務局、（一財）建築コスト管理システム研究所、（公社）日本建築積算協会）で制定されたものである。

なお、この「建築数量積算基準」は内容を変えずに公共工事全般に活用できる基準として、「公共建築工事積算研究会」（国土交通省を含め12の公的発注機関で構成）において、「公共建築数量積算基準」として取りまとめられ、「官庁営繕関係基準類の統一化に関する関係省庁連絡会議」において、府省庁の統一基準として決定されている。

直接仮設数量の計測・計算の要点を表Ⅳ－４－1～６に示す。

なお、詳細については「建築数量積算基準・同解説」（以下「数量基準・解説」という。）第７編第１章（改修）を参照する。

表中の科目、細目の数字は「数量基準」の見出し番号を示す。

２）仮設間仕切り

仮間仕切りとは、建物内部の改修において、執務者等に対する災害防止、騒音・塵あい等の防護対策として改修部分と非改修部分を区画して設置する仮の間仕切りをいう。

仮設間仕切りは、執務者等の防護対策として内部に設けるもので、外部に設置する仮囲いとは区別する。

仮間仕切りの下地及び仕上材等の種別は、設計図書による。

表Ⅳ－４－１　防水改修の直接仮設の計測・計算

科　目	細　目	施工範囲	摘　要	単位	数　量
１）防水改修	(1)　墨出し		水勾配の調整を必要とする場合	㎡	改修面積
	(2)　養生及び整理清掃後片付け	全面改修	全面改修又は部分改修	㎡	改修防水層の平場面積
		部分改修			（図示がない場合）隣接する既存部分（1.0m幅を標準）の面積を改修防水層の平場面積に加算
	(3)　足場		必要に応じて登り桟橋用として設置	掛㎡	設置長さ×建物高さ

(1)　墨出し

水勾配の調整範囲は図示による。

(2)　養生及び整理清掃後片付け

単価に対応する数量は屋根平場部分であり、立上り部分は計測の対象としない。

(3)　足場

外部足場は、同一工事に外壁改修が無く、既存建物の屋上階に通じる階段が使用できない場合は、作業員及び荷揚げ用足場として設置する。

表Ⅳ－４－２　外壁改修の直接仮設の計測・計算

科　　目	細　　目	施工範囲	摘　　　要	単位	数　　　量
２）外壁改修	(1)　墨出し		既存外壁モルタル塗り、タイル張り等の撤去改修	㎡	改修面積
	(2)　養生及び整理清掃後片付け	全面改修	全面改修又は部分改修	㎡	（改修壁水平長さ＋８ｍ）×2.0m
		部分改修			（図示がない場合）（改修壁長さ＋2.0m）×2.0m
	(3)　足場	全面改修	設計図書による	掛㎡	（建物外周＋8.0m）×建物高さ
		部分改修			（改修壁長さ＋2.0m）×建物高さ

(1)　墨出し

仕上墨を必要とする外壁モルタル塗り、タイル張りの改修で、既存仕上を撤去のうえ新設する場合は改修面積を数量とする。

ただし、吹付け仕上類（複層仕上塗材等）の場合は計測の対象としない。

(2)　養生及び整理清掃後片付け

①　全面改修の場合は、改修外壁の高さに関係なく、改修壁長さに対して2.0mの範囲を数量とする。

②　部分改修の場合は、改修外壁の高さに関係なく、改修壁長さに改修端部（両側）から1.0mを加算した壁長さに対して2.0mの範囲を数量とする。

(3)　足場

①　外部足場の種別は特記による。外壁が全面改修の場合は第２編仮設の計測・計算による。

②　枠組足場の建枠幅は外壁仕上改修及び高さにより選択する。

なお、外壁面に付属する花壇等が障害物となり、枠組足場が設置できない場合には、設計図書の特記により単管足場等を設置する。

③　外壁改修が部分的な場合の水平足場長さは、作業性、安全性を考慮して改修端部（両側）から1.0mを加算した長さとする。

表Ⅳ－４－３　建具改修の直接仮設の計測・計算

科　　目	細　　目	施工範囲	摘　　　要	単位	数　　　量
３）建具改修	(1)　墨出し		既存壁に開口を設けて建具を新設する場合	㎡	建具の内法寸法による面積
	(2)　養生及び整理清掃後片付け	外部建具	建具のみを改修する場合	㎡	建具幅×1.0m
		内部建具			建具幅×2.0m
	(3)　足場		必要に応じて設置	掛㎡	

(1)　墨出し

既存の躯体及び準躯体に開口を設けて建具を新設する場合は、建具の内法寸法による面積を数量とする。

(2)　養生及び整理清掃後片付け

外壁改修、内壁改修が無く、既存建具のみを改修する場合は、開口部の内法の高さに関係なく、外部建具の内法幅に1.0m、内部建具の内法幅に2.0mを乗じた面積を数量とする。

表Ⅳ－４－４　内装及び塗装改修並びに資材搬入通路の直接仮設の計測・計算

科　目	細　目	施工範囲	摘　要	単位	数　量
４）内装及び塗装改修	(1)　墨出し	床・壁・天井	下地から撤去・新設する場合	㎡	床又は天井の改修面積
		壁のみ	壁のみを新設・改修（撤去・新設）する場合		新設壁の前面から1.0mの範囲の床面積
	(2)　養生及び整理清掃後片付け	床・壁・天井	床、壁及び天井を改修する場合	㎡	床又は天井の改修面積
		壁のみ	壁のみを新設・改修（撤去・新設）する場合		新設壁の前面から1.0mの範囲の床面積
		塗装のみ	下地調整を省いた塗装改修の場合	—	計測の対象としない
	(3)－２)内部足場	天井改修	階高に応じた足場とする	㎡	天井改修面積
		壁のみ	壁のみを新設・改修（撤去・新設）する場合		新設及び改修する壁の水平長さ×1.0mの範囲の面積
		塗装のみ	下地調整を省いた塗装改修の場合		壁の水平長さ×1.0mの範囲の面積
５）資材搬入通路	(2)　養生及び整理清掃後片付け		幅が2.0m未満の廊下、階段室、ホール等	㎡	通路幅×資材搬入通路長さ（m）
			幅が2.0mを超える廊下、階段室、ホール等		通路幅2.0m×資材搬入通路長さ（m）
			既存エレベータ	台	

(1)　墨出し

①　下地から撤去・新設する場合で施工範囲が床・壁・天井、床・天井のみ、床のみ、天井のみの場合は、床又は天井の改修面積を数量とする。

②　施工範囲が壁（１面）のみの場合は、壁長さ×1.0mの面積を数量とする。

③　床・壁・天井改修の内容により、それぞれ「複合改修」、「個別改修」に区分する。

(2)　養生及び整理清掃後片付け

①　施工範囲が床・壁・天井、床・天井、床のみ、天井のみの場合は、床又は天井の改修面積を数量とする。

②　床・壁・天井改修の内容により、それぞれ「複合改修」、「個別改修」に区分する。

③　施工範囲が壁（１面）のみの場合は、壁長さ×1.0mの床面積を数量とする。

④　施工範囲が下地調整を省いた塗装（壁・天井）のみの場合は、計測・計算の対象としない。

⑤　資材搬入通路は、建物出入口から改修か所までの交通部分を対象とし、幅が2.0mを超える廊

下、階段室、ホール等は、通路幅を2.0mとし、その幅に交通部分の延長さを乗じた面積を数量とする。

⑥　幅が2.0m以下の廊下等は、通路幅の面積を数量とする。

なお、改修範囲内の交通部分は計測の対象としない。

(3)－２)内部足場

天井高さに応じた足場とし、天井改修面積を数量とする。

また、壁のみを改修する場合は改修する壁長さ×1.0mの範囲の面積を数量とする。なお、階高が4.0m以上の場合は、枠組足場とし、足場掛面積を数量とする。

表Ⅳ－４－５　躯体改修の直接仮設の計測・計算

科目	細目	施工範囲	摘要	単位	数量
躯体改修	(1)　墨出し			㎡	新設壁両面から1.0mの範囲の床面積
	(2)　養生及び整理清掃後片付け			㎡	新設壁両面から1.0mの範囲の床面積
	(3)－２)内部足場			㎡	新設壁両面から1.0mの範囲の床面積

(1)　墨出し、(2)　養生及び整理清掃後片付け、(3)－２)内部足場の各数量は、新設壁両面の水平長さに1.0mを乗じた範囲の床面積とする。

表Ⅳ－４－６　仮設間仕切りの計測・計算

科目	細目	施工範囲	摘要	単位	数量
	(4)　仮設間仕切り		種別ごとに区分	㎡・m・か所	面積、長さ及びか所数

仮設間仕切りは室内改修において、執務部分と作業エリアを区分するためのもので、種別及び高さに応じた面積、長さ及びか所による。

3）躯体改修

第２章　躯体改修

第１節　躯体改修の定義と区分

１　躯体改修の定義

躯体改修とは、躯体各部分の撤去、新設、補強又は劣化部分の補修及び補強する場合をいう。

既存躯体の開口部新設のための撤去及び既存開口部の塞ぎ又は耐震補強等における躯体補強のコンクリート、型枠、鉄筋、あと施工アンカー、グラウト注入等に適用する。

第２節　躯体改修の計測・計算

1　通則

1）設計図書に数量が明示してある場合は、その数量による。

数量は、原則として設計寸法による設計数量とするが、設計寸法の記載が困難な場合には明示数量を数量とし、設計変更の対象として扱われる。

2）躯体の新設並びに撤去の数量は、第4編又は第5編による。

躯体の新設並びに撤去の数量は、第4編躯体による。

躯体改修の計測・計算の要点を表Ⅳ－4－7に示す。

なお、詳細については、「数量基準・解説」第7編第2章を参照する。

表Ⅳ－4－7　躯体改修の計測・計算

科　目	細　目	施工範囲	摘　要	単位	数　量
躯　体	耐震壁（コンクリート、型枠、鉄筋）	コンクリート	第4編躯体による	m³	
		型枠		m²	
		鉄筋		t	
	耐震補強鉄骨フレーム	鉄骨	第4編躯体の鉄骨による	t	
1）	カッター入れ	部分改修	躯体の部分を撤去する場合の縁切	m	設計寸法による長さ
2）	あと施工アンカー	増設躯体	種別ごとに区別（径、長さごと）、上向き、下向き、横向きに区別	本	本数
	スタッドボルト	新設鉄骨	種別ごとに区別（径、長さごと）	本	本数
3）	割裂補強筋	増設躯体	種別（スパイラル筋、はしご筋）ごとに区別	t	耐震壁の四辺の長さ
4）	グラウト材	増設躯体	コンクリート壁と既存梁との打継ぎ部	m³・m	耐震壁の水平長さ×断面積による体積又は長さ
5）	既存部分との取り合い面の処理	増設躯体	既存部分の取り合い面の処理は図示	m・m²	増設する躯体の設計寸法による長さ又は面積
6）	開口部等の新設又は塞ぎ	新設開口等	開口部等	m³	開口部の内法寸法による面積×コンクリート厚さ
7）	耐震壁の打設用上部型枠	増設躯体	新営の定めにかかわらず長さ又はか所数	m・か所	耐震壁の長さ又はか所数
8）	柱補強		部位及び断面寸法ごとに区別	か所	原則としてか所数

科目の1）から8）は「数量基準」の第2章第2節2躯体改修の計測・計算による。

耐震壁新設のコンクリート、型枠、鉄筋の数量は、第4躯体・計算に準ずる。

耐震壁新設の鉄骨フレームの数量は、第4編躯体の鉄骨の計測・計算に準ずる。

1）カッター入れ

既存躯体壁に開口部を新設する場合に撤去する壁の周辺を縁切りする。

2）あと施工アンカー

耐震壁（ＲＣ壁及び鉄骨フレーム）を増設する場合で、鉄筋定着及び鉄骨フレームのスタッド定着のためのものであり、種別、径、長さごとに区別する。

なお、鉄骨フレームの場合は、頭付き樹脂接着系アンカーを柱、梁面の全周に設置する。

また、スタッドボルトは、鉄骨フレームの設置で鉄骨フレームと既存躯体との定着のためのもので、種別、径、長さごとに区別する。

3）割裂補強筋（スパイラル筋、はしご筋）

既存構造体と増設壁との取り合い部の割裂防止のために柱、梁面全周に設置する。

4）グラウト材

ＲＣ壁増設のコンクリート打設方法としてグラウト材注入工法の指定があった場合は、コンクリート打設上部（200㎜程度の間隙）にグラウト材を注入することで、増設壁としての一体性を確保するために行う。

なお、コンクリートの流し込み工法の場合は、連続性のあるアサガオ型投入口に流れ込んだコンクリートのはつり数量を算出する。

鉄骨フレームの４周には、グラウト材注入堰板として両面に木製型枠を設置する。

なお、型枠と既存コンクリート躯体と鉄骨フレームとの間隙には、圧入時にモルタルの漏れ防止のためにシールを計測する（「改修監理指針」８.19.９既存構造体との取合い参照）。

5）既存部分の取り合い面処理

既存ＲＣ躯体面の目荒らしを４周の長さ又は面積で数量を算出する。（仕上での重複を避ける。）

6）開口部等の新設又は塞ぎ

開口部等の新設又は塞ぐ場合の数量は、開口部の設計寸法による面積×コンクリート厚さにより算出する。

7）耐震壁の打設用上部型枠

グラウト材注入工法及びコンクリート流し込み工法における打設用上部型枠の数量は、長さ又はか所数とする。

8）柱補強

柱補強には、①溶接金網巻き工法　②溶接閉鎖フープ巻き工法　③鋼板巻き工法　④帯巻き工法　⑤連続繊維補強工法等があり、それらの数量は断面寸法ごとに区別し、原則としてか所数とする。

なお、必要に応じて面積又は長さを数量とすることができる。

4）仕上改修

第３章　仕上改修
　第１節　仕上改修の定義と区分
　　１　仕上改修の定義
　　　仕上改修とは、既存仕上の撤去又は除去及び仕上の新設並びに補修をいう。

仕上改修は、外部防水改修、外壁改修、内部改修及び躯体改修に伴う仕上の撤去及び新設等をいう。

　　２　仕上改修の区分
　　　仕上改修は、防水改修、外壁改修、建具改修、内装改修、塗装改修及びその他改修に区分する。

仕上改修の区分は、「改修標準仕様書（建築）」によっている。

　第２節　仕上改修の計測・計算
　　１　通則
　　　１）設計図書に数量が明示してある場合は、その数量による。

数量は、原則として設計寸法による設計数量とするが、設計寸法の記載が困難な場合には明示数量を数量とし、一般に設計変更の対象として扱われる。

　　　２）改修は、既存仕上の撤去、新設仕上のための下地処理、新設仕上及び補修に区別する。

改修には、既存仕上の撤去、新設仕上の下地処理、新設仕上及び補修などがあり、それぞれ区別する。

　　　３）間仕切り下地は、第５編第１章の定めによる。

間仕切り下地は、第５編仕上第１章間仕切下地の定めによる。

表Ⅳ－４－８　防水改修工法の種類及び工程

工法の種類＼工程	1 既存保護層（立上り部等）撤去	2 既存保護層（平場）撤去	3 既存断熱層撤去	4 既存防水層（立上り部等）撤去	5 既存防水層（平場）撤去	6 既存下地の補修及び処置	7 防水層の新設	8 断熱材の新設	9 保護層の新設
P１B工法	○	○	—	○	○	○	○	—	○
P１BＩ工法	○	○	—	○	○	○	○	○	○
P２A工法	○	○	—	○	—	○	○	—	○
P２AＩ工法	○	○	—	○	—	○	○	○	○
P０AS工法	○	—	—	○	—	○	○	—	—
P０ASＩ工法	○	—	—	○	—	○	○	○*5	—
P０D工法	○	—	—	○	—	○	○	—	—
P０DＩ工法	○	—	—	○	—	○	○	○*4	—
P０S工法（接着）	○	—	—	○	—	○	○	—	—
P０S工法（機械）	○	—	—	○*1	—	○	○	—	—
P０SＩ工法（接着）	○	—	—	○	—	○	○	○*6	—
P０SＩ工法（機械）	○	—	—	○*1	—	○	○	○*6	—
P０X工法	○	—	—	○	—	○	○	—	—
T１BＩ工法	○	○	○	○	○	○	○	○	○
M３AS工法	—	—	—	○	○	○	○	—	—
M３ASＩ工法	—	—	—	○	○	○	○	○*5	—
M３D工法	—	—	—	○	○	○	○	—	—
M３DＩ工法	—	—	—	○	○	○	○	○*4	—
M４AS工法	—	—	—	○	—	○	○	—	—
M４ASＩ工法	—	—	—	○	—	○	○	○*5	—
M４C工法	—	—	—	○	—	○	○	—	—
M４DＩ工法	—	—	—	○	—	○	○	○*4	—
M４S工法	—	—	—	○*1	—	○	○	—	—
M４SＩ工法	—	—	—	○*1	—	○	○	○*6	—
S３S工法	—	—	—	○	○	○	○	—	—
S３SＩ工法	—	—	—	○	○	○	○	○*6	—
S４S工法（接着）	—	—	—	○	—	○	○	—	—
S４S工法（機械）	—	—	—	○*1	—	○	○	—	—
P０SＩ工法（接着）	—	—	—	○	—	○	○	○*6	—
P０SＩ工法（機械）	—	—	—	○*1	—	○	○	○*6	—
L４X工法	—	—	—	—	—	○	○	—	—
P１E工法	○*2	○*2	—	○	○	○	○	—	○*3
P２E工法	○*2	○*2	—	○	—	○	○	—	○*3
P１Y工法	○*2	○*2	—	○	○	○	○	—	○*3
P２Y工法	○*2	○*2	—	○	—	○	○	—	○*3

（注）１．＊１印のある工程は、特記による。特記がなければ、ルーフィング類製造所の仕様による。
２．既存防水層が無い場合は、＊２印のある工程は省略する。また、＊３印のある工程は特記による。
３．＊４印のある工程は、表3．3．9による。
４．＊５印のある工程は、表3．4．3による。
５．＊６印のある工程は、表3．5．2による。
６．＊改修工法名の表示内容は、次による。

公共建築改修工事標準仕様書（建築工事編）（平成25年版）より

Ⅳ　改修工事の積算

①　分類

○　○　○工法

- ○（3番目）── 新規防水工法の種別による区分
- ○（2番目）── 既存の保護層及び防水層の撤去・非撤去による区分
- ○（1番目）── 既存防水工法による区分

②　既存防水工法による区分

Ｐ－保護アスファルト防水工法*7
Ｍ－露出アスファルト防水工法*7
Ｔ－保護アスファルト断熱防水工法*7
Ｓ－合成高分子系ルーフィングシート防水工法
Ｌ－ウレタンゴム系塗膜防水工法
（注）＊７印のある既存防水工法には、改質アスファルトシート防水工法を含む。

③　既存の保護層及び防水層の撤去・非撤去による区分

１－保護層及び防水層撤去
２－保護層撤去及び防水層非撤去（立上り部等は、撤去）
３－露出防水層撤去
４－露出防水層非撤去（立上り部等は、表3.1.1による）
０－保護層及び防水層非撤去（立上り部等は、表3.1.1による）

④　新規防水工法の種別による区分

Ａ　　－屋根保護防水密着工法
Ｂ　　－屋根保護防水絶縁工法
ＡＩ　－屋根保護防水密着断熱工法
ＢＩ　－屋根保護防水絶縁断熱工法
Ｃ　　－屋根露出防水密着工法
Ｄ　　－屋根露出防水絶縁工法
ＤＩ　－屋根露出防水絶縁断熱工法
ＡＳ　－改質アスファルトシート防水工法
ＡＳＩ－改質アスファルトシート防水絶縁断熱工法
Ｓ　　－合成高分子系ルーフィングシート防水工法
ＳＩ　－合成高分子系ルーフィングシート防水断熱工法
Ｘ　　－ウレタンゴム系塗膜防水工法
Ｅ　　－屋内防水密着工法
Ｙ　　－ゴムアスファルト系塗膜防水工法

「凡例」　Ｐ２ＡＩ工法
Ｐ：既存防水工法による区分（保護アスファルト防水）
２：既存保護層、防水層の撤去・非撤去による区分（全て撤去）
ＡＩ：新規防水工法による区分（保護アスファルト防水密着断熱工法）

2　仕上改修の計測・計算

1）新設仕上の数量は、第5編第2章第2節2の定めによる。

新設仕上の数量は、第5編仕上、第2章仕上、第2節仕上の計測・計算、2主仕上の計測・計算の定めによる。

仕上改修の改修各部の計測・計算の要点を表Ⅳ－4－9、表Ⅳ－4－11〜14に示す。なお、詳細については「数量基準・解説」第7編第3章を参照する。

1）防水改修

防水改修は、既存保護層、既存保水層及び新設防水層等について、表Ⅳ－4－8に示す防水改修工法の種類があり、適用は特記による。

表Ⅳ－4－9　防水改修の計測・計算

科　目	細　目	施工範囲	摘　要	単位	数　量
1）防水改修	(1)　撤去	全面改修	防水層、防水保護層に区別	㎡・㎥	新設数量に同じ
		部分改修	カッター入れ	m	部分改修の図示範囲（長さ）
	(2)　下地処理	下地処理	工法及び部位ごとに区別	㎡・m・か所	新設数量に同じ
		コンクリート面ひび割れ補修	必要に応じて（変更処理）	m	図示の数量（長さ）
	(3)　新設	防水層	平場及び立上り等に区別	㎡・m・か所	設計寸法による面積、長さ及びか所数
		防水保護層	平場及び立上り等に区別	㎡・m・か所	設計寸法による面積、長さ及びか所数
		シーリング	種類、寸法等に区別	m	設計寸法による長さ

(1)　撤　去

防水層、防水保護層に区別し、その数量は設計寸法による面積又は面積と厚さとによる体積とする。なお、部分改修の場合は、改修範囲外の既存防水層を保護するために部分改修範囲にカッター入れを行うが、その数量は図示による長さとする。

(2)　下地処理

工法及び部位ごとに区別し、その数量は新設防水層の数量による。

また、「改修標準仕様書（建築）」による下地処理は、下地に付着している防水層残存物等のケレン及び清掃とコンクリート面等のひび割れ部は、ゴムアスファルト系シール材で補修するとある。（ひび割れ部については設計変更処理）

(3)　新　設

防水改修工法（表Ⅳ－4－8防水改修工法の種類及び工程参照）の適用は特記による。防水層及び防水保護層の数量は、部位ごとに区別し、設計寸法による面積を標準とする。

定価 6,050円⑩

補充注文カード

貴店名

年 月 日

部

書名 改訂版 公共建築改修工事の積算マニュアル —公共建築工事積算基準に基づく—

発行所 大成出版社

監修 国土交通省大臣官房官庁営繕部

定価 6,050円 (本体5,500円＋税10%)

9784802831680
ISBN978-4-8028-3168-0
C2032 ¥5500E

なお、入隅 … 周辺の長さを計測する。

① シーリング …

打継ぎ目地 … のシーリング打替え又は新規にシーリングを充填する改修工事をいう。

シーリング … による。特記がなければ、種類は被着体に応じたものとし、表Ⅳ－ …

表Ⅳ－4－10 被着体 …

			シーリング材の種類（注）[1]	
			記 号	主成分による区分
金属		…立目地	SR－2	シリコーン系
		…記以外の目地	MS－2	変成シリコーン系
			SR－1	シリコーン系
			MS－2	変成シリコーン系
		…げなし	MS－2	変成シリコーン系
		仕上げあり（注）[2]	PU－2	ポリウレタン系
	押出成形セメント板		MS－2	変成シリコーン系
ポリ塩化ビニル樹脂形材（樹脂製建具）（注）[6]	ポリ塩化ビニル樹脂形材（樹脂製建具）（注）[6]		MS－2	変成シリコーン系
	コンクリート			
	ガラス		SR－1	シリコーン系
	石、タイル		MS－2	変成シリコーン系
	ALC	仕上げなし	MS－2	変成シリコーン系
		仕上げあり（注）[2]	PU－2	ポリウレタン系
	押出成形セメント板		MS－2	変成シリコーン系
ガラス	ガラス		SR－1	シリコーン系
石	石	外壁乾式工法の目地	MS－2	変成シリコーン系
		上記以外の目地	PS－2	ポリサルファイド系
コンクリート	プレキャストコンクリート		MS－2	変成シリコーン系
	打継ぎ目地・ひび割れ誘発目地	仕上げなし	PS－2	ポリサルファイド系
		仕上げあり（注）[2]	PU－2	ポリウレタン系
	石、タイル		PS－2	ポリサルファイド系
	ALC	仕上げなし	MS－2	変成シリコーン系
		仕上げあり（注）[2]	PU－2	ポリウレタン系
	押出成型セメント板	仕上げなし	MS－2	変成シリコーン系
		仕上げあり（注）[2]	PU－2	ポリウレタン系
ALC	ALC	仕上げなし	MS－2	変成シリコーン系
		仕上げあり（注）[2]	PU－2	ポリウレタン系
押出成型セメント板	押出成型セメント板	仕上げなし	MS－2	変成シリコーン系
		仕上げあり（注）[2]	PU－2	ポリウレタン系
水回り	浴室・浴槽		SR－1	シリコーン系（注）[3]
	キッチン・キャビネット回り			
	洗面・化粧台回り			
タイル	タイル		PS－2	ポリサルファイド系
アルミニウム製建具等の工場シール（注）[4]				

（注）1．シーリング材の種類は、JIS A 5758（建築用シーリング材）による。

2．「仕上げあり」とは、シーリング材表面に仕上塗材、塗装等を行う場合を示す。
3．防かびタイプの１成分形シリコーン系とする。
4．現場施工のシーリング材と打継ぎが発生する場合の工場シーリング材を示す。
5．材料引張強度の低いものは、50％モジュラスが材料引張強度の1/2以下のものを使用する。
　なお、被着体がALCパネルの場合は、50％モジュラスが0.2N/mm³以下とする。
6．ポリ塩化ビニル樹脂形材は、JIS A 5558（無可塑ポリ塩化ビニル製建具用形材）を示す。
7．異種シーリング材が接する場合は、監督職員と協議する。

公共建築改修工事標準仕様書（建築工事編）（平成25年版）より

シーリング改修工法の種類は、「改修標準仕様書（建築）」表3.1.2により適用は特記による。

シーリング改修工法には、シーリング充填工法、シーリング再充填工法、拡幅シーリング再充填工法、ブリッジ工法があるが、工程は種類によって異なる。既存シーリング材の除去を伴う工法は、シーリング再充填工法、拡幅シーリング再充填工法である。

なお、拡幅シーリング再充填工法は既存目地の拡幅を行う。

②　とい改修

防水改修に伴うルーフドレン、たてどい等の取替え又は新規に設ける改修工事をいう。

たてどいには、防露巻きを含むものとしてといの施工箇所に応じて分類する。

③　金属製笠木改修

防水改修に伴う屋上パラペットの笠木の取替え又は新規に設ける改修工事をいう。

笠木の寸法は、既存のパラペット寸法により分類する。

2）外壁改修

外壁改修は、既存仕上の種類（コンクリート打放し仕上、モルタル塗り仕上、タイル張り仕上、塗り仕上等）に応じた工法とし、図示による。また、劣化部の補修にはひび割れ（樹脂注入工法等）、欠損（充填工法、塗替え工法、張替え工法）、浮き（アンカーピンニング工法）などがある。

①　コンクリート打ち放し面の改修

a　ひび割れ部の改修

ひび割れ部の改修方法は、下記によるものとし、ひび割れ幅ごとに区分する。

ⅰ　エポキシ樹脂注入工法

ⅱ　Uカットシール材充填工法

ⅲ　シール工法

b　コンクリート欠損部の改修

コンクリート欠損部の改修工法は、下記によるものとする。

ⅰ　エポキシ樹脂モルタル充填

ⅱ　ポリマーセメントモルタル充填

②　モルタル塗り仕上げの改修

a　コンクリートひび割れ改修

ひび割れ部の改修方法は、下記によるものとし、ひび割れ幅ごとに区分する。

ⅰ　エポキシ樹脂注入工法

ⅱ　Uカットシール材充填工法

なお、入隅及び出隅の処理として防水層周辺の長さを計測する。

①　シーリング改修

打継ぎ目地、各部材間の取合い目地等のシーリング打替え又は新規にシーリングを充填する改修工事をいう。

シーリング材の種類及び施工か所は特記による。特記がなければ、種類は被着体に応じたものとし、表Ⅳ－４－10を標準とする。

表Ⅳ－４－10　被着体の組合せとシーリング材の種類

被着体の組合せ			シーリング材の種類（注）[1]	
			記号	主成分による区分
金属	金属	方位目地	ＳＲ－２	シリコーン系
		上記以外の目地	ＭＳ－２	変成シリコーン系
	コンクリート			
	ガラス		ＳＲ－１	シリコーン系
	石、タイル		ＭＳ－２	変成シリコーン系
	ＡＬＣ	仕上げなし	ＭＳ－２	変成シリコーン系
		仕上げあり（注）[2]	ＰＵ－２	ポリウレタン系
	押出成形セメント板		ＭＳ－２	変成シリコーン系
ポリ塩化ビニル樹脂形材（樹脂製建具）（注）[6]	ポリ塩化ビニル樹脂形材（樹脂製建具）（注）[6]		ＭＳ－２	変成シリコーン系
	コンクリート			
	ガラス		ＳＲ－１	シリコーン系
	石、タイル		ＭＳ－２	変成シリコーン系
	ＡＬＣ	仕上げなし	ＭＳ－２	変成シリコーン系
		仕上げあり（注）[2]	ＰＵ－２	ポリウレタン系
	押出成形セメント板		ＭＳ－２	変成シリコーン系
ガラス	ガラス		ＳＲ－１	シリコーン系
石	石	外壁乾式工法の目地	ＭＳ－２	変成シリコーン系
		上記以外の目地	ＰＳ－２	ポリサルファイド系
コンクリート	プレキャストコンクリート		ＭＳ－２	変成シリコーン系
	打継ぎ目地・ひび割れ誘発目地	仕上げなし	ＰＳ－２	ポリサルファイド系
		仕上げあり（注）[2]	ＰＵ－２	ポリウレタン系
	石、タイル		ＰＳ－２	ポリサルファイド系
	ＡＬＣ	仕上げなし	ＭＳ－２	変成シリコーン系
		仕上げあり（注）[2]	ＰＵ－２	ポリウレタン系
	押出成型セメント板	仕上げなし	ＭＳ－２	変成シリコーン系
		仕上げあり（注）[2]	ＰＵ－２	ポリウレタン系
ＡＬＣ	ＡＬＣ	仕上げなし	ＭＳ－２	変成シリコーン系
		仕上げあり（注）[2]	ＰＵ－２	ポリウレタン系
押出成型セメント板	押出成型セメント板	仕上げなし	ＭＳ－２	変成シリコーン系
		仕上げあり（注）[2]	ＰＵ－２	ポリウレタン系
水回り	浴室・浴槽		ＳＲ－１	シリコーン系（注）[3]
	キッチン・キャビネット回り			
	洗面・化粧台回り			
タイル	タイル		ＰＳ－２	ポリサルファイド系
アルミニウム製建具等の工場シール（注）[4]				

（注）１．シーリング材の種類は、JIS A 5758（建築用シーリング材）による。

2．「仕上げあり」とは、シーリング材表面に仕上塗材、塗装等を行う場合を示す。
3．防かびタイプの１成分形シリコーン系とする。
4．現場施工のシーリング材と打継ぎが発生する場合の工場シーリング材を示す。
5．材料引張強度の低いものは、50％モジュラスが材料引張強度の1/2以下のものを使用する。
　　なお、被着体がALCパネルの場合は、50％モジュラスが$0.2N/mm^3$以下とする。
6．ポリ塩化ビニル樹脂形材は、JIS A 5558（無可塑ポリ塩化ビニル製建具用形材）を示す。
7．異種シーリング材が接する場合は、監督職員と協議する。

公共建築改修工事標準仕様書（建築工事編）（平成25年版）より

シーリング改修工法の種類は、「改修標準仕様書（建築）」表3.1.2により適用は特記による。

シーリング改修工法には、シーリング充填工法、シーリング再充填工法、拡幅シーリング再充填工法、ブリッジ工法があるが、工程は種類によって異なる。既存シーリング材の除去を伴う工法は、シーリング再充填工法、拡幅シーリング再充填工法である。

なお、拡幅シーリング再充填工法は既存目地の拡幅を行う。

②　とい改修

防水改修に伴うルーフドレン、たてどい等の取替え又は新規に設ける改修工事をいう。

たてどいには、防露巻きを含むものとしてといの施工箇所に応じて分類する。

③　金属製笠木改修

防水改修に伴う屋上パラペットの笠木の取替え又は新規に設ける改修工事をいう。

笠木の寸法は、既存のパラペット寸法により分類する。

2）外壁改修

外壁改修は、既存仕上の種類（コンクリート打放し仕上、モルタル塗り仕上、タイル張り仕上、塗り仕上等）に応じた工法とし、図示による。また、劣化部の補修にはひび割れ（樹脂注入工法等）、欠損（充填工法、塗替え工法、張替え工法）、浮き（アンカーピンニング工法）などがある。

①　コンクリート打ち放し面の改修

a　ひび割れ部の改修

ひび割れ部の改修方法は、下記によるものとし、ひび割れ幅ごとに区分する。

ⅰ　エポキシ樹脂注入工法

ⅱ　Uカットシール材充填工法

ⅲ　シール工法

b　コンクリート欠損部の改修

コンクリート欠損部の改修工法は、下記によるものとする。

ⅰ　エポキシ樹脂モルタル充填

ⅱ　ポリマーセメントモルタル充填

②　モルタル塗り仕上げの改修

a　コンクリートひび割れ改修

ひび割れ部の改修方法は、下記によるものとし、ひび割れ幅ごとに区分する。

ⅰ　エポキシ樹脂注入工法

ⅱ　Uカットシール材充填工法

iii　シール工法

b　モルタル塗りのひび割れ改修

ひび割れ部の改修方法は、下記によるものとし、ひび割れ幅ごとに区分する。

i　エポキシ樹脂注入工法

ii　Uカットシール材充填工法

iii　シール工法

c　コンクリート欠損部の改修

コンクリート欠損部の改修工法は、下記によるものとする。

i　ポリマーセメントモルタル充填工法

d　モルタル塗り欠損部の改修

モルタル塗りの欠損部の改修工法は、下記によるものとする。

i　ポリマーセメントモルタル充填工法（欠損部が小さい場合）

ii　モルタル塗替え工法

e　モルタル塗りの浮き部改修

モルタル塗りの浮き部改修工法は、下記によるものとする。

i　アンカーピンニング部分エポキシ樹脂注入工法

ii　アンカーピンニング全面エポキシ樹脂注入工法

iii　アンカーピンニング全面ポリマーセメントスラリー注入工法

iv　注入口付アンカーピンニング部分エポキシ樹脂注入工法

v　注入口付アンカーピンニング全面エポキシ樹脂注入工法

vi　注入口付アンカーピンニング全面ポリマーセメントスラリー注入工法

③　タイル張り仕上げの改修

a　コンクリートひび割れ改修

ひび割れ部の改修方法は、下記によるものとし、ひび割れ幅ごとに区分する。

i　エポキシ樹脂注入工法

ii　Uカットシール材充填工法

b　タイル面のひび割れ改修

ひび割れ部の改修方法は、下記によるものとする。

i　エポキシ樹脂注入工法

c　コンクリート欠損部の改修

コンクリート欠損部の改修工法は、下記によるものとする。

i　エポキシ樹脂モルタル充填

ii　ポリマーセメントモルタル充填

d　タイル張り欠損部の改修

タイル張りの欠損部の改修工法は、下記によるものとする。

i　タイル部分張替え工法

ii　タイル張替え工法

e　タイル張りの浮き部改修

タイル張りの浮き部改修工法は、下記によるものとする。

i　アンカーピンニング部分エポキシ樹脂注入工法

ii　アンカーピンニング全面エポキシ樹脂注入工法

iii　アンカーピンニング全面ポリマーセメントスラリー注入工法

iv　注入口付アンカーピンニング部分エポキシ樹脂注入工法

v　注入口付アンカーピンニング全面エポキシ樹脂注入工法

vi　注入口付アンカーピンニング全面ポリマーセメント注入工法

vii　注入口付アンカーピンニングエポキシ樹脂注入タイル固定工法

④　塗り仕上げ材

塗り仕上げ材の改修工法は、既存塗膜の除去及び下地処理と仕上げ材の改修に区分する。

a　既存塗膜の除去及び下地処理の改修工法は、下記によるものとする。

i　サンダー工法

ii　高圧水洗工法

iii　塗膜はく離剤工法

iv　水洗い工法

b　新規仕上げ材の改修

特記仕様書による仕上げ材種別による。

表Ⅳ－4－11　外壁改修の計測・計算

科　　目	細　　目	施工範囲	摘　　要	単位	数　　量
2）外壁改修	(1)　施工数量調査	特記	工法及び部位ごとに区別	㎡	設計寸法による面積、長さ及びか所数
	(2)　撤去	全面改修	新設仕上の設計数量による	㎡	新設数量に同じ
		部分改修	新設仕上の設計数量による	㎡	新設数量に同じ
			カッター入れ	m	部分改修の図示範囲
	(3)　下地処理及び補修		既存仕上及び躯体のひび割れ等	㎡・m・か所	設計寸法による面積、長さ及びか所数
	(4)　新設			㎡・m・か所	設計寸法による面積、長さ及びか所数

(1)　施工数量調査

①　数量を概数で明示した改修工事は、施工数量調査により改修工法、改修数量、改修範囲を確認し、明示された数量又は範囲と相違する場合は変更処理する。なお、調査方法・範囲は図示による。

(2)　撤　去

①　外壁の部分及び全面の改修工事に伴う撤去数量は、新設仕上の設計数量による。なお、部分改修において劣化した既存外壁を撤去する場合、改修範囲外の既存外壁を保護するために部分改修範囲にカッター入れを行うが、その数量は、図示の長さとする。

(3)　下地処理及び補修

②　塗り仕上外壁等の既存塗膜等の除去及び下地処理の工法には、①サンダー工法、②高圧水洗工法、③塗膜はく離剤工法、④水洗い工法があり、適用は特記による。なお、数量は新設仕上の数量による。

(4)　新　設

③　外壁改修工法の適用は特記による。数量は設計寸法による面積とし、施工内容により長さ及びか所数とする。

3）建具改修

表Ⅳ－4－12　建具改修の計測・計算

科　目	細　目	施工範囲	摘　要	単位	数　量
3）建具改修	(1)　撤去		建具種別ごとに区別（ガラス：厚さごと）	か所・㎡・m	建具の内法寸法によるか所数、面積及び長さ
		かぶせ工法	既存建具枠の補強、防錆処理は建具単価に含める		
		撤去工法		m	枠廻りのはつり数量は建具の内法寸法による長さ
	(2)　新設	建具類	種別ごとに区別	か所・㎡・m	建具の内法寸法によるか所数、面積及び長さ
		周囲補修		m	建具の内法寸法による長さ

(1)　撤　去

①　外部建具と内部建具に区別し、建具種別ごとに区別する。その数量は建具の内法寸法による面積又はか所数による。また、撤去するガラスは厚さごとに区別し、建具の内法寸法による面積を数量とする。なお、かぶせ工法は既存建具の外枠を残す。

②　撤去工法における枠周りのはつりの数量は、建具の内法寸法による長さとする。

(2)　新　設

①　改修建具（改修又は補修）は建具記号ごとにか所数、面積及び長さを計測し、ガラスは種別、厚さ、大きさごとに区別する。

②　建具周囲の補修として、枠周りの防水モルタル詰め、シーリング等は図示による。その数量は、建具の内法寸法による長さとする。

③　建具の塗装は建具改修で扱うこととし、塗替えは新設建具と区分する。

4）内装改修

表Ⅳ－４－13　内装改修の計測・計算

科　　目	細　　目	施工範囲	摘　　　　要	単位	数　　　量
4）内装改修	(1)　撤去	仕上·下地	部位及び種別ごとに区別	㎡·m·か所	設計寸法による面積、長さ及びか所数
		カッター入れ	モルタル、タイル等の部分改修範囲	m	図示の設計寸法による長さ
	(2)　下地処理		工法ごとに区別	㎡·m·か所	改修する主仕上の数量
	(3)　新設	主仕上		㎡·m·か所	設計寸法による面積、長さ及びか所数
		取り合い	撤去及び壁新設に伴う床、壁、天井の取り合い部	m	設計寸法による長さ

内装改修は既存仕上の撤去及び新設する場合と増設壁面の新設仕上をする場合があり、改修か所（部屋単位）ごとに区分する。

(1)　撤　去

①　内装改修部の撤去は、仕上だけの場合と下地を含む場合がある。その数量は部位及び種別ごとに区別し、設計寸法による面積、長さ及びか所数とする。

(2)　下地処理

②　下地の処理を必要とする場合の数量は、改修する主仕上の数量による。

(3)　新　設

①　新設の定めは以下による。

3　改修各部の計測・計算

(4)　内装改修

3）新設

撤去及び壁新設に伴う床、壁、天井の取り合い部の数量は、設計寸法による面積、長さ及びか所数とする。

既存壁の撤去及び新設に伴う床、壁、天井の取り合う改修範囲は、図示による。

なお、図示の無い場合の取り合い（余幅）は、遮音壁を撤去する場合の天井撤去面及び天井改修面は、改修壁面より両側で0.6mずつを余幅とする。

なお、天井付き既存壁を撤去する場合の余幅は加えない。

また、床、壁・柱型の取り合いは壁厚程度を余幅とする。

5）塗装改修

表Ⅳ－４－14　塗装改修の計測・計算

科　目	細　目	施工範囲	摘　要	単位	数　量
5）塗装改修	(1)　新設及び塗替え	塗装改修	既存壁・天井等の塗装の劣化による塗替え	㎡	設計寸法による面積
			既存幅木・額縁・回縁等の塗装の劣化による塗替え	m・か所	設計寸法による長さ又はか所数
		新設塗装	新設及び改修面の表面処理	㎡	新設及び改修の主仕上の数量に同じ

塗装改修は、改修面に対する新設塗装と既存塗装の劣化による塗替えに区分する。

① 既存の塗装面に塗替えを行う場合の数量は、設計寸法による面積、長さ及びか所数とする。

② 新設塗装面の表面処理の数量は、主仕上の設計数量による。また、既存壁の撤去等による壁、天井の取り合い部の表面処理は取り合い部の主仕上の数量による。

5）その他改修

第４章　その他改修

第１節　その他改修の定義

その他改修とは、第２章から第３章以外の改修をいう。

その他改修とは、第２章躯体改修から第３章仕上改修以外の環境配慮等の改修をいう。

第２節　その他改修の計測・計算

1　通則

設計図書に数量が明示してある場合は、その数量による。

数量は、原則として設計寸法による設計数量とするが、設計寸法の記載が困難な場合には明示数量を数量とし、設計変更の対象として扱われる。

その他改修の計測・計算の要点を表Ⅳ－４－15に示す。

なお、詳細については「数量基準・解説」の第７編第４章を参照する。

表Ⅳ－４－15　その他改修の計測・計算

科　　目	細　　目	施工範囲	摘　　　　要	単位	数　　　量
撤去	アスベスト除去		施工調査、安全衛生管理、除去処理、封じ込め処理、検査及び後片付け、施工記録	㎡	設計寸法による面積
	アスベスト粉じん濃度測定			点	各施工か所ごとの測定点
	アスベスト含有成形板撤去		施工調査、安全衛生管理、除去処理、検査及び後片付け、施工記録	㎡	設計寸法による面積
改修（屋上緑化）	屋上緑化システム		仕様、工法	㎡	
	植栽		新植、移植等		第６編・第４章植栽の定めによる
屋外施設等	囲障		メッシュフェンス、鋼製フェンス、植え込み土留め等		第６編・第１章囲障の定めによる
	構内舗装		アスファルト舗装、カラー舗装、インターロッキング舗装等		第６編・第２章構内舗装の定めによる
	植栽		新植、移植等		第６編・第４章植栽の定めによる
	その他の工作物		擁壁、屋外掲示板、庁名碑、屋外サイン等		第６編・第５章その他工作物の定めによる

アスベスト除去には、除去処理と封じ込め処理があり、適用は特記による。また、付随工事として施工調査、安全衛生管理、検査及び後片付け、施工記録等がある。

アスベスト含有成形板除去は、アスベスト含有吹付け材の除去と同様、施工調査、安全衛生管理、除去処理工事、アスベスト含有成形板の集積・運搬、除去物の処分、検査及び後片付け、施工記録等がある。

6）発生材

第５章　発生材

第１節　発生材の計測・計算

１　通則

設計図書に数量が明示してある場合は、その数量による。

建物改修に伴う発生材の数量明示は設計変更の対象となる。

発生材の計測・計算の要点を表Ⅳ－４－16に示す。

なお、詳細については「数量基準・解説」第７編第５章を参照する。

表Ⅳ－４－16　発生材の計測・計算

<table>
<tr><th>科　　目</th><th>細　　目</th><th>施工範囲</th><th>摘　　　　要</th><th>単位</th><th>数　　　量</th></tr>
<tr><td rowspan="4">特定建設資材</td><td>コンクリート塊</td><td></td><td>防水押さえ、躯体解体</td><td>㎥</td><td rowspan="6">㎥⇒ダンプトラック台数に換算
単位質量　1 t/㎥の場合の台数換算
10tダンプトラック⇒
0.1台/㎥
4 tダンプトラック⇒
0.25台/㎥
2 tダンプトラック⇒
0.50台/㎥</td></tr>
<tr><td>アスファルト・コンクリート</td><td></td><td>構内舗装改修</td><td>㎥</td></tr>
<tr><td>コンクリート及び鉄から成る建設資材</td><td></td><td></td><td>㎥</td></tr>
<tr><td>木材</td><td></td><td></td><td>㎥</td></tr>
<tr><td rowspan="4">その他発生材</td><td>建設発生土</td><td></td><td></td><td>㎥</td></tr>
<tr><td>建設発生木材(伐根、伐採材)</td><td></td><td>植栽改修</td><td>㎥</td></tr>
<tr><td>特別管理産業廃棄物</td><td></td><td>吹付けアスベスト</td><td>㎥</td><td></td></tr>
<tr><td>金属</td><td></td><td>有価物</td><td>t</td><td></td></tr>
</table>

建設廃棄物（民間処分所）の収集・運搬費の調査では、２ｔ積、４ｔ積、10ｔ積ダンプトラックが近距離として25km（１日２往復）と、遠距離として75km（１日１往復）の１回当たり・１台の公表価格が掲載されている。それによりダンプトラック台数に換算もしくは、単位数量当たりのトラック台数を算出する。

なお、ダンプトラック台数の換算例を以下に示す。

〔ダンプトラック台数換算例〕

10t積ダンプトラックに無筋コンクリート１㎥の場合

単位質量2.3t/㎥⇒0.1台×2.3＝0.23台/㎥

７）発生材処理

第８編　発生材処理

第１章　発生材処理

第１節　発生材処理の定義

発生材処理とは、工事に伴って発生する産業廃棄物等の処理をいう。

発生材処理とは、新築工事（増築工事、屋外施設等を含む）及び改修工事に伴って発生する産業廃棄物の処理をいい建設発生土を含む。

改修工事では、既存部分の解体・撤去材の処理、新設仕上材の端材等の処理がある。

なお、産業廃棄物等は、関係法令に基づき適正に処理されなければならない。

第２節　発生材処理の計測・計算

発生材処理は、関係法令に基づき分別し、その数量は設計寸法による面積とその厚みによる体積又は質量とする。

発生材処理の数量は、設計寸法による面積とその厚みによる体積又は質量とするが、中間処理場或いは最終処分場により受け入れ単位を体積若しくは質量としているため、予定する処理場の受け入れ条件等について、事前に確認しておく必要がある。

6　公共建築工事内訳書標準書式

1）一般事項

公共建築工事の積算に用いられる内訳書は、「内訳標準書式」に基づき工種別内訳書標準書式（以下「工種別書式」という。）及び改修内訳書標準書式（以下「改修書式」という。）により作成される。

工種別書式は、主に新築工事に用いられており、工種或いは工種ごとの材料を対象とした部分の工事費を算出し、概ね施工工程の順序により記載する書式である。

改修書式は、改修工事に用いられる書式であり「改修標準仕様書（建築）」による、仮設、防水改修、外壁改修、建具改修、内装改修、塗装改修、耐震改修、環境配慮改修に区分されており、改修書式はこれらの改修部位ごとに工種に関係なく工事費を算出する書式である。

また、国の統一基準類の内訳標準書式の位置付けでは無いが、この他に部分別内訳書標準書式があり、部分・部位ごとの単価を合成（材工共、仕上材と下地材の合成等）して工事費を算出する書式がある。

2）改修内訳書標準書式の構成

改修書式の構成、内容は、下記による。

(1)　種目別内訳書

設計図書に基づく改修する建物や目的物ごとの直接工事費（合計額）、共通費（共通仮設費、現場管理費、一般管理費等）及び消費税等相当額を記載する。

(2)　科目別内訳書

改修する建物や目的物の改修部位を明確にするため「改修標準仕様書（建築）」に基づく防水改修、外壁改修、建具改修、内装改修、塗装改修、耐震改修、環境配慮改修及びこれらの改修に必要な直接仮設、撤去に伴う発生材処分の科目を記載する。

(3)　中科目別内訳書

科目別内訳書の改修部位ごとに撤去及び改修の区分を記載する。

(4)　細目別内訳書

中科目別内訳書の撤去及び改修の各細目の名称、摘要、数量、単価、金額を記載する。

細目名称は、改修部位ごとに工種別が一般的であるが、合成単価に対応する複数の細目を合成した細目とすることもできる。

数量は、m、m^2、m^3、ｔとするが、数量がきわめて少ない場合や改修面積が小さい又は小規模な改修か所が点在して適正な価格で表せない場合などは、か所計上とする。

3）改修内訳書標準書式の内容

改修書式は、改修工事の標準となる書式を示すもので、「改修標準仕様書（建築）」の改修内容ごとの内訳書式としている。改修書式以外の改修工事については、改修科目の追加又は工種別書式による。

改修内訳書の作成にあたっては、設計図書等の仕様、工法等の改修内容を的確に積算へ反映させるとともに、施工条件、作業条件を十分に把握する必要がある。なお、施工条件等によっては、作業効率に大きく影響することから、適用する単価（複合単価又は市場単価）を適宜補正する必要がある。

改修に伴う撤去は、関係法令に基づき実施することとされているが、建設リサイクル法の対象工事においては、分別解体等が義務付けられていることに留意する。

1　共通事項

(1)　本解説は、改修書式の記載例に示す内容について、解説を加えたものである。

(2)　仕様等は、「改修標準仕様書（建築）」に準ずる内容としている。

なお、適用する仕様書が異なる場合は、必要に応じて修正等を行うことができる。

(3)　庁舎以外の建物の場合は、必要に応じて修正等を行うことができる。

(4)　直接工事費の算出に使用する数量は、「数量基準」による設計数量、所要数量、計画数量とする。

(5)　直接工事費の算出に使用する単価は、以下の単価区分とし、細目別内訳書の単価欄にＡ～Ｆで記載している。

①　新営標準単価　【単価　Ａ】

新営工事の標準歩掛りにより算出された複合単価をいう。

②　改修標準単価　【単価　Ｂ】

建築改修工事の標準歩掛りにより算出された複合単価をいう。

③　市場単価　【単価　Ｃ】

市場の取引実態に基づく単位量当たりの単価で、物価資料の「建築工事市場単価」をいう。

④　新営標準単価の改修補正単価　【単価　Ｄ】

施工条件等を考慮し、①の「標準歩掛り」の労務歩掛りを補正した複合単価をいう。

⑤　市場単価の改修補正単価　【単価　Ｅ】

施工条件等を考慮し、③の市場単価の労務歩掛り相当分を補正した単価をいう。

⑥　その他の単価　【単価　Ｆ】

資材単価　：鉄筋・鉄骨鋼材、コンクリート等は、刊行物による

歩掛り作成単価：①の標準歩掛り等を参考に作成した単価

見積単価　：専門工事業者からの見積単価

2　改修内訳書標準書式

(1)　種目別内訳書

種目別内訳書は、以下の書式とし種目名称（改修建物名等）、種目名称に対する金額、共通費、消費税等相当額を記載する。

①　種目名称は設計図書等の表示に従い各建物の名称を記載する。

②　直接工事費は、工事目的物を造るために直接必要とされる費用で、種目名称ごとの直接工事費金額を記載する。

③　共通費（共通仮設費、現場管理費、一般管理費等）は、「共通費基準」に基づく金額を記載する。

④　消費税等相当額は、所定の率による金額を記載する。

平成　　年　　月　　日　作成

金　　　　　　　　　　　　円

（工事価格　金　　　　　　　　　　　　円）

（種目別内訳）

名　称	摘　要	数　量	単位	金　額	備　考
直接工事費					
Ⅰ　庁舎	改修	1	式		
計					
共通費					
Ⅰ　共通仮設費		1	式		
Ⅱ　現場管理費		1	式		
Ⅲ　一般管理費等		1	式		
計					
合計（工事価格）					
消費税等相当額		1	式		
総合計（工事費）					

(2)　科目別内訳書

科目別内訳書は、以下の書式とし改修工事における改修部位ごとの内訳であり、該当する改修部位を記載する。

「内訳標準書式」に無い改修については適宜追加するものとする。

（科目別内訳）

名　　称	摘　　要	数　量	単位	金　　額	備　　考
Ⅰ　庁　舎					
1．直接仮設		1	式		
2．防水改修		1	式		
3．外壁改修		1	式		
4．建具改修		1	式		
5．内装改修		1	式		
6．塗装改修		1	式		
7．耐震（躯体）改修		1	式		
8．環境配慮改修		1	式		
9．発生材処分		1	式		
計					

(3)　中科目別内訳書

中科目別内訳書は、以下の書式とし改修工事における改修部位ごとの内訳であり、該当する改修部位を「撤去」及び「改修」に区分して記載する。

「内訳標準書式」に無い改修については適宜追加するものとする。

（中科目別内訳）

科　目　名　称	中科目名称	数　量	単位	金　　額	備　　考
Ⅰ　庁　舎					
1．直接仮設	直接仮設	1	式		
計					
2．防水改修	2.1　撤去	1	式		
	2.2　改修	1	式		
計					
3．外壁改修	3.1　撤去	1	式		
	3.2　改修	1	式		
計					
4．建具改修	4.1　撤去	1	式		
	4.2　改修	1	式		
計					
5．内装改修	5.1　撤去	1	式		
	5.2　改修	1	式		
計					
6．塗装改修	6.1　改修	1	式		
計					
7．耐震（躯体）改修	7.1　撤去	1	式		
	7.2　改修	1	式		
計					
8．環境配慮改修	8.1　撤去	1	式		
	8.2　改修	1	式		
計					
9．発生材処分		1	式		
計					

(4)　細目別内訳書

細目別内訳書は、以下の書式とし改修工事における改修部位ごとの細目及び数量、単価、金額を記載する。

「内訳標準書式」に無い細目については適宜追加するものとする。

以下、庁舎の改修書式に基づく科目別内訳書ごとの細目名称、摘要、数量、単価、金額の計上について記載する。

4）改修内訳書記載例

1．直接仮設

①　一般事項

イ　各細目の金額は、原則として1式で計上する。

なお、1式の根拠は別紙明細書による。

ロ　価格に対応する数量は、墨出し、養生、整理清掃後片付けは改修面積等により、内外足場は「数量基準」に基づく計画数量とする。

ハ　施工条件明示されている項目は、その旨を備考欄に明記する。

ニ　単価(A)は、改修内容による架設期間と新築工事の標準歩掛りの労務工数による単価とする。

（細目別内訳）

名　　　称	摘　　　要	数量	単位	単価	金　　額	備　　考
1．直接仮設						
墨出し		1	式	B		別紙明細—1
養生		1	式	B		別紙明細—2
整理清掃後片付け		1	式	B		別紙明細—3
外部足場		1	式	(A)		別紙明細—4
内部足場		1	式	B		別紙明細—5
仮設間仕切り		1	式	B		別紙明細—6
災害防止		1	式	(A)		別紙明細—7
仮設材運搬		1	式	A・B		別紙明細—8
計						

② 別紙明細―１　墨出し

（別紙明細―１）

名　　　称	摘　　　要	数量	単位	単価	金　　　額	備　　　考
―１　墨出し		1	式			
墨出し	防水改修		㎡	B		
墨出し	外壁改修		㎡	B		
墨出し	建具改修		㎡	B		
墨出し	内装改修（個別改修）		㎡	B		
墨出し	内装改修（複合改修）		㎡	B		
墨出し	耐震（躯体）改修		㎡	B		
計						

イ　改修工事における墨出しは、防水勾配、間仕切り新設、天井の新設（下地共）、仕上げ改修（下地共）などで高さ又は水平の墨出しが必要な改修部位ごとに区分する。従って、表面仕上げのみの改修（吹付材・塗装の塗替え、既存面への仕上げ改修等）は、対象としない。

ロ　区分は、防水改修、外壁改修、建具改修、内装改修、耐震（躯体）改修等とする。

ハ　防水改修、外壁改修、建具改修、内装改修、耐震（躯体）改修の数量は、「数量基準」による。

a　防水改修

i　防水改修の数量は、防水保護層を撤去し防水層、保護層を新設する工法で水勾配の調整を必要とする防水改修の面積とする。

防水改修平場面積（㎡）　×　複合単価　…　（別紙明細書）

b　外壁改修

i　タイル張替え（下地モルタル共）、モルタル塗替え等、下地から改修する面積とする。

外壁改修面積（㎡）　×　複合単価　…　（別紙明細書）

c　内部改修（内装・建具・耐震改修）

i　内部改修の数量は、仕上げ墨が必要となる改修部位を対象とする。

また、数量は改修する１部屋単位で床、壁、天井の改修部位のうち、１部位の改修（個別改修）と複数の改修部位（複合改修）に区分する。

「個別改修」：１室において床、壁、天井のうち１つの部位のみを改修する場合。

「複合改修」：１室において床、壁、天井のうち複数の部位を改修する場合（例：床と天井、床と壁等）

個別改修床面積（㎡）　×　複合単価　…　（別紙明細書）

複合改修床面積（㎡）　×　複合単価　…　（別紙明細書）

③　別紙明細―２　養生

（別紙明細―２）

名　　　称	摘　　　要	数量	単位	単価	金　　額	備　　考
―２　養生		１	式			
養生	防水改修		㎡	B		
養生	外壁改修		㎡	B		
養生	建具改修		㎡	B		
養生	内装改修（個別改修）		㎡	B		
養生	内装改修（複合改修）		㎡	B		
養生	耐震（躯体）改修		㎡	B		
養生	搬出入通路部分		㎡	B		
計						

イ　改修工事における養生は、改修部位及び改修を伴わない資材の搬出入通路部分等に区分する。

ロ　区分は、防水改修、外壁改修、建具改修、内装改修、耐震（躯体）改修、搬出入通路部分等とする。

ハ　防水改修、外壁改修、建具改修、内装改修、耐震（躯体）改修、搬出入通路部分等の数量は、「数量基準」による。

ａ　防水改修

ｉ　防水改修の数量は、防水改修の平場面積とする。

ii　数量は、アスファルト防水（防水保護層共）、アスファルト露出防水又は塗膜・シート防水（防水保護層無し）に区分する。

防水改修平場面積（㎡）　×　複合単価　…　（別紙明細書）

ｂ　外壁改修

ｉ　外壁改修の数量は、外壁面から２ｍの範囲の面積とする。

ii　タイル張替え、モルタル塗替え等で既存仕上げの撤去がある場合には、窓ガラス等の養生のため窓面積を対象として開口部養生を計上する。

外壁養生面積（㎡）　×　複合単価　…　（別紙明細書）

開口部養生面積（㎡）　×　複合単価　…　（別紙明細書）

ｃ　内部改修（内装・建具・耐震改修）

ｉ　内部改修の数量は、床、壁、天井仕上げのいずれかの改修部位により床面積を対象とする。また、数量は改修する１部屋単位で床、壁、天井の改修部位のうち、１部位の改修（個別改修）と複数の改修部位（複合改修）に区分する。

個別改修床面積（㎡）　×　複合単価　…　（別紙明細書）

複合改修床面積（㎡）　×　複合単価　…　（別紙明細書）

ⅱ　既存部分の養生は、特記による。特記がなければビニルシート等の適切な方法による。

ⅲ　固定された備品、机、ロッカー等の移動及び既存部分における既存家具類等の養生方法は、特記による。

④　別紙明細―３　整理清掃後片付け

（別紙明細―３）

名　　　称	摘　　　要	数量	単位	単価	金　　　額	備　　　考
―３　整理清掃後片付け		1	式			
整理清掃後片付け	防水改修		㎡	B		
整理清掃後片付け	外壁改修		㎡	B		
整理清掃後片付け	建具改修		㎡	B		
整理清掃後片付け	内装改修（個別改修）		㎡	B		
整理清掃後片付け	内装改修（複合改修）		㎡	B		
整理清掃後片付け	耐震（躯体）改修		㎡	B		
整理清掃後片付け	搬出入通路部分		㎡	B		
計						

イ　改修工事における整理清掃後片付けは、改修部位及び改修を伴わない資材の搬出入通路等に区分する。

ロ　区分は、防水改修、外壁改修、建具改修、内装改修、耐震（躯体）改修、搬出入通路部分等とする。

ハ　防水改修、外壁改修、建具改修、内装改修、耐震（躯体）改修、搬出入通路部分等の数量は、「数量基準」による。

a　防水改修

ⅰ　防水改修の数量は、防水改修の平場面積とする。

ⅱ　数量は、アスファルト防水（防水保護層共）、アスファルト露出防水又は塗膜・シート防水（防水保護層無し）に区分する。

防水改修平場面積（㎡）　×　複合単価　…　（別紙明細書）

b　外壁改修

ⅰ　外壁改修の数量は、外壁面から２ｍの範囲の面積とする。

外壁整理清掃面積（㎡）　×　複合単価　…　（別紙明細書）

c　内部改修（内装・建具・耐震改修）

ⅰ　内部改修の数量は、床、壁、天井仕上げのいずれかの改修部位により床面積を対象とする。また、数量は改修する１部屋単位で床、壁、天井の改修部位のうち、１部位の改修（個別改修）と複数の改修部位（複合改修）に区分する。

個別改修床面積(㎡)　×　複合単価　…　(別紙明細書)
複合改修床面積(㎡)　×　複合単価　…　(別紙明細書)

⑤　別紙明細―4　外部足場

(別紙明細―4)

名　称	摘　要	数量	単位	単価	金　額	備　考
―4　外部足場		1	式			
本足場	種別（枠組、単管） 枠幅、高さの別		㎡	(A)		
安全手すり			m	(A)		
(一側足場)	種別		㎡	(A)		
(登り桟橋)			m	(A)		
(仮設ゴンドラ)			台	(F)		
(高所作業車)			台	(F)		
計						

イ　外部足場には、下記の種別がある。
　A種　：　枠組足場
　B種　：　くさび緊結式足場
　C種　：　単管本足場
　D種　：　仮設ゴンドラ
　E種　：　移動式足場

ロ　外部足場の標準工法は、施工性、安全性、経済性等により枠組足場を標準としており、改修内容や建物高さ（足場高さ）により適切な建枠幅の枠組足場とする。

ハ　単管本足場は、当該建物から敷地境界までの距離が少なく枠組足場が設置できない場合等において使用される。

ニ　仮設ゴンドラ、移動式足場（ローリングタワー）等は、比較的簡易な改修、部分的な改修等において使用される。

ホ　防水改修工事において屋上へ上がる手段がない場合は、資材運搬、作業員の作業通路として外部足場を部分的に設置する。

ヘ　外部足場の最上部には安全手すりを設置する。

ト　足場の架設期間は足場の掛け日数、払い日数、施工数量調査日数、改修工事日数等に基づき算定する。

a　本足場
　足場掛け面積(㎡)　×　複合単価　…　(別紙明細書)

b　安全手すり

足場水平長さ(m)　×　複合単価　…　(別紙明細書)

⑥　別紙明細―5　内部足場

(別紙明細―5)

名　　称	摘　　要	数量	単位	単価	金　額	備　考
―5　内部足場		1	式			
内部仕上足場	種類		㎡	B		
(枠組棚足場)	高さ		㎡	(A)		
内部階段仕上足場			㎡	(A)		
(EVシャフト足場)			㎡	(A)		
(移動式足場)			台	(F)		
(高所作業車)			台	(F)		
計						

イ　内部足場は、主に壁・天井仕上げ等の施工時に設置されるもので次のような工法があり、改修工事内容・階高等に適した足場、その他（高所作業車等）による。

a　内部仕上足場：脚立（梯子の部分に踏板が無いもの）に足場板を架け渡した足場で標準階高（4m程度）の施工に使用される。

b　枠組棚足場　：階高が4mを超える場合に使用される足場で、枠組足場を複数列に組立て、棚状に構成し、最上部に足場板を全面に敷き並べ作業床としたもので階高により区分する。

c　移動式足場　：組立て式の枠組みをタワー状に組立てた上部に作業床を設け、足元に車輪を付け水平移動ができる足場で主に高所の壁、天井等の部分的な仕上工事に用いられる。

ただし、設置面に勾配、段差、障害物などがある場合には使用に適さない。

ロ　内部足場の数量は、天井の改修面積とする。

ただし、壁のみを新設及び改修する場合の内部足場の数量は、改修する壁の水平長さに1mを乗じた面積とする。

床面積(㎡)　×　複合単価　…　(別紙明細書)

⑦　別紙明細—６　仮設間仕切り

（別紙明細—６）

名　　　称	摘　　　要	数量	単位	単価	金　　額	備　　考
仮設間仕切り		1	式			
仮設間仕切り下地	種別		㎡	B		
仮設間仕切り仕上材	材種、厚み		㎡	B		
仮設扉			か所	F		
計						

イ　仮設間仕切りは、執務者の安全、執務環境の維持を図るため作業場所と執務スペースの分離を目的として設置されるもので、設計図書に条件明示として設置場所が指定される仮設である。

ロ　仮設間仕切りの種別は、特記による。

A種：軽量鉄骨材等により支柱を組み、両面に合板張り又はせっこうボード張りを行い、内部にグラスウール等の充てんを行う。

B種：軽量鉄骨材等により支柱を組み、片面に合板張り又はせっこうボード張りを行う。

C種：単管下地等を組み、全面シート張りを行う。

仮設扉：特記がなければ、木製扉とし合板張り程度とする。

仮設間仕切り面積（㎡）　×　複合単価　…　（別紙明細書）

⑧　別紙明細—７　災害防止

（別紙明細—７）

名　　　称	摘　　　要	数量	単位	単価	金　　額	備　　考
—７　災害防止		1	式			
養生防護棚			m	（A）		
垂直ネット張り	種別		㎡	（A）		
水平ネット張り			㎡	（A）		
小幅ネット張り			m	（A）		
計						

イ　工事施工に伴う災害防止については、労働安全衛生法等に基づき積算に反映する。

ロ　災害防止は、垂直養生と水平養生に区分する。

ハ　災害養生に用いる金網張り、養生シート、ネット状養生シート等は、外壁改修方法により適切な方法とする。

掛け面積（㎡）又は長さ（m）　×　複合単価　…　（別紙明細書）

⑨　別紙明細―８　仮設材運搬

（別紙明細―８）

名　　　称	摘　　　要	数量	単位	単価	金　　額	備　　考
―８　仮設材運搬		1	式			
（外部）						
本足場	種別（枠組、単管） 枠幅、高さ		㎡	（A）		
安全手すり			m	（A）		
（一側足場）	種別		㎡	（A）		
（登り桟橋）			m	（A）		
養生防護棚			m	（A）		
（内部）						
内部仕上足場	種類		㎡	B		
（枠組棚足場）	高さの別		㎡	（A）		
内部階段室仕上足場			㎡	（A）		
（ＥＶシャフト足場）			㎡	（A）		
計						

イ　仮設材運搬は、内外の足場類、災害防止養生等に区分する。

ロ　トラック運搬は、４ｔ積を標準とする。

足場掛け面積（㎡）　×　複合単価　…　（別紙明細書）

2．防水改修

(1)　一般事項

イ　防水改修における細目は、改修に伴う撤去と新規の改修に区分する。

ロ　防水改修工法の種類は、特記による。

ハ　防水改修工法の種類及び工程は、「改修標準仕様書（建築）」3.1.4(a)、表3.1.1により、撤去部位及び新規防水・保護層等に区分する。

ニ　新規防水層の種別は、特記による。

ホ　価格に対応する数量は、原則として設計数量とする。

ヘ　改修単価は、全面改修又は部分改修による。

ト　部分的な改修又は小規模な改修が点在する様な場合は、１式計上とすることができる。

2.1　撤去（防水）

(1)　一般事項

イ　外部防水、内部防水に区分する。

ロ　防水改修工法の工程における撤去部分を部位ごとに区分する。

ハ　防水層下地の撤去後の既存下地補修及び処置等は、特記による。

（細目別内訳）

名　　称	摘　　要	数量	単位	単価	金　　額	備　　考
2.　防水改修						
2.1　撤去						
2.1.1　外部防水						
防水保護コンクリート撤去	厚さ、工法等		㎥	B		
防水立上り保護撤去	厚さ、工法等		㎥	B		
防水層撤去	部位、種別		㎡	B		
シーリング撤去	種別、形状	1	式 (m)	B		別紙明細
手すり撤去	仕様、高さ		m	F		
笠木撤去	種別、形状		m	F		
ルーフドレン撤去	種別、径		か所	B		
とい撤去	種別、径		m	B		
小計						
2.1.2　内部防水						
防水保護コンクリート撤去	厚さ、工法等		㎥	B		
防水層撤去	部位、種別		㎡	B		

小計						
2.1.3　発生材運搬						
発生材運搬	構外搬出積込共	1	式	B・F		別紙明細―8
小計						

（別紙明細―8）

名　　称	摘　　要	数量	単位	単価	金　　額	備　　考
発生材積込み	発生材の種別 人力・機械の別		m^3 （t） （台）	B		
発生材運搬	コンクリート 運搬車の種別 運搬距離		m^3 （t） （台）	B・F		（特定建設資材廃棄物）
（発生材運搬）	アスファルト・コンクリート 運搬車の種別 運搬距離		m^3 （t） （台）	B・F		（特定建設資材廃棄物）
（発生材運搬）	建設発生木材（抜根・伐採材除く） 運搬車の種別、運搬距離		m^3 （t） （台）	B・F		（特定建設資材廃棄物）
（発生材運搬）	建設発生木材（抜根・伐採材） 運搬車の種別、運搬距離		m^3 （t） （台）	B・F		（指定副産物）
（発生材運搬）	特別管理産業廃棄物 運搬車の種別 運搬距離		m^3 （t） （台）	B・F		
（発生材運搬）	上記以外の発生材の種別 運搬車の種別 運搬距離		m^3 （t） （台）	B・F		

（　）は必要に応じて計上する。

2.1.1　外部防水（撤去）

イ　防水押えコンクリート撤去

a　撤去数量は、厚さ、撤去工法ごとに区分する。

b　防水押えコンクリートの伸縮調整目地は、撤去の対象としない。

c　撤去工法は、少量の場合及び工法が指定されている場合を除きハンドブレーカー等による。

ロ　防水立上り保護撤去

a　撤去数量は、厚さ、撤去工法に区分する。

b　撤去工法は、少量の場合及び工法が指定されている場合を除きハンドブレーカー等による。

ハ　防水層撤去

a　撤去数量は、防水層の種別、部位（平場、立上り部）ごとに区分する。

ニ　シーリング撤去

a　撤去数量は、種別、形状ごとに区分する。

ホ　手すり撤去

a　撤去数量は、仕様、高さごとに区分する。

ヘ　笠木撤去

a　撤去数量は、種別、形状ごとに区分する。

ト　ルーフドレン撤去

a　撤去数量は、種別（材質、径等）、形状ごとに区分する。

チ　とい撤去

a　撤去数量は、種別、形状（径）ごとに区分する。

2.1.2　内部防水（撤去）

イ　防水押えコンクリート撤去

a　撤去数量は、厚さ、撤去工法ごとに区分する。

b　撤去工法は、少量の場合及び工法が指定されている場合を除きハンドブレーカー等による。

ロ　防水層撤去

a　撤去数量は、防水層の種別、部位（平場、立上り部）ごとに区分する。

2.2　改修（防水）

(1)　一般事項

イ　外部防水、内部防水に区分する。

ロ　新規防水層、保護層の工程ごとに改修内容を区分する。

ハ　防水層下地の撤去後の既存下地補修及び処置等は、特記による。

ニ　無筋コンクリートの単価は、材料費Ｆと打設費Ｃを合算したものとする。

2.2.1　外部防水（改修）

（細目別内訳）

名　称	摘　要	数量	単位	単価	金　額	備　考
2.2　改修						
2.2.1　外部防水						
既存下地補修	工法	1	式 (㎡)	F		別紙明細
アスファルト防水	部位、工法、種別		㎡	E		
合成高分子系ルーフィングシート防水	部位、工法、種別		㎡	F		
塗膜防水	部位、工法、種別		㎡	F		
伸縮調整目地	種別、形状		m	D		
成形緩衝材	材質		m	E		
防水入隅処理	材質		m	E		

シーリング	種別、形状	（1	m 式）	D		別紙明細
防水立上り保護	種別、（高さ）		㎡（m）	D		
防水層押え金物	材質		m	F		
無筋コンクリート	防水保護部、材工共		㎥	C・F		
コンクリート直均し仕上げ	種別		㎡	E		
溶接金網敷き	防水保護部、材工共		㎡	F		
ルーフドレン	材質、径、形式		か所	D		
手すり	材質、形状［図番号］		m	F		
笠木	仕様、材質、幅、部位		m	F		
とい	材質、径		m	D		
小計						

イ　既存下地補修

a　数量及び工法は、設計（明示）数量又は施工数量調査に基づく数量により区分する。

b　補修内容は、防水層の残存物等のケレン、コンクリート面のひび割れ補修、欠損部の補修等に区分する。

ロ　アスファルト防水

a　数量は、部位（平場、立上り等）、工法、種別ごとに区分する。

ハ　合成高分子系ルーフィングシート防水

a　数量は、工法、種別（材質）ごとに区分する。
なお、平場、立上りの区分はしない。

b　脱気装置の設置は、特記による。

ニ　塗膜防水

a　数量は、部位、工法、種別ごとに区分する。

b　脱気装置の設置は、特記による。

ホ　伸縮調整目地

a　数量は、種別、形状ごとに区分する。

b　成形伸縮目地は、幅25㎜を標準とする。

ヘ　防水入隅処理

a　数量は、材質ごとに区分する。

b　防水入隅処理は、モルタル又は成形材による面取り及び成形緩衝材に区分する。

ト　シーリング

a　シーリングの改修工法の種類は、「改修標準仕様書（建築）」表3.1.2 を標準とし、適用は特記による。

b　数量は、種別、形状（断面）ごとに区分する。

チ　防水立上り保護

a　防水立上り部の保護工法は、乾式保護材、れんが積み、コンクリートによる工法があり、適用は特記による。

b　れんが積みの材質は、普通れんが及び化粧れんが（JIS R1250)、によるものとする。

c　数量は、半枚積みの面積とし、種別、(高さ）ごとに区分する。

リ　防水層押え金物

a　数量は、材質ごとに区分する。

b　単価には、既製アルミアングル（L-30×15×2.0）及びアスファルトコーティングを含む。

ヌ　無筋コンクリート

a　防水押えコンクリート（平場、立上り）は、打設費を含めた材工共の単価とする。

b　打設費は、打設回数、１回の打設量等を考慮した打設手間、ポンプ圧送費とし、市場単価による。

ル　コンクリート直均し仕上げ

a　数量は、防水押えコンクリートの平場面積とし、仕上げは「改修標準仕様書（建築)」のコンクリート直均し仕上げによる。

ヲ　溶接金網敷き

a　防水押えコンクリート内に敷設するもので材工共とする。

b　溶接金網の仕様は、JIS G3551による鉄線径６㎜、網目寸法100㎜の製品とする。

c　単価には、金網の重ね代（150㎜以上）分を見込む。

ワ　ルーフドレン

a　数量は、材質、径、形式ごとに区分する。

カ　手すり

a　数量は、材質、高さ、形状ごとに区分する。

b　鉄鋼面の塗装は、明記のうえ複合単価に含める。

c　図番号を表示する。

ヨ　笠木

a　数量は、材質、幅、形状（部位）ごとに直線部及びコーナー等の役物に区分する。

b　継手部分等のシールは単価に含める。

タ　とい

a　数量は、材質、径ごとに区分する。

b　付属金具（掃除口、飾ります等）は、別に計上する。

c　といの塗装、防露は、「改修標準仕様書（建築)」表3.8.5によるといの施工か所ごとに区分し別に計上する。

2.2.2　内部防水（改修）

（細目別内訳）

名　　称	摘　　要	数量	単位	単価	金　　額	備　　考
2.2.2　内部防水						
既存下地補修	工法	1	式 （㎡）	F		別紙明細
アスファルト防水	部位、工法、種別		㎡	E		
塗膜防水	部位、工法、種別		㎡	F		
防水入隅処理	材質		m	E		
シーリング	種別、形状	（1	m 式）	E		別紙明細
無筋コンクリート	防水押え、材工共		㎥	C・F		
床コンクリート直均し仕上げ	種別		㎡	E		
小計						
計						

イ　既存下地補修

a　数量及び工法は、設計（明示）数量又は施工数量調査に基づく数量により区分する。

b　補修内容は、防水層の残存物等のケレン、コンクリート面のひび割れ補修、欠損部の補修等に区分する。

ロ　アスファルト防水

a　数量は、部位（平場、立上り等）、工法、種別ごとに区分する。

ハ　モルタル防水

a　平場、立上り部は区分しない。

b　数量は、種別ごとに区分する。

ニ　塗膜防水

a　数量は、部位、工法、種別ごとに区分する。

ホ　防水入隅処理

a　数量は、材質ごとに区分する。

ヘ　シーリング

a　数量は、種別、形状（断面）ごとに区分する。

3．外壁改修

(1)　一般事項

イ　外壁改修工法の種類は、既存仕上げや劣化の程度により改修内容、改修工法が異なる。以下に既存仕上げごとの改修内容を示す。

a　コンクリート打放し仕上げ外壁

i　コンクリートのひび割れ部改修

ii　コンクリートの欠損部改修

b　モルタル塗り仕上げ外壁

i　モルタルのひび割れ部改修

ii　モルタルの欠損部改修

iii　モルタルの浮き部改修

c　タイル張り仕上げ外壁

i　タイルのひび割れ部改修

ii　タイルの欠損部改修

iii　タイルの浮き部改修

iv　タイル目地改修

d　塗り仕上げ外壁

i　下地改修後の表面仕上塗材

ロ　外壁改修工法の種類は、特記による。

ハ　外壁改修における細目は、改修に伴う撤去と新規の改修に区分する。

ニ　改修単価は、全面改修、部分改修による。

ホ　部分的な改修又は小規模な改修が点在するような場合は、か所計上又は、1式計上とすることができる。

3.1　撤去（外壁）

(1)　一般事項

イ　外壁改修工法における撤去部分を部位ごとに区分する。

（細目別内訳）

名　　称	摘　　要	数量	単位	単価	金　　額	備　　考
3．外壁改修						
3.1　撤去						
壁タイル撤去			㎡	B		
壁モルタル撤去	厚さ		㎡	B		
窓台モルタル撤去	糸尺		m	B		
仕上塗材等の除去	種別、工法		㎡	B		
カッター入れ	下地種別、厚さ	1	式	B		別紙明細

シーリング撤去	種別、形状	1	式 (m)	B		
発生材運搬	構外搬出積込共	1	式	B・F		別紙明細
計						

ロ　壁タイル撤去

a　タイル撤去の工法は、ピックハンマーによる撤去を標準としている。

b　数量は、タイル及び下地モルタルを含めた数量とする。

ハ　窓台モルタル撤去

a　数量は、糸尺ごとに区分する。

ニ　仕上塗材等の除去

a　下地モルタルと同時に仕上塗材を撤去する場合は、撤去の対象としない。

b　既存塗膜の除去の工法は、特記による。

c　数量は、仕上げ種別、除去工法ごとに区分する。

ホ　カッター入れ

a　数量は、下地種別、厚さごとに区分する。

ヘ　シーリング撤去

a　数量は、種別、形状ごとに区分する。

3.2　改修（外壁）

（細目別内訳）

名　称	摘　要	数量	単位	単価	金　額	備　考
3.2　改修						
施工数量調査	目視、打診等の別	1	式 (㎡)	B		別紙明細
外壁清掃	工法		㎡	F		
ひび割れ部改修	既存仕上げ、工法、寸法		m	F		
欠損部改修	既存仕上げ、工法、寸法		か所 (㎡)	F		
浮き部改修	既存仕上げ、工法、寸法		か所 (㎡)	F		
下地調整	下地、種別		㎡	F		
仕上塗材塗り	下地、種別、工法		㎡	F		
タイル張り	仕様、形状、工法		㎡ (か所)	D		
壁下地モルタル塗り	厚さ、仕上げ タイル種別		㎡ (か所)	E		
役物モルタル塗り	糸幅、部位		m	E		
シーリング	種別、形状	(1	m 式)	E		別紙明細
計						

イ　施工数量調査

a　外壁改修は、施工前のひび割れか所の長さ、幅、コンクリート欠損部のか所、モルタル塗り又はタイル張りの浮き部の面積等が把握できていないことが多い。このため事前に施工数量を確定する目的から行う目視又は打診による調査を行い数量精算の根拠とする。

b　調査範囲及び調査方法は、特記による。

c　数量は、調査対象外壁面の実調査面積とし、調査方法により目視、打診等により区分する。

ロ　外壁清掃

a　数量は、水圧（加圧力）等ごとに区分する。

ハ　ひび割れ部改修

a　既存仕上げごとのひび割れ改修工法の種類は、「改修標準仕様書（建築）」4.1.4(a)〜(c)を標準とし、適用は特記による。

b　数量は、設計数量（図面明示数量）又は施工数量調査の数量により、既存仕上げ、工法、ひび割れの幅ごとに区分する。

ニ　欠損部改修

a　既存仕上げごとの欠損部改修工法の種類は、「改修標準仕様書（建築）」4.1.4(a)〜(c)を標準とし、適用は特記による。

b　数量は、設計数量（図面明示数量）又は施工数量調査の数量により、既存仕上げ、工法、寸法ごとに区分する。

c　コンクリート欠損部改修は、錆鉄筋の処理を含む。

ホ　浮き部改修

a　既存仕上げごとの浮き部改修工法の種類は、「改修標準仕様書（建築）」4.1.4(b)〜(c)を標準とし、適用は特記による。

b　数量は、設計数量（図面明示数量）又は施工数量調査の数量により、既存仕上げ、工法、寸法ごとに区分する。

c　アンカーピンニング（樹脂注入工法）は、一般部分（外壁面）と指定部分（見上げ面、庇のはな等）に区分する。

ヘ　下地調整

a　各下地の下地調整は、「改修標準仕様書（建築）」4.6.3(a)又は4.6.4(a)〜(d)により、既存仕上塗材の有無により区分する。

b　既存塗膜の除去、下地の処理の工法は、特記による。

c　数量は、下地、種別ごとに区分する。

ト　仕上塗材塗り

a　数量は、下地、種別、工法ごとに区分する。

チ　タイル張り

a　タイルの材質、寸法、形状、工法は特記による。

b　数量は、仕様、形状、工法ごとに区分する。

リ　壁下地モルタル塗り

a　数量は、厚さ、仕上げごとに区分する。

b　タイル張り下地の場合は、タイル種別ごとに区分する。

ヌ　窓台モルタル塗り

a　数量は、糸尺ごとに区分する。

ル　シーリング

a　数量は、種別、形状（断面）ごとに区分する。

4．建具改修

(1)　一般事項

イ　建具改修は、既存建具の改修と新規に金属製建具を設ける場合に区分する。

ロ　既存建具の改修方法は、以下の工法があり適用は特記による。

かぶせ工法：既存建具の外周枠を残し、その上から新規金属製建具を取り付ける工法

撤去工法　：既存建具の枠回りをはつり又は油圧工具等により撤去し、新規金属製建具を取り付ける工法

ハ　建具改修における細目は、改修に伴う撤去と新規の改修に区分する。

ニ　価格に対応する数量は、設計数量とする。

ホ　建具改修に伴うシーリング、枠回りのモルタル詰め、建具塗装等は建具改修に含めるが、新規に取り付ける場合の周囲の仕上げは、内装改修に含める。

4.1　撤去（建具）

(1)　一般事項

イ　金属製建具の撤去は、改修工法により区分する。

（細目別内訳）

名　　称	摘　　要	数量	単位	単価	金　　額	備　　考
4.　建具改修						
4.1　撤去						
アルミニウム製建具撤去	（寸法）	1	式（か所）	F		別紙明細
鋼製建具撤去	（寸法）	1	式（か所）	F		別紙明細
鋼製軽量建具撤去	（寸法）	1	式（か所）	F		別紙明細
ステンレス製建具撤去	（寸法）	1	式（か所）	F		別紙明細
木製建具撤去	（寸法）	1	式（か所）	B		別紙明細
シャッター撤去	（寸法）	1	式（か所）	F		別紙明細
カッター入れ	下地種別、厚さ	1	式（m）	B		別紙明細
シーリング撤去	種別、形状	1	式（m）	B		別紙明細
ガラス撤去		1	式（㎡）	B		別紙明細
発生材運搬	構外搬出積込共	1	式	B・F		別紙明細
計						

ロ　金属製建具撤去

a　改修工法によりアルミ製建具（ＡＷ、ＡＧ、ＡＤ）、鋼製建具（ＳＤ、ＳＧ）、鋼製軽量建具（ＬＤ）、ステンレス製建具（ＳＳＤ）、シャッター（ＳＳ、ＬＳ）ごとに区分する。

ハ　木製建具撤去

a　扉（ＷＤ）又は扉（枠共）ごとに区分する。

ニ　カッター入れ

a　新規建具取付けに伴うカッター入れの範囲は、特記又は設計図書による。

b　数量は、下地種別、厚みにより区分する。

ホ　シーリング撤去

a　数量は、種別、形状ごとに区分する。

ヘ　ガラス撤去

a　数量は、ガラス留めを含む。

4.2　改修（建具）

⑴　一般事項

イ　金属製建具は、改修工法により区分する。

ロ　名称欄には、建具符号、開閉方法、建具の種類を明記する。

ハ　細目は、材種ごとに製品及び運搬・取付けに区分する。

ニ　特記による建具金物は、建具の摘要欄に明記し、各々の建具製品単価に含む。

（細目別内訳）

名　　称	摘　　要	数量	単位	単価	金　　額	備　　考
4.2　改修						
4.2.1　アルミニウム製建具						
ＡＷ（建具番号）	寸法、仕様、表面処理、工法		か所	F		
ＡＧ（建具番号）	寸法、仕様、表面処理、工法		か所	F		
ＡＤ（建具番号）	寸法、仕様、表面処理、工法		か所	F		
運搬、取付け		1	式	F		別紙明細
小計						
4.2.2　鋼製建具						
ＳＤ（建具番号）	寸法、仕様、工法		か所	F		
ＳＧ（建具番号）	寸法、仕様、工法		か所	F		
運搬、取付け		1	式	F		別紙明細
小計						

（細目別内訳）

名　　　　称	摘　　　要	数量	単位	単価	金　　　額	備　　　考
4.2.3　鋼製軽量建具						
ＬＤ（建具番号）	寸法、仕様、工法		か所	F		
運搬、取付け		1	式	F		別紙明細
小計						
4.2.4　ステンレス製建具						
ＳＳＤ（建具番号）	寸法、仕様、表面仕上、工法		か所	F		
運搬、取付け		1	式	F		別紙明細
小計						
4.2.5　木製建具						
ＷＤ（建具番号）	寸法、仕様、金物共（運搬、取付共）		か所	F		
ふすま（建具番号）	寸法、仕様（運搬、取付共）		か所	F		
紙障子（建具番号）	寸法、仕様（運搬、取付共）		か所	F		
小計						
4.2.6　自動ドア開閉装置						
自動ドア開閉装置	仕様、性能、建具は別		か所	F		
小計						
4.2.7　シャッター						
ＳＳ（建具番号）	寸法、仕様、性能		か所	F		
ＬＳ（建具番号）	寸法、仕様、性能		か所	F		
運搬、取付け		1	式	F		別紙明細
小計						
4.2.8　ガラス						
型板ガラス	厚さ、大きさの区分 ガラス留め材共、（清掃）共		㎡	E		
網入り型板ガラス	厚さ、大きさの区分 ガラス留め材共、（清掃）共		㎡	E		
フロート板ガラス	厚さ、大きさの区分 ガラス留め材共、（清掃）共		㎡	E		
網入りみがき板ガラス	厚さ、大きさの区分 ガラス留め材共、（清掃）共		㎡	E		
合わせガラス	厚さ、大きさの区分 ガラス留め材共、（清掃）共		㎡	E		

（細目別内訳）

名　　　称	摘　　　要	数量	単位	単価	金　　額	備　　考
熱線吸収板ガラス	厚さ、大きさの区分 ガラス留め材共、（清掃）共		㎡	D		
強化ガラス	厚さ、大きさの区分 ガラス留め材共、（清掃）共		㎡	E		
熱線反射ガラス	厚さ、大きさの区分 ガラス留め材共、（清掃）共		㎡	D		
映像調整			㎡	F		
飛散防止フィルム張り	仕様		㎡	F		
小計						
4.2.9　その他						
ＳＯＰ合成樹脂調合ペイント塗り	種別、下地区分、部位		㎡	E		
建具周囲シーリング	種別、形状	（1	m 式）	E		別紙明細
建具周囲防水モルタル充填	外部建具	（1	m 式）	E		別紙明細
建具周囲モルタル充填	内部建具	（1	m 式）	E		別紙明細
小計						
計						

4.2.1　アルミニウム製建具

イ　建具リストの符号ごとにか所数を計上し、摘要欄に寸法（W×H）、枠見込み、性能（耐風圧、気密性、水密性）、表面処理等の仕様を明記する。

ロ　製品単価には方立て、無目、アングル、二重皿板、膳板、額縁等の付属金物を含む。

ハ　運搬、取付けは、建具製品の製作工場から取付け現場までの運搬費、現場での取付け費及び諸経費を含む。

4.2.2　鋼製建具

イ　鋼製建具、標準型鋼製建具に区分する。

ロ　建具リストの符号ごとにか所数を計上し、摘要欄に寸法（W×H）、開閉方式、枠見込み、性能（防火、防音、気密性、水密性）、等の仕様を明記する。

ハ　製品単価には、開閉金物、ドアクローザー、錠前等の付属金物を含む。

ニ　工場での素地ごしらえ、防錆塗装１回は製品単価に含む。

ホ　運搬、取付けは、建具製品の製作工場から取付け現場までの運搬費、現場での取付け費及び諸経費を含む。

4.2.3　鋼製軽量建具

イ　鋼製軽量建具、標準型鋼製軽量建具に区分する。

ロ　建具リストの符号ごとにか所数を計上し、摘要欄に寸法（W×H）、開閉方式、枠見込み、性能（防火、防音、気密性）、鋼板の種類等の仕様を明記する。

ハ　製品単価には、開閉金物、ドアクローザー、錠前等の付属金物を含む。

ニ　運搬、取付けは、建具製品の製作工場から取付け現場までの運搬費、現場での取付け費及び諸経費を含む。

4.2.4　ステンレス製建具

イ　建具リストの符号ごとにか所数を計上し、摘要欄に寸法（W×H）、開閉方式、枠見込み、表面仕上げ（ヘアライン、鏡面仕上げ等）、曲げ加工等の仕様を明記する。

ロ　製品単価には、フロアヒンジ、ドアクローザー、錠前、押し棒等の付属金物を含む。

ハ　運搬、取付けは、建具製品の製作工場から取付け現場までの運搬費、現場での取付け費及び諸経費を含む。

4.2.5　木製建具

イ　建具リストの符号ごとにか所数を計上し、摘要欄に寸法（W×H）、開閉方式、枠見込み、表面仕上げ（塗装、化粧板等）、等の仕様を明記する。

ロ　製品単価には、建具枠、ガラス、丁番、ドアクローザー、錠前等の付属金物を含む。

ハ　運搬、取付け費、諸経費は、製品単価に含む。

4.2.6　自動ドア開閉装置

イ　建具リストの符号ごとにか所数を計上し、摘要欄に開閉方式（片引き、引き分け、片開き、両開き等）を明記する。

ロ　センサー（スイッチ方式）は、特記による。

ハ　運搬、取付け費、諸経費は、建具製品に含む。

4.2.7　シャッター

イ　シャッターは、重量シャッター、軽量シャッターに区分する。

ロ　建具リストの符号ごとにか所数を計上し、摘要欄に性能（防火、防煙等）、材質、開閉方式（電動式、手動併用、手動式等）、スラットの材質、形状（パイプ、リング等）を明記する。

ハ　軽量シャッターは、焼付け塗装品であるため塗装費は計上しない。

ニ　オーバーヘッドドアは、シャッターの細目として計上する。

ホ　運搬、取付けは、建具製品の製作工場から取付け現場までの運搬費、現場での取付け費及び諸経費を含む。

4.2.8　ガラス

イ　各種ガラス

a　各ガラスの細目は、種類ごとに厚み、大きさにより区分する。

b　ガラス留め材の種別は、シーリング、ガスケットとし、適用は特記による。
　ただし、防火戸のガラス留め材は、建築基準法の認定を受けた条件による。

c　単価は、ガラス留め材、ガラスクリーニングを含む。

ロ　映像調整

a　映像調整は、特記による。

b　数量は、映像調整を必要とする面積を計上する。

ハ　飛散防止フィルム張り

a　飛散防止フィルム張りは、特記による。

4.2.9　その他

イ　ＳＯＰ合成樹脂調合ペイント塗り

a　数量は、既存建具の塗替え面及び新規建具面に区分する。

b　既存面塗替えにおける、下地処理、錆止め塗装は単価に含む。

ロ　建具周囲シーリング

a　数量は、種別、形状（断面）ごとに区分する。

ハ　建具周囲防水モルタル充填

a　数量は、外部建具を対象とする。

ニ　建具周囲モルタル充填

a　数量は、内部建具を対象とする。

5．内装改修

(1)　一般事項

イ　内装改修における細目は、改修に伴う撤去と新規の改修に区分する。

ロ　改修の細目は、改修部位ごとに床、壁（幅木）、天井、その他に区分する。

ハ　価格に対応する数量は、設計数量とする。

ニ　改修単価は、全館無人（執務者無し）、執務並行（執務中）により区分する。

ホ　部分的な改修又は小規模な改修が点在する様な場合は、１式計上とすることができる。

5.1　撤去（内装）

（細目別内訳）

名　　称	摘　　要	数量	単位	単価	金　　額	備　　考
5.　内装改修						
5.1　撤去						
床モルタル撤去	厚さ		㎡	B		
床タイル撤去	下地モルタル共		㎡	B		
ビニル床タイル撤去	仕様		㎡	B		
ビニル床シート撤去	仕様		㎡	B		
カーペット撤去	仕様		㎡	B		
フリーアクセスフロア撤去	仕様		㎡	F		
ビニル幅木撤去	高さ		m	B		
壁ボード撤去	種別、一重・二重の別		㎡	B		
壁紙撤去			㎡	B		
コンクリートブロック撤去	工法		㎥	B		
天井ロックウール吸音板撤去	下張り有無の別		㎡	B		
可動間仕切撤去	厚さ		㎡	F		
トイレブース撤去	寸法		m (か所)	F		
天井点検口撤去	寸法		か所	B		
ブラインドボックス撤去	寸法		m	F		
発生材運搬	構外搬出積込共	1	式	B・F		別紙明細
計						

イ　部分的な撤去においては、設計図書に基づきカッター入れを計上する。

ロ　床モルタル撤去

　a　数量は、モルタル塗り、張り物（ビニル床タイル、ビニル床シート、カーペット等）下地モルタルにより、厚さごとに区分する。

ハ　床タイル張り撤去

a　数量は、タイル種別ごとに下地モルタル共とする。

ニ　床張り物仕上げ撤去（ビニル床タイル、ビニル床シート、カーペット）

a　数量は、床仕上げごとに区分する。

b　ビニル床タイル、ビニル床シートは、アスベストの含有の有無により区分する。

ホ　幅木撤去（ビニル幅木、木製幅木）

a　数量は、材質、高さごとに区分する。

ヘ　壁ボード類撤去

a　数量は、材料種別、一重・二重、ボードの厚さごとに区分する。

b　下地がある場合は、下地撤去を別計上する。

c　石綿セメント板等は、アスベスト含有の有無により区分する。

ト　壁紙撤去

a　数量は、壁紙のみを撤去する場合であり、下地ボード等を同時に撤去する場合は対象としない。

チ　コンクリートブロック撤去

a　数量は、厚さ、工法（人力、ブレーカ）ごとに区分する。

リ　天井ボード類撤去

a　数量は、材料種別、一重・二重、ボードの厚さごとに区分する。

b　下地がある場合は、下地撤去を別計上する。

c　石綿セメント板等は、アスベスト含有の有無により区分する。

ヌ　その他

a　仕上げ撤去に伴う仕上げユニット等の撤去は、寸法、形状、厚さ等ごとに区分する。

5.2　改修（内装）

(1)　一般事項

イ　改修に伴う他の部位との取合い等は、特記による。特記がなければ「改修標準仕様書（建築）」6.1.3(b)、(c)、(f)に準ずる。

ロ　既存間仕切壁の撤去に伴う当該壁の取合う天井、壁、床の改修範囲は、特記による。

ハ　天井内の既存壁の撤去に伴う当該壁の取合う天井の改修範囲は、特記による。

ニ　天井撤去に伴う取合い部の壁面の改修は、特記による。

ホ　上記ロ、ハ、ニにおいて特記がない場合は、「数量基準」の定める方法による。

5.2.1　床（改修）

（細目別内訳）

名　　　称	摘　　　要	数量	単位	単価	金　　額	備　　考
5.2　改修						
5.2.1　床						
床下地補修	工法	1	式 （㎡）	F		別紙明細
床見切縁	仕様、寸法		m	F		
ビニル床タイル	仕様、部位、下地		㎡	E		
ビニル床シート	仕様、部位、下地		㎡	E		
カーペット敷き	仕様、工法		㎡	F		
合成樹脂塗床	仕様、下地		㎡	F		
床フローリング張り	材種、厚さ、工法		㎡	D		
床畳敷き	種別、寸法		枚	D		
床タイル張り	仕様、寸法、工法		㎡	D		
床モルタル塗り			㎡	E		
床下地モルタル塗り	張り物下		㎡	E		
床下地モルタル塗り	タイル種別		㎡	E		
フリーアクセスフロア	仕様、寸法		㎡	F		
小計						

イ　床下地補修

　a　数量は、既存下地、工法等ごとに区分する。

ロ　ビニル床タイル・ビニル床シート

　a　数量は、材料種別、厚さ、部位、下地等ごとに区分する。

　b　種別、厚さは特記による。

　c　部位は一般の床、階段部分及び接着剤の種別ごとに区分する。

ハ　カーペット・タイルカーペット

　a　数量は、カーペット仕様、工法、厚さ等ごとに区分する。

　b　タイルカーペットは、種別、寸法、総厚さ、パイル形状は特記による。

ニ　床タイル張り

　a　数量は、タイル仕様、寸法、工法ごとに区分する。

ホ　床モルタル・床下地モルタル

　a　床モルタルは、塗厚30㎜を標準とする。

　b　床下地モルタルは、張り物下、タイル下等、仕上げ種別ごとに区分する。

ヘ　フリーアクセスフロア

a　数量は、仕様、寸法ごとに区分する。

b　仕様は、材質、形状、地震時水平力、耐荷重、高さ等を摘要欄に明記する。

c　ボーダー等の役物は、幅、仕様を明記し延べ長さを別計上する。

d　ＯＡフロアは、高さ、材質、形状、表面仕上げ等ごとに区分する。

e　出入り口のスロープは、寸法ごとに区分する。

5.2.2　幅木・壁（改修）

（細目別内訳）

名　　称	摘　　要	数量	単位	単価	金　　額	備　　考
5.2.2　幅木・壁						
ビニル幅木張り	仕様、高さ		m	E		
壁下地補修	工法	1	式 （㎡）	F		別紙明細
壁タイル張り	仕様、寸法、工法		㎡	D		
壁下地モルタル塗り	タイル種別		㎡	E		
壁モルタル塗り	下地種別		㎡	E		
軽量鉄骨壁下地	寸法、下地張りの有無		㎡	E		
軽量鉄骨壁下地開口部補強		（1	か所 式）	E		別紙明細
壁せっこうボード張り	仕様、工法		㎡	E		
壁けい酸カルシウム板張り	仕様、工法		㎡	E		
壁紙張り	仕様、下地		㎡	D		
小計						

イ　ビニル幅木

a　数量は、仕様、形状（一般部、段形、ささら形）、高さごとに区分する。

ロ　壁下地補修

a　数量は、既存下地、工法等ごとに区分する。

ハ　壁タイル張り

a　数量は、タイル仕様、寸法、工法ごとに区分する。

ニ　壁下地モルタル塗り

a　下地モルタル塗りは、タイル下地又は表面仕上げ（塗装仕上げ、壁紙等）の種別、タイル寸法、工法ごとに区分する。

ホ　軽量鉄骨壁下地

a　数量は、スタッドの幅（65形、90形、100形）、ボードの一重、二重張りごとに区分する。

ヘ　軽量鉄骨壁下地開口部補強

a　数量は、扉などの開口内法寸法によるか所数とし、スタッドの幅（65形、90形、100形）ごとに区分する。

ト　壁せっこうボード・壁繊維強化セメント板張り

a　数量は、厚さ、工法（突付け、ジョイント工法等）、一重、二重張りごとに区分する。

チ　壁紙張り

a　数量は、材料種別、下地（モルタル面、ボード面等）ごとに区分する。

5.2.3　天井（改修）

（細目別内訳）

名　　称	摘　　要	数量	単位	単価	金　　額	備　　考
5.2.3　天井						
天井せっこうボード張り	仕様、工法		㎡	E		
天井ロックウール化粧吸音板張り	仕様、工法		㎡	E		
天井けい酸カルシウム板張り	仕様、工法		㎡	E		
軽量鉄骨天井下地	寸法		㎡	E		
軽量鉄骨天井下地	寸法、下り壁用		㎡	E		
軽量鉄骨天井振止め補強		（1	㎡ 式）	E		別紙明細
軽量鉄骨天井下地開口部補強		（1	か所 式）	E		別紙明細
天井廻り縁	材質、形状		m	D		
下り壁見切り縁	材質、形状		m	D		
天井点検口	材質、寸法		か所	D		
小計						

イ　天井せっこうボード張り・ロックウール化粧吸音板・繊維強化セメント板張り

a　数量は、厚さ、工法（突付け、ジョイント工法等）、一重、二重張りごとに区分する。

ロ　軽量鉄骨天井下地

a　数量は、天井ボードの種別、一重、二重張りごとに区分する。

b　下り壁部は、高さごとに区分する。

ハ　軽量鉄骨天井振止め補強

a　数量は、天井のふところが1.5m以上の場合にふところの高さごとに区分する。なお、天井ふところが３ｍを超える場合の補強は、特記による。

ニ　軽量鉄骨天井開口部補強

a　数量は、照明器具、天井点検口、吹出口などの開口内法寸法によるか所数ごとに区分する。

ホ　天井廻り縁・下り壁見切り縁・天井点検口

a　数量は、材質、形状ごとに区分する。

5.2.4　その他（改修）

（細目別内訳）

名　　　称	摘　　　要	数量	単位	単価	金　　額	備　　考
5.2.4　その他						
トイレブース	仕様、工法		m (か所)	F		
洗面カウンター	仕様、寸法		か所	F		
室名札	仕様、寸法		か所	F		
ブラインド	仕様		㎡	F		
ブラインドボックス	材質、寸法［図番号］		m	F		
カーテンレール	材質、寸法		m	F		
鏡	厚さ、寸法		か所	F		
小計						
計						

イ　その他

a　仕上げ改修に伴う仕上ユニット等の細目は、材質、形状、寸法等ごとに区分する。

6．塗装改修

(1)　一般事項

イ　既存塗膜の除去範囲は、特記による。特記がなければ工程ＲＢ種の場合、塗替え面積の30％程度を標準とする。

ロ　塗装改修における細目は、改修に伴う塗膜の除去と既存面の塗装塗替え及び新規面の塗装に区分する。

ハ　塗装改修の細目は、改修部位ごとに床、壁、幅木、天井、その他に区分する。

ニ　摘要欄には、種別、下地区分、部位、役物等を記載する。

ホ　価格に対応する数量は、設計数量とする。

ヘ　部分的な改修又は小規模な改修が点在する様な場合は、か所計上又は、１式計上とすることができる。

ト　改修単価は、全面改修、部分改修による。

チ　各種塗装の塗替えの単価は、既存塗装の除去単価のＢ及び塗装単価のＥを合算したものとする。

6.1　改修（塗装）

(1)　一般事項

イ　複合単価には、素地ごしらえ（新規面）、素地調整（既存塗替え面）、錆止め塗りを含めたものとする。

ロ　塗装下地布張り（寒冷紗、ヘッシャンクロス）等は、塗装に含める。

（細目別内訳）

名　　　称	摘　　　要	数量	単位	単価	金　　額	備　　考
6.　塗装改修						
6.1　改修						
6.1.1　外部塗装						
ＳＯＰ 合成樹脂調合ペイント塗り	種別、下地区分 部位、下地調整種別		㎡	Ｅ		
ＳＯＰ 合成樹脂調合ペイント塗替え	種別、下地区分 部位、下地調整種別 既存塗膜除去共		㎡	Ｂ・Ｅ		
小計						
6.1.2　内部塗装						
ＳＯＰ 合成樹脂 調合ペイント塗り	種別、下地区分 部位、下地調整種別		㎡	Ｅ		
ＳＯＰ 合成樹脂 調合ペイント塗替え	種別、下地区分 部位、下地調整種別 既存塗膜除去共		㎡	Ｂ・Ｅ		

ＥＰ 合成樹脂 エマルションペイント塗り	種別、下地区分 細幅物、下地調整種別		㎡	Ｅ		
ＥＰ 合成樹脂 エマルションペイント塗り替え	種別、下地区分 細幅物、下地調整種別 既存塗膜除去共		㎡	Ｂ・Ｅ		
ＥＰ 合成樹脂 エマルションペイント塗り	種別、下地区分 部位、下地調整種別		m	Ｅ		
ＥＰ 合成樹脂 エマルションペイント塗り替え	種別、下地区分 部位、下地調整種別 既存塗膜除去共		m	Ｂ・Ｅ		
ＥＰ－Ｇ つや有合成樹脂エマルションペイント塗り	種別、下地区分 部位、下地調整種別		㎡	Ｅ		
ＥＰ－Ｇ つや有合成樹脂エマルションペイント塗り替え	種別、下地区分 部位、下地調整種別 既存塗膜除去共		㎡	Ｂ・Ｅ		
ＦＥ フタル酸樹脂 エナメル塗り	種別、下地区分 部位、下地調整種別		㎡	Ｆ		
ＦＥ フタル酸樹脂 エナメル塗替え	種別、下地区分 部位、下地調整種別 既存塗膜除去共		㎡	Ｂ・Ｆ		
ＮＡＤ アクリル樹脂系 非水分散形塗料塗り	種別、下地区分 部位、下地調整種別		㎡	Ｆ		
ＮＡＤ アクリル樹脂系 非水分散形塗料塗り替え	種別、下地区分 部位、下地調整種別 既存塗膜除去共		㎡	Ｆ		
ＤＰ 耐候性塗料塗り	種別、下地区分 部位、下地調整種別		㎡	Ｆ		
ＤＰ 耐候性塗料塗り替え	種別、下地区分 部位、下地調整種別 既存塗膜除去共		㎡	Ｆ		
ＣＬ クリヤラッカー塗り	種別、下地区分 部位、下地調整種別		㎡	Ｅ		
ＣＬ クリヤラッカー塗り替え	種別、下地区分 部位、下地調整種別 既存塗膜除去共		㎡	Ｅ		
ＯＳ オイルステイン塗り	種別、下地区分 部位、下地調整種別		㎡	Ｅ		
ＯＳ オイルステイン塗り替え	種別、下地区分 部位、下地調整種別 既存塗膜除去共		㎡	Ｅ		
ＵＣ ウレタン樹脂ワニス塗り	種別、下地区分 部位、下地調整種別		㎡	Ｅ		
ＵＣ ウレタン樹脂ワニス塗り替え	種別、下地区分 部位、下地調整種別 既存塗膜除去共		㎡	Ｂ・Ｅ		
小計						
計						

6.2.1　外部塗装（改修）

(1)　ＳＯＰ合成樹脂調合ペイント塗り及び塗替え

イ　数量は、木部、鉄鋼面、亜鉛メッキ鋼面ごとに、新規塗装又は既存面塗装塗替えに区分する。

ロ　塗装の種別は、特記による。

ハ　既存面塗装塗替え単価は、既存塗膜除去共とする。

6.2.2　内部塗装（改修）

(1)　ＳＯＰ合成樹脂調合ペイント塗り及び塗替え

イ　外部ＳＯＰ合成樹脂調合ペイント塗りに準ずる。

(2)　ＥＰ合成樹脂エマルション塗り及び塗替え

イ　数量は、コンクリート、モルタル、プラスター、せっこうボード、その他のボード面ごとに、新規塗装又は既存面塗装塗替えに区分する。

ロ　塗装の種別は、特記による。

ハ　既存面塗装塗替え単価は、既存塗膜除去共とする。

ニ　数量は、壁面、天井面で塗装工程が異なるため区分する。

ホ　役物部分の塗装は、糸幅ごとに区分する。

(3)　ＥＰ－Ｇつやあり合成樹脂エマルション塗り及び塗替え

イ　ＥＰ合成樹脂エマルション塗り及び塗替えに準ずる。

(4)　ＦＥフタル酸樹脂エナメル塗り及び塗替え

イ　数量は、木部、鉄鋼面、亜鉛メッキ鋼面ごとに、新規塗装又は既存面塗装塗替えに区分する。

ロ　塗装の種別は、特記による。

ハ　既存面塗装塗替え単価は、既存塗膜除去共とする。

(5)　ＮＡＤアクリル樹脂系非水分散形塗料塗り及び塗り替え

イ　数量は、コンクリート面、モルタル面、押出成形セメント板面ごとに、新規塗装又は既存面塗装塗替えに区分する。

ロ　塗装の種別は、特記による。

(6)　ＤＰ耐候性塗料塗り及び塗り替え

イ　数量は、屋外の鉄鋼面、亜鉛めっき鋼面、コンクリート面及び押出成形セメント板面ごとに新規塗装又は、既存面塗装塗替えに区分する。

ロ　塗装の種別は、特記による

(7)　ＣＬクリヤラッカー塗り及び塗り替え

イ　数量は木部面で新規塗装又は、既存面塗装塗替えに区分する。

ロ　塗装の種別は特記による。

(8)　ＯＳオイルステイン塗り及び塗り替え

イ　数量は木部面で新規塗装又は、既存面塗装塗替えに区分する。

ロ　塗装の種別は特記による。

(9)　ＵＣウレタン樹脂ワニス塗り及び塗替え

イ　数量は、木部面で、新規塗装又は既存面塗装塗替えに区分する。

ロ　塗装の種別は、特記による。

ハ　既存面塗装塗替え単価は、既存塗膜除去共とする。

ニ　役物部分の塗装は、糸幅ごとに区分する。

7．耐震改修

(1)　一般事項

イ　耐震改修には、様々な工法があるが本編では鉄筋コンクリート造骨組、鉄骨鉄筋コンクリート造骨組における、コンクリート耐震壁、鉄骨ブレースの新設などの一般的な改修方法について解説する。

ロ　耐震改修に伴う仕上げの改修細目は、内装改修、塗装改修等による。

ハ　耐震改修細目は、撤去、改修に区分する。

7.1　撤　去

(1)　一般事項

イ　コンクリート、コンクリートブロックの撤去範囲は、設計図書によるものとし、必要に応じてカッター入れにより周辺部に影響を与えない方法とする。

ロ　耐震壁新設に伴う床、壁、天井の撤去範囲は、特記による。

（細目別内訳）

名　　　称	摘　　　要	数量	単位	単価	金　　　額	備　　　考
7.　耐震改修（躯体）						
7.1　撤去						
鉄筋コンクリート撤去	工法		㎥	B		
コンクリートブロック類撤去	工法		㎥	B		
コンクリートカッター入れ	下地種別、厚さ、部位		m	B		
発生材運搬	構外搬出積込共	1	式	B・F		別紙明細
計						

(2)　鉄筋コンクリート撤去

イ　数量は、厚さ、撤去工法ごとに区分する。

ロ　撤去工法は、少量の場合及び工法が指定されている場合を除きコンクリートブレーカーによる。

(3)　コンクリートブロック類撤去

イ　数量は、厚さ、撤去工法ごとに区分する。

ロ　撤去工法は、少量の場合及び工法が指定されている場合を除きコンクリートブレーカーによる。

(4)　コンクリートカッター入れ

イ　数量は、種別、厚さごとに区分する。

7.2　改修（耐震）

(1)　一般事項

イ　鉄筋コンクリート造骨組、鉄骨鉄筋コンクリート造骨組のコンクリート耐震壁、鉄骨ブレースの新設などにおける鉄筋工事、あと施工アンカー工事、コンクリート工事、鉄骨工事、グラウト工事に区分する。

（細目別内訳）

名　　　称	摘　　　要	数量	単位	単価	金　　額	備　　　考
7.2　改修						
7.2.1　鉄筋						
異形鉄筋	規格、径		t	F		所要数量
鉄筋スクラップ控除		▲1	式	F		
鉄筋加工組立	スペーサー共		t	E		設計数量
スパイラル（割裂補強）鉄筋	径、材工共		t	F		
鉄筋ガス圧接	径		か所	E		
（特殊継手）	機械式・溶接継手の別		か所	F		
帯筋溶接	径		か所	F		
鉄筋運搬	工場～現場		t	C		設計数量
（溶接金網）	径、ピッチ、材工共		m²	F		
あと施工アンカー	仕様、径		本	F		
小計						
7.2.2　コンクリート						
普通コンクリート	材質、強度、スランプ		m³	F		
コンクリート打設手間		1	式	E		別紙明細
ポンプ圧送		1	式	E		別紙明細
構造体温度補正		1	式	D		別紙明細
グラウト材注入	材工共	（1	m³ 式）	F		別紙明細
壁既存打継面目荒らし	仕様		m²	F		
（吹付けモルタル工法）			m²	F		
小計						

（細目別内訳）

名　　　　称	摘　　　要	数量	単位	単価	金　　額	備　　考
7.2.3　型枠						
普通合板型枠	耐震改修用、部位等		㎡	C・E		
型枠運搬			㎡	C・E		
打放し面補修	種別、コーン処理		㎡	C・E		
グラウト材注入用型枠	材質、高さ		m	C・E		
小計						
7.2.4　鉄骨						
形鋼	規格、形状、寸法		t	F		所要数量
切板鋼板	規格、板厚		t	F		所要数量
鉄骨スクラップ控除		▲1	式	F		
工場加工組立	溶接材料及び溶接手間共		t	F		設計数量
工場さび止め塗装	下地、鋼材面、メッキ面	（1	㎡ 式）	F		別紙明細
鉄骨運搬			t	F		設計数量
現場建方	揚重機別途		t	F		設計数量
高力ボルト類	規格、形状、寸法、 （材料費）		t （本）	F		所要数量
高力ボルト類締付	規格、形状、寸法		本	D		設計数量
溶接部試験（超音波探傷）	工場及び現場　第三者試験機関	（1	か所 式）	F		別紙明細
耐火被覆	仕様、性能、部位		㎡	F		
小計						
7.2.5　その他						
コンクリート切断	工法、厚さ		m	F		
耐震スリット	材質、寸法		m	F		
シーリング	種別、形状	（1	m 式）	E		
撤去部補修	耐火材等		m	F		
小計						
計						

7.2.1　鉄筋組立工事

⑴　異形鉄筋

イ　数量は、ロスを含んだ所要数量とし、規格、径ごとに区分する。

⑵　鉄筋スクラップ控除

イ　数量は、(所要数量－設計数量）×0.7とする。

ロ　スクラップ単価は、物価資料に掲載されている鉄屑の規格、等級により適宜定める。

ハ　金額は、スクラップ売却費として、減額（▲）１式計上する。

⑶　鉄筋加工組立

イ　数量は、設計数量とする。

ロ　単価は、工場加工組立を標準としているので工場から現場までの運搬費を別計上する。

⑷　スパイラル（割裂補強）鉄筋

イ　数量は、径ごとに設計数量とする。

ロ　単価は、加工組立を含む材工とする。

⑸　鉄筋ガス圧接

イ　数量は、径ごとに区分する。

⑹　帯筋溶接

イ　数量は、径ごとに区分する。

⑺　あと施工アンカー

イ　あと施工アンカーには、金属系アンカー及び接着系アンカーがあり、適用は特記による。

ロ　数量は、種別、径ごとに区分する。

7.2.2　コンクリート工事

⑴　コンクリート

イ　数量は、材質、強度、スランプごとに区分する。

⑵　コンクリート打設手間

イ　スランプは、特記による。特記がなければ18㎝を標準とする。

ロ　打設方法は、ポンプ打ちを標準とする。

ハ　打設費は、打設に必要な要員（筒先、振動機、たたき等）により算出する。

⑶　ポンプ圧送

イ　スランプは、特記による。特記がなければ18㎝を標準とする。

ロ　ポンプ圧送費は、施工条件、施工階数、施工箇所等を検討の上、総打設回数による。

⑷　温度補正

イ　数量は、コンクリート打設後28日までの期間の予想平均気温により区分する。

⑸　グラウト材注入

イ　グラウト材は、無収縮グラウト材（プレミックス及び現場調合形）を標準とする。

ロ　数量は、注入高さ、耐震壁幅、長さによる体積とする。

ハ　単価は、材工共とする。

(6)　壁既存打継面目荒らし

イ　耐震壁新設に取り合う柱、梁、壁の既存コンクリート面の目荒らし範囲、厚さは特記による。

ロ　数量は、部位ごとに区分する。

7.2.3　型枠工事

(1)　型　枠

イ　数量は、一般型枠、打放し型枠（種別）に区分する。

ロ　型枠用合板は特記による。特記がなければ厚さ12㎜を標準とする。

(2)　型枠運搬

イ　数量は、型枠数量とする。

ロ　運搬費は、４ｔ車積みを標準とする。

(3)　打放し面補修

イ　数量は、打放し種別面ごとに区分する。

ロ　コーン処理費は、種別ごとに別計上する。

(4)　グラウト材注入用型枠

イ　数量は、材質、高さごとに区分する。

7.2.4　鉄骨工事

(1)　形　鋼

イ　数量は、ロスを含んだ所要数量とし、規格、形状、寸法ごとに区分する。

(2)　鋼　板

イ　数量は、ロスを含んだ所要数量とし、規格、板厚ごとに区分する。

(3)　鉄骨スクラップ控除

イ　数量は、(所要数量－設計数量）×0.7とする。

ロ　スクラップ単価は、物価資料に掲載されている鉄屑の規格、等級により適宜定める。

ハ　金額は、スクラップ売却費として、減額（▲）１式計上する。

(4)　工場加工組立

イ　数量は、設計数量とする。

ロ　単価は、工場溶接費を含む。

(5)　工場さび止め塗装

イ　数量は、塗装種別、鉄骨面、メッキ面ごとに区分する。

(6)　鉄骨運搬

イ　数量は、鋼材の設計数量としボルト類は除く。

(7)　現場建方

イ　数量は、鋼材の設計数量としボルト類は除く。

ロ　建方に必要な揚重機械は、共通仮設費に計上する。

(8)　高力ボルト類

イ　数量は、ロスを含んだ所要数量とし、規格、形状、径ごとに区分する。

(9)　高力ボルト類締付

イ　数量は、設計数量とし、規格、形状、径ごとに区分する。

(10)　溶接部試験（超音波探傷）

イ　数量は、工場及び現場溶接のか所数とし、適用は特記による。

(11)　耐火被覆

イ　耐火被覆は、ラス張りモルタル塗り、耐火材吹付け、耐火板張りのいずれかとし、その種別及び性能は特記による。

ロ　数量は、仕様、耐火性能、部位ごとに区分する。

7.2.5　その他工事

(1)　コンクリート切断

イ　コンクリート切断は厚さごとに区分する。

ロ　数量は、工法、厚さごとに区分する。

(2)　耐震スリット

イ　スリットの形状は、完全スリットと部分スリットがあり、適用は特記による。

ロ　数量は、材質、寸法ごとに区分する。

(3)　シーリング

イ　数量は、種別、形状ごとに区分する。

(4)　撤去部補修

イ　耐震スリット新設工事に伴う周辺の補修は、特記による。特記がなければ撤去材と同一材の補修とする。

8．環境配慮改修

(1)　一般事項

イ　環境配慮改修には、アスベスト含有建材処理工事、断熱アスファルト防水改修工事、外断熱改修工事、ガラス改修工事、断熱・防露改修工事、屋上緑化改修工事、透水性アスファルト舗装改修工事等があり、改修工事ごとに区分する。

ロ　改修細目は、撤去、改修に区分する。

ハ　数量は、原則として設計数量によることとし、防水改修、外壁改修、建具改修、内装改修、塗装改修に準ずる。

ニ　単価等は、複合単価、市場単価のほか専門工事業者の見積価格による。

（細目別内訳）

名　　　称	摘　　　要	数量	単位	単価	金　　　額	備　　　考
8.　環境配慮改修						
8.1　撤去						
吹付けアスベスト除去	工法	1	式	F		別紙明細
（アスベスト粉じん濃度測定）			点	F		
アスベスト含有成形板撤去	工法	（1	㎡ 式）	F		
発生材運搬	構外搬出積込共	1	式	A・F		別紙明細
計						
8.2　改修						
8.2.1　屋上緑化						
屋上緑化システム	仕様、工法	（1	㎡ 式）	F		別紙明細
植込み用土	仕様		㎥	F		
低木	樹種、高さ、葉張り		株 （本）	F		
芝張り	種別		㎡	F		
地被類	種別		株	F		
植込費		1	式	F		別紙明細
計						

8.1　撤去

(1)　一般事項

イ　アスベスト含有建材の除去は、吹付けアスベストとアスベスト含有成形板ごとに区分する。

ロ　関係法令、都道府県の条例を遵守する。

ハ　吹付けアスベストの除去工法は、専門工事業者の仕様による。

(2)　アスベスト撤去

イ　数量は、使用部位、下地、厚さ等に区分する。

ロ　除去したアスベストの処理方法は、密封処理又は固化処理による。

ハ　アスベスト除去に伴う洗浄設備、負圧除じん装置の設置、作業場の隔離、防護服・防護衣等に係る費用は単価に含める。

(3)　アスベスト粉じん濃度測定

イ　アスベスト粉じん濃度測定は、特記による。

(4)　アスベスト成形板撤去

イ　数量は、使用部位、下地、厚さ等に区分する。

ロ　アスベスト成形板撤去に伴う呼吸用保護具・保護メガネ・作業着等は単価に含める。

8.2　改修（環境配慮）

8.2.1　屋上緑化

(1)　屋上緑化システム

イ　屋上緑化システムの種類は、特記による。

ロ　数量は、仕様、工法ごとに区分する。

(2)　植栽

イ　植栽は、低木、芝張り、地被類等に区分する。

ロ　樹木、芝、地被類等は、樹木名、高さ、径等を明記する。

ハ　植込み用土の適用は特記により、仕様、厚さごとに区分する。

(3)　植込費

イ　数量は、樹木ごとに区分する。

ロ　芝張り、地被類等は、材工共とする。

ハ　支柱材は、適用は特記による。

9．発生材処分

(1)　一般事項

イ　発生材処分は関係法令に基づき適切に処理する。

ロ　数量は、原則として設計数量による。

ハ　処理方法は、特記又は条件明示による。

ニ　建設副産物の種類と具体例、廃棄物処理のフローは、Ⅱ．７）(1)～(3)による。

（細目別内訳）

名　　称	摘　　要	数量	単位	単価	金　　額	備　　考
9．発生材処分						
発生材処分	処分費	1	式	F		別紙明細―9
計						

(2)　発生材運搬

イ　数量は、発生材種別ごとに区分する。

ロ　運搬距離は、特記又は条件明示により中間処理場又は最終処分場までの距離とする。

ハ　運搬用ダンプトラックは、発生量により10ｔ、6ｔ、4ｔ、2ｔ用とする。

ニ　集積場からダンプへの積込み費は、単価に含めるか別計上による。

ホ　有価物（金属類）は、特記により現場引渡しの場合は計上しない。

（別紙明細―９）

名　　称	摘　　要	数量	単位	単価	金　　額	備　　考
発生材処分		1	式			
発生材処分	コンクリート塊 処分費 運搬車の種別		㎥ （t） 台	F		（特定建設資材廃棄物）
発生材処分	アスファルト・コンクリート 処分費 運搬車の種別		㎥ （t） 台	F		（特定建設資材廃棄物）
発生材処分	建設発生木材（抜根・伐採材を除く）処分費 運搬車の種別		㎥ （t） 台	F		（特定建設資材廃棄物）
発生材処分	建設発生土 処分費 運搬車の種別		㎥ （t） 台	F		（指定副産物）
発生材処分	建設発生木材（抜根・伐採材）処分費 運搬車の種別		㎥ （t） 台	F		（指定副産物）
発生材処分	特別管理産業廃棄物 処分費 運搬車の種別		㎥ （t） 台	F		
発生材処分	発生材の種別 処分費 運搬車の種別		㎥ （t） 台	F		
（発生材処分）	金属 処分費 運搬車の種別		㎥ （t） 台			（有価物）
計						

⑶　発生材処理

イ　数量は、発生材種別ごとに区分する。

ロ　処分費は、特記又は条件明示により中間処理場又は最終処分場の単価とする。

ハ　有価物（金属類）は、特記により現場引渡しの場合は計上しない。

7　公共建築工事見積標準書式

「見積標準書式」は、工事価格の積算に際し参考とする製品及び専門工事価格について、製造業者を含む専門工事業者（以下「専門工事業者」という。）から適正な見積価格を得るために使用する書式として、基本的な構成、記載項目等を示すものである。この「見積標準書式」の活用により見積依頼者、専門工事業者双方の利便性、省力化を図る目的で整備されている。

1）一般事項

見積書は、工事における一定条件のもと、依頼者の要求する仕様を満足する製品等の価格、金額について専門工事業者より提出してもらう書類であり、その手続きに必要な発注者からの見積依頼に関する書式及び専門工事業者から提出される見積書に関する書式の構成は以下による。

なお、本書式については、主に新営工事を対象とした標準書式であるが、改修工事特有の工法なども本書式に準じた書式で作成する。

ただし、改修工事では、新営工事と異なり撤去、撤去後の下地処理、既存部分との取り合いなどによる見積範囲の不明瞭さがある。また、「改修標準仕様書（建築）」及び設計図書により改修部位ごとに資材、改修工法などが定められており、これらに対する見積内容、見積範囲、見積条件を見積依頼者、専門工事業者双方の共通認識のもとに適正な見積が行われなければならない。

⑴　見積依頼時（依頼者作成）

①　見積依頼書

②　見積条件書・範囲リスト

③　設計図書、仕様書等（見積に必要な部分を発行する）

④　見積書表紙（必要に応じて発行する）

⑤　参考数量　（必要に応じて発行する）

⑵　見積書提出時（専門工事業者等作成）

①　見積書表紙

②　見積内訳書

③　見積条件書・範囲リスト（見積依頼時の見積条件を踏まえ、条件を整理して明示する）

④　⑴③において発行された設計図書、仕様書等（必要に応じて返却）

2）見積標準書式の概要

⑴　見積依頼時書式

①　見積依頼書

見積依頼書は、見積依頼者が専門工事業者に見積を依頼する際に、当該物件に関する情報について伝達するための書類であり、その内容は以下のとおりである。

a　工事概要に関わる項目

・工事件名　・工事場所　・予定工期

b　建物概要に関わる項目

・構造　・階数　・建築面積、延床面積

c　提出に関わる項目

・提出期限　・提出先宛名　・提出部数　・提出方法　・見積依頼者氏名、連絡先

d　与条件

・支給品の有無　・施工条件等

また、見積に必要な設計図書を見積依頼書と同時に専門工事業者に配布し、見積書提出時に設計図書を返却する。

②　見積条件書・範囲リスト

見積条件書は、見積依頼者が見積に含める事項、含めない事項等を明確にするため見積範囲をリストで示したもので、見積依頼者の意図する見積対象範囲や施工条件を専門工事業者へ正確に伝えるための書式である。

見積条件書は、同時に見積依頼者と専門工事業者の責任分担範囲を明確にするためのチェックリストとしての意味合いもある。

(2)　見積書提出時書式

見積書の提出は、見積書表紙、見積内訳書及び見積条件書で構成する。

①　見積書表紙

見積書表紙には、見積金額（合計金額）のほかに以下に示す対象工事に関わる項目と作成者に関わる項目を記載する。

a　対象工事に関わる項目

・工事件名　・工事場所　・見積発行年月日　・見積有効期限　・受け渡し方法　・支払条件

b　作成者に係わる項目

・専門工事業者名等　・同所在地　・同代表者氏名　・同代表者印又は社印　・見積作成者名　・連絡先

②　見積内訳書

見積内訳書は、見積対象の品目、工事を要求仕様、摘要、項目ごとに金額が記載された見積明細書であり、設計図書及び見積内容、見積範囲に基づく数量により、材料費（製品代)、施工費、仮設費、機械器具損料費、諸経費（現場管理費及び一般管理費）等に区分した内訳明細書とする。

なお、各専門工事の見積書式は、「見積標準書式」の記載例によるものとするが、本書式に定められていない見積については、これに準じた書式で作成する。

3）見積標準書式の記載例

(1)　見積標準書式

「見積標準書式」では、主に新営工事に関して下記の専門工事について、記載例が掲載されているので参照されたい。

①　土工・地業工事編

a　ウェルポイント工事

b　ディープウェル工事

c　親杭横矢板工事

d　鋼矢板工事

e　ソイルセメント柱列壁工事

f　山留め支保工・切ばり腹起し工事

g　地盤アンカー工事

h　乗入れ構台工事

i　既製コンクリート杭工事

j　場所打ちコンクリート杭工事

②　躯体工事編

a　鉄骨工事

③　仕上工事編

a　既製コンクリート工事（ＡＬＣ工事）

b　石工事

c　タイル工事

d　木工事

e　金属工事

f　建具工事（金属製建具、シャッター、木製建具）

g　ガラス工事

h　カーテンウォール工事（アルミ及びＰＣ）

i　仕上ユニット

j　書架工事

k　植栽工事

④　とりこわし工事

a　とりこわし工事

(2)　改修工事の見積標準書式

改修工事での見積の主なものとしては、下記のような専門工事があるが上記の記載例に準じて作成する。

Ⅳ　改修工事の積算

改修工事では、新営工事と異なり撤去、撤去後の下地処理、既存部分との取り合いなどによる見積範囲の不明瞭さや、施工条件、作業条件による価格設定の解釈に相違が生じることがないように見積内容を正確に相手側に伝えることが重要である。

①　躯体工事編

　a　耐震改修の鉄骨工事

　b　耐震壁新設に伴う上部のグラウト工事、あと施工アンカー

②　仕上げ工事編

　a　外壁改修のひび割れ・欠損部・浮き部等の改修工法

　b　外壁仕上材等

　c　建具工事の撤去工法、かぶせ工法

　d　特殊内装材、仕上げユニット等

③　その他

　a　吹付けアスベスト除去工事（本編で参考記載）

　b　環境配慮改修の屋上緑化

(3)　吹付けアスベスト除去工事の見積書式記載例

以下に吹付けアスベスト除去工事における見積書式のひな型を参考に記載する。

吹付けアスベスト除去工事の単価は、専門工事業者からの見積により決定することになるが除去の範囲、施工数量、施工条件等が単価に影響を与える。特に吹付けアスベスト除去については、人体への影響を考慮し、作業員、執務者はもとより近隣住民への安全対策を考慮する場合も生じる。

見積徴集に際しては、見積作成者に対し施工条件、作業条件、見積条件・範囲リスト等に基づき見積内容を適確に伝達するとともに、それらの内容を見積に反映させることが必要である。

見積内容は以下のとおりである。

①　仮設

　a　一般工事での足場損料は、通常元請からの貸与となるが、足場材のメンテナンス等を考慮し、見積に含む。

　b　養生、整理清掃後片付けは、除去の対象となる室及び関連する休憩室等も対象とする。
　　また、既設の機械等の養生を含む。

②　安全衛生設備機器等

　a　セキュリティーハウスの設置、吹付けアスベスト除去に必要な各種機械器具損料及び作業員の防護のための消耗品等とする。

③　吹付けアスベスト除去処理

　a　吹付けアスベストの除去は、吹付けの部位、厚さごとに区分する。

　b　処理方法は、密封処理又は、固化処理とする。

④　吹付けアスベスト廃棄物処理

a　廃棄物処理は、現場での積込み、処分地までの運搬、処分費用に区分する。

b　廃棄物処理は、関係法令に基づき適正に処分するものとし、処分地までの距離、場所、処分先を記載する。

⑤　アスベスト粉じん濃度測定

a　濃度測定点は、作業前、作業中、作業後、作業後1週間以降に区分し「特記」による測定点とする。

共通様式１

見　積　依　頼　書

平成　年　月　日

御中

工事名　　吹付けアスベスト除去工事

見積依頼者
部　　署
担 当 者
所 在 地
Ｔ Ｅ Ｌ
Ｆ Ａ Ｘ
E－mail

表記の件につきまして、添付の見積条件及び設計図書により見積書の提出をお願いします。なお、質疑等がある場合は、　　月　　日までに、担当者宛に書面又は電子メールにて通知下さい。

見積条件

提出期限・部数	平成　　年　　月　　日　　時まで　（提出部数　　部）
提出先宛名	
提出先	見積依頼担当者（郵送可）
工事場所	
受渡場所	□現場軒先渡し　　□工場渡し
見積範囲	□機材のみ　　　　□機材及び据付け調整
見積有効期限	
その他条件等	□別紙「見積条件書」による。 □ □ □

共通様式 2

見積条件書

項目番号	見　積　条　件	見積依頼	見積価格

1．見積依頼欄は、見積条件に記載した内容を見積依頼対象として含むかどうかを示す。
2．見積価格欄は、見積条件に記載した内容を見積価格に含むかどうかを示す。
3．凡例記号として、○＝含む、×＝含まないを相互に記入し示すものとする。
4．法定福利費とは、雇用保険法、健康保険法、介護保険法及び厚生年金保険法に規定されている事業主が負担する福利費である。なお、製品製造工場の労働者等の法定福利費は、製品価格に含むものとする。

吹付けアスベスト除去工事　見積書表紙

見積番号

見　積　書

御中　　　　平成　年　月　日

見積金額　　　　円

うち、法定福利費　　　　円

（見積金額には消費税を含んでおりません）

工事名 (及び担当専門工事)	
工事場所	
見積有効期間	平成　年　月　まで
支払い条件	
工期又は納期	平成　年　月　まで
受渡場所	工事場所に同じ

住　所

会社名　　　　印

担　当

TEL　　－　　－

FAX　　－　　－

印	印	印

	名　称	摘　要	数量	単位	単価	金額	備考
	吹付けアスベスト除去工事						
1	仮　設		1	式			
2	安全衛生設備機器等		1	式			
3	吹付けアスベスト除去処理		1	式			
4	吹付けアスベスト廃棄物処理		1	式			
5	アスベスト粉じん濃度測定		1	式			
6	諸経費	法定福利費を除く	1	式			
7	労務に係る法定福利費		1	式			
	合計						

吹付けアスベスト除去工事　　見積内訳書－1

名　　　称		摘　　　要	数量	単位	単　価	金　　額	備　　考
1	仮　設						
	足　場			㎡			
	床養生			㎡			
	壁養生			㎡			
	整理清掃後片付け		1	式			
	仮設材運搬		1	式			
	計						
2	安全衛生設備機器等						
	セキュリティーハウス設置		1	式			
	負圧除じん機損料		1	式			
	高性能真空掃除機損料		1	式			
	エアレスガンユニット損料		1	式			
	消耗品等	防護服、靴カバー、手袋等	1	式			
	消耗品等	各種フィルター等	1	式			
	計						
3	吹付けアスベスト除去処理						
	粉じん飛散抑制剤吹付け			㎡			
	吹付けアスベスト除去	壁　　厚さ○○mm		㎡			
	吹付けアスベスト除去	天井　厚さ○○mm		㎡			
	吹付けアスベスト除去	○○　厚さ○○mm		㎡			
	粉じん飛散防止剤吹付け			㎡			
	除去アスベスト処理	密封処理　※密封処理の場合	1	式			
	除去アスベスト処理	固化処理　※固化処理の場合	1	式			
	計						

吹付けアスベスト除去工事　　見積内訳書― 2

名　　称		摘　　要	数量	単位	単　価	金　　額	備　　考
4	吹付けアスベスト廃棄物処理						
	吹付けアスベスト廃棄物積込み		1	式			
	吹付けアスベスト廃棄物運搬	○○ t 車 ○○km	1	式			
	吹付けアスベスト廃棄物処分	処分先：(株) ○○ 場　所：○○県○○市○○	1	式			
	計						
5	アスベスト粉じん濃度測定						
	アスベスト粉じん濃度測定			点			
		作業前　○○点 } 計○○点					
		作業中　○○点 } 計○○点					
		作業後　○○点 } 計○○点					
		作業後 1 週間以降 ○○点 } 計○○点					
	報告書作成		1	式			
	計						
6	諸経費	法定福利費を除く	1	式			
	計						
7	労務に係る法定福利費		1	式			
	1 ～ 7　計						

吹付けアスベスト除去工事　　見積条件書

工事見積条件・範囲リスト

名　　称	摘　　要	範囲 指示	範囲 確認
1．共通仮設	1．仮設電気設備・電気料金	×	
	2．仮設給水設備・水道料金	×	
	3．現場詰所	×	
2．仮設	1．足場の組み立て・解体・移動	○	
	2．足場の損料	○	
	3．施工中の床・壁の養生	○	
	4．施工中の機器、什器等の養生	○	
	5．整理清掃後片付け	○	
	6．仮設材運搬	○	
3．安全衛生設備機器等	1．セキュリティーゾーンの設置	○	
	2．休憩室の設置	○	
	3．洗浄設備	○	
	4．負圧除じん機損料、高性能真空掃除機損料、エアレスガンユニット損料	○	
	5．安全表示等	○	
	6．防護具・防護衣等	○	
	7．消耗品等	○	
4．吹付けアスベスト除去処理	1．粉じん飛散抑制剤吹付け	○	
	2．アスベスト除去	○	
	3．アスベスト処理（密封又は固化処理）	○	
	4．粉じん飛散防止剤吹付け	○	
	5．場内小運搬	○	
5．運搬・処分	1．アスベスト集積積込み	○	
	2．アスベスト運搬	○	
	3．プラスチックシート養生材等運搬	○	
6．アスベスト粉じん濃度測定	1．処理作業前	○	
	2．処理作業中	○	
	3．処理作業後（養生中）	○	
	4．処理作業後1週間以降	○	
7．その他	1．労災保険	○	
	2．災害保険	○	
	3．法定福利費	○	

（凡例）
1．指示欄には発注者が指示の意向を、確認欄には見積者が確認の意向を、記号（○または×）で記入する。
2．範囲の指示・確認欄の記号は、○印の項目については見積内容に含み、×印の項目は含まない。
3．法定福利費とは、雇用保険法、健康保険法、介護保険法及び厚生年金保険法に規定されている事業主が負担する福利費である。なお、製品製造工場の労働者等の法定福利費は、製品価格に含むものとする。

V　参考資料

1　改修工事積算の事例

1）一般事項

本編では、以下の改修工事について、主として仮設等に関する積算事例を取り上げる。

なお、各改修工事はそれぞれ単独工事として発注されている。

⑴　防水改修工事

⑵　外壁改修工事

⑶　耐震改修工事

⑷　アスベスト処理工事

また、上記の各事例では、以下についてまとめている。

①　特記仕様書等における積算の留意事項

②　発注設計図面及び積算手法等

以下に改修建物の概要を示す。

・建物用途　：事務庁舎

・建物構造　：鉄筋コンクリート造　地上４階

・建築面積　：　　820.00㎡

・延床面積　：　2,620.00㎡

2）防水改修工事

屋根防水には、アスファルト防水、合成高分子ルーフィング防水、塗膜防水等があり、防水層の劣化の状態、保護層の有無等によって改修の工法が選択される。

防水改修工法の種類は、Ⅳ５　４）表Ⅳ－４－８防水改修工法の種類及び工程により、適用は設計図書の特記による。

本事例では、屋根の漏水を改善することを目的とした防水改修であり、防水改修工法の種類は、Ｐ２ＡＩ工法としている。

工程　　①　既存保護層（立上り部等）撤去

②　既存保護層（平場）撤去

③　既存防水層（立上り部等）撤去

④　既存下地の補修及び処置

⑤　防水層の新設（ＡＩ－２）

⑥　断熱材の新設

⑦　保護層の新設

(1)　特記仕様書等における積算の留意事項

特記仕様書等における積算の留意事項を以下に示す。

下表は特記仕様書の当該項目等の一部を記載したもので、特記仕様の適用は次による。

①　項目は、番号に○印の付いたものを適用する。

②　特記事項は、○印の付いたものを適用する。

③　⊙印の付かない場合は、※印の付いたものを適用する。

④　⊙印と※印の付いた場合は、共に適用する。

特記仕様	章	項　目	特　記　事　項
	1 一般共通事項	⑤　条件明示項目 ⑥　発生材の処理等	⊙現場説明書による ※現場説明書による　・構外搬出適切処理

⑤　改修内容は、設計図書、施工条件・作業条件及び仮設計画等を十分把握し、それらの内容を積算へ的確に反映させる。

施工条件明示事項は、発注者が施工方法、機械施設等の仮設等について施工者の創意工夫を損なわないよう留意しつつ、当該工事の施工条件を設計図書に示すもので契約条件となる。

なお、明示された条件に変更が生じた場合は、契約書の関連する条項に基づき、適切に処理されることになる。

⑥　発生材の処理（運搬費、処分費）等は、現場説明書の条件に従い、積算へ反映する。

現場説明書に明示された施工条件

［発生材の処理］

※以下のものについては、「建設リサイクル法に関する事項」に条件を設定している。

⊙コンクリート

・コンクリート及び鉄から成る建設資材

⊙アスファルトコンクリート

・建設発生木材

特記仕様	章	項　目	特　記　事　項
	2 仮設工事	①　足場その他	材料、撤去材等の運搬 ・A種　⊗B種　・C種　⊙D種　・E種
		③　養生	既存部分の養生 ※ビニルシート等
		④　監督職員事務所	⊙既存建物内の一部を使用する ・構内に設置する　・設けない ⊙規模及び仕上げの程度は現場説明書による

①　材料、撤去材等の運搬　⊗B種　トラッククレーン等によることとした。

本事例では、建物周囲に余裕があり、トラッククレーンを採用することとした。

トラッククレーンは、以下の条件を基に「仮設計画標準」第２編第２章第１節表２－４建物高さによる揚重機械の規格から、機械の規格を選定した。

a　パラペットまでの高さ　12.4m

b　防水改修工事に使用する資機材の荷上げ、荷降し

c　防水改修面積　約660㎡

なお、当該工事に改修内容（外壁改修・内部改修等）の異なる工事が含まれる場合は、それらの改修内容を勘案し、トラッククレーンの規格、供用日数を決定する。

・材料、撤去材等の運搬　⊙D種　既存階段による。

建物管理者との事前打合せにより現場労働者等は既存階段を使用できることとした。

③　既存部分の養生　※ビニルシート等　　既存防水層撤去後の養生は、ビニルシートとしている。

④　監督職員事務所は、既存建物の一部を使用できることとした。

(2)　発注設計図面及び積算手法等

図Ⅵ－１－１に防水改修工事屋上平面図を、表Ⅵ－１－１に防水改修工事の積算手法等を示す。

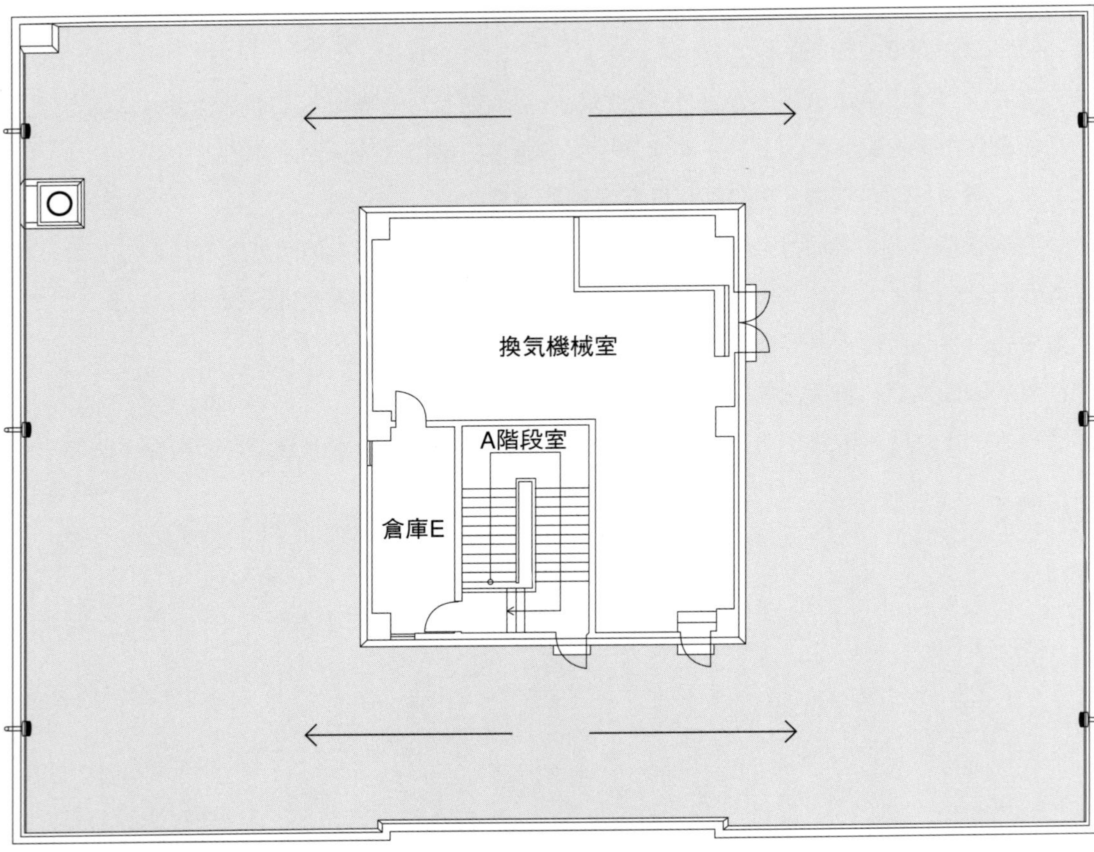

屋上平面図

凡例
防水改修範囲（Ｐ２ＡＩ工法）

図Ⅵ－１－１　防水改修工事屋上平面図

表Ⅵ－１－１　防水改修工事の積算手法等

項　　　目	積　　算　　手　　法　　等
【数量算出】 1．直接仮設	
①　墨出し	・既存防水（保護層共）撤去後、新規防水を施工する工法で勾配を必要とするため計測・計算の対象となる。 ・数量は、防水平場面積による。
②　養生	数量は、防水平場面積による。
③　整理清掃後片付け	数量は、防水平場面積による。
④　荷揚・荷降し用機械器具	撤去材、防水材等の荷揚・荷降し用の機械器具は、設計図書の特記により、改修内容による日数を算定の上、共通仮設費に計上する。
2．撤去	既存防水層の撤去項目は次による。（拾い落ちがないように上から計測する） ・防水押さえコンクリート（伸縮目地は計測の対象としない） ・防水押さえ立上り部レンガ積（モルタル共） ・防水層の撤去（平場、立上り部に区分）
3．改修	新規防水層（防水、立上り部、押さえコンクリート）は、撤去数量と同数量とする。 ・下地処理（クラック、不陸調整）は、施工数量調査に基づき変更処理する。 ・伸縮調整目地の数量算出。 ・コンクリート直均し仕上げの数量算出。 ・防水押さえコンクリート内の溶接金網の数量算出。（防水平場面積と同一面積） ・防水入隅処理は改修図面による。
【単価等】 1．直接仮設	墨出し、養生、整理清掃後片付けは、改修標準歩掛りのアスファルト防水（防水保護層共）による。
2．撤去	防水押さえコンクリート、立上り部（レンガ積）、防水層は改修標準歩掛りによる。 ・コンクリート、立上りレンガ類の撤去方法は、全面撤去のためコンクリートブレーカによる。 ・防水層はアスファルト防水による。
3．改修	・新設する防水層は、市場単価による。 ・防水押さえコンクリート打設手間・ポンプ圧送は市場単価による。 ・立上りレンガ積みは、標準歩掛りによる。 ・立上りモルタルは、市場単価補正による。 ・伸縮調整目地は、標準歩掛りによる。 ・防水入隅処理は、標準歩掛りによる。

3）外壁改修工事

外壁仕上げは、経年による劣化が進み、外壁躯体では、構造設計時に想定した荷重（例えば地震荷重、積載荷重など）を超える荷重が作用した結果として、ひび割れ等が生じる場合がある。

外壁改修工事には、外壁仕上げのひび割れ、欠損、浮き等の劣化部の補修並びに仕上げの改修等がある。

外壁改修工法の種類には、Ⅳ５　４）(2)外壁改修工事に示すものがあり、適用は設計図書の特記による。

本事例では、外壁仕上げの経年による劣化の原状回復を目的とした改修工事であり、外壁改修工事の種類は、以下のとおりである。

なお、タイル状吹付け仕上げは別途工事としている。

①　モルタル浮き補修

②　タイル浮き補修

③　クラック樹脂注入

④　Ｕカット可とう性エポキシ樹脂注入

当該建物の外壁仕上げは、磁器質タイル改良圧着張り一部コンクリート打放しの上タイル状吹付け仕上げ、塔屋は、モルタル塗りの上タイル状吹付け仕上げ、庇はモルタル塗り金ゴテ仕上げである。

なお、本事例では工事発注の際、発注図面に施工数量明示※1を行っている。

また、工事には、施工数量調査が含まれており、その報告書をもとに施工数量が確定し、精算変更が検討されることになる。

(1)　特記仕様書等における積算の留意事項

	章	項　目	特　記　事　項
特記仕様	1 一般共通事項	⑤　条件明示項目	⊙現場説明書による
	2 仮設工事	①　足場その他	外部足場 種別　※A種　・B種　・C種　・D種　・E種 防護シートによる養生　※行う　・行わない ※西側の一部　防音パネル張り 材料、撤去材等の運搬 ・A種　※B種　・C種　・D種　・E種
		②　養生	既存部分の養生 ※ビニルシート等

①　外部足場　※Ａ種　枠組足場

枠組足場は、改修建物高さ、改修内容により建枠900mm、板付布枠（500＋240mm）とした。

防護シート等による養生は、改修内容からネット状養生シート張りとした。

材料、撤去材等の運搬は、トラッククレーンの費用を共通仮設費へ計上した。

※1：施工数量明示：工事発注に際し、設計図書に明記される施工数量で、この数量は精査の結果、設計変更の対象とすることができる。

⑵　発注設計図面及び積算手法等

図Ⅵ－１－２に外壁改修工事立面図を、表Ⅵ－１－２に外壁改修工事の積算手法等を示す。

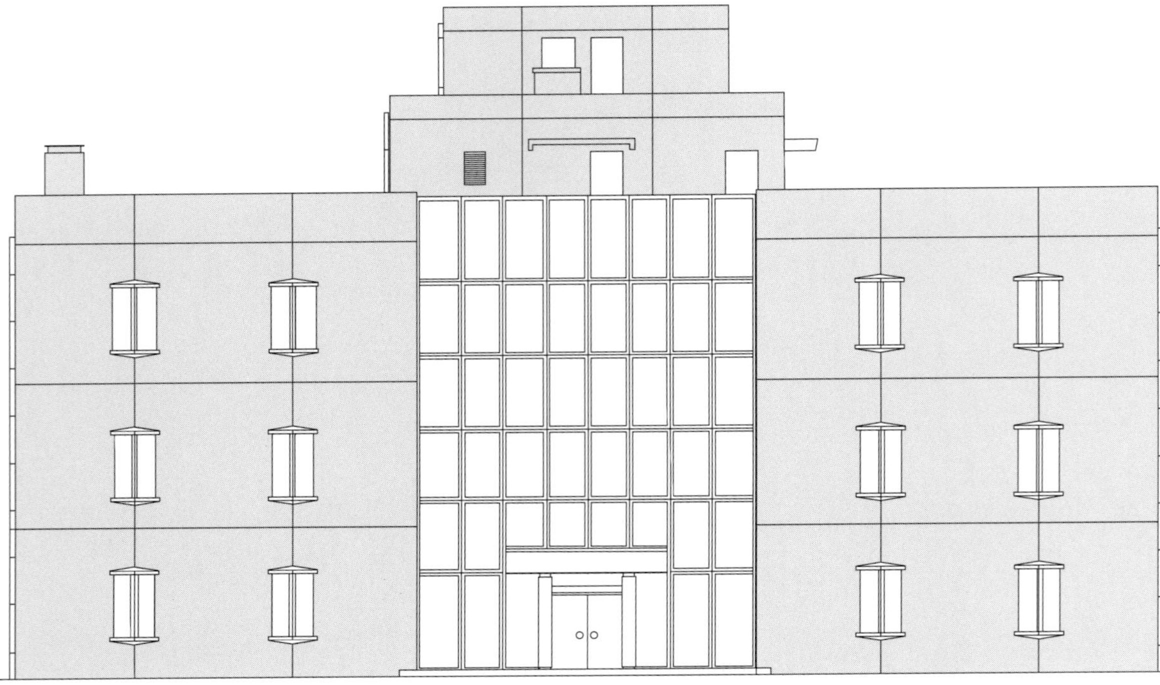

南側立面図

外壁改修施工数量

項　　　　目	数　　量
①施工数量調査	1,000㎡
②モルタル浮き補修(一部·アンカーピンニング部·エポキシ樹脂注入工法)	50㎡
③タイル浮き補修(一部·アンカーピンニング部·エポキシ樹脂注入工法)	300㎡
④ひび割れ樹脂注入	75m
⑤Uカット可とう性エポキシ樹脂注入工法	50m

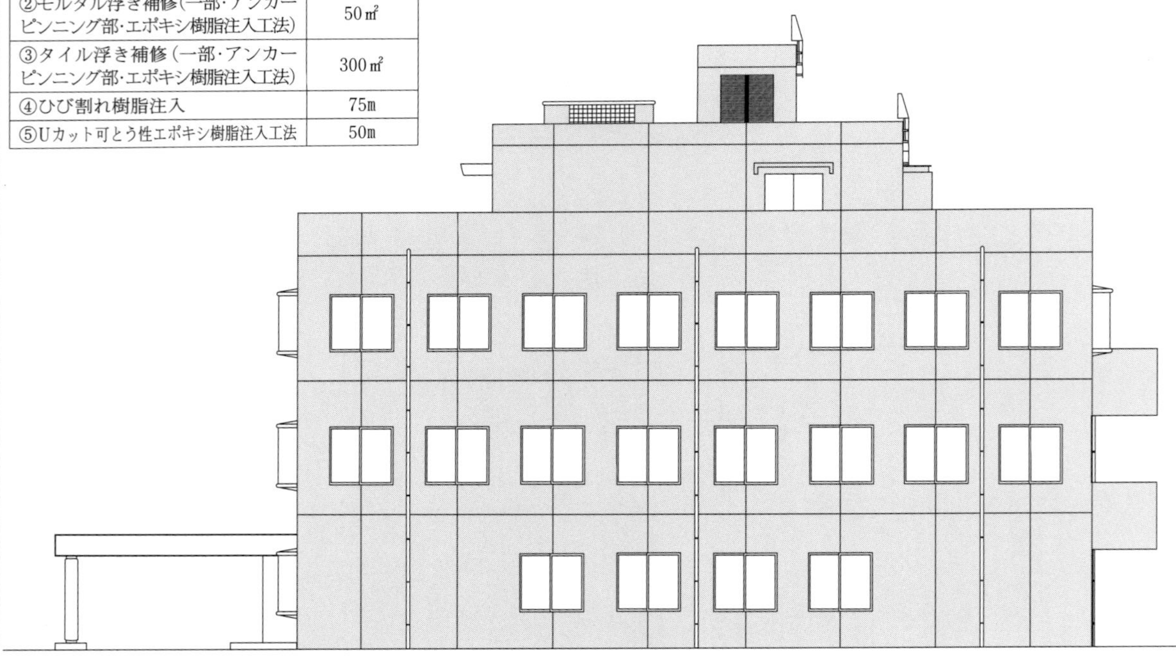

東側立面図

凡例

外壁改修範囲

図Ⅵ－１－２　外壁改修工事立面図

表Ⅵ－１－２　外壁改修工事の積算手法等

項　　　目	積　　算　　手　　法　　等
【数量算出】 １．直接仮設	
①　墨出し	外壁改修内容がモルタルクラック、浮き部、仕上材の改修であり、モルタルの塗替えの改修が無いため計測の対象としない。 ただし、施工数量調査に基づきモルタルの塗替えが生じた場合は変更にて計上する。
②　養生	外壁面から１ｍ離れた周長に２ｍを乗じた面積を計上する。
③　整理清掃後片付け	外壁面から１ｍ離れた周長に２ｍを乗じた面積を計上する。
④　外部足場	足場種別は、設計図書の特記により枠組本足場とし、階高、改修内容により、「積算基準・解説」により900枠（500＋240）とする。また、最上部に手すりを計上する。
⑤　災害防止	・吹付材飛散防止のため養生シートを計上する。 ・開口部養生はモルタル撤去が無いため計上しない。
２．撤去	・既存吹付材の除去は、施工数量調査の数量により、工法は設計図書の特記により高圧洗浄とする。 ・モルタルの部分撤去のためのカッター入れは、施工数量調査による。 ・打継ぎ目地シーリングは改修範囲の設計数量による。
３．改修	・改修工法、数量が明示されている数量はこれによる。（図Ⅵ－１－２参照） 施工数量調査、モルタル浮き部面積、クラック長さ等 ・打継ぎ目地シーリングは、改修範囲の設計数量による。
【単価等】 １．直接仮設	・墨出し、養生、整理清掃後片付けは、改修標準歩掛りの外壁改修による。 ・外部足場は標準歩掛りを準用することとし、存置日数は掛け払い日数、外壁調査日数、改修日数を考慮した日数とする。 ・養生シートの架設日数は足場の存置日数と同様とする。
２．撤去	・モルタルカッター、シーリング撤去は、改修標準歩掛りによる。 ・高圧洗浄は物価資料、見積り等による。
３．改修	・クラック、浮き部ピンニング工法は、専門工事業者からの見積りによる。 ・打継ぎ目地シーリングは標準歩掛りによる。

4）耐震改修工事

国土交通省官庁営繕部では、耐震計画についての技術基準である官庁施設の総合耐震診断・改修基準及び同解説（建設大臣官房官庁営繕部監修）（以下「耐震改修基準・解説」という。）に基づき官庁施設の耐震点検及び改修を行うことにより、既存官庁施設の耐震性能の確保に努めている。

耐震診断結果の総合評価により、耐震改修が必要とされた場合には、施設の位置・配置等、構造体、建築非構造部材及び建築設備の診断結果について総合的に勘案し、最も効果的な方法により耐震改修を実施することとしている。

なお、改修方法は、施工性、経済性、施設の機能性、外観及び既存躯体に与える影響、周辺環境に与える影響等を考慮して、改修方法及び部位を決定する。

耐震改修方法は、「耐震改修基準・解説」の資料4耐震改修方法を参照する。

また、耐震改修工事に含まれる工種等については、Ⅰ４）(6)耐震改修工事を参照する。

本事例では、現場打ち鉄筋コンクリート壁（増打ち耐震壁）の増設による方法としている。

(1)　特記仕様書等における積算の留意事項

<table>
<tr><td rowspan="2">特記仕様</td><td>章</td><td>項　目</td><td>特　記　事　項</td></tr>
<tr><td>1一般共通事項</td><td>⑤　条件明示項目</td><td>⊙現場説明書による</td></tr>
</table>

⑤　現場説明書に明示された施工条件

a　施工時間　騒音の発生する工事（はつり・アンカー打ち等）は、土曜・日曜日の施工とする。

b　施工の時間帯　8時30分～17時00分

c　施工手順　耐震補強コンクリート工事の施工は、工程を調整し各階ごとに施工する。

<table>
<tr><td rowspan="6">特記仕様</td><td>章</td><td>項　目</td><td colspan="3">特　記　事　項</td></tr>
<tr><td>2仮設工事</td><td>①　足場その他
②　養生
③　仮設間仕切</td><td colspan="3">材料、撤去材等の運搬
・A種　※B種　・C種　⊙D種　・E種
既存部分の養生
※ビニールシート等
仮設間仕切り等の種別</td></tr>
<tr><td>種　別</td><td>下　地</td><td>仕上材（厚さmm）</td><td>充てん材</td><td>塗　装</td></tr>
<tr><td>※B種</td><td>※軽量鉄骨</td><td>※せっこうボード（※9.5）</td><td>無し</td><td>※無し</td></tr>
<tr><td>仮設扉</td><td>※木製扉</td><td>※合板張り程度
※片面フラッシュ程度</td><td></td><td>※無し</td></tr>
<tr><td></td><td></td><td></td><td></td><td></td></tr>
</table>

①　材料、撤去材等の運搬　⊙D種　作業員等は、既存階段（図Ⅵ－１－３のB階段室）による。（写真Ⅵ－１－１　階段室養生）

②　既存部分の養生は、ビニルシートとする。

③　仮設間仕切りは、施工時の騒音・塵埃等の防止及び執務者の安全性などを勘案し、軽量鉄骨下地に仕上材としてせっこうボード張り（片面）とした。（写真Ⅵ－１－２　仮設間仕切（B種））

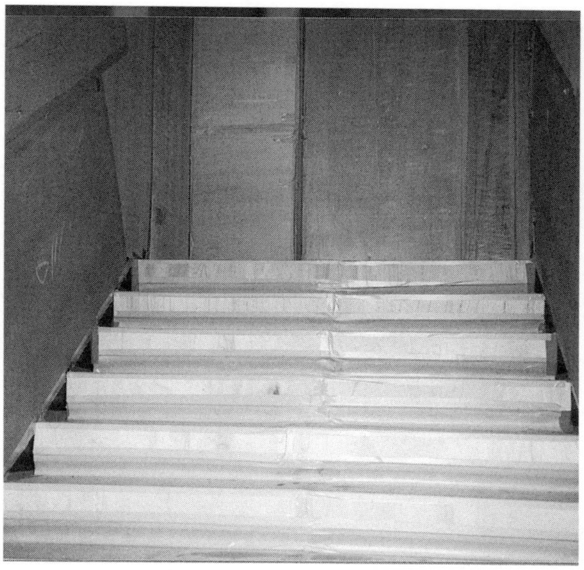

写真Ⅵ－１－１　階段室養生

写真Ⅵ－１－２　仮設間仕切（Ｂ種）

⑵　発注設計図面及び積算手法等

図Ⅵ－１－３に耐震改修工事３階平面図を、表Ⅵ－１－３に耐震改修工事の積算手法等を示す。

また、以下にコンクリートの細目別内訳及び別紙明細書の作成方法を示す。

なお、主として民間工事に多く採用されている耐震補強工法の分類を図Ⅵ－１－４に示す。

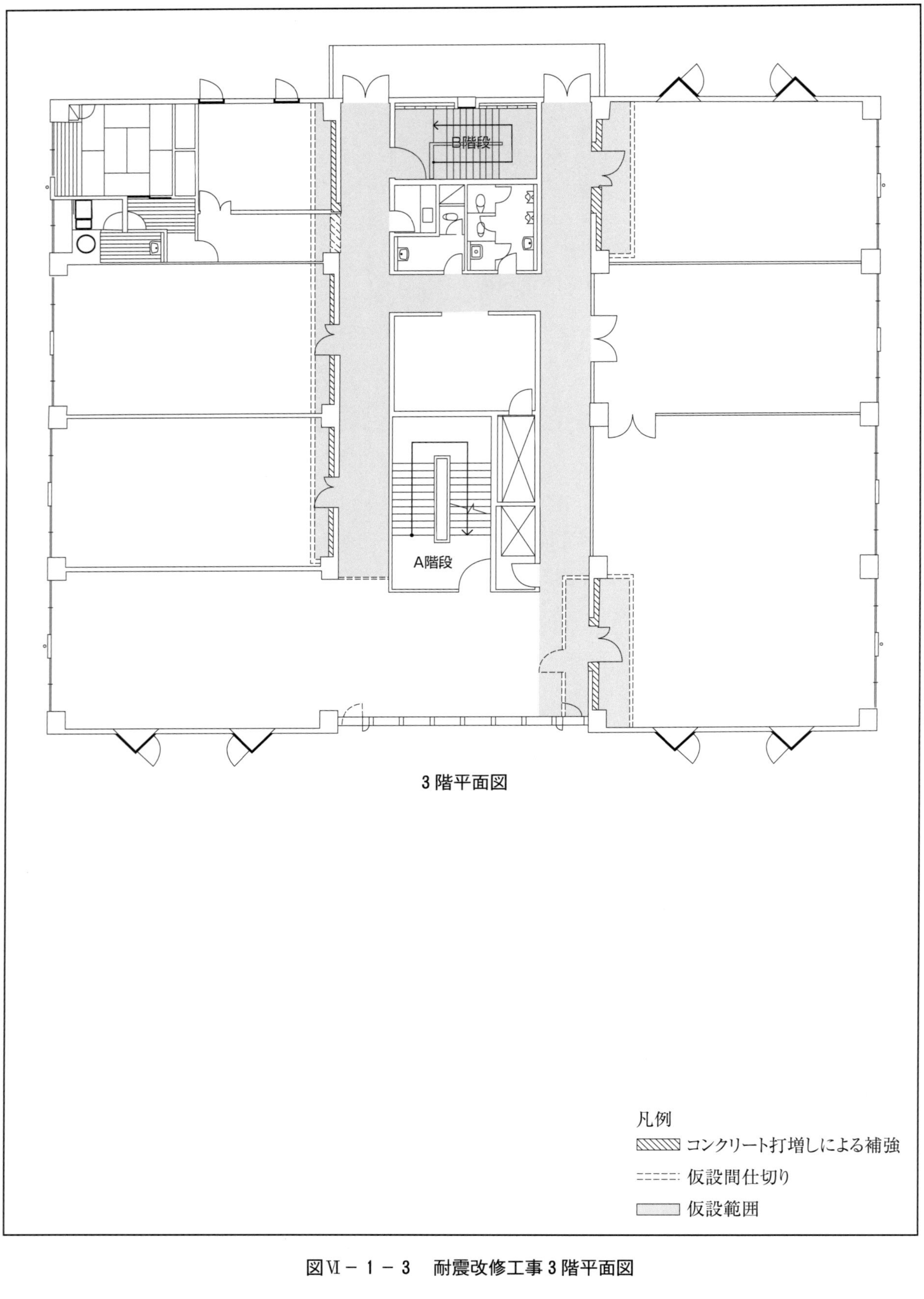

図VI－１－３　耐震改修工事３階平面図

表Ⅵ－１－３　耐震改修工事の積算手法等

項　　　目	積　　算　　手　　法　　等
【数量算出】	
１．直接仮設	
①　墨出し	墨出し、養生、整理清掃後片付けの数量は、「個別改修」、「複合改修」、「搬出入通路部分」等に区分して算出する。 数量は、増設する耐震壁面から1.0mの範囲の床面積とする。
②　養生	数量は、増設する耐震壁面から1.0mの範囲の床面積とする。
③　整理清掃後片付け	数量は、増設する耐震壁面から1.0mの範囲の床面積とする。
④　内部足場	内部足場は、標準階高（４ｍ未満）のため、脚立足場とし、増設する耐震壁の水平長さに1.0mを乗じた面積とする。 なお、階高が高い（4.0m以上）場合は、枠組棚足場とする。
⑤　仮設間仕切り	仮設間仕切りの数量は、指定仮設図による面積とする。 なお、本事例では、Ｂ種のため、せっこうボード張りは片面の面積となる。
２．撤去	・既存コンクリート壁の撤去の範囲は、設計寸法による体積とする。 　また、既存仕上げの撤去の範囲は、設計寸法による面積とする。
３．改修	・モルタル又はコンクリート撤去のためのカッター入れは、設計寸法による長さとする。 ・耐震壁の鉄筋定着のためのあと施工アンカーの数量は、種別ごとに区別し、径、長さごとに設計本数とする。 　なお、施工単価が異なることから施工方法により下・横・上向きに区別する。 ・増設する耐震壁と既存梁との打継ぎ部のグラウト材（無収縮グラウト材）の数量は、耐震壁の水平長さに断面積を乗じる。 ・コンクリート、型枠、鉄筋は、設計寸法により計測・計算する。 ・打継ぎ面となる範囲の既存構造体コンクリート壁の目あらしは設計寸法による面積とする。 　なお、目あらしの程度は設計図書の特記による。 　また、既存構造体にひび割れや欠損等の不良部分がある場合の処理は、別途協議事項になる。（原設計時点では積算上の対応は行わない） ・新設仕上げ材は改修範囲の設計数量による。
【単価等】	
１．直接仮設	・墨出し、養生、整理清掃後片付けは、改修標準歩掛りの内部改修による。 ・内部足場は標準歩掛りとする。 ・仮設間仕切りは、改修標準歩掛りの仮設による。
２．撤去	・既存コンクリート壁の撤去は、コンクリートブレーカによる。 ・既存仕上げの撤去は、改修標準歩掛りの撤去による。 ・モルタル又はコンクリートカッター入れは、改修標準歩掛りによる。 ・あと施工アンカーは、物価資料掲載単価、見積りによる。 ・グラウト材は、物価資料掲載単価、見積りによる。
３．改修	鉄筋コンクリート壁増設の単価は次による。 ・鉄筋加工組立は、物価資料掲載単価による。 ・コンクリート打設費は、打設日ごとに筒先要員、振動機要員、タタキ要員等のコンクリート打設に必要な人員と１回当たりのポンプ圧送の基本料金による。 　なお、コンクリートは、各階の使用数量を合計し、単価は物価資料掲載単価による。 ・型枠は、物価資料掲載単価による。

コンクリート細目別内訳

名　　称	摘　　要	数量	単位	単　価	金　額	備　　考
7.2.2　コンクリート						
普通コンクリート	材質、強度、スランプ		m^3			15 m^3 × 3 F分
コンクリート打設手間		1	式			（別紙明細ＮＯ１）
ポンプ圧送		1	式			（別紙明細ＮＯ２）
温度補正		1	式			
グラウト材注入	材工共		m^3 又は 1 式			
壁既存打継面目あらし	仕様		m^2			
小計						

コンクリート数量は、全体数量とする。

コンクリート単価は、発注時直近の物価資料掲載価格を採用する。

コンクリート打設手間

（1 m^3 当たり）

名　　称	摘　　要	数量	単位	単　価	金　額	備　　考
（別紙明細ＮＯ１）						
1 階打設手間	躯体コンクリート	15	m^3			
2 階打設手間	〃	15	m^3			
3 階打設手間	〃	15	m^3			
小計						

コンクリート打設手間は、各階の打設ごとの費用を算出する。（表Ⅵ－１－３参照）

コンクリートポンプ圧送

（1 式当たり）

名　　称	摘　　要	数量	単位	単　価	金　額	備　　考
（別紙明細ＮＯ２）						
1 階ポンプ圧送	基本料金	1	式			
2 階ポンプ圧送	〃	1	式			
3 階ポンプ圧送	〃	1	式			
小計						

コンクリートポンプ圧送は、各階の打設ごとの費用を算出する。（表Ⅵ－１－３参照）

- 耐震補強工法
  - 1 構造部位別補強工法（制震工法も含む）
    - ①鉄筋コンクリート壁（新設） — 各社工法：シミズCSB、MOOTEC
    - ②鉄筋コンクリート壁（補強） — アンカーレス構法、ノンアンカーRC壁接着
    - ③鉄骨ブレース（新設） — ハイブリッド耐震補強、摩擦接合、接着ブレース、自己圧着ブレース、圧着式枠付きブレース、4コーナー接合法
    - ④鉄板壁（新設） — 制振パネル、鉄骨ブロック壁接着、TDウォールコラム
    - ⑤制震装置付ブレース・壁・間柱（新設） — 圧着式枠付きブレース耐震、トグル制震構法、青木式制震ブレース、FLD ブレース、ロイヤル、巴式摩擦ダンパー、オイルダンパー、シェイプアップブレース
    - ⑥開口部閉塞 — 各社工法
    - ⑦プレキャスト耐震壁（新設） — 3Q-Wall、クロスウォール、自己圧着ブレース、その他のPCa増設壁各社工法
    - ⑧柱鋼鈑巻き — TDウォールコラム、かみ合せ継ぎ手
    - ⑨柱繊維巻き — CRS-CL、AF、ADI-CF、アクリペアシステム、CFアドバンスト、SR-CF、MARS、SRF、タフネス
    - ⑩柱コンクリート増打ち — PPMG-CR、AFRコンクリート
    - ⑪大梁補強 — CRS-BM、AC耐震補強
    - ⑫基礎・杭補強 — SB耐震
    - ⑬その他の補強法 — AC耐震補強、パイロンスリット、鋼管コッター、摩擦制御型PCaPC造耐震ブレース、KNAW、巴式摩擦ダンパー、TAFF構法、SR-CFアンカー
  - 2 構造外部補強工法（建物の外部に構造体を付加）
    - ①外部鉄骨構造補強 — KTブレース、ハニカムダンパ、SNEトラス、PG工法、OFB工法、その他の外付鉄骨ブレース工法
    - ②外部鉄筋コンクリート構造補強 — ネオフレーム、PCアウトフレーム、ピタコラム
    - ③その他の外部補強 — ダブルスキン、パラレル構法
  - 3 免震工法
    - ①基礎部免震工法 — 各社工法
    - ②柱部免震工法 — 各社工法

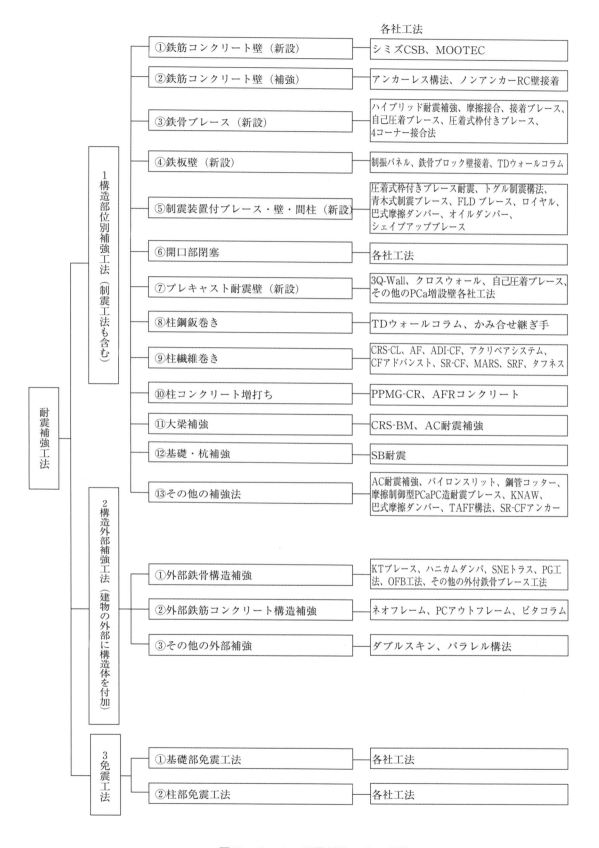

図Ⅵ－１－４　耐震補強工法の分類

5）アスベスト処理工事

アスベスト（石綿）は、昭和50年に特定化学物質等障害予防規則の改正に伴い、アスベストを重量で５％を超える吹付け材が、原則使用禁止となって以降、平成18年９月労働安全衛生法施行令の改正により、アスベストをその重量の0.1％を超えて含有するすべてのアスベスト含有製品の製造、使用等が全面禁止となった。

ただし、既存の建築物及び建築物に付帯する設備等には、石綿含有の建築材料等が使用されている事例が少なくない。

従って、既存の建築物の改修、解体工事等の発注に際しては、受・発注者は勿論のこと、積算者においても労働安全衛生法、石綿障害予防規則、作業環境測定法、及び大気汚染防止法廃棄物の処理及び清掃に関する法律などの関係法令に従い適切な対応が必要となる。

「改修標準仕様書（建築）」では、吹付けアスベストの除去工事及びアスベスト成形板の処理工事について、それぞれの仕様が規定されている。

表Ⅵ－１－４　石綿含有建築材料の使用部位別一覧表

使用部位	石綿含有建築材料の種類
床	ビニル床タイル、フロア材
内壁、天井	スレートボード、けい酸カルシウム板第一種、パーライト板、スラグせっこう板、パルプセメント板、ソフト巾木
内壁・天井の吸音・断熱	石綿含有ロックウール吸音天井板、吹付け石綿、石綿含有吹付けロックウール、石綿含有ひる石・パーライト吹付け
天井の結露防止	屋根用折版裏断熱材
鉄骨の耐火被覆	吹付け石綿、石綿含有吹付けロックウール、石綿含有耐火被覆板、けい酸カルシウム板第二種
外壁、軒天	窯業系サイディング、押出成形セメント板、スレートボード、スレート波板、けい酸カルシウム板第一種、石綿発泡体
屋根	スレート波板、住宅屋根用化粧スレート
煙突	石綿セメント円筒、石綿含有煙突用断熱材

注）各製品とも、年代により石綿を使用していない場合がある。

建築改修工事監理指針を参考に編集

本事例は、吹付けアスベストの除去工事であり、工事の概要は以下のとおりである。

①　施工調査

②　吹付けアスベストの除去処理

③　除去物及び汚染物の処分等（密封処理）

(1) 特記仕様書等における積算の留意事項

<table>
<tr><td rowspan="3">特記仕様</td><td>章</td><td>項　目</td><td>特　記　事　項</td></tr>
<tr><td>1 一般共通事項</td><td>⑤　条件明示項目

⑥　発生材の処理等</td><td>⊙現場説明書による

⊙アスベスト含有建材の石綿含有率測定
分析調査は、JISA1481「建材製品中のアスベスト含有率測定方法」に従って実施する。
<table><tr><td>材料名</td><td>定性分析</td><td>定量分析</td></tr><tr><td>ロックウール</td><td>・（箇所数：3）</td><td>・（箇所数：3）</td></tr><tr><td></td><td>・（箇所数：　）</td><td>・（箇所数：　）</td></tr><tr><td></td><td>・（箇所数：　）</td><td>・（箇所数：　）</td></tr><tr><td></td><td>・（箇所数：　）</td><td>・（箇所数：　）</td></tr></table>サンプル数は1箇所あたり3サンプル
採取箇所は図示</td></tr>
<tr><td>2 仮設工事</td><td>①　足場その他

②　養生</td><td>材料、撤去材等の運搬
・A種　※B種　・C種　・D種　・E種

既存部分の養生
※ビニルシート等　⊙設計図書による</td></tr>
</table>

1章⑤　現場説明書に明示された施工条件

a　石綿障害予防規則に基づくアスベスト含有建材の事前調査等

工事着手に先立ち、目視及び貸与する設計図書によりアスベストを含有している吹き付け材、成形板等の使用の有無について調査し、監督職員に報告すること。なお、特記仕様書にアスベスト含有建材の石綿含有測定が明記された場合は、別添1「建材中の石綿含有率の分析方法」（省略）に基づき分析を行い、分析の結果を監督職員に報告すること。

貸与図書：（　　　　　　　　　　　　）

また、別添2「建築物等の解体等作業に関するお知らせ」（省略）について、工事現場の適切な場所に掲示すること。

b　アスベストの処理　構外搬出処理とする

施設の名称　　○○○○株式会社

所在地　　○○県○○市○○町○○

・　施工時間　工事は、土曜・日曜日の施工とする。

・　施工の時間帯　8時30分～17時00分

⑥　発生材の処理等

⊙アスベスト含有建材の石綿含有率測定

分析調査は、JISA1481「建材製品中のアスベスト含有率測定方法」に従って実施する。

2章①　材料、撤去材等の運搬は、トラッククレーンの費用を共通仮設費へ計上した。

②　既存部分の養生は、設計図書による。

吹付けアスベストの除去処理に際しては、関係法令等の規定を遵守し行う。

なお、「改修標準仕様書（建築）」では、アスベスト処理工事における安全衛生管理等について規定しているので、これらの事項を専門工事業者の見積りに反映させる。

<table>
<tr><td rowspan="8">特記仕様</td><td>章</td><td colspan="2">項　目</td><td colspan="2">特　記　事　項</td></tr>
<tr><td>9環境配慮改修工事</td><td colspan="2">①　吹付けアスベストの処理</td><td colspan="2">処理を行う吹付けアスベストの仕様等</td></tr>
<tr><td colspan="2">材料名</td><td colspan="2">厚さ（mm）</td><td>処理を行う範囲</td></tr>
<tr><td colspan="2">ロックウール</td><td colspan="2">50</td><td>※図示　　　　・</td></tr>
<tr><td colspan="2"></td><td colspan="2"></td><td></td></tr>
<tr><td colspan="2"></td><td colspan="2"></td><td></td></tr>
<tr><td colspan="3"></td><td colspan="2">処理工法
※除去工法　　・封じ込め工法
吹付けアスベストの施工調査等
※行う（改修標準仕様書９．１．１(d)による。）
アスベスト粉じん濃度測定
※行う（改修標準仕様書９．１．１による。）
石綿作業主任者
石綿作業主任者技能講習修了者、又は平成18年３月以前の特定化学物質等作業主任者の有資格者とする。</td></tr>
</table>

①　吹付けアスベストの処理

・吹付けアスベストの施工調査等

「改修標準仕様書（建築）」９．１．１(d)によりアスベスト処理工事に当たり、あらかじめ事前の調査等として行う。

・アスベスト粉じん濃度測定

測定及び測定方法は、「改修標準仕様書（建築）」９．１．１(e)による。

上記アスベスト粉じん濃度測定は、専門工事業者からの見積りとした。

(2)　発注設計図面及び積算手法等

図Ⅵ－１－５にアスベスト処理工事１階平面図、表Ⅵ－１－５にアスベスト処理工事の積算手法等を示す。

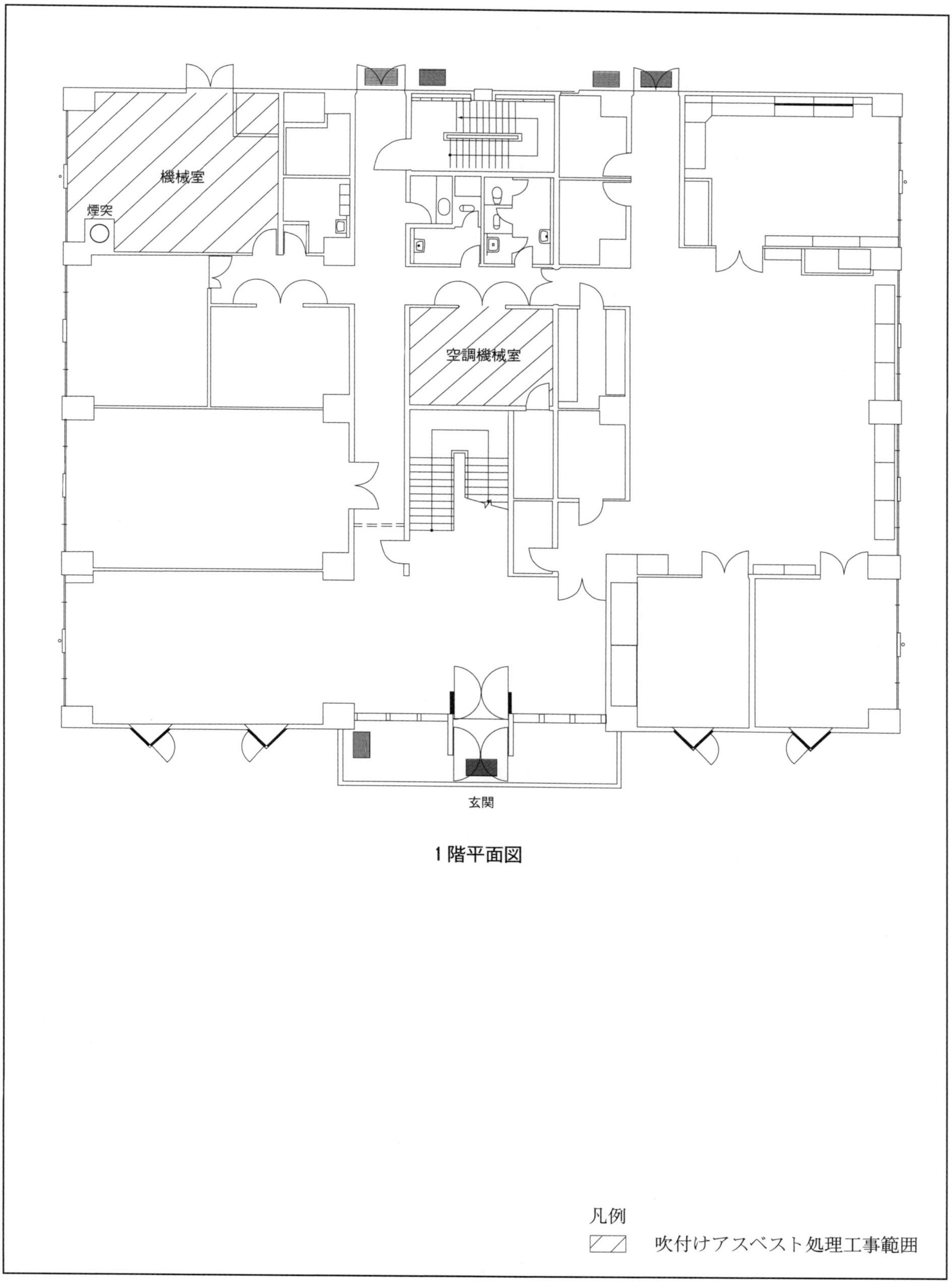

図Ⅵ－１－５　アスベスト処理工事１階平面図

表Ⅵ－１－５　アスベスト処理工事の積算手法等

項　　　　目	積　　算　　手　　法　　等
【数量算出】 1．仮設等	・吹付けアスベストの除去工事に伴う養生は、必要に応じて部位ごとの対象面積とする。 ・内部足場は、原則として機械室及び空調機械室の床面積による。 ・その他吹付けアスベスト除去に必要な仮設・安全衛生設備機器等は専門工事業者の方法による。
2．撤去	吹付けアスベスト除去の数量は、壁、天井、梁型等ごと及び厚さごとに計測・計算する。
【単価等】	アスベスト除去に必要な仮設、除去処理及び粉じん濃度測定等の費用は、専門工事業者の除去工法における見積りによる。 運搬及び処分等に要する費用は、施工条件明示に従い専門工事業者の見積りによる。 なお、「改修標準仕様書（建築）」では、「専門工事業者は工事に相応した技術を有することを証明する資料を監督職員に提出する。」（9.1.2(a)施工業者）ことを規定している。 この工事に相応した技術を有することを証明する資料とは、「建設技術審査証明事業」が該当するものといえる。 以下に見積項目を示す。（見積書式は、Ⅳ７公共建築工事見積標準書式３）見積標準書式の記載例参照。） 1　仮設 足場 床　養生 壁　養生 整理清掃後片付け 仮設材運搬 2　安全衛生設備機器等 セキュリティーハウス設置 負圧除じん機損料 高性能真空掃除機損料 エアレスガンユニット損料 消耗品等　　防護服、靴カバー、手袋等 消耗品等　　各種フィルター等 3　吹付けアスベスト除去処理 粉じん飛散抑制剤吹付け 吹付けアスベスト除去　　壁、天井、〇〇 粉じん飛散防止剤吹付け アスベスト処理　　密封処理（密封処理の場合） 4　吹付けアスベスト廃棄物処理 吹付けアスベスト廃棄物　積込み 吹付けアスベスト廃棄物　運搬 吹付けアスベスト廃棄物　処分 5　アスベスト粉じん濃度測定 アスベスト粉じん濃度測定 報告書作成 6　諸経費

2　改修工事積算関係資料

1）営繕工事積算チェックリストの概要

営繕工事積算チェックリストは、積算業務の各過程における数量、仕様・規格、単価・価格等の視点から、チェック項目や数量確認のための数値指標を示したものである。

営繕工事積算チェックリストは、「図－1　積算作業におけるチェックフロー」に示すとおりに積算業務の各過程ごとに用いる。

(1) 営繕工事積算チェックリストの構成

営繕工事積算チェックリストの構成は、以下のとおりとなる。

営繕工事積算チェックリスト

主に、積算数量や項目の脱漏、仕様・規格や単価・価格に関する確認を行うために使用する。また、チェックリストは、改修工事別に整備しており、積算数量書作成時、内訳数量調書作成時及び工事費内訳書作成時にチェックを行うために用いる。

なお、積算業務の発注形態によるチェックリストのチェック欄の記載方法は次による。

1）積算業務外注の場合

| 確認 |
| 仕 | 数 | 又は | 数 |　｝積算事務所の積算担当者が記入する。

▼ 又は ▼　｝官側の積算業務担当者が記入する。

2）自前積算の場合

| 確認 |
| 仕 | 数 | 又は | 数 |　｝積算業務担当者が記入する。

▼ 又は ▼　｝使用しない。

①　数量算出チェックリスト

積算数量書作成時にチェックを行うために用いる。

②　内訳数量調書チェックリスト

内訳数量調書作成時の数量確認を行うために用いる。

③　工事費内訳書チェックリスト

工事費内訳書作成時にチェックを行うために用いる。

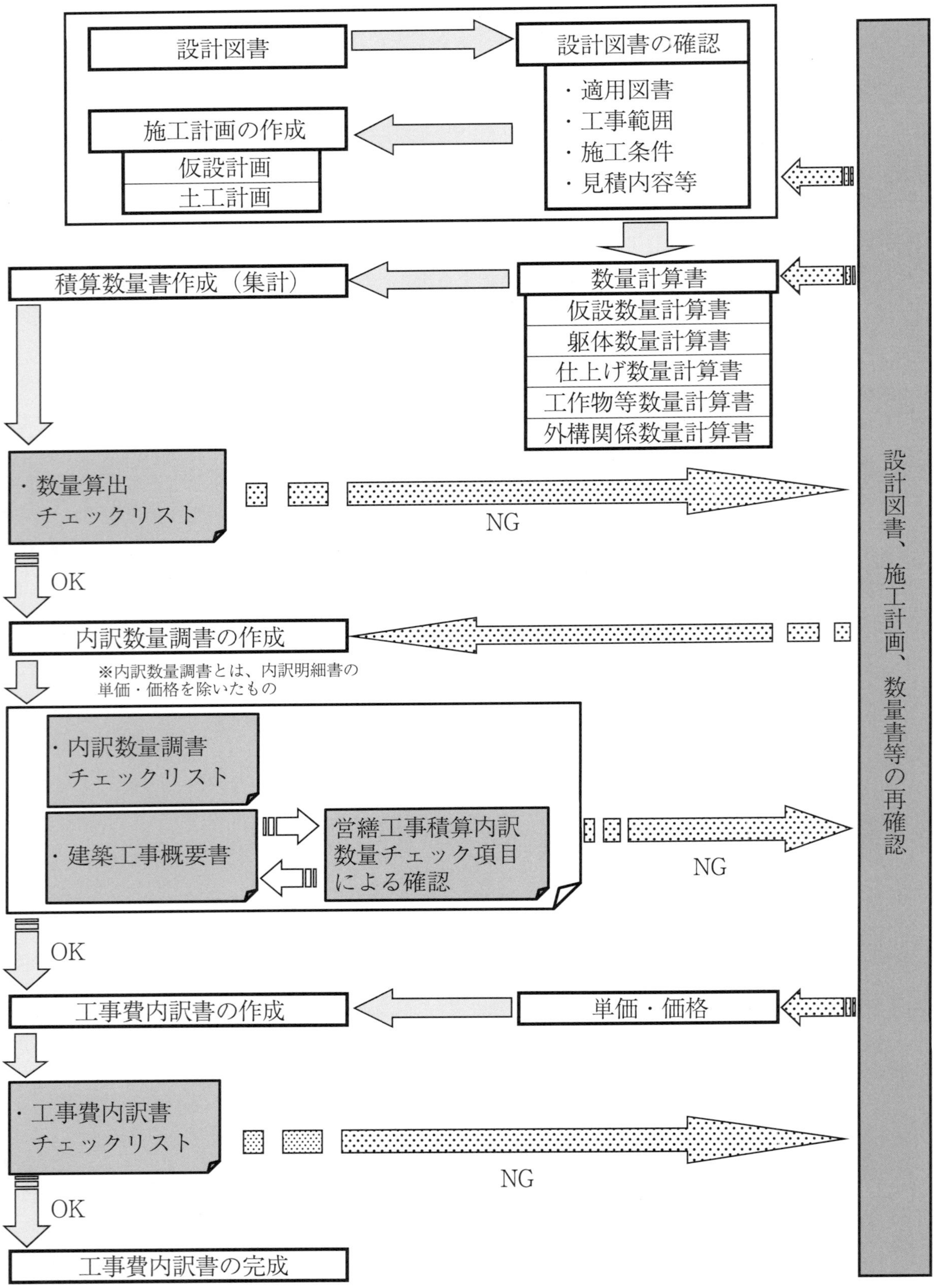

図－１　積算作業におけるチェックフロー

⑵　数量算出チェックリスト

1　仮設

仕…仕様、図面等の確認時にチェックする。　　数…数量書の確認時にチェックする。

チェック項目	チ　ェ　ッ　ク　内　容	確認		▼
		仕	数	
共通事項	工事条件に対して、工期が適正か確認したか。			
	指定仮設の項目、範囲等の確認をして算出したか。			
	ＶＯＣ測定、アスベスト含有調査等の調査の有無を確認して算出したか。			
	増築がある場合、増築と改修に区分して算出したか。			
	適正な工事工程となっているか確認したか。			
外部足場	改修内容にあった足場想定図を作成し、適正か確認した上で算出したか。			
	改修、撤去のみを区分して算出したか。			
	足場種類ごとに数量を算出したか。			
内部足場	改修内容（塗装塗替え程度等）によって区分して算出したか。			
	階高によって足場種別を区分して算出したか。			
	部屋の全体を改修する場合は躯体又は準躯体の内法面積で算出したか。			
	部屋の一部を改修する場合は改修対象面積で算出したか。			
	壁改修のみの部分を区分して算出したか。			
階段仕上足場	「ｎ階建」の建物において階段室床面積×（ｎ－１）として算出したか。			
シャフト内足場	各階シャフトの合計の床面積として算出したか。			
墨出し	複合改修、個別改修に区分して算出したか。			
	部屋の全体を改修する場合は躯体又は準躯体の内法面積とし、部屋の一部を改修する場合は改修対象範囲の面積で算出したか。			
養生・整理清掃後片付け	複合改修、個別改修、塗装塗替え程度、搬出入通路養生に区分して算出したか。			
災害防止養生	防護棚・金網張り・シート張り・防音パネルは必要の有無を確認して算出したか。			

2　撤去

チェック項目	チ　ェ　ッ　ク　内　容	確認		▼
		仕	数	
共通事項	アスベスト含有仕上げ材の指定の有無を確認し、区分して算出したか。			
	当該壁と取り合う床及び壁の撤去範囲について、図面上明確になっているか確認したか。			
	撤去材の搬出方法について図面等で確認したか。			
	カッター入れは、図示により算出したか。			
コンクリート撤去	鉄筋コンクリート、無筋コンクリートに区分して算出したか。			
	撤去工法（コンクリートブレーカー・人力又は併用）により区分して算出したか。			
防水撤去	防水層、防水保護層（押さえコンクリート等）の撤去数量は面積又は体積としたか。			

仕…仕様、図面等の確認時にチェックする。　数…数量書の確認時にチェックする。

チェック項目	チ　ェ　ッ　ク　内　容	確認 仕	数	▼
床撤去	アスベスト含有ビニル床タイル、その他ビニル床タイルに区分して算出したか。			
	アスベスト含有ビニル床シート、その他ビニル床シートに区分して算出したか。			
	合成樹脂塗り床類の除去工法を図面にて確認して算出したか。			
壁撤去	一重張り、二重張りを区分し、更にせっこうボード、アスベスト含有ボード、その他ボードに区分して算出したか。			
天井撤去	重ね枚数によって区分し更に、せっこうボード、アスベスト含有ボード、その他ボードに区分して算出したか。			
建具撤去	材種、形状寸法による箇所数を数量として算出したか。			
	ＲＣ・ＣＢ壁に取り付く撤去建具の建具周囲はつりを算出したか。			
発生材	発生金属類の集計表を作成したか。（鉄筋・鉄骨・屋根鋼板類・軽量鉄骨壁及び天井下地・金属製建具）			
	発生材積込みは種別ごとに区分して算出したか。			

3　耐震改修及び躯体

3－1　土工・地業

チェック項目	チ　ェ　ッ　ク　内　容	確認 仕	数	▼
共通事項	根切り基準線の位置を確認して算出したか。			
	工法、仕様は図示の通りか。			
	土工数量の流用計画を作成し、算出した数量に過不足がないか確認したか。			
根切り	場外搬出までに小運搬、再積込みは必要か確認したか。			
埋戻し	埋戻しの数量＝根切りの数量－（現状ＧＬ以下の基礎又は地下構築物（ピット含む）の体積＋砂利地業の体積＋捨てコンクリートの体積）を確認したか。			
床付け	基礎、基礎梁下、耐圧盤下等の地業面積で算出したか。（機械施工を対象とする）			
	盛土部分は除いて算出したか。			
仮置き土	根切り周辺部に仮置きできるか確認し、できない場合は運搬距離ごとに区分し算出したか。			
	図面の指定により算出したか。			
建設発生土	建設発生土の数量＝根切りの数量－埋戻しの数量を確認したか。			
	運搬距離、ダンプトラック種別ごとに区分し算出したか。また、ダンプトラックの規格は適正か。			
	処分指定場所ごとに算出したか。			
砂利地業	材種・規格・工法等に区分し算出したか。			
	設計図書に範囲の記載がない場合、躯体側面より0.1mの出幅を加えて算出したか。			
割石地業	材種・規格・工法等に区分し算出したか。			

仕…仕様、図面等の確認時にチェックする。　数…数量書の確認時にチェックする。

チェック項目	チェック内容	確認 仕	確認 数	▼
	設計図書に範囲の記載がない場合、躯体側面より0.1mの出幅を加えて算出したか。			
床下防湿層敷き	材種・規格・工法等に区分し算出したか。			
	基礎梁際ののみ込みを確認して算出したか。			
床下断熱材敷き	材種・規格・工法等に区分し算出したか。			
	基礎梁際ののみ込みを確認して算出したか。			

3－2　鉄筋

チェック項目	チェック内容	確認 仕	確認 数	▼
共通事項	規格、形状、寸法等毎に区分し、設計数量で算出したか。			
鉄筋	所要数量を求めるときに、割増率を確認して算出したか。			
スクラップ控除	鉄筋の割増数量（所要数量－設計数量）に対し、スクラップを70％として算出したか。			

3－3　コンクリート

チェック項目	チェック内容	確認 仕	確認 数	▼
コンクリート	集計表は、①部位別、②階別、③部材別、④打設別に作成したか。			
	コンクリート種別ごとに、設計強度、スランプなどにより区分して算出したか。			
	鉄骨によるコンクリートの欠除を行い、算出したか。			
	壁・柱・梁で外部に面する打放しコンクリート部分の増打ち及び意匠上の増打ちの見落としはないか。			
	コンクリートブロック壁の立上り、立下りの見落としはないか。			
打設手間	建物内及び屋上の設備基礎等は、小型構造物として算出したか。			
専用仮設	配管型ポンプ車の場合、コンクリート足場を算出したか。			

3－4　型枠

チェック項目	チェック内容	確認 仕	確認 数	▼
型枠	普通型枠、打放し型枠、曲面型枠等を材料、工法、コンクリート打設面等に区分して算出したか。			
	普通型枠と打放し型枠とを重複して算出していないか。			
	必要に応じて圧入用型枠を算出したか。			
	建物内及び屋上の設備基礎等は、小型構造物として算出したか。			
打放し面補修	打放し面ごとに算出したか。			
コーン	使用部位を図面等にて確認して算出したか。			

仕…仕様、図面等の確認時にチェックする。　数…数量書の確認時にチェックする。

チェック項目	チ　ェ　ッ　ク　内　容	確認 仕	確認 数	▼
型枠目地棒	打継目地、化粧目地、ひび割れ誘発目地、大面木の形状ごとに算出したか。			

3－5　鉄骨

チェック項目	チ　ェ　ッ　ク　内　容	確認 仕	確認 数	▼
鋼材	鋼材規格・形状・寸法ごとに区分して算出したか。			
	所要数量を求めるときに、割増率を確認して算出したか。			
工場加工組立	設計数量（現場本締ボルトは含まず）で算出したか。			
スクラップ控除	鋼材の割増数量（所要数量－設計数量）に対し、スクラップを70％として算出したか。			
ボルト類	形状から締付け長さが適正か確認して算出したか。			
耐火被覆	耐火性能ごとに区分し、算出したか。			
	被覆範囲を確認して算出したか。			
溶接	溶接延長換算表により溶接長さを算出及び計上としたか。			
鉄骨工場塗装	塗装係数を使用した場合その数値は適切か。			
主体鉄骨建方	設計数量（現場本締ボルトは含まず）で算出したか。			
	建方方法を確認したか。			

4　防水改修

チェック項目	チ　ェ　ッ　ク　内　容	確認 仕	確認 数	▼
共通事項	材種別に外部・内部の区分、立上り、立下りに区別し算出したか。			
	材料の搬入方法を確認したか。			
改修工法	改修工法の確認をしたか。			
仮設	墨出しは、水勾配の調整を必要とする改修の場合に計測対象とし、その数量は平場面積としたか。			
	養生・整理清掃後片付け、全面改修の場合の数量は防水層の平場面積としたか。			
新設防水層	防水の種類、種別ごとに区別して算出したか。			
	下地の補修の有無を確認して必要な場合は算出したか。			
	防水層の保護（押えコンクリート等）は必要か確認して必要な場合は算出したか。			
押えコンクリート	防水押えコンクリートの見落としはないか。			
シーリング	種別、材種、目地寸法毎に区分して算出したか。			
伸縮目地	種別毎に算出したか。			
成形緩衝材	必要の有無を確認して必要な場合は算出したか。			

仕…仕様、図面等の確認時にチェックする。　数…数量書の確認時にチェックする。

チェック項目	チ　ェ　ッ　ク　内　容	確認 仕	確認 数	▼
入隅モルタル	必要の有無を確認して必要な場合は算出したか。			
ルーフドレン	サイズ、材種毎に区分して算出したか。			
	アスファルト・シート防水用、断熱防水用、塗膜・モルタル防水用に区分して算出したか。			
	縦引き、横引き、中継用に区分して算出したか。			
とい	材質、形状、寸法毎に区分して算出したか。			
鋼管とい保温	といの形状毎に、一般の屋内露出部、天井内等、厨房・浴室内等に区分したか。			
鋼管とい塗装	といの形状、材質毎に算出したか。			
鋼管とい掃除口	といの形状毎に区分して算出したか。			
	床上、床下に区分して算出したか。			
アルミニウム製笠木・水切り金物	寸法、形状及び表面仕上げ毎に算出したか。			
コーナー加算	寸法、形状及び表面仕上げ毎に算出したか。			
脱気装置	必要の有無を確認して材種・箇所数毎に算出したか。			

5　外壁改修

チェック項目	チ　ェ　ッ　ク　内　容	確認 仕	確認 数	▼
墨出し	外壁モルタル塗り、外壁タイル張りを撤去し、新たに仕上げをする場合に算出したか。(吹付け仕上げ類の場合は対象としない)			
養生・整理清掃後片付け	外壁面から２ｍ離れた範囲の水平面積としたか。			
施工数量調査	改修工法及び部位毎に区分して算出したか。			
既存塗膜等の除去	工法を確認して算出したか。			
ひび割れ部改修工法	外壁仕上げ、工法、ひび割れ幅の種類別に区分して算出したか。			
欠損部改修工法	工法、注入材料の種類別に区分して算出したか。			
	モルタル塗り厚25mmを超える場合の補強が必要か確認し、必要な場合は算出したか。			
浮き部改修工法	工法及び一般部・指定部毎に区分して算出したか。			
目地改修工法	工法、材種、目地寸法毎に区分して算出したか。			
壁タイル張り	密着張り、改良積上張り毎に算出したか。			
	平物と役物に区分して算出したか。			
壁ユニットタイル	25mm以下はモザイクタイル張り、小口タイル未満はマスク張りに区別して算出したか。			
各種吹付け	吹付け材は材質、仕上げの形状ごとに算出したか。			

6　内装改修、塗装改修、建具改修

6－1　内部仕上げ

仕…仕様、図面等の確認時にチェックする。　数…数量書の確認時にチェックする。

チェック項目	チ　ェ　ッ　ク　内　容	確認 仕	確認 数	▼
共通事項	施工工程を確認し工程毎に算出したか。（用意された単価毎に区分）			
	材種別に材料・形状・寸法・工法・施工場所等に区分して算出したか。			
床				
共通	床仕上げの合計が延べ床面積を超えていないか確認したか。	―		
床清掃	既存ＲＣ・モルタルの上にビニル床材（塗り床含む）仕上げを新設又は塗り床の塗り替え等の場合に算出しているか。			
床けれん	図面表現がある場合のみ、算出したか。			
左官				
床コンクリート直均し仕上げ	フリーアクセスフロア、ＯＡフロアの場合は仕上げの有無及び仕様を確認して算出したか。			
	表面仕上げ毎に区分して算出したか。			
下地モルタル塗り	張り物、敷物、防水下地、タイル張りの工法毎に算出したか。			
セルフレベリング材塗り	内装の張り物下地に適用し、床コンクリート直均し仕上げ等との重複はないか。			
壁				
共通	下地張りの有無の確認及び工法の確認をしたか。			
壁清掃	既存ＲＣ・モルタルの上に壁紙等の仕上げを新設する場合、算出しているか。			
壁けれん	図面表現がある場合のみ、算出したか。			
既製コンクリート				
コンクリートブロック積み	種別の確認はしたか。			
	塗り下、片面化粧、両面化粧毎に算出したか。			
まぐさコンクリート	断面毎の箇所数で算出したか。	―		
ＡＬＣパネル	屋根、外壁、床、間仕切壁など厚さ毎に算出したか。			
	パネル間の目地材は見積りに含む場合は算出不要とし、他部材との目地材は計上したか。			
	表面仕上げの確認はしたか。（工場 or 現場）			
押出成形セメント板	外壁、間仕切壁など厚さ毎に算出したか。			
	パネル間の目地材は見積りに含む場合は算出不要とし、他部材との目地材は計上したか。			
	表面仕上げの確認はしたか。（工場 or 現場）			
タイル				
内装タイル張り	役物類がある場合、タイル平面積から役物の面積を控除したか。			
壁ユニットタイル	タイルのサイズにより工法を確認して算出したか。			
壁タイル接着剤張り	施工場所により有機質接着剤について、タイプⅠ・Ⅱに区分して算出したか。			

仕…仕様、図面等の確認時にチェックする。　　数…数量書の確認時にチェックする。

チェック項目	チェック内容	確認 仕	確認 数	▼
金属				
軽量鉄骨壁下地	捨張りの有無を確認して間柱の間隔毎に算出したか。			
	梁、スラブ下あるいは天井面まで設置するか確認して算出したか。			
	下がり壁の見落としはないか。			
壁見切縁	見落としはないか。			
左官				
下地モルタル塗り	各種タイル張り工法別に算出したか。			
モルタル塗り	刷毛引、金ゴテ仕上げを部位毎に区分して算出したか。			
各種吹付け	材質、表面形状毎に算出したか。			
塗装				
下地調整	下地の種類毎に下地調整種別を確認したか。			
塗装係数	建具類、鉄骨などに採用した係数は妥当か。			
さび止め塗料塗り	鉄面、亜鉛メッキ面毎に算出したか。			
各種塗装仕上げ	一般面、見上げ面、仕様の種別ごとに算出したか。			
常温乾燥型フッ素樹脂エナメル塗り	鉄面において、下地処理等の確認をしたか。			
壁				
内外装				
ボード張り	仕上種別、下地種別及び厚さ等を確認して算出したか。			
遮音壁	遮音シール材を確認して算出したか。			
断熱材張り・打ち込み	種類・施工箇所を確認して算出したか。			
天井				
共通	天井仕上げの合計が延べ床面積を超えていないか確認したか。			
	下地張りの有無の確認及び部材の確認をしたか。			
金属				
軽量鉄骨天井下地	捨張りの有無を確認して、野縁の間隔毎に算出したか。			
	あと施工インサート使用の有無を確認したか。			
	振れ留め加算は必要か確認して算出したか。			
	天井のふところ高さを考慮して算出したか。			
	ホール等の大空間の場合、耐震性を考慮した補強が必要か確認し算出したか。			
天井廻縁	材種毎に算出したか。			
下がり壁見切縁	材種毎に算出したか。			
塗装				
下地調整	下地の種類毎に下地調整種別を確認したか。			

仕…仕様、図面等の確認時にチェックする。　数…数量書の確認時にチェックする。

チェック項目	チ　ェ　ッ　ク　内　容	確認 仕	数	▼
塗装係数	建具類、鉄骨などに採用した係数は妥当か。			
さび止め塗料塗り	鉄面、亜鉛メッキ面毎に算出したか。			
各種塗装仕上げ	一般面、見上げ面、仕様の種別ごとに算出したか。			
常温乾燥型フッ素樹脂エナメル塗り	鉄面において、下地処理等の確認をしたか。			
内外装				
ボード張り	仕上種別、下地種別及び厚さ等を確認して算出したか。			
断熱材張り・打ち込み	種類・施工箇所を確認して算出したか。			
その他				
木工				
構造材・小割材	断面部材が、ひき立て寸法または仕上がり寸法で示しているか確認したか。			
	材工分離の場合、材料は所用数量で算出したか。			
造作材	断面部材が、ひき立て寸法または仕上がり寸法で示しているか確認したか。			
	材工分離の場合、材料は所用数量で算出したか。			
銘木（板材、縁甲板）	本数、枚数で算出したか。			
押入れ	押入れのせっこうボードは、別途算出したか。			
金属				
あと施工アンカー	金属系、接着系を区分して算出したか。			
	径別、施工部位別に区分して算出したか。			
	金属系の場合、鉄筋を別計上したか。			
手すり	斜部手すりは、水平投影長さではなく手すり長さで算出したか。			

6－2　木製建具

チェック項目	チ　ェ　ッ　ク　内　容	確認 仕	数	▼
共通事項	建具キープランと建具表の数量のくい違いはないか確認して算出したか。			
	建具面の仕上げ・塗装の有無を確認したか。			
ふすま	上張りによる区別をしたか。			

6－3　金属製建具

チェック項目	チ　ェ　ッ　ク　内　容	確認 仕	数	▼
共通事項	建具キープランと建具表の数量のくい違いはないか確認して算出したか。			

仕…仕様、図面等の確認時にチェックする。　数…数量書の確認時にチェックする。

チェック項目	チ　ェ　ッ　ク　内　容	確認 仕	確認 数	▼
	種別（耐風圧・気密・水密性）、枠見込み、表面処理などの性能・仕様を確認したか。			
	主仕上げの材質、形状等により区分して算出したか。			
	同じ符号であっても枠・金物等の違いがある場合は、子番号等を追加して区分したか。			
	焼付け塗装の場合は、塗装計測対象外としたか。（建具の見積りに含めるため）			
アルミニウム製建具	網戸の設置は必要か確認して算出したか。			
	建具と水切間のシーリング建具見積りに含む場合は、計測対象外としたか。			
	内部建具がある場合、外部建具と区分して算出したか。			
自閉式上吊り引戸装置	装置付建具は、その他建具と区分して算出したか。			
自動ドア開閉装置	数量計上の見落としはないか。			
建具改修工法	工法を確認したか。			
かぶせ工法	新設建具枠断面寸法が明記されているか。			
撤去工法	図面にて引き抜き工法、はつり工法の確認をしたか。			
	撤去範囲の確認をしたか。			
開口新設部建具	壁の開口工法、壁の補修工法を確認したか。			
建具周囲シーリング	建具内法寸法によって計測・計算したか。			
	断面寸法（幅×深さmm）が明記されているか。			
	シーリング材の種類を、被着体の組み合せにより確認したか。			
枠廻りモルタル充填	建具内法寸法によって計測・計算したか。			
	下枠・くつづり・目地棒が無い場合、計測範囲を確認し算出したか。			
	外部、内部に区分して算出したか。			

6－4　ガラス

チェック項目	チ　ェ　ッ　ク　内　容	確認 仕	確認 数	▼
共通事項	材種、形状、規格寸法、厚さ、留め材毎に算出したか。			
	特殊寸法、特殊形状は寸法毎に単位を枚として算出したか。			
	小口処理等の特殊加工を必要とする箇所が有るか確認して算出したか。			
ガラス用フィルム張り	ガラス用フィルム張りの有無及び仕様を確認して算出したか。			
熱線反射ガラス	熱線反射ガラスの映像調整が必要か確認して算出したか。			
衝突防止表示	衝突防止表示は必要か確認して算出したか。			

注）強化・複層・合わせガラスは、特寸　2.0㎡以下、4.0㎡以下、6.0㎡以下毎に算出する。
注）その他板ガラスは、特寸　2.18㎡以下、4.45㎡以下、6.81㎡以下毎に算出する。

6－5　仕上げユニット

仕…仕様、図面等の確認時にチェックする。　数…数量書の確認時にチェックする。

チェック項目	チェック内容	確認 仕	確認 数	▼
棚、台、流し、浴槽、鏡	材種、規格、形状寸法毎に箇所数を算出したか。			
スクリーン、隔壁、カウンター	材種、規格毎に算出したか。			
表示板、換気孔、ルーバー、床下点検口、カーテンボックス	材種、規格、寸法毎に箇所数を算出したか。			
移動式間仕切、可動式間仕切	材種、規格毎に面積又は、箇所数を算出したか。			
カーテン、ブラインド	材種、規格、形状寸法毎に箇所数を算出したか。			
フリーアクセスフロア	スロープ・ボーダーの見落としはないか。			
造り付け家具	設置する面の仕上げを控除したか。			

7　環境配慮改修

チェック項目	チェック内容	確認 仕	確認 数	▼
アスベスト含有成形板撤去				
共通	ノンアスベスト材と区分して算出したか。			
	撤去の方法について、図面等で確認し算出したか。			
仮設	養生方法について、図面等で確認し算出したか。			
	足場について、専用足場となるか確認し算出したか。			
アスベスト含有吹付け材撤去				
共通	施工方法、施工手順及び区画を図面等にて確認したか。			
	見積り徴集用の項目及び数量を算出したか。			
仮設	施工手順及び区画ごとに、養生、整理清掃及び足場を算出したか。			
安全衛生設備機器等	セキュリティーハウス、負圧除じん機、真空掃除機及び消耗品等の必要な項目が計上されているか。			
除去処理	厚みごとに施工手順及び区画を考慮して除去面積を算出したか。			
	粉塵飛散抑制剤及び粉塵飛散防止剤の施工区分を確認し、数量を算出したか。			
	除去アスベスト処理の方法について、図面等にて確認したか。（密封又固化）			
アスベスト粉塵濃度測定	測定点数は、図面等で確認し算出したか。			
	報告書についても項目が計上されているか。			
廃棄物処理	廃棄物積込み、運搬及び処分の項目が計上されているか。			
屋上緑化				
共通	仕様等を図面等にて確認したか。			
	設備工事との区分けについて、確認し対象となる数量を算出したか。			

仕…仕様、図面等の確認時にチェックする。　数…数量書の確認時にチェックする。

チェック項目	チ　ェ　ッ　ク　内　容	確認 仕	確認 数	▼
	搬入方法を図面等で確認し、適切に計上したか。			
仮設	養生、整理清掃後片付けを、算出したか。			
屋上緑化システム	樹木、植え込み手間、支柱等は、「新営工事用　7　外構　植栽」に準じて算出したか。			
屋上緑化軽量システム（基盤式）	樹木及び基盤を含めユニットとして算出したか（1000㎜×1000㎜　○か所　など）			

8　発生材処理

チェック項目	チ　ェ　ッ　ク　内　容	確認 仕	確認 数	▼
発生材運搬	発生材の種別毎に区分して算出したか。			
	運搬距離、ダンプトラック種別毎に区分して算出したか。			
	敷地状況及び発生量等を勘案して、算出したか。			
発生材処分	発生材の種別毎に区分して算出したか。			

(3) 内訳数量調書チェックリスト

1　仮設

数…数量書の確認時にチェックする。

チェック項目	チ　ェ　ッ　ク　内　容	数	▼
共通事項	項目、数量は間違いなく転記されているか。		
	指定仮設の設置期間は図示のとおりか。		
外部足場	各部位毎の足場の存置日数は適正か。		
内部足場	階高によって足場種別が区分されているか。		
墨出し	計上された項目が複合改修、個別改修に区分されているか。		
養生・整理清掃後片付け	計上された項目が複合改修、個別改修、塗装塗り替え程度、搬出入通路養生に区分されているか。		
災害防止養生	防護棚・金網張り・シート張り・防音パネル等の計上漏れはないか。		
	金網張り・シート張りの架面積と足場架面積は等しくなっているか。		
仮設間仕切り	仕様書による種別毎に計上されているか。		
仮設材運搬	計上した仮設材と仮設材運搬の数量は整合しているか。		

2　撤去

チェック項目	チ　ェ　ッ　ク　内　容	数	▼
共通事項	部位別に、材質・形状・寸法・工法等に区分して計上されているか。		
	項目、数量は間違いなく転記されているか。		

3　耐震改修及び躯体

3－1　土工・地業

チェック項目	チ　ェ　ッ　ク　内　容	数	▼
共通事項	項目、数量は間違いなく転記されているか。		
	根切り、埋戻し土、建設発生土等の数量は収支がとれているか。		
根切り	人力・機械施工の選択は適切か。		
埋戻し	埋戻し土の種別は図示のとおりか確認したか。		
	Ｃ種の場合、運搬費、積込み費は工事範囲か確認したか。		

3－2　鉄筋

チェック項目	チ　ェ　ッ　ク　内　容	数	▼
共通事項	項目、数量は間違いなく転記されているか。		
	規格、仕様等は図示のとおりか。		
鉄筋（資材）	所要数量で計上されているか。		
	スパイラル筋は、設計数量で計上されているか。		
スクラップ控除	鉄筋の割増数量（所要数量－設計数量）に対し、スクラップを70％として算出したか。		
鉄筋加工組立	設計数量で計上されているか。		

3－3　コンクリート

数…数量書の確認時にチェックする。

チェック項目	チ　ェ　ッ　ク　内　容	数	▼
共通事項	項目、数量は間違いなく転記されているか。		
	規格、仕様等は図示のとおりか。		
コンクリート	構造体コンクリートに⊿Ｆの割増しを行ったか。		
	無筋コンクリートの強度を確認したか。		
	防水押さえコンクリートの面積と防水面積は一致するか。		
打設手間	打設部位毎、打設回数毎に計上されているか。		
構造体強度補正	打設工程に合わせて構造体強度補正を計上したか。		
基本料金	必要に応じて、基本料金が計上されているか。		

3－4　型枠

チェック項目	チ　ェ　ッ　ク　内　容	数	▼
共通事項	項目、数量は間違いなく転記されているか。		
	規格、仕様等は図示のとおりか。		
型枠	普通型枠、打放し型枠、曲面型枠等を材料、工法、コンクリート打設面等に区分して計上されているか。		
打放し面補修	打放し補修面積と対応する打放し型枠面積が一致するか。		
型枠運搬	型枠運搬数量＝普通型枠数量＋打放し型枠数量としたか。 （その他の片面型枠、曲面型枠等は運搬費込み単価のため）		

3－5　鉄骨

チェック項目	チ　ェ　ッ　ク　内　容	数	▼
共通事項	主体鉄骨、付帯鉄骨に区分して計上されているか。		
	工場製作、現場建方に区分して計上されているか。		
	項目、数量は間違いなく転記されているか。		
	規格、仕様等は図示のとおりか。		
鋼材	所要数量で計上されているか。		
工場加工組立	設計数量（現場本締ボルトは含まず）で計上したか。		
スクラップ控除	鉄骨の割増数量（所要数量－設計数量）に対し、スクラップを70％として算出したか。		
主体鉄骨建方	設計数量（現場本締ボルトは含まず）で計上したか。		
建方機械器具	揚重機選定及び規格を確認したか。		

4　防水改修

チェック項目	チ　ェ　ッ　ク　内　容	数	▼
共通事項	項目、数量は間違いなく転記されているか。		
	規格、仕様等は図示のとおりか。		
保護防水面積	押えコンクリート面積と一致するか。		

5　外壁改修

数…数量書の確認時にチェックする。

チェック項目	チ　ェ　ッ　ク　内　容	数	▼
共通事項	項目、数量は間違いなく転記されているか。		
	タイル面積（一般＋役物）と、タイル下地モルタルは一致するか。		
	規格、仕様等は図示のとおりか。		

6　内装改修、塗装改修、建具改修

6 － 1　内部仕上げ

6-1-1　既製コンクリート

チェック項目	チ　ェ　ッ　ク　内　容	数	▼
共通事項	材種別に材質・形状・寸法・工法等により区分して計上されているか。		
	項目、数量は間違いなく転記されているか。		
	規格、仕様等は図示のとおりか。		

6-1-2　石

チェック項目	チ　ェ　ッ　ク　内　容	数	▼
共通事項	材種別に材質・形状・寸法・工法等により区分して計上されているか。		
	項目、数量は間違いなく転記されているか。		
	規格、仕様等は図示のとおりか。		

6-1-3　タイル

チェック項目	チ　ェ　ッ　ク　内　容	数	▼
共通事項	材種別に材質・形状・寸法・工法等により区分して計上されているか。		
	項目、数量は間違いなく転記されているか。		
	タイル面積（一般＋役物）と、タイル下地モルタルは一致するか。		
	規格、仕様等は図示のとおりか。		

6-1-4　木工

チェック項目	チ　ェ　ッ　ク　内　容	数	▼
共通事項	材種別に材質・形状・寸法・工法等により区分して計上されているか。		
	項目、数量は間違いなく転記されているか。		
	規格、仕様等は図示のとおりか。		
床組	床組と仕上（フローリング、畳等）の面積は一致するか。		

6-1-5　金属

数…数量書の確認時にチェックする。

チェック項目	チ　ェ　ッ　ク　内　容	数	▼
共通事項	材種別に材質・形状・寸法・工法等により区分して計上されているか。		
	項目、数量は間違いなく転記されているか。		
	規格、仕様等は図示のとおりか。		

6-1-6　左官

チェック項目	チ　ェ　ッ　ク　内　容	数	▼
共通事項	材種別に材質・形状・寸法・工法等により区分して計上されているか。		
	項目、数量は間違いなく転記されているか。		
	規格、仕様等は図示のとおりか。		
床コンクリート直均し仕上げ	主仕上げの数量との関係を確認したか。		
下地モルタル塗り	主仕上げの数量との関係を確認したか。		

6-1-7　塗装

チェック項目	チ　ェ　ッ　ク　内　容	数	▼
共通事項	材種別に材質・形状・寸法・工法等により区分して計上されているか。		
	項目、数量は間違いなく転記されているか。		
	規格、仕様等は図示のとおりか。		

6-1-8　内外装

チェック項目	チ　ェ　ッ　ク　内　容	数	▼
共通事項	材種別に材質・形状・寸法・工法等により区分して計上されているか。		
	項目、数量は間違いなく転記されているか。		
	規格、仕様等は図示のとおりか。		

6 － 2　木製建具

チェック項目	チ　ェ　ッ　ク　内　容	数	▼
共通事項	材種別に材質・形状・寸法・工法等により区分して計上されているか。		
	項目、数量は間違いなく転記されているか。		
	規格、仕様等は図示のとおりか。		

6 － 3　金属製建具

チェック項目	チ　ェ　ッ　ク　内　容	数	▼
共通事項	材種別に材質・形状・寸法・工法等により区分して計上されているか。		
	項目、数量は間違いなく転記されているか。		
	規格、仕様等は図示のとおりか。		

6－4　ガラス

数…数量書の確認時にチェックする。

チェック項目	チ　ェ　ッ　ク　内　容	数	▼
共通事項	材種別に材質・形状・寸法・工法等により区分して計上されているか。		
	項目、数量は間違いなく転記されているか。		
	規格、仕様等は図示のとおりか。		

注）強化・複層・合わせガラスは、特寸　2.0㎡以下、4.0㎡以下、6.0㎡以下ごとに算出する。
注）その他板ガラスは、特寸　2.18㎡以下、4.45㎡以下、6.81㎡以下ごとに算出する。

6－5　仕上げユニット

チェック項目	チ　ェ　ッ　ク　内　容	数	▼
共通事項	材種別に材質・形状・寸法・工法等により区分して計上されているか。		
	項目、数量は間違いなく転記されているか。		
	規格、仕様等は図示のとおりか。		

7　環境配慮改修

7－1　アスベスト含有成形板撤去

チェック項目	チ　ェ　ッ　ク　内　容	数	▼
共通事項	部位別に、材質・形状・寸法・工法等に区分して計上されているか。		
	項目、数量は間違いなく転記されているか。		

7－2　アスベスト含有吹付け材撤去

チェック項目	チ　ェ　ッ　ク　内　容	数	▼
共通事項	部位別に、材質・形状・寸法・工法等に区分して計上されているか。		
	項目、数量は間違いなく転記されているか。		

7－3　屋上緑化

チェック項目	チ　ェ　ッ　ク　内　容	数	▼
共通事項	部位別に、材質・形状・寸法・工法等に区分して計上されているか。		
	項目、数量は間違いなく転記されているか。		

8　発生材処理

チェック項目	チ　ェ　ッ　ク　内　容	数	▼
発生材運搬	項目、数量は間違いなく転記されているか。		
発生材処分	項目、数量は間違いなく転記されているか。		

⑷　工事費内訳書チェックリスト

1　仮設

数…数量書の確認時にチェックする。

チェック項目	チ　ェ　ッ　ク　内　容	数	▼
共通事項	足場等の存置日数は適当か。また、工期に対して存置日数は適切か。		
	指定仮設の存置期間は図示の通りか。		
	複合改修、個別改修の区分は適正か。		

2　撤去

チェック項目	チ　ェ　ッ　ク　内　容	数	▼
天井	一重張り【ロックウール吸音板共】は、石こうボード【捨張り】のうえロックウール吸音板の計２枚張りを算出したか。		
	二重張り【ロックウール吸音板共】は、せっこうボード【捨張り１枚張り】のうえロックウール吸音板の計２枚張りを算出したか。		

3　耐震改修及び躯体

3－1　土工・地業

チェック項目	チ　ェ　ッ　ク　内　容	数	▼
根切り	人力・機械施工の選択は適切か。		
埋戻し	Ａ種及びＤ種の場合、締め固めによる材料の変化率、割増率を考慮したか。		
砂利地業	厚さが300㎜を超えている場合は300㎜毎に締め固めをみているか。		

3－2　鉄筋

チェック項目	チ　ェ　ッ　ク　内　容	数	▼
鉄筋（資材）	資材価格の摘要は図示のとおりか。		
スクラップ控除	減額となっているか。		
鉄筋加工組立	現場加工か工場加工か検討したか。		
鉄筋運搬	少量の場合の運搬費を検討したか。		

3－3　コンクリート

チェック項目	チ　ェ　ッ　ク　内　容	数	▼
コンクリート（資材）	スランプ値は適正か。		
	資材価格は摘要のとおりとなっているか。		
構造体強度補正	温度補正を行う時期は適正か。		
	補正値は施工地域に適した値か。		
	補正を要するコンクリートは適正か。		
打設手間	１回当たりの打設量を想定して、基本料金の計上回数を決定したか。		

3－4　型枠

数…数量書の確認時にチェックする。

チェック項目	チ　ェ　ッ　ク　内　容	数	▼
コーン	コーンを使用する部位は適切か。		
型枠運搬	少量の場合の運搬費を検討したか。		

3－5　鉄骨

チェック項目	チ　ェ　ッ　ク　内　容	数	▼
鋼材（資材）	資材価格の摘要は図示のとおりか。		
	エキストラ等の加算は適正か。		
スクラップ控除	減額となっているか。		
建方機械器具	使用機械の選定は適正か。		
	日数は適正か。		
ターンバックルボルト	単価の構成を確認したか。（羽子板は含まれているか）		

4　防水改修

チェック項目	チ　ェ　ッ　ク　内　容	数	▼
共通事項	仕様、形状寸法等が図示のとおりか。		
改修工法	工法の摘要は図示のとおりか。		
養生	防水の種類に合った仮設を計上しているか。		
整理清掃後片付け	防水の種類に合った仮設を計上しているか。		
新設防水層	平部、立上り部の仕様は適正か。		
シーリング	種別、サイズは適正か。		

5　外壁改修

チェック項目	チ　ェ　ッ　ク　内　容	数	▼
共通事項	仕様、形状寸法等が図示のとおりか。		
改修工法	工法の摘要は図示のとおりか。		
墨出し	改修工法に合った仮設を計上しているか。		
養生・整理清掃後片付け	改修工法に合った仮設を計上しているか。		
タイル張り手間	工法、施工部位に対する張り手間は適正か。		

6　内装改修、塗装改修、建具改修

6－1　内部仕上げ

6-1-1　既製コンクリート

チェック項目	チ　ェ　ッ　ク　内　容	数	▼
共通事項	仕様、形状寸法等が図示のとおりか。		
化粧積み	化粧面に加算してあるか。		

6-1-2　石

数…数量書の確認時にチェックする。

チェック項目	チ　ェ　ッ　ク　内　容	数	▼
共通事項	仕様、形状寸法等が図示のとおりか。		
石	見積の単価構成を確認したか。（アンカー受の縦筋、横筋及び張り付け用の砂、セメント等）		

6-1-3　タイル

チェック項目	チ　ェ　ッ　ク　内　容	数	▼
共通事項	仕様、形状寸法等が図示のとおりか。		
タイル張り手間	工法、施工部位に対する張り手間は適正か。		
壁タイル接着剤張り	多湿部、一般部の接着剤タイプは適正か。		

6-1-4　木工

チェック項目	チ　ェ　ッ　ク　内　容	数	▼
共通事項	仕様、形状寸法等が図示のとおりか。		
樹種	樹種、代用樹種の選定は適正か。		

6-1-5　金属

チェック項目	チ　ェ　ッ　ク　内　容	数	▼
共通事項	仕様、形状寸法等が図示のとおりか。		
軽鉄天井下地	ボード寸法と軽鉄天井下地のピッチは適正か。		
塗装	塗装工程で工場塗装、素地ごしらえ等は見積りに含んでいるか。		
便所手すり	取付手間の見落としはないか。		
	コンクリートブロックを貫通する場合、ブロック貫通取付加算の見落としはないか。		

6-1-6　左官

チェック項目	チ　ェ　ッ　ク　内　容	数	▼
共通事項	仕様、形状寸法等が図示のとおりか。		
壁モルタル	厚さによる塗り回数補正は適正か。		
壁下地モルタル	厚さによる塗り回数補正は適正か。		

6-1-7　塗装

チェック項目	チ　ェ　ッ　ク　内　容	数	▼
共通事項	仕様、形状寸法等が図示のとおりか。		
素地ごしらえ	金属及び金属製建具等は、通常素地ごしらえを含んだ単価になっているので計上しない。		

6-1-8　内外装

数…数量書の確認時にチェックする。

チェック項目	チ　ェ　ッ　ク　内　容	数	▼
共通事項	仕様、形状寸法等が図示のとおりか。		
	清掃・けれんを計上する場合は、新設仕上げ単価（代価）に含めて計上したか。		
壁紙	5 cm以上の柄の場合には、柄の大きさに伴った材料数量の割増しを考慮したか。		

6－2　木製建具

チェック項目	チ　ェ　ッ　ク　内　容	数	▼
共通事項	仕様、形状寸法等が図示のとおりか。		

6－3　金属製建具

チェック項目	チ　ェ　ッ　ク　内　容	数	▼
共通事項	仕様、形状寸法等が図示のとおりか。		
塗装	塗装工程で工場塗装、素地ごしらえ等は、見積りに含んでいるか。		

6－4　ガラス

チェック項目	チ　ェ　ッ　ク　内　容	数	▼
共通事項	仕様、形状寸法等が図示のとおりか。		

6－5　仕上げユニット

チェック項目	チ　ェ　ッ　ク　内　容	数	▼
共通事項	仕様、形状寸法等が図示のとおりか。		
カーテン	カーテン生地の計算は適正か。（大きい模様の場合は考慮したか）		

7　環境配慮改修

7－1　アスベスト含有成形板撤去

チェック項目	チ　ェ　ッ　ク　内　容	数	▼
共通事項	仕様、形状寸法等が図示のとおりか。		
	一般の撤去材と区分されているか。		

7－2　アスベスト含有吹付け材撤去

チェック項目	チ　ェ　ッ　ク　内　容	数	▼
共通事項	仕様、形状寸法等が図示のとおりか。		
	見積の項目と内容の確認を行い、計上しているか。		

7－3　屋上緑化

数…数量書の確認時にチェックする。

チェック項目	チ　ェ　ッ　ク　内　容	数	▼
共通事項	仕様、形状寸法等が図示のとおりか。		
	見積を採用の場合に、項目と内容の確認を行い、計上しているか。		

8　発生材処理

チェック項目	チ　ェ　ッ　ク　内　容	数	▼
共通事項	仕様が図示のとおりか。		
	単位に間違いはないか。		

2）建築改修工事特記仕様書

本特記仕様書は、建築改修工事における材料の品質、使用製品、施工方法などに関し、個々の設計に対して「改修標準仕様書（建築）」の記述により明確にする等のため設計者の意図を文章、数値などで示したものであり、建築改修工事を発注する際に用いる標準的な特記仕様書の一例を示すものである。

工事設計図

特 記 仕 様 書

Ⅰ．　工事概要

1．工事場所

2．敷地面積

3．工事種目

4．工事内容

5．指定部分　・有　・無　対象部分（　　　　　　）
指定部分工期　　年　　月　　日

6．工事範囲

※「3．工事種目」すべてを工事範囲とする。
・「3．工事種目」のうち各工事項目における工事範囲は下記表のとおりとする。
ただし、他の工事種目は全て、今回工事範囲とする。

工事種目／工事項目				
2　仮設工事				
3　防水改修工事				
4　外壁改修工事 コンクリート打ち放し仕上げ外壁				
外壁改修工事 モルタル塗り仕上げ外壁				
外壁改修工事 タイル張り仕上げ外壁				
外壁改修工事 塗り仕上げ外壁				
5　建具改修工事				
6　内装改修工事				
7　塗装改修工事				
8　耐震改修工事等				
9　環境配慮改修工事				

Ⅱ．　建築改修工事仕様

1．共通仕様

（1）図面及び本特記仕様に記載されていない事項は、国土交通省大臣官房官庁営繕部制定の下記仕様書等のうち、○を付けたものを適用する。
・公共建築改修工事標準仕様書（建築工事編）（平成25年版）（以下、「改修標準仕様書」という。）
・公共建築工事標準仕様書（建築工事編）（平成25年版）（以下、「標準仕様書」という。）
・建築工事標準詳細図（平成22年版）（以下、「標準詳細図」という。）
・建築物解体工事共通仕様書（平成24年版）

（2）電気設備工事及び機械設備工事を本工事に含む場合は、電気設備工事及び機械設備工事はそれぞれの工事特記仕様書を適用する。なお、電気設備工事の特記仕様書は（　　　）図、機械設備工事の特記仕様書は（　　　）図による。

（3）本特記仕様書の表記
1）項目は、番号に ○ 印の付いたものを適用する。
2）特記事項は、⊙ 印の付いたものを適用する。
⊙ 印の付かない場合は、※印の付いたものを適用する。
⊙ 印と ※ 印の付いた場合は、共に適用する。
3）特記事項に記載の［　　］内表示番号は、改修標準仕様書の当該項目、当該図又は当該表を示す。
4）特記事項に記載の（　　）内表示番号は、標準仕様書の当該項目、当該図又は当該表を示す。
5）Ｇ 印は、「国等による環境物品等の調達の推進等に関する法律」（グリーン購入法）の特定調達品目を示す。

章	項　目	特　記　事　項
1 一般共通事項	1　適用区分	(1.2.2) ・建築基準法に基づき定まる風圧力及び積雪荷重の算定には次の条件を用いる。 ・風圧力 風速（Vo=　　m/s） 地表面粗度区分（・Ⅰ　・Ⅱ　・Ⅲ　・Ⅳ） ・積雪荷重 ・建設省告示第1455号における区域　別表（　　）
	2　環境への配慮	[1.4.1] （1）建築物内部に使用する材料等は、設計図書に規定する所要の品質及び性能を有すると共に、次の①から④を満たすものとする。 ① 合板、木質系フローリング、構造用パネル、集成材、単板積層材、ＭＤＦ、パーティクルボード、その他の木質建材、ユリア樹脂板、壁紙、接着剤、保温材、緩衝材、断熱材、塗料、仕上塗材は、アセドアルデヒド及びスチレンを発散しない又は発散が極めて少ない材料で、設計図書に規定する「ホルムアルデヒドの放散量」の区分に応じた材料を使用する。 ② 接着剤及び塗料は、トルエン、キシレン及びエチルベンゼンの含有量が少ない材料を使用する。 ③ 接着剤は、可塑性（フタル酸ジ－ｎ－ブチル及びフタル酸ジ－２－エチルヘキシル等を含有しない難揮発性の可塑剤を除く）が添加されていない材料を使用する。 ④ ①の材料を使用して作られた家具、書架、実験台、その他の什器類は、ホルムアルデヒド、アセドアルデヒド及びスチレンを発散しないか、発散が極めて少ない材料を使用したものとする。 （2）設計図書に規定する「ホルムアルデヒドの放散量」の区分において、「規制対象外」とは次の①又は②に該当する材料を指し、同区分「第三種」とは次の③又は④に該当する材料を指す。 ①建築基準法施行令第20 条の７第１項に定める第一種、第二種及び第三種ホルムアルデヒド発散建築材料以外の材料 ②建築基準法施行令第20 条の７第４項の規定により国土交通大臣の認定を受けた材料 ③建築基準法施行令第20 条の７第１項に定める第三種ホルムアルデヒド発散建築材料 ④建築基準法施行令第20 条の７第３項の規定により国土交通大臣の認定を受けた材料
	3　材料の品質等	[1.4.2] （1）本工事に使用する材料は、設計図書に定める品質及び性能の他、通常有すべき品質及び性能を有するものとする。 （2）備考欄に商品名が記載された材料は、当該商品又は同等品を使用するものとし、同等品を使用する場合は監督職員の承諾を受ける。 （3）標準仕様書に記載されていない特別な材料の工法については、材料製造所の指定する工法とする。 （4）本工事に使用する材料のうち、（５）に指定する材料の製造業者等は、次の①から⑥すべての事項を満たすものとし、この証明となる資料又は外部機関が発行する品質及び性能等が評価されたことを示す書面を提出して監督職員の承諾を受ける。ただし、製造業者等名が記載されているものは、証明となる資料等の提出を省略することができる。 ①品質及び性能に関する試験データを整備していること。 ②生産施設及び品質の管理を適切に行っていること。 ③安定的な供給が可能であること。 ④法令等で定める許可、認可、認定又は免許を取得していること。 ⑤製造又は施工の実績があり、その信頼性があること。 ⑥販売、保守等の営業体制を整えていること。 （5）製造業者等に関する資料の提出を求める材料 無収縮グラウト材、乾式保護材、既製調合モルタル、既製調合目地材、錠前類、クローザ類、自動扉機構、自閉式上吊り引戸機構、防水剤、現場発泡断熱材、フリーアクセスフロア、移動間仕切、トイレブース、煙突用成形ライニング材、天井点検口、床点検口、グレーチング、屋上緑化システム、エポキシ樹脂、ポリマーセメントモルタル
	4　室内空気中の化学物質の濃度測定	(1.5.9) 1）室内空気中のホルムアルデヒド、トルエン、キシレン、 エチルベンゼン、スチレンの濃度を測定し、測定結果を監督職員に報告する。 2）測定対象室及び測定箇所数等は下記による。 着工前の測定　　・ 行う 測定対象室　　・ 図示　　・ 測定箇所数　　・ 図示　　・ 3）測定は、パッシブ型採集機器により行う。 4）測定方法及び測定結果の報告は、現場説明書による。
	5　埋設配管・配線および鉄筋調査	あと施工アンカー工事 ６章９および８章１６による コア抜き、はつり工事等 ※ 既存資料調査 ・ 探査機（電磁波レーダー法又は電磁波誘導法）による探査 配管・配線等の位置の墨出を行う 範囲　※　図示　・ ・ 放射線透過試験 労働安全衛生法、「電離放射線障害防止規制」（昭和47年労働省令第41号）等に定めるところによるほか、次による。 (1) 作業主任者は、エックス線作業主任者の資格を有するものとし、資格を証明する資料を監督職員に提出する。 (2) 放射線照射量は最小限のものとし、照射中は人体に影響のない程度まで照射器より離れる。また、作業者以外の立入禁止措置を講ずる。 (3) 露出時間は、コンクリートの厚さ等により、適宜調整する。 (4) 付近にフィルム、磁気ディスク等放射線の影響を受けるものの有無を確認する。 (5) 躯体の墨出しは、表裏でズレがないように措置を講ずる。 撮影枚数　　枚 フィルムサイズ コンクリート厚さ　　ｃｍ
2 仮設工事	1　足場その他	[2.2.1] ・「手すり先行工法に関するガイドライン」に基づく足場の設置に当たっては、同ガイドラインの別紙１「手すり先行工法による足場の組立て等に関する基準」における2の(2)手すり据置き方式又は(3)手すり先行専用足場方式により行う。 ・内部足場　　種別　（※ きゃたつ、足場板等　・　　　　） ・外部足場　　種別　（・Ａ種　・Ｂ種　・Ｃ種　・Ｄ種　・Ｅ種）　[表 2.2.1] ・防護シートを設置 材料、撤去材等の運搬方法　[表 2.2.2] 種別　（・Ａ種　・Ｂ種　・Ｃ種　・Ｄ種　・Ｅ種） Ｃ種：利用可能なエレベーター　（　　　　） Ｄ種：利用可能な階段　（　　　　）

2　既存部分の養生

[2.3.1]

1）養生の方法等
・既存部分　　養生の方法　（※ビニルシート等　・　　）
・既存家具等　　養生の方法　（※ビニルシート等　・　　）
・既存ブラインド、カーテン等　養生の方法　（・ビニルシート等　・　　）
保管場所　（・図示　　　　　　　）
・備品、机、ロッカー等の移動　（・図示　・　　）
2）既存部分に汚染又は損傷を与えるおそれのある場合は養生を行う。また、万一損傷等を与えた場合は、受注者の責任において速やかに修復等の処置を行う。

3　仮設間仕切

[2.3.2][表 2.3.1]

1）仮設間仕切り及び仮設扉の設置箇所　・図示　・
2）仮設間仕切りの種別と材質等

種別	下地	仕上げ（厚さmm）	塗装	充填材
・A種	・木	・せっこうボード（9.5mm）	・無し	※有り
・B種	・軽量鉄骨	・合板（9.0mm）	・片面	
※C種	単管	防炎シート		

充填材：ｸﾞﾗｽｳｰﾙ32k　（厚：50mm以上）
3）仮設間仕切りに設ける仮設扉の材質等

材質	仕上げ	塗装	充填材
※ 木製	※ 合板張り程度 ・	・無し ・片面	※有り ・無し
・			

充填材：ｸﾞﾗｽｳｰﾙ32k　（厚：50mm以上）

3　防水改修工事

1　施工数量調査

[1.5.2〜3]

調査範囲　・図示の範囲　・
調査方法　・図示　・
既存部分の破壊を行った場合の補修方法　・図示　・
調査報告書　提出部数　・２部　・

2　降雨等に対する養生方法（とい共）

[3.1.3]

※改修標準仕様書3.1.3(e)(1)〜(3)による。・

3　既存防水の処理

[3.2.3,4,6]

既存保護層の撤去　・行う（範囲　・図示　・　　　　　）
・行わない
既存防水層の撤去　・行う（範囲　・図示　・　　　　　）
・行わない
露出防水層表面の仕上げ塗装除去　・行う（・M4AS　・M4ASI　・M4C　・M4DI　・L4X）
・行わない

4　既存防水層の下地補修

[3.2.6]

既存下地の補修箇所の形状、長さ、数量等　・図示　・
POS工法及びPOSI工法（機械式固定方法）の既存保護層を撤去し防水層を非撤去とした立上り部等の補修及び処置　※改修標準仕様書3.2.6(d)(3)(vii)①〜③による　・

5　アスファルト防水

[3.3.2〜4,3.3.5]

屋根保護防水
防水層の種別

工法	種別	施工箇所	断熱材 G	絶縁用ｼｰﾄ	立上り部の保護
・P2A	・A−1 ※A−2 ・A−3			※ﾎﾟﾘｴﾁﾚﾝﾌｨﾙﾑ 厚さ0.15mm以上 ・	・乾式 保護材 ・ｺﾝｸﾘｰﾄ 押え ・れんが 押え
・P1B	・B−1 ※B−2 ・B−3				
・P2AI	・AI−1 ※AI−2 ・AI−3		（材質） ※JIS A 9511によるA種押出法ﾎﾟﾘｽﾁﾚﾝﾌｫｰﾑ保温材の保温板3種b（ｽｷﾝあり） ・ （厚さ）・25mm　・	※ﾌﾗｯﾄﾔｰﾝｸﾛｽ 70g/㎡程度 ・	
・P1BI ・T1BI	・BI−1 ※BI−2 ・BI−3				

改質アスファルトルーフィングシートの種類及び厚さ
※改修標準仕様書表3.3.3から表3.3.9による　・
部分粘着層付改質アスファルトルーフィングシートの種類及び厚さ
※改修標準仕様書表3.3.3から表3.3.9による　・
平場の保護コンクリートの厚さ
こて仕上げ　※水下　80mm以上　・
床タイル張り　※水下　60mm以上　・
・乾式保護材
窯業系パネル：無石綿の繊維質原料等を主原料として、板状に押出成形しオートクレーブ養生したもの。
金属複合板：金属板と樹脂を積層一体化したもの。
（品質・性能）
建築材料等品質性能表による
（試験方法）
建築材料等品質性能表による
屋根露出防水
防水層の種別

工法	種別	施工箇所	断熱材 G	仕上塗料 種類	仕上塗料 使用量	高日射反射率防水の適用 G	備考
・M4C	・C-1 ※C-2 ・C-3 ・C-4	屋根		・ ・製造所の指定による	・ ・製造所の指定による	・	
・M3D ・POD	・D-1 ※D-2 ・D-3 ・D-4			・ ・製造所の指定による	・ ・製造所の指定による	・	脱気装置 ・設ける ・設けない 改修用ﾄﾞﾚﾝ ・設ける ・設けない
・PODI ・M3DI ・M4DI	・DI-1 ※DI-2		（材質） ※JIS A 9511によるA種硬質ｳﾚﾀﾝﾌｫｰﾑ保温材の保温板2種1号又は2号で透湿係数を除く規定に適合するもの ・ （厚さ）・25mm　・	・ ・製造所の指定による	・ ・製造所の指定による	・	脱気装置 ・設ける ・設けない 改修用ﾄﾞﾚﾝ ・設ける ・設けない

脱気装置の種類及び設置数量
※アスファルトルーフィング類製造所の指定による　・
屋根露出防水絶縁断熱工法の場合の、ルーフドレン回り及び立上り部周辺の断熱材の張りじまい位置　※図示　・

屋内防水

工法	種別	施工箇所	備考
・P1E ・P2E	・E−1 ※E−2		保護層　・設ける ・設けない

押え金物の材質及び形状
※アルミニウム製　L-30×15×2.0mm程度　・
屋根排水溝　※図示　・

6　改質アスファルトシート防水

[3.4.2]

防水層の種別

工法	種別	施工箇所	断熱材 G	高日射反射率防水の適用 G	備考
・MA4S	・AS-T1 ・AS-T2 ・AS-J3			・	
・M3AS ・POAS	・AS-T3 ・AS-T4 ・AS-J2 ・AS-J4			・	脱気装置 ・設ける ・設けない 改修用ドレン ・設ける ・設けない
・M3ASI ・M4ASI ・POASI	・ASI-T1 ・ASI-J1		（材質） ※JIS A 9511によるA種硬質ｳﾚﾀﾝﾌｫｰﾑ保温材の保温板2種1号又は2号で透湿係数を除く規定に適合するもの ・ （厚さ）・25mm　・	・	脱気装置 ・設ける ・設けない 改修用ドレン ・設ける ・設けない 防湿層 ・設ける ・設けない

改質アスファルトシートの種類及び厚さ
※改修標準仕様書表3.4.1から表3.4.3による　・
粘着層付改質アスファルトシートの種類及び厚さ
※改修標準仕様書表3.4.1から表3.4.3による　・
部分粘着層付改質アスファルトシートの種類及び厚さ
※改修標準仕様書表3.4.1から表3.4.3による　・
脱気装置の種類及び設置数量
※改質アスファルトシート製造所の指定による　・
押え金物
※改質アスファルト製造所の仕様による

7　合成高分子系ルーフィングシート防水

[3.5.2][表3.5.1、2]

防水層の種別

工法	種別	施工箇所	断熱材 G	仕上塗料	高日射反射率防水の適用 G	備考
・POS ・S4S	・S-F1 ・S-F2 ・S-M1 ・S-M2 ・S-M3			・ｶﾗｰ ・ｼﾙﾊﾞｰ	・ ・ ・ ・ ・	脱気装置 ・設ける ・設けない 改修用ドレン ・設ける ・設けない
・S3S	・S-F1 ・S-F2			・ｶﾗｰ ・ｼﾙﾊﾞｰ	・ ・	脱気装置 ・設ける ・設けない
・M4S	・S-M1 ・S-M2 ・S-M3			・ｶﾗｰ ・ｼﾙﾊﾞｰ	・	脱気装置 ・設ける ・設けない
・POSI ・S3SI ・S4SI ・M4SI	・SI-F1 ・SI-F2		（材質） ※JIS A 9511によるA種ﾎﾟﾘｴﾁﾚﾝﾌｫｰﾑ保温材の密度及び熱伝導率の規格に適合するもの ・ （厚さ）・25mm　・	・ｶﾗｰ ・ｼﾙﾊﾞｰ	・ ・	脱気装置 ・設ける ・設けない 改修用ドレン ・設ける ・設けない
	・SI-M1 ・SI-M2		（材質） ※JIS A 9511によるA種硬質ｳﾚﾀﾝﾌｫｰﾑ保温材の保温板2種1号又は2号で透湿係数を除く規定に適合するもの又はA種押出し法ﾎﾟﾘｽﾁﾚﾝﾌｫｰﾑ保温材の保温板 ・ （厚さ）・25mm　・		・ ・	

ルーフィングシートの種類及び厚さ ※改修標準仕様書表3.5.1から表3.5.2による　・
絶縁用シートの材質　※発泡ポリエチレンシート　・
脱気装置の種類及び設置数量　※ルーフィングシート製造所の指定による　・
既存防水下地がPCコンクリート部材の場合の処理
目地処理　・行う（工法　　　　　　　）
・行わない
入隅部の増張り　・行う（S-F1,SI-F1の場合）
・行わない
機械的固定工法の場合の一般部のルーフィングシートの張付け
建築基準法に基づき定まる風圧力及び積雪荷重に対応した工法
※適用する（建築基準法に基づき定まる風圧力及び積雪荷重の（・1　・1.15　・1.3）倍の風圧力及び積雪荷重に対応した工法）
・適用しない

8　塗膜防水

[3.6.2]

工法	種別	施工箇所	仕上塗料	高日射反射率防水の適用 G	備考
・POX	※X-1 ・X-2 ・		・ｶﾗｰ ・ｼﾙﾊﾞｰ	・	脱気装置　・設ける　・設けない 改修用ドレン　・設ける　・設けない
・L4X	・X-1 ※X-2 ・		・ｶﾗｰ ・ｼﾙﾊﾞｰ	・	脱気装置　・設ける　・設けない
・P1Y	※Y-2 ・			・	保護層　・設ける　・設けない
・P2Y	※Y-2 ・			・	保護層　・設ける　・設けない

脱気装置の種類及び設置数量　※主材料製造所の指定による　・

工事
設計図

改修特記仕様書(その１)

9　シーリング

[3.7.2、8]

シーリング改修工法の種類
・シーリング充填工法
・シーリング再充填工法
・拡幅シーリング再充填工法
・ブリッジ工法
ボンドブレーカー張り　・適用する　・適用しない
エッジング材張り　・適用する　・適用しない

シーリング材の種類、施工箇所
下表以外は、改修標準仕様書表3.7.1による。

施工箇所	シーリング材の種類（記号）

シーリング材の目地寸法　※改修標準仕様書3.7.3(a)(1)～(3)による　・

10　とい

[3.8.2、3]

といの材種　※ 配管用鋼管　・硬質ポリ塩化ビニル管　・
ルーフドレン

種別	施工箇所
・ろく屋根用（・縦型　・横型）	
・バルコニー用	
・バルコニー中継用	

ロックウール保温筒及びフェノールフォーム保温筒のホルムアルデヒド放散量
※規制対象外　・
既存のといその他の撤去及び降雨等に対する養生方法　※図示　・
鋼管製といの防露巻き　※改修標準仕様書表3.8.5による　・
たてどい受金物の取付け　※図示　・ 標仕 13.5.3(d)(2)による
ルーフドレンの取付け　※水はけがよく、床面より下げ、周囲の隙間にモルタルを充填

11　アルミニウム製笠木

[3.9.2]

種類　・オープン形式（・250形　・300形　・350形　・100形）
・板材折曲げ形（本体幅：　mm　板厚：※2.0mm　・　mm）
表面処理　種別（　）種　皮膜等の種類（※標準仕様書表14.2.1による　・　）
着色（・アンバー　・ブロンズ　・ブラック系　・ステンカラー）
既存笠木等の撤去　・行う（範囲　・図示　・　）
・行わない
下地補修の工法　※図示　・
板材折曲げ形の笠木の取付方法　※図示　・

笠木の固定金具の工法等
建築基準法に基づき定まる風圧力及び積雪荷重に対応した工法
※適用する（建築基準法に基づき定まる風圧力の（・1　・1.15　・1.3）倍の風圧力及び積雪荷重に対応した工法）
・適用しない

12　点検口

材質　ステンレス製
形状　丸型 内径550φ　鎖、掛け金物、南京錠付
固定枠　ステンレス山形鋼　L-40×40×3

4　外壁改修工事

1　施工数量調査

[1.5.2、3]

調査範囲　・ 外壁改修範囲　・図示の範囲
調査内容
ひび割れの幅及び長さを壁面に表示する。また、ひび割れ部の挙動の有無、漏水の有無及び錆汁の流出の有無を調査する。
モルタル塗仕上げ及びタイル張り仕上げについては浮き部分を表面に表示し、また欠損部の形状寸法等を調査する。
コンクリート表面のはがれ及びはく落部を壁面に表示する。
塗り仕上げについては、コンクリートまたはモルタル表面のはがれ及びはく落部を壁面に表示する。また、既存塗膜と新規上塗材との適合性を確認する。
既存部分の破壊を行った場合の補修方法　・図示　・
調査報告書の部数　・ 2部　・

2　可とう性エポキシ樹脂

[4.2.2]

（品質・性能）
工事建築材料等品質性能表による
（試験方法）
工事建築材料等品質性能表による

3　パテ状エポキシ樹脂

[4.2.2]

（品質・性能）
工事建築材料等品質性能表による
（試験方法）
工事建築材料等品質性能表による

4　エポキシ樹脂モルタル

[4.2.2]

（品質・性能）
工事建築材料等品質性能表による
（試験方法）
工事建築材料等品質性能表による

5　ポリマーセメントモルタル

[4.2.2]

（性能）
工事建築材料等品質性能表による

6　ポリマーセメントスラリー

[4.2.2]

広がり速度（cm/s）	長さ変化率（収縮）	引張接着性（材齢２８日）	曲げ性能（材齢２８日）	吸水性（７２時間）	耐久性（劣化曲げ強さ）
3 以上	3%	０．５ N/mm² 以上	５．０ N/mm² 以上	１５% 以下	５．０ N/mm² 以上

保水係数　０．３５～０．５５
粘調係数　０．５０～１．００

7　既製調合モルタル

[4.2.2]

モルタル下地としたタイル工事に使用する張付け用モルタルとして、セメント、細骨材、混和剤等を予め工場において所定の割合に配合した材料とする。

（品質・性能）
工事建築材料等品質性能表による
（試験方法）
工事建築材料等品質性能表による

4-1　外壁改修工事　コンクリート打放し仕上げ外壁

1　ひび割れ部改修工法

[4.2.2][4.3.4～6]

・ 樹脂注入工法

工法の種類	ひび割れ幅(mm)	注入口間隔(mm)	注入量（ml/m）
※ 自動式低圧エポキシ樹脂注入工法	0.2以上～1.0 以下	※ 200～300　・	・130　・20～100
			・
・ 手動式エポキシ樹脂注入工法	0.2以上～0.3 未満	・ 50～100　・	・ 40　・
	0.3以上～0.5 未満	・ 100～200　・	・ 70　・
・ 機械式エポキシ樹脂注入工法	0.5以上～1.0 以下	・ 150～250　・	・ 130　・
			・

エポキシ樹脂　・低粘度形　・中粘度形
コア抜取り検査　・行う
・行わない
抜取り個数　※長さ500mごと及びその端数につき1個　・
抜取り部の補修方法　※図示　・

・Uカットシール材充填工法
・シーリング材
充填材料　※1成分形又は2成分形ポリウレタン系　・
ポリマーセメントモルタルの充填　・行う
・行わない
・可とう性エポキシ樹脂

・ シール工法
・ パテ状エポキシ樹脂
・ 可とう性エポキシ樹脂

2　欠損部改修工法

[4.2.2][4.3.7]

※ 充填工法
・ エポキシ樹脂モルタル
・ ポリマーセメントモルタル
・

4-2　外壁改修工事　モルタル塗り仕上げ外壁

1　既存モルタル塗りの撤去

・行う（※ 全面　・ 図示の範囲）

2　ひび割れ部改修工法

[4.4.2][4.4.5～7]

・ 樹脂注入工法

工法の種類	ひび割れ幅(mm)	注入口間隔(mm)	注入量（ml/m）
※ 自動式低圧エポキシ樹脂注入工法	0.2以上～1.0 以下	※200～300　・	・ 130
			・
・ 手動式エポキシ樹脂注入工法	0.2以上～0.3 未満	・ 50～100　・	・ 40　・
	0.3以上～0.5 未満	・ 100～200　・	・ 70　・
・ 機械式エポキシ樹脂注入工法	0.5以上～1.0 以下	・ 150～250　・	・ 130　・
			・

エポキシ樹脂　・低粘度形　・中粘度形
コア抜取り検査　・行う
・行わない
抜取り個数　※長さ500mごと及びその端数につき1個　・
抜取り部の補修方法　※図示　・

・ Uカットシール材充填工法
・シーリング材
充填材料　※1成分形又は2成分形ポリウレタン系　・
ポリマーセメントモルタルの充填　・行う
・行わない
・可とう性エポキシ樹脂

・ シール工法
・ パテ状エポキシ樹脂
・ 可とう性エポキシ樹脂

3　欠損部改修工法

[4.4.2][4.4.8、9]

・充填工法
・エポキシ樹脂モルタル　・ポリマーセメントモルタル

・モルタル塗替え工法
既製目地材　・使用する（形状　）
仕上げ厚又は全塗厚が25mmを超える場合の措置　※図示　・

4　浮き部改修工法

[4.2.2][4.4.10～15]

工法の種類	アンカーピンの本数（本/㎡）		注入口の箇所数（箇所/㎡）		充填量（ml/箇所）	注入量（ml/箇所）
	一般部	指定部	一般部	指定部		
・アンカーピンニング部分エポキシ樹脂注入工法	※ 16 ・	※ 25 ・	——	——	※ 25 ・	——
・アンカーピンニング全面エポキシ樹脂注入工法	※ 13 ・	※ 20 ・	※ 12 ・	※ 20 ・	——	※ 25 ・
・アンカーピンニング全面ポリマーセメントスラリー注入工法	※ 13 ・	※ 20 ・	※ 12 ・	※ 20 ・	——	※ 50 ・
・注入口付アンカーピンニング部分エポキシ樹脂注入工法	※ 9 ・	※ 16 ・	——	——	※ 25 ・	——
・注入口付アンカーピンニング全面エポキシ樹脂注入工法	※ 9 ・	※ 16 ・	※ 9 ・	※ 16 ・	——	——
・注入口付アンカーピンニング全面ポリマーセメントスラリー注入工法	※ 9 ・	※ 16 ・	※ 9 ・	※ 16 ・	——	※ 50 ・
・充填工法	——	——	——	——	——	——
・モルタル塗替え工法	——	——	——	——	——	——

アンカーピン
※ステンレス鋼(SUS304)呼び径4mmの丸棒で全ネジ切り加工をしたもの
・
注入口付アンカーピン
※ステンレス鋼(SUS304)呼び径外径6mm
・

充填工法
・エポキシ樹脂モルタル　・ポリマーセメントモルタル

モルタル塗替え工法
既製目地材　・使用する（形状　）
仕上げ厚又は全塗厚が25mmを超える場合の措置　※図示　・

4-3 外壁改修工事　タイル張り仕上げ外壁

1 既存タイル張りの撤去

・ 外壁タイル張り全面　・ 図示の範囲
撤去範囲　※ 下地モルタルまで　・ 張付けモルタルまで　・ タイルのみ

2 ひび割れ部改修工法　[4.2.2][4.5.5、6]

改修箇所　※ 既存タイル張り面
・ 既存タイル撤去面（・ コンクリート面　・ モルタル面）

・ 樹脂注入工法

工法の種類	ひび割れ幅(mm)	注入口間隔(mm)	注入量 (ml/m)
※ 自動式低圧エポキシ樹脂注入工法	0.2以上～1.0 以下	・ 200～300	・130　・
・ 手動式エポキシ樹脂注入工法	0.2以上～0.3 未満	・ 50～100	・ 40　・
	0.3以上～0.5 未満	・ 100～200	・ 70　・
・ 機械式エポキシ樹脂注入工法	0.5以上～1.0 以下	・ 150～250	・ 130　・

エポキシ樹脂　・低粘度形　・中粘度形
コア抜取り検査　・行う
　・行わない
抜取り個数　※長さ500mごと及びその端数につき1個　・
抜取り部の補修方法　・図示　・

・ Uカットシール材充填工法　（既存タイル張り撤去面）
・シーリング材
充填材料　※1成分形又は2成分形ポリウレタン系　・
ポリマーセメントモルタルの充填　・行う
　・行わない
・可とう性エポキシ樹脂

3 欠損部改修工法　[4.2.2][4.5.7、8]

・ タイル部分張替え工法
接着剤の種類
・ポリマーセメントモルタル
・JIS A 5557による一液反応硬化形変成シリコーン樹脂系
・JIS A 5557による一液反応硬化形ウレタン樹脂系

・ タイル張替え工法
接着剤の種類
・ポリマーセメントモルタル
・JIS A 5557による一液反応硬化形変成シリコーン樹脂系
・JIS A 5557による一液反応硬化形ウレタン樹脂系

伸縮調整目地及びひび割れ誘発目地
位置　※改修標準仕様書表4.5.1による　・
タイル張り下地等の均しモルタルの接着力試験　・行う
　・行わない
・セメントモルタルによる陶磁器質タイル張り
タイル張りの工法
外装タイル　・密着張り　・改良圧着張り　・改良積上げ張り
外装ユニットタイル　・マスク張り　・モザイクタイル張り

・有機系接着剤による陶磁器質タイル張り
シーリング材の種類
打継ぎ目地、ひび割れ誘発目地　※ポリウレタン系　・
伸縮調整目地その他の目地　※変成シリコーン系　・

4 浮き部改修工法　[4.2.2][4.5.9～15]

工法の種類	アンカーピンの本数（本/㎡）		注入口の箇所数（箇所/㎡）		充填量 (ml/箇所)	注入量 (ml/箇所)
	一般部	指定部	一般部	指定部		
・アンカーピンニング部分エポキシ樹脂注入工法	※ 16 ・	※ 25 ・	——	——	※ 25 ・	——
・アンカーピンニング全面エポキシ樹脂注入工法	※ 13 ・	※ 20 ・	※ 12 ・	※ 20 ・	——	※ 25 ・
・アンカーピンニング全面ポリマーセメントスラリー注入工法	※ 13 ・	※ 20 ・	※ 12 ・	※ 20 ・	——	※ 50 ・
・注入口付アンカーピンニング部分エポキシ樹脂注入工法	※ 9 ・	※ 16 ・	——	——	※ 25 ・	——
・注入口付アンカーピンニング全面エポキシ樹脂注入工法	※ 9 ・	※ 16 ・	※ 9 ・	※ 16 ・	——	——
・注入口付アンカーピンニング全面ポリマーセメントスラリー注入工法	※ 9 ・	※ 16 ・	※ 9 ・	※ 16 ・	——	※ 50 ・
・注入口付アンカーピンニングエポキシ樹脂注入タイル固定工法	・	・	——	——	※ 25	——
・タイル部分張り替え工法	——	——	——	——	——	——
・タイル張り替え工法	——	——	——	——	——	——

アンカーピン
※ステンレス鋼(SUS304)呼び径4mmの丸棒で全ネジ切り加工をしたもの
・
注入口付アンカーピン
※ステンレス鋼(SUS304)呼び径外径6mm
・
・ タイル部分張替え工法
接着剤の種類
・ポリマーセメントモルタル
・JIS A 5557による一液反応硬化形変成シリコーン樹脂系
・JIS A 5557による一液反応硬化形ウレタン樹脂系

・ タイル張替え工法
接着剤の種類
・ポリマーセメントモルタル
・JIS A 5557による一液反応硬化形変成シリコーン樹脂系
・JIS A 5557による一液反応硬化形ウレタン樹脂系

伸縮調整目地及びひび割れ誘発目地
位置　※改修標準仕様書表4.5.1による　・

タイル張り下地等の均しモルタルの接着力試験　・行う
　・行わない
・セメントモルタルによる陶磁器質タイル張り
タイル張りの工法
外装タイル　・密着張り　・改良圧着張り　・改良積上げ張り
外装ユニットタイル　・マスク張り　・モザイクタイル張り

・有機系接着剤による陶磁器質タイル張り
シーリング材の種類
打継ぎ目地、ひび割れ誘発目地　※ポリウレタン系　・
伸縮調整目地その他の目地　※変成シリコーン系　・

5 目地改修工法　[4.5.16]

・ 目地ひび割れ部改修工法
・ 伸縮調整目地改修工法
伸縮調整目地の位置及び寸法　・図示　・

6 タイルの形状、寸法等　[4.2.2]

主な用途による区分 施工箇所	形状寸法 (mm)	吸水率による区分 I類	II類	III類	うわぐすり 施ゆう	無ゆう	役物 有	無	色 標準	特注	再生材の適用 G	耐凍害性 有	無	備考
		・	・	・	・	・	・	・	・	・	・	・	・	
		・	・	・	・	・	・	・	・	・	・	・	・	
		・	・	・	・	・	・	・	・	・	・	・	・	
		・	・	・	・	・	・	・	・	・	・	・	・	

標準的な曲がりの役物は一体成形とする
試験張り　・行う　・行わない
見本焼き　・行う　・行わない

4-4 外壁改修工事　塗り仕上げ外壁

1 所要量の確認　[4.6.2] [表4.6.1]

工程ごとの所要量の確認　※改修標準仕様書表4.6.1による　・

2 既存塗膜等の除去及び下地処理　[4.6.3]

工　法	処理範囲	下地面の補修
・ サンダー工法	※ 図示 ・ (既存塗膜の除去範囲は処理面積の30%とする)	・ひび割部改修工法 ・浮き部改修工法 ・欠損部改修工法
・ 高圧水洗工法 加圧力 ※30MPa程度以上 ・	※ 図示 ・ (既存塗膜の除去範囲は既存塗膜の劣化部とする)	
・ 塗膜はく離剤工法	※ 図示 ・	
・ 水洗い工法	※ 図示 ・	

3 下地調整塗材　[4.6.4]

※ 下地調整塗材
・ ポリマーセメントモルタル
・ 防水形仕上げ塗材主材

4 仕上げ塗材仕上げ　[4.6.5]

建物内部に使用する塗料のホルムアルデヒド放散量
※規制対象外　・
新規仕上塗材の種類

種　類	呼び名	防火材料	仕上げの形状及び工法等
・薄付け仕上塗材	・ 外装薄塗材Ｓｉ	・	・ 砂壁状
	・ 可とう形外装薄塗材Ｓｉ	・	・ ゆず肌状（・吹付け・ローラー塗り）
	・ 外装薄塗材Ｅ	・	・ さざ波状
	・ 可とう形外装薄塗材Ｅ	・	・ 平たん状
	・ 防水形外装薄塗材Ｅ	・	・ 凹凸状（・吹付け・こて塗り）
	・ 外装薄塗材Ｓ	・	・ 着色骨材砂壁状（・吹付け・こて塗り） ・ 砂壁状じゅらく ・ 京壁状じゅらく
・厚付け仕上塗材	・ 外装厚塗材Ｃ	・	・吹放し　・凸部処理　・平たん状
	・ 外装厚塗材Ｓｉ	・	・凹凸状　・ひき起こし　・かき落とし
	・ 外装厚塗材Ｅ	・	上塗材　・適用する　・適用しない
・複層仕上塗材	・ 複層塗材ＣＥ	・	・ ゆず肌状　・ 凸部処理　・ 凹凸模様
	・ 可とう形複層塗材ＣＥ	・	上塗材
	・ 複層塗材Ｓｉ	・	耐候性　※ 耐候形３種　・
	・ 複層塗材Ｅ	・	溶媒　※ 水系　・ 溶剤系
	・ 複層塗材ＲＥ	・	樹脂　※ アクリル系　・
	・ 防水形複層塗材ＣＥ	・	外観　※ つやあり　・ つやなし
	・ 防水形複層塗材Ｅ	・	・ メタリック
	・ 防水形複層塗材ＲＥ	・	
	・ 防水形複層塗材ＲＳ	・	増塗材 ・適用する　・適用しない
・可とう系改修用仕上塗材	・ 可とう系改修塗材Ｅ	・	・ 平たん状
	・ 可とう系改修塗材ＲＥ	・	・ さざ波状
	・ 可とう系改修塗材ＣＥ	・	・ ゆず肌状

5 マスチック塗材塗り　[4.6.6]

種別　・Ａ種　・Ｂ種

工事
設計図
改修特記仕様書（その２）

5 建具改修工事

1 改修工法

[5.1.3]

建具の種類		かぶせ工法	撤去工法	適用箇所
・アルミニウム製建具		・	・	・建具表による　・
・樹脂製建具		—	・	・建具表による　・
・鋼製建具	・外部	・	・	・建具表による　・
	・内部	・	・	・建具表による　・
・鋼製軽量建具		・	・	・建具表による　・
・ステンレス製建具		・	・	・建具表による　・

新規に建具を設ける場合
　壁部分の開口の開け方　※図示　・
　新規建具周囲の補修工法及び範囲　※図示　・

2 防火戸

[5.1.4]

・適用する　適用箇所（・建具表による　・　　　）
・適用しない

3 見本の製作等

[5.1.5]

建具見本の製作　・行う（建具符号：　　　）
　　　　　　　　・行わない
建具見本の程度　・工事に使用するものとして、あらかじめ製作する
　　　　　　　　・納まり等がわかる程度のもの
特殊な建具の仮組　・行う（建具符号：　　　）
　　　　　　　　・行わない

4 防犯建物部品

[5.1.7]

・適用する（　　　　）　適用箇所（・建具表による　・　　　）
・適用しない

5 アルミニウム製建具

[5.2.2、4、5][表 5.2.2]

性能等級
　外部に面する建具　・A種（建具符号：・建具表による　・全て　）
　　　　　　　　　　・B種（建具符号：・建具表による　・　　　）
　　　　　　　　　　・C種（建具符号：・建具表による　・　　　）
　防音ドアセット,防音サッシ　・適用する　遮音性の等級（　）
　　　　　　　　　　（建具符号：・建具表による　・　　　）
　　　　　　　　　　・適用しない
　断熱ドアセット,断熱サッシ G　・適用する　断熱性の等級（　）
　　　　　　　　　　（建具符号：・建具表による　・　　　）
　　　　　　　　　　・適用しない
　耐震ドアセット　・適用する　面内変形追随性の等級（　）
　　　　　　　　　　（建具符号：・建具表による　・　　　）
　　　　　　　　　　・適用しない
枠の見込み寸法　・建具表による
表面処理
　外部に面する建具　・B-1種　・B-2種　・
　　　　皮膜等の種類（※改修標準仕様書表5.2.2による　・　）
　　　　着色（・アンバー　・ブロンズ　・ブラック系　・ステンカラー）
　屋内の建具　・C-1種　・C-2種　・
　　　　皮膜等の種類（※改修標準仕様書表5.2.2による　・　）
　　　　着色（・アンバー　・ブロンズ　・ブラック系　・ステンカラー）
結露水の処理方法　・図示　・無し
水切り板、ぜん板　・図示　・

網戸等　[5.2.3]

種類	材種	線径	網目
・防虫網	※合成樹脂製 ・ガラス繊維入り合成樹脂製 ・ステンレス(SUS316)製	※0.25mm以上 ・	※16～18メッシュ ・
・防鳥網	ステンレス(SUS304)線材	1.5mm	網目寸法15mm

6 樹脂製建具

[5.3.2～5]

性能等級
　外部に面する建具　・A種（建具符号：・建具表による　・　　　）
　　　　　　　　　　・B種（建具符号：・建具表による　・　　　）
　　　　　　　　　　・C種（建具符号：・建具表による　・　　　）
　防音ドアセット,防音サッシ　・適用する　遮音性の等級（・T－1　・T－2）
　　　　　　　　　　（建具符号：・建具表による　・　　　）
　　　　　　　　　　・適用しない
　断熱ドアセット,断熱サッシ G　・適用する　断熱性の等級（・H－4・H－5・　）
　　　　　　　　　　（建具符号：・建具表による　・　　　）
　　　　　　　　　　・適用しない

枠の見込み寸法　・建具表による　・
表面色　※標準色　・特注色
水切り板、ぜん板　※図示　・
ガラス　※複層ガラス　・

7 鋼製建具

[5.2.2][5.4.2～4][表 5.4.2]

性能等級
　簡易気密型　・適用する
　　　　（建具符号：・建具表による　・　　　）
　　　　・適用しない
　外部に面する建具の耐風圧性　・S-4（建具符号：・建具表による　・　　　）
　　　　　　　　　　・S-5（建具符号：・建具表による　・　　　）
　　　　　　　　　　・S-6（建具符号：・建具表による　・　　　）
　　　　　　　　　　・
　防音ドアセット,防音サッシ　・適用する　遮音性の等級（　）
　　　　　　　　　　（建具符号：・建具表による　・　　　）
　　　　　　　　　　・適用しない
　断熱ドアセット,断熱サッシ G　・適用する　断熱性の等級（　）
　　　　　　　　　　（建具符号：・建具表による　・　　　）
　　　　　　　　　　・適用しない
　耐震ドアセット　・適用する　面内変形追随性の等級（　）
　　　　　　　　　　（建具符号：・建具表による　・　　　）
　　　　　　　　　　・適用しない

鋼板

材料	めっき付着量	厚さ
・JIS G 3302（溶融亜鉛めっき鋼板）	※Z12又はF12　・	・標準仕様書表5.4.2による ・
・JIS G 3317（溶融亜鉛-5%アルミニウム合金めっき鋼板）	※Y08　・	

8 鋼製軽量建具

[5.2.2][5.5.2～4]

性能等級
　簡易気密型　・適用する
　　　　（建具符号：・建具表による　・　　　）
　　　　・適用しない
　防音ドアセット,防音サッシ　・適用する　遮音性の等級（　）
　　　　　　　　　　（建具符号：・建具表による　・　　　）
　　　　　　　　　　・適用しない
　断熱ドアセット,断熱サッシ G　・適用する　断熱性の等級（　）
　　　　　　　　　　（建具符号：・建具表による　・　　　）
　　　　　　　　　　・適用しない
　耐震ドアセット　・適用する　面内変形追随性の等級（　）
　　　　　　　　　　（建具符号：・建具表による　・　　　）
　　　　　　　　　　・適用しない
鋼板　※亜鉛めっき鋼板　・ビニル被膜鋼板　・カラー鋼板
鋼板の厚さ　・改修標準仕様書表5.5.1による　・
召合せ、縦小口包み板の材質　※鋼板　・

9 ステンレス製建具

[5.2.2] [5.4.2] [5.6.2～4]

性能等級
　簡易気密型　・適用する
　　　　（建具符号：・建具表による　・　　　）
　　　　・適用しない
　外部に面する建具の耐風圧性　・S-4（建具符号：・建具表による　・　　　）
　　　　　　　　　　・S-5（建具符号：・建具表による　・　　　）
　　　　　　　　　　・S-6（建具符号：・建具表による　・　　　）
　　　　　　　　　　・
　防音ドアセット,防音サッシ　・適用する　遮音性の等級（　）
　　　　　　　　　　（建具符号：・建具表による　・　　　）
　　　　　　　　　　・適用しない
　断熱ドアセット,断熱サッシ G　・適用する　断熱性の等級（　）
　　　　　　　　　　（建具符号：・建具表による　・　　　）
　　　　　　　　　　・適用しない
　耐震ドアセット　・適用する　面内変形追随性の等級（　）
　　　　　　　　　　（建具符号：・建具表による　・　　　）
　　　　　　　　　　・適用しない
鋼板（屋外）　・SUS430J1L、SUS443J1、SUS304　・
鋼板（屋内）　※SUS430、SUS430J1L、SUS443J1、SUS304　・
表面仕上げ　※HL仕上げ　・鏡面仕上げ　・
ステンレス鋼板の曲げ加工　※普通曲げ　・角出し曲げ

10 建具用金物

[5.7.2、3]

金物の種類・見え掛り部の材質等　※改修標準仕様書表5.7.1による　・
樹脂製建具に使用する丁番　※改修標準仕様書表5.7.3による　・
握り玉、レバーハンドル、押板類、クレセントの取付位置　・建具表による　・

・錠前類　【シリンダ箱錠及びシリンダ本締り錠】
（品質）
　工事建築材料等品質性能表による
（性能）
　工事建築材料等品質性能表による
（試験方法）
　工事建築材料等品質性能表による
・錠前類　【レバーハンドル】
（性能）
　工事建築材料等品質性能表による
（試験方法）
　工事建築材料等品質性能表による
・クローザ類
（品質・性能）
　工事建築材料等品質性能表による
（試験方法）
　工事建築材料等品質性能表による

11 鍵

[5.7.4]

マスターキー　・製作する　・製作しない　・既存のマスターキーに合わせる
その他の鍵　※各室3本1組　・
鍵箱　※無　・有

12 自動ドア開閉装置

[5.8.2、3

自動ドア	性能	防錆	センサーの種類	凍結防止
・SSLD-1 ・SSLD-2 ・DSLD-1 ・DSLD-2	※改修標準仕様書表5.8.1による ・	・適用する ・適用しない	・マットスイッチ ・光線（反射）スイッチ ・熱線スイッチ ・音波スイッチ ・光電スイッチ ・電波スイッチ ・タッチスイッチ ・押しボタンスイッチ ・ペダルスイッチ ・多機能トイレスイッチ	・行う （適用箇所は建具表による） ・行わない
・SWD-1 ・SWD-2	※改修標準仕様書表5.8.2による ・			
・図示	・			

（品質・性能）
　工事建築材料等品質性能表による
（試験方法）
　工事建築材料等品質性能表による

13 自閉式上吊り引戸装置

[5.9.3]

性能　※ 改修標準仕様書表 5.9.1 による　・
（試験）
　工事建築材料等品質性能表による

14 重量シャッター

[5.10.2、3]

シャッターの種類	耐風圧強度
・一般重量シャッター	耐風圧強度（　　　）N/m²
・外壁用防火シャッター	耐風圧強度（　　　）N/m²
・屋内用防火シャッター	
・屋内用防煙シャッター	

開閉機能による種類　※ 上部電動式（手動併用）　・上部手動式
一般重量シャッターのシャッターケース　・設ける　・設けない
スラット及びシャッターケース用鋼板
　鋼板の種類　・JIS G 3302（溶融亜鉛めっき鋼板）
　　　　　　　・JIS G 3312（塗装溶融亜鉛めっき鋼板）
　めっきの付着量　※Z12又はF12　・

15 軽量シャッター

[5.11.2～4]

開閉形式　※手動式　・上部電動式（手動併用）
耐風圧強度（　　）N/㎡
スラットの材質
・JIS G 3312（塗装溶融亜鉛めっき鋼板）
めっき付着量（※Z06又はF06　・　　　　）
・JIS G 3322（塗装溶融55%アルミニウム－亜鉛合金めっき鋼板）
めっき付着量（※AZ90　・　　　　）
スラットの形状　・インターロッキング形　・オーバーラッピング形

16 オーバーヘッドドア

[5.12.2、3]

セクション材料による区分	耐風圧 区分 (Pa)	開閉方式による区分	収納形式による区分	ガイドレールの材質
※スチールタイプ ・アルミニウムタイプ ・ファイバーグラスタイプ	・125 ・100 ・75 ・50	※バランス式 ・チェーン式 ・電動式	・スタンダード形 ・ローヘッド形 ・ハイリフト形 ・バーチカル形	※溶融亜鉛めっき鋼板 ・ステンレス鋼板

17 ガラス

[3.7][5.13.2～4][表5.13.1]

・合わせガラス

品種	構成種類	性能
・フロート合わせガラス	・フロート板合わせガラス ・熱線吸収、フロート板合わせガラス	・Ⅰ類
・網入磨き合わせガラス	・網入磨き、フロート板合わせガラス ・網入磨き、熱線吸収板合わせガラス	・Ⅱ-1類　・Ⅱ-2類 ・Ⅲ類

・強化ガラス

材料板ガラスによる種類	種類	性能
・フロートガラス	・フロート強化ガラス ・熱線吸収強化ガラス	・Ⅰ類　・Ⅲ類
・型板ガラス	・型板強化ガラス	

・熱線吸収板ガラス

品種	性能	色調
・熱線吸収フロート板ガラス ・熱線吸収網入磨き板ガラス	・１種　・２種	・ブルー　・グレー　・ブロンズ

・複層ガラス

品種	断熱性	日射熱遮へい性
・断熱複層ガラス	・１種	U1
	・２種	U2
	・３種	・U-3-1　・U-3-2
・日射熱遮へい複層ガラス	・４種	E4
	・５種	E5

・熱線反射ガラス

品種	日射遮へい性	耐久性
・熱線反射ガラス 色調（・ブルー　・グレー） ・高性能熱線反射ガラス 色調（・ブロンズ　・シルバー）	・１種 ・２種 ・３種	A種 ・A種　・B種 B種

反射被膜面　・内面　・外面
映像調整　・行わない　・行う

・倍強度ガラス

材料板ガラスによる種類の名称	色調
・フロート倍強度ガラス	－
・熱線吸収倍強度ガラス	・ブルー　・グレー　・ブロンズ

ガラスの留め材及び溝の大きさ

建具の種類	ガラス留め材	ガラス溝の大きさ(mm)
アルミニウム製	・シーリング材 ・ガスケット ・グレイジングチャンネル形 ・	※改修標準仕様書表5.13.1による ・図示 ・
鋼製及び鋼製軽量	・シーリング材 ・	※改修標準仕様書表5.13.1による ・図示　・
ステンレス製	・シーリング材 ・	※改修標準仕様書表5.13.1による ・図示　・

18 ガラスブロック

[5.13.5]

表面形状	呼び寸法	厚さ	色調 クリア	色調 乳白	目地幅(mm) 平積み	目地幅(mm) 曲面積み	伸縮調整目地(mm)	防火性能
・正方形	・125×125	80	・	・	※8～15 ・15～25 ・	外側　※15以下 ・ 内側　※6以上 ・	※6m以下ごとに10～25 ・図示 ・	※無し ・有り
	・160×160	・95 ・125	・	・				
	・200×200	・95 ・125	・	・				
	・320×320	95	・	・				
・長方形	・250×125	80	・	・				
	・320×160	95	・	・				

曲面積みの曲率半径は、ガラスブロックの幅寸法の10倍以上とする。
壁用金属枠及び補強材　・設ける（形状　※図示　・　　　　）
・設けない
力骨　材質　※ステンレス鋼(SUS304)　・
寸法　※径5.5mm　・
形状　※はしご形状複筋及び単筋　・
化粧目地モルタルの色（　　　　　　）
金属製化粧カバー　材質　・ステンレス製　・アルミニウム製
寸法　・図示　・
形状　・図示　・
工法
建築基準法に基づき定まる風圧力に対応した工法
※適用する（建築基準法に基づき定まる風圧力の（・1　・1.15　・1.3）倍の風圧力に対応した工法）
・適用しない　※ガラスブロック製造所の仕様による　・図示　・

品質　JIS A5759 による

19 ガラス用フィルム

名称	種類	張り面	性能値
・ガラス飛散防止フィルム	GS	※ 内張り　・外張り	飛散防止率D１
・日射調整フィルム Ⓖ			
・			

品質　JIS A 5759による

6　内装改修工事

1 改修範囲

[6.1.3]

既存間仕切壁の撤去に伴う当該壁の取り合う天井、壁及び床の改修範囲
※ 壁厚程度とし、既存仕上げに準じた仕上げを行う　・ 図示
天井内の既存壁の撤去に伴う当該壁の取合う天井の改修範囲
※ 壁面より両側 600mm 程度とし、既存仕上げに準じた仕上げを行う　・ 図示
天井の撤去に伴う取合部の壁面の改修
※ 既存のまま　・ 図示

2 既存床の撤去及び下地補修

[6.2.2]

ビニル床シート等の除去　※ 仕上げ材のみ（接着剤とも）
・ 下地モルタルとも（・ 図示の範囲　・除去範囲全て）
合成樹脂塗床材の除去工法　・ 機械的除去工法　・ 目荒し工法
コンクリート又はモルタル面の下地処理に用いるポリマーセメントモルタル及びエポキシ樹脂モルタルは、4章外壁改修工事による。
改修後の床の清掃範囲　※ 改修箇所の室内　・

3 既存壁の撤去及び下地補修

[6.3.2]

間仕切壁撤去に伴う他の構造体の補修
※改修標準仕様書4.4.9によるモルタル塗り
（塗り厚25mmを超える場合の補修　・行う　・行わない）
・図示

4 木下地等の表面仕上げ

[6.5.1]

表面仕上げの種別	適用箇所
・Ａ種	
※Ｂ種	
・Ｃ種	
・Ｄ種	

5 製材 Ⓖ

[6.5.2]

・「製材の日本農林規格」による下地用針葉樹製材

施工箇所	樹種	寸法(mm)	等級	形状	含水率	間伐材等の適用
			※2級・		※A種・B種・	・
			※2級・		※A種・B種・	・
			※2級・		※A種・B種・	・

・「製材の日本農林規格」による造作用針葉樹製材

施工箇所	樹種	寸法(mm)	等級	形状	含水率	間伐材等の適用
					※A種・B種・	・

・「製材の日本農林規格」による広葉樹製材

施工箇所	樹種	寸法(mm)	等級	形状	含水率	間伐材等の適用
			※1等・		※A種・B種・	・
			※1等・		※A種・B種・	・
			※1等・		※A種・B種・	・

・「製材の日本農林規格」以外の製材

施工箇所	樹種	寸法(mm)	材面の品質	防虫処理	難燃処理	含水率	間伐材等の適用
			（　　　） 造作材の場合 （※A種　・B種）	・適用する ・適用しない	・適用する ・適用しない	※A種・B種 ・	・

・代用樹種を使用できない箇所（　　　　　　）

6 造作用集成材 Ⓖ

[6.5.2]

ホルムアルデヒド放散量　※規制対象外　・
・「集成材の日本農林規格」による造作用集成材

施工箇所	樹種	寸法(mm)	見付け材面の品質	間伐材等の適用
			※１等	・
			※１等	・
			※１等	・

・「集成材の日本農林規格」による化粧ばり造作用集成材

施工箇所	化粧薄板の樹種	芯材の樹種	寸法(mm)	化粧薄板の厚さ(mm)	見付け材面の品質	間伐材等の適用
					※１等	・
					※１等	・
					※１等	・

・「集成材の日本農林規格」による化粧ばり構造用集成柱

施工箇所	化粧薄板の樹種	芯材の樹種	寸法(mm)	化粧薄板の厚さ(mm)	間伐材等の適用
					・
					・
					・

・「集成材の日本農林規格」以外の造作用集成材

施工箇所	樹種	寸法(mm)	見付け材面の品質	含水率	間伐材等の適用
				※Ａ種　・Ｂ種　・	・
				※Ａ種　・Ｂ種　・	・
				※Ａ種　・Ｂ種　・	・

・「集成材の日本農林規格」以外の化粧ばり造作用集成材

施工箇所	化粧薄板の樹種	芯材の樹種	寸法(mm)	化粧薄板の厚さ(mm)	見付け材面の品質	含水率	間伐材等の適用
						※Ａ種　・Ｂ種　・	・

・「集成材の日本農林規格」以外の化粧ばり構造用集成柱

施工箇所	化粧薄板の樹種	芯材の樹種	寸法(mm)	見付け材面の品質	化粧薄板の厚さ(mm)	含水率	間伐材等の適用
						※Ａ種　・Ｂ種　・	・
						※Ａ種　・Ｂ種　・	・
						※Ａ種　・Ｂ種　・	・

工　事
設計図

改修特記仕様書（その３）

7　造作用単板積層材 G

[6.5.2]

ホルムアルデヒド放散量　※規制対象外　・

「単板積層材の日本農林規格」による造作用単板積層材

施工箇所	厚さ (mm)	表面の化粧加工	防虫処理	間伐材等の適用
		・有り（加工　・天然木加工・塗装加工） ・無し（等級：　　　　　）	・適用する ・適用しない	・

「単板積層材の日本農林規格」以外の造作用単板積層材

施工箇所	厚さ (mm)	表面の品質	防虫処理	含水率	間伐材等の適用
		・有り （加工・天然木加工・塗装加工） ・無し（　　　　　　　）	・適用する ・適用しない	※14%以下	・

8　床張り用合板等 G

[6.5.2]

ホルムアルデヒド放散量　※規制対象外　・

・普通合板 G

施工箇所	厚さ (mm)	表板の樹種名	接着の程度	板面の品質	防虫処理	難燃処理	防炎処理	間伐材等の適用
	※5.5 ・		※1類 ・2類	広葉樹 ※2等以上　・1等 針葉樹 ※C-D以上 ・	・適用する ・適用しない	・適用する ・適用しない	・適用する ・適用しない	・

・構造用合板 G

施工箇所	厚さ (mm)	等級	表板の樹種名	接着の程度	板面の品質	有効断面係数比	防虫処理	強度等級	間伐材等の適用
	※12 ・	※2級以上 ・1級		※1類 ・特類	※C-D以上 ・		・適用する ・適用しない	・適用する （　　　） ・適用しない	・

・パーティクルボード G

施工箇所	厚さ (mm)	表裏面の状態による区分	曲げ強さによる区分	接着剤による区分	難燃性による区分
	※15 ・		※13タイプ ・	※P又はM ・	

・構造用パネル

施工箇所	厚さ (mm)	等級
		・1級　・2級　・3級　・4級

9　接着剤

[6.5.3] [6.8.2] [6.9.3] [6.11.4.5]

接着剤に含まれる可塑剤は、難揮発性のものとする。
ホルムアルデヒドの放散量　※ 規制対象外　・

10　防腐・防蟻処理

[6.5.5]

・防腐、防蟻処理が不要な樹種による製材及び集成材
　適用部位：（　　　　　　　　　　）

・薬剤の加圧注入による防腐・防蟻処理

適用部位	保存処理性能区分
	・K2　・K3　・K4
	・K2　・K3　・K4
	・K2　・K3　・K4

・薬剤の塗布等による防腐・防蟻処理

適用部位	処理の方法
	※改修標準仕様書6.5.5(a)(iii)②ア～エによる　・
	※改修標準仕様書6.5.5(a)(iii)②ア～エによる　・
	※改修標準仕様書6.5.5(a)(iii)②ア～エによる　・

・ボード原料接着材への薬剤混入による防腐、防蟻処理
　適用部位（　　　　　　　　　）

11　軽量鉄骨天井下地

[6.6.2～4]

野縁等の種類
　屋外（※ 25 形　・ 19 形）　屋内（※ 19 形　・ 25 形）
・屋外の軒天井、ピロティ天井等
工法
　建築基準法に基づき定まる風圧力及び積雪荷重に対応した工法
　　※適用する（建築基準法に基づき定まる風圧力及び積雪荷重の（・1　・1.15　・1.3）倍の風圧力及び積雪荷重に対応した工法）
　　・適用しない
　　　野縁受、吊りボルト及びインサートの間隔　・図示　・
　　　周辺部の端からの間隔　・図示　・
　　　野縁の間隔　・図示　・

既存の埋込みインサート　・使用する　・使用しない
あと施工アンカーの引抜き試験　・行う（屋外の場合の方法：　　　　　）
　　　　　　　　　　　　　　　・行わない

・吊りボルトの間隔が900mmを超える場合
　補強方法　※図示　・

・天井のふところが1.5m以上3.0m以下の場合
　補強方法　※改修標準仕様書6.6.4(h)(1)(2)による　・

・天井のふところが3.0mを超える場合
　補強方法　※図示　・

・天井下地材における耐震性を考慮した補強
　補強箇所　※図示　・
　補強方法　※図示　・

12　軽量鉄骨壁下地

[6.7.3] [表6.7.1]

スタッド、ランナーの種類
　※改修標準仕様書6.7.3によるスタッドの高さによる区分に応じた種類　・

スタッドの高さが5mを超える場合　※図示　・

13　ビニル床シート G

[6.8.2, 3]

種類	JIS 記号	施工箇所	色柄	特殊機能	厚さ(mm)	備考
・発泡層のないもの	※FS(複層ビニル床シート) ・		・無地 ・マーブル柄	・帯電防止 ・耐動荷重性 ・防滑性 ・耐薬品性	※ 2.0 ・	
・発泡層のあるもの	・		・無地 ・柄物			

工法　※ 熱溶接工法　・ 突付け（施工箇所：　　　　　）
特殊機能
　帯電防止　・帯電防止性能評価値（JIS A 1455）1.2以上～3.2未満
　　　　　　又は滞積電気抵抗値（JIS A 1454）1×10^{7}～1×10^{10}Ω程度
　　　　　　・

14　ビニル床タイル G

[6.8.2]

JIS記号	施工箇所	色柄	寸法	特殊機能	厚さ(mm)	備考
・FT （複層ビニル床タイル）		・無地 ・柄物	・300×300 ・450×450	・帯電防止 ・防滑性	※ 2.0 ・2.5 ・3.0	
・KT （コンポジションビニル床タイル）		・無地 ・柄物	・300×300 ・450×450	・帯電防止 ・防滑性	・2.0 ・3.0	
・FOA （置敷きビニル床タイル）		・無地 ・柄物	・500×500	・帯電防止 ・防滑性	・	

特殊機能
　帯電防止　・帯電防止性能評価値（JIS A 1455）1.2以上～3.2未満
　　　　　　又は滞積電気抵抗値（JIS A 1454）1×10^{7}～1×10^{10}Ω程度
　　　　　　・
　防滑性　　・

15　ビニル幅木

[6.8.2]

材質　・軟質　・硬質
高さ(mm)　※60　・75　・100
厚さ(mm)　※1.5以上　・

16　ゴム床タイル

[6.8.2]

色柄　（　　　　　　　　　）
厚さ(mm)　・3.0　・4.5　・6.0　・9.0
寸法(mm)（　　　　　　　　　）

17　カーペット敷き

[6.9.3～4] [表6.9.1]

・織じゅうたん

種別	パイル形状	織り方	色柄等	帯電性	備考
・A種 ・B種 ・C種	・カットパイル ・ループパイル ・カット、ループ併用	・ウィルトン カーペット ・ダブルフェースカーペット ・アキスミンスター カーペット	・無地 ・柄物 （標準品）	・適用する （性能：※人体帯電圧3kv以下　・　　） ・適用しない	

下敷き材　※反毛フェルト（JIS L 3204）の第2種2号　呼び厚さ 8mm　・

・タフテッドカーペット

パイル形状	パイル長さ (mm)	工法	帯電性	備考
・カットパイル	・5～7　・	※全面接着工法 ・グリッパー 工法	・適用する （性能：※人体帯電圧3kv以下　・　　） ・適用しない	
・ループパイル	・4～6　・			
・レベルループパイル	・4　・			
・カット、ループ併用	・			

下敷き材(グリッパー工法の場合)
　※反毛フェルト（JIS L 3204）の第2種2号　呼び厚さ 8mm　・

・ニードルパンチカーペット
　厚さ（mm）（　　）
　帯電性　・適用する（性能：※人体帯電圧3kv 以下　・　　　）
　　　　　・適用しない
　備考（　　　　）

・タイルカーペット

パイル形状	種別	施工箇所	寸法	総厚さ (mm)	備　考
※ ループパイル	※ 第一種 ・第二種		※ 500×500 ・	※ 6.5 ・	
・カットパイル	・第一種 ・第二種		※ 500×500 ・	※ 6.5 ・	
・カット・ループ併用	・第一種 ・第二種		※ 500×500 ・	※ 6.5 ・	

タイルカーペットの敷き方　平　場　※市松敷き　・模様流し　・
　　　　　　　　　　　　　階段部分　※模様流し　・市松敷き　・
見切り、押え金物　・適用する（材質、形状等　※図示　・　　　　）
　　　　　　　　　・適用しない

18　合成樹脂塗床

[6.10.2～3]

種別	施工箇所	工法	仕上げの種類
・厚膜型塗床材 弾性ウレタン樹脂系塗床			・平滑仕上げ ・防滑仕上げ　・つや消し仕上げ
・厚膜型塗床材 エポキシ樹脂系塗床		・薄膜流し展べ 工法 ・厚膜流し展べ工法 ・樹脂モルタル工法	・平滑仕上げ ・防滑仕上げ
・薄膜型塗床材			
・アクリル樹脂塗床 （JIS K 5970）			工程 塗布量（kg/㎡） ・ 表面仕上げ ・平滑　・防滑 溶剤 ・水性色　・溶剤系　・無溶剤系 仕上げ色 ・標準色　・

塗料のホルムルデヒド放散量　※規制対象外　・

19 フローリング張り

[6.11.2～7]

単層フローリング Ⓖ

種類	工法	樹種	厚さ(mm)	大きさ	仕上塗装	間伐材等の適用
・ ﾌﾛｰﾘﾝｸﾞﾎﾞｰﾄﾞ	・釘留め工法 (根太張り)	※ なら ・	15	板幅75 板長さ500以上	・ 塗装品 ・ 無塗装品	・
	・釘留め工法 (直張り)	※ なら ・	・12以上 ・	板幅75 板長さ300以上		・
	・接着工法	※ なら ・	・12以上 ・	板幅75 板長さ300以上		
・ ﾌﾛｰﾘﾝｸﾞﾌﾞﾛｯｸ	・接着工法	※ なら ・	15	303×303	・ 塗装品 ・ 無塗装品	・
	・モルタル埋込工法	※ なら ・	※15 ・	※303×303 ・	・ 塗装品 ・ 無塗装品	・
・ ﾓｻﾞｲｸﾊﾟｰｹｯﾄ	接着工法	・	・	・	・ 塗装品 ・ 無塗装品	・

天然木化粧複合フローリング Ⓖ

種類	工法	樹種	厚さ/大きさ(mm)	種別	防湿処理	塗装仕上げ	間伐材等の適用
・複合1種ﾌﾛｰﾘﾝｸﾞ ・複合2種ﾌﾛｰﾘﾝｸﾞ ・複合3種ﾌﾛｰﾘﾝｸﾞ	・釘留め工法 (根太張り) ・釘留め工法 (直張り)	※なら ・		・A種 ・B種 ※C種	・適用する ・適用しない	・塗装品 ・無塗装品	・
	・接着工法	※なら ・	板厚 ・8以上 ・ 板幅 ・75以上 板長さ 900以上				・

フローリング及び接着剤のホルムアルデヒドの放散量　※ 規制対象外

接着工法の場合の緩衝材　※合成樹脂発泡シート　・

現場塗装仕上げ　・行う（施工箇所　　　　　　　）
　　※ウレタン樹脂ワニス塗り
　　・オイルステインの上、ﾜｯｸｽ塗り
　　・生地のままﾜｯｸｽ塗り
　・行わない

20 畳敷き

[6.12.2]

種別　・A種　・B種　・C種　・D種（畳床：・KT－Ⅰ・KT－Ⅱ・KT－Ⅲ・KT-K・KT-N　）

下地の種類　・標準仕様書　表12.6.1による床組
　・ポリスチレンフォーム床下地（ノンフロン Ⓖ ）
　・

畳表及び畳床はホルムアルデヒド、アセドアルデヒド及びスチレンを発散しないか、発散が極めて少ない材料を使用したものとする。

21 せっこうボードその他のボード張り

[6.13.2～3]

種　類	JIS記号	厚さ(mm)、規格等
・ 硬質木毛セメント板 Ⓖ	HW	・ 15　・ 20　・ 25　・
・ 中質木毛セメント板 Ⓖ	MW	・ 15　・ 20　・ 25　・
・ 普通木毛セメント板 Ⓖ	NW	・ 15　・ 20　・ 25　・
・ 硬質木片セメント板 Ⓖ	HF	・ 12　・ 15　・ 18　・ 21　・
・ 普通木片セメント板 Ⓖ	NF	・ 30　・
・ けい酸カルシウム板	0.8FK 1.0FK	タイプ 2（無石綿）　・ 6　・ 8
・ ロックウール化粧吸音板	DR	・ フラットタイプ（・ 9（不燃）・ 12 ・　） ・ 凹凸タイプ（・ 12（不燃）・ 15　・ 19　・　）
・ ロックウール吸音ﾎﾞｰﾄﾞ1号	RW-B	・ 25　・
・ グラスウール吸音ﾎﾞｰﾄﾞ号32K	GW-B	・ 25（ｶﾞﾗｽｸﾛｽ包）　・
・ せっこうボード	GB-R	・9.5（準不燃）・ 12.5（不燃）・ 15（不燃）
・ 不燃積層せっこうボード	GB-NC	9.5（不燃）化粧無（下地張り用） 化粧有（トラバーチン模様）
・ シージングせっこうボード	GB-S	12.5（不燃）
・ 強化せっこうボード	GB-F	・ 12.5（不燃）　・ 15（不燃）
・ せっこうラスボード	GB-L	9.5
・ 化粧せっこうボード(木目)	GB-D	12.5（不燃）幅 440mm 程度 模様（・ 柾目　・ 板目）専用下地材有り
・ 化粧せっこうﾎﾞｰﾄﾞ(ﾄﾗﾊﾞｰﾁﾝ模様)	GB-D	9.5（準不燃）
・ 普通合板 Ⓖ		表面の材種 生地、透明塗料塗り （※ﾗﾜﾝ程度　・　　） 不透明塗料塗り （※しな程度　・　　） 板面の品質（　　） 厚さ(mm)（　　） 接着の程度（　　） ・防虫処理　・難燃処理　・防炎処理
・ 天然木化粧合板 Ⓖ		樹種名（　　　　） 厚さ(mm)（　　） 接着の程度（　　） ・防虫処理　・難燃処理　・防炎処理
・ 特殊加工化粧合板 Ⓖ		化粧加工の方法（・ｵｰﾊﾞｰﾚｲ ・ﾌﾟﾘﾝﾄ ・塗装） 表面性能（　　　　）タイプ 厚さ(mm)（　　） 接着の程度（　　） ・防虫処理　・難燃処理　・防炎処理
・ メラミン樹脂化粧板		JIS K 6903 による（※ 1.2　・　）
・ ﾎﾟﾘｴｽﾃﾙ樹脂化粧板		
・ ミディアムデンシティファイバーボード Ⓖ	MDF	・ 3　・ 7　・ 9　・ 12　・
・ 単板張りパーティクルボード Ⓖ		・ 無研磨板 ＶＮ　・ 研磨板 ＶＳ ・ 10　・ 12　・ 15　・ 18　・
・ 化粧パーティクルボード Ⓖ		・ 単板ｵｰﾊﾞｰﾚｲ ＤＶ ・ﾌﾟﾗｽﾁｯｸｵｰﾊﾞｰﾚｲ ＤＯ ・ 塗装 ＤＣ ・ 10（難燃）・ 12（難燃）・
・ ハードボード（素地） Ⓖ	HB	・未研磨板（・ｽﾀﾝﾀﾞｰﾄﾞ　・ﾃﾝﾊﾟｰﾄﾞ）ＲＮ ・研磨板　（・ｽﾀﾝﾀﾞｰﾄﾞ　・ﾃﾝﾊﾟｰﾄﾞ）ＲＳ
・ ハードボード（化粧） Ⓖ		・内装用ＤＩ・外装用ＤＥ ・ 2.5　・ 3.5　・ 5　・ 7
・ インシュレーションボード Ⓖ	IB	Ａ級（・天井仕上　・内装仕上　・　） ・ 9　・ 12　・ 15　・ 18

せっこうボード等の下地は図示による。

遮音シール材　・適用する（・シーリング材　・ジョイントコンパウンド）
　・適用しない

合板類、ＭＤＦ及びパーティクルボードのホルムアルデヒド放散量
　※規制対象外　・

合板類の張付け　※B種　・A種

せっこうボードの目地工法　・仕上げ表による　・

22 壁紙張り

[6.14.2～3]

ホルムアルデヒド放散量　※規制対象外　・

施工箇所	壁紙の種類					防火種別	備考
	紙	繊維	ﾌﾟﾗｽﾁｯｸ	無機質	その他		
	・	・	・	・	・	・ 不燃・ 準不燃	
	・	・	・	・	・	・ 不燃・ 準不燃	
	・	・	・	・	・	・ 不燃・ 準不燃	
	・	・	・	・	・	・ 不燃・ 準不燃	

モルタル・プラスター面の下地調整　※RB種　・

コンクリート・ＡＬＣ面の下地調整　※RB種　・

せっこうボード面の下地調整　※RB種　・

工事
設計図

改修特記仕様書（その４）

23 モルタル塗り

[6.15.3、6]

吸水調整材は、改修工事標準仕様書表4.2.2による。
既製目地材　・設ける　施工箇所（　　　　）　形状（※図示　・　　　　）
　　　　　　・設けない
床目地　　　・設ける（工法※押し目地　・　　　　　）
　　　　　　・設けない

・防水剤
（品質・性能）
　工事建築材料等品質性能表による
（試験方法）
　工事建築材料等品質性能表による

24 タイル張り

[6.16.2～4]

伸縮調整目地の位置　床タイル　（※縦、横とも4m以内ごと　・図示　・　　　）
　　　　　　　　　　床タイル以外　（・図示　・　　　）

・セメントモルタルによる陶磁器質タイル張り
　タイルの形状、寸法等

施工箇所	主な用途による区分	形状/寸法 (mm)	吸水率による区分			うわぐすり		役物		色		再生材の適用 G	耐凍害性		滑り抵抗性	備考
			Ⅰ類	Ⅱ類	Ⅲ類	施ゆう	無ゆう	有	無	標準	特注		有	無		
			・	・	・	・	・	・	・	・	・	・	・	・	・	
			・	・	・	・	・	・	・	・	・	・	・	・	・	
			・	・	・	・	・	・	・	・	・	・	・	・	・	

標準的な曲がりの役物は一体成形とする
試験張り　・行う　・行わない
見本焼き　・行う　・行わない

・既製調合モルタル
　モルタル下地としたタイル工事に使用する張付け用モルタルとして、セメント、細骨材、混和剤等を予め工場において所定の割合に配合した材料とする。
（品質・性能）
　工事建築材料等品質性能表による
（試験方法）
　工事建築材料等品質性能表による

・既製調合目地材
（品質・性能）
　建築材料等品質性能表による
（試験方法）
　建築材料等品質性能表による

・接着剤による陶磁器質タイル張り
　タイルの形状、寸法等

施工箇所	主な用途による区分	形状/寸法 (mm)	吸水率による区分			うわぐすり		役物		色		再生材の適用 G	耐凍害性		備考
			Ⅰ類	Ⅱ類	Ⅲ類	施ゆう	無ゆう	有	無	標準	特注		有	無	
			・	・	・	・	・	・	・	・	・	・	・	・	
			・	・	・	・	・	・	・	・	・	・	・	・	

標準的な曲がりの役物は一体成形とする
試験張り　・行う　・行わない
見本焼き　・行う　・行わない

内装壁タイル接着材張りに使用する有機質接着剤のホルムアルデヒド放散量
　※規制対象外　・

25 セルフレベリング材塗り

[6.17.2～3]

種類　・せっこう系　・セメント系
塗厚(mm)　・

7 塗装改修工事

1 材料

[7.1.3]

屋内で使用する塗料のホルムアルデヒド放散量
　※規制対象外　・
防火材料　※屋内の壁、天井仕上げは防火材料とする。
　　　　　・次の箇所を除き防火材料とする。（箇所：　　　　）

2 下地調整

[7.2.2～7]

塗替えＲＢ種の場合の既存塗膜の除去範囲
　※塗替え面積の30%　・図示　・

下地調整

下地面の種類	下地調整の種別 塗替え	下地調整の種別 新規	ひび割れ部の補修
木部	※ＲＢ種　・	・ＲＡ種　・ＲＢ種	・
鉄鋼面	※ＲＢ種　・	・ＲＡ種	
亜鉛めっき面	※ＲＢ種　・	・ＲＡ種	
亜鉛めっき面（鋼製建具）	※ＲＢ種　・	・ＲＣ種	
モルタル、プラスター面	※ＲＢ種　・	・ＲＡ種　・ＲＢ種	・行う ・行わない
コンクリート面(DP以外)、ＡＬＣパネル面	※ＲＢ種　・	・ＲＡ種	・行う ・行わない
コンクリート面(DP)、押出成形セメント板面	・	・ＲＡ種	・行う ・行わない
せっこうボード面及びその他ボード面	※ＲＢ種　・	・ＲＡ種　・ＲＢ種	－

3 錆止め塗料塗り

[7.3.2～3]

錆止め塗料塗りの種別

塗装面			塗料	工程
鉄鋼面	EP-G以外	塗替え	A種	※C種　・
		新規鉄鋼面見え掛り	A種	※A種　・
		新規見え隠れ	A種	※B種　・
	EP-G	塗替え	B種	※C種　・
		新規鉄鋼面見え掛り	B種	※A種　・
		新規見え隠れ	B種	※B種　・
亜鉛めっき面	EP-G以外	塗替え	※A種　・B種	※C種　・
		新規鉄鋼面見え掛り	※A種　・B種	※A種　・
	EP-G	塗替え	C種	※C種　・
		新規鉄鋼面見え掛り	C種	※A種　・

4 塗装

塗装の種類	塗装面	工程 塗替え	工程 新規
・合成樹脂調合ペイント塗り(SOP) 塗料の種別 ※1種　・2種	木部屋外	※B種　・	※A種　・
	木部屋内	※B種　・	※B種　・
	鉄鋼面	※B種　・	※B種　・A種
	亜鉛めっき鋼面(鋼製建具)	※A種　・	※B種　・
	亜鉛めっき鋼面(鋼製建具以外)	※B種　・	※B種　・
・クリヤラッカー塗り(CL)		※B種　・A種	※B種　・A種
・フタル酸樹脂エナメル塗り(FE)		—	—
・アクリル樹脂系非水分散型塗料塗り(NAD)		※B種　・A種	※B種　・A種
・耐候性塗料塗り(DP)	鉄鋼面　上塗り等級（ 1 ）級	・A種	A種
	亜鉛めっき鋼面 上塗り等級（　）級	・	A種
	ｺﾝｸﾘｰﾄ面及び押出成形ｾﾒﾝﾄ板面	・	・
・つや有合成樹脂エマルションペイント塗り(EP-G)	ｺﾝｸﾘｰﾄ面等	※B種　・	※B種　・A種
	屋内の木部	※B種　・	※A種　・
	屋内の鉄鋼面	※B種　・	※B種　・A種
	屋内の亜鉛めっき鋼面	※B種　・	※B種　・A種
・合成樹脂エマルションペイント塗り(EP)		※B種　・	※B種　・
・合成樹脂エマルション模様塗料塗り(EP-T)		※B種　・	※B種　・A種
・ウレタン樹脂ワニス塗り(UC)		※B種　・A種	※B種　・A種
・ラッカーエナメル塗り(LE)		※B種　・A種	※B種　・A種
・オイルステイン塗り(OS)		—	
・木材保護塗料塗り(WP)		※B種　・A種	※B種　・A種

つや有合成樹脂エマルションペイント塗り（ｺﾝｸﾘｰﾄ面、ﾓﾙﾀﾙ面、ﾌﾟﾗｽﾀｰ面、せっこうﾎﾞｰﾄﾞ面、その他ﾎﾞｰﾄﾞ面）の塗替えの場合のしみ止め
　※改修標準仕様書表7.9.1の工程1の下塗りをしみ止めシーラーとする　・
合成樹脂エマルションペイント塗りの塗替えの場合のしみ止め
　※改修標準仕様書表7.10.1の工程1の下塗りをしみ止めシーラーとする　・

・高日射反射塗料塗り G
　下地調整（改修標準仕様書表7.2.2）　・ＲＡ種　・ＲＢ種　・ＲＣ種

工程	塗料その他 規格番号	塗料その他 規格名称	塗料その他 種類	塗料その他 等級	塗付け量 (kg/m²)
塗料塗り	JISK5675	耐候性屋根用塗料	2種	・1級 ・2級 ・3級	塗料製造所の仕様による

8 耐震改修工事等

<一般事項>
1 適用範囲

[8.1.1]

※改修特記仕様書1　仕様書　Ⅰ工事概要 3工事種目に掲げる下記の工事種目番号（番号○～番号○までの工事種目）のうち、改修標準仕様書8.1.1適用範囲に定める工事内容
・改修特記仕様書1　仕様書　Ⅰ工事概要 3工事種目に掲げる下記の工事種目番号（番号○～番号○までの工事種目）のうち、改修標準仕様書8.1.1適用範囲に定めるもの以外の工事内容

<鉄筋>
2 鉄筋の種類

[8.2.1][表8.2.1]

規格の名称	種類の記号	呼び径(mm)	適用箇所
鉄筋コンクリート用棒鋼(異形鉄筋)	・SD295A	※ D16以下	D10、D13
	・SD345	※ D19以上	

3 溶接金網

形状等　[8.2.2]

種類	種類の記号	網目の形状、寸法、鉄線の径（mm）	使用部位
・溶接金網			
・鉄筋格子			

4 鉄筋の継手

継手方法　[8.3.4]

適用箇所	継手方法と適用径の範囲
・柱主筋	・ガス圧接継手（D19以上）　・
・梁主筋	・ガス圧接継手（D19以上）　・
・耐力壁	・重ね継手　・
・基礎スラブ、耐圧スラブ、土圧壁など	・ガス圧接継手（　　　　）
	・重ね継手（　　　　）

鉄筋の継手位置　[8.3.4][表8.3.2][表8.3.3]
　・図示
　・
重ね継手
　主筋及び耐力壁の重ね長さ
　　・図示
　　・改修標準仕様書　表8.3.2による

5 帯　筋

組立の形　[8.3.4]
　・図示
　・

6 鉄筋のかぶり厚さ

最小かぶり厚さ(目地底から算出を行う)　[8.3.5][表8.3.6]
　※標準仕様書　表8.3.6による
　・図示
　・
柱及び梁の主筋にD29以上の使用の有無
　・無し
　・有り　適用箇所(　　　　　)
　　主筋のかぶり厚さ
　　　・最小かぶり厚さ（　　　）mm　・
特殊な要求性能におけるコンクリートの部分（耐久性上不利な部分）

・無し
・有り　適用箇所(　　　　　　　　)
・改修標準仕様書　表8.3.6に加える厚さ　(　　)mm
・

7 圧接完了後の試験

・超音波探傷試験　[8.3.8](5.4.9)(5.4.10)
箇所数
・全圧接部
適用箇所
・図示　・
・標準仕様書5.4.9(2)(i)による箇所数
適用箇所
・図示　・
・引張試験　(5.4.9)(5.4.10)
適用箇所
・図示　・

<コンクリート>

8 コンクリートの種類及び品質

コンクリートの類別　[8.1.3][8.1.4][表8.1.1]
※Ⅰ類　・Ⅱ類
※ 普通コンクリート

設計基準強度 Fc (N/mm²)	気乾単位容積質量(t/m³)	スランプ(cm)	適用箇所
※ 24	2.3程度	15 又は 18	
		18	
・ 18	2.3程度	15 又は 18	

9 コンクリートの仕上り

合板せき板を用いるコンクリートの打放し仕上げ　(8.1.4)(8.2.7)(表8.1.3)

種別	適用箇所
・ A種	
・ B種	
・ C種	

10 コンクリートの材料及び調合

セメントの種類　[8.2.5][表8.2.3]

セメントの種類	適用箇所
※ 普通ポルトランドセメント又は混合セメントのA種	
・ 高炉セメントB種 Ⓖ ・ フライアッシュセメントB種 Ⓖ	

普通ポルトランドセメントの品質は、JIS R 5210に示された規定の他、次の規定の全てに適合するものとする。ただし、無筋コンクリートに用いる場合を除く。

水和熱	7日	352J/g以下
	28日	402J/g以下

使用骨材のアルカリシリカ反応性による区分　[8.2.5]
※A
・B（コンクリート中のアルカリ総量Rt=3.0kg/m以下）

11 混和材料

[8.2.5][8.5.8]
・混和剤の種類（JIS A 6204によるＡＥ剤、ＡＥ減水剤又は高性能ＡＥ減水剤とし、
化学混和剤の塩化物イオン量による区分はⅠ種とする。
また、防錆材を併用する場合はJIS A 6205による防錆材とする。）
・混和材の種類（JIS A 6201によるフライアッシュのⅠ種、Ⅱ種若しくはⅣ種、
JIS A 6206による高炉スラグ微粉末、
JIS A 6207によるシリカフューム又はJIS A 6202による膨張剤とする。）

12 モルタル及びグラウト材

・構造体用モルタル　[8.2.11]
材料
・改修標準仕様書[8.2.5]　　・
圧縮強度
・図示　・
フロー値
・図示　・
・グラウト材　[8.2.11]
無収縮グラウト材の材質等

混和材	セメント系（酸化カルシウム及びカルシウム・サルフォ・アルミネート等によって膨張する性質を利用するもの）とする。
セメント	JIS R 5210「ポルトランドセメント」に適合した普通または早強ポルトランドセメントとする。
砂	土木学会コンクリート標準示方書に定められた品質を有するもので、特に精選されたものを絶対乾燥状態で使用する。 ただし、現場調合形に使用される砂の乾燥状態については、規定しない。

無収縮グラウト材の品質及び試験方法

コンシステンシー	Jロートによる流下時間 練混ぜ完了から3分以内の値　：　8±2秒
ブリージング	練り混ぜ2時間後のブリージング率　：　2.0%以下
凝結時間	凝結開始時間　：　1時間以上 終結時間　：　10時間以内
無収縮性	材齢7日　収縮しない
圧縮強度	材齢　3日　20.0N/mm²以上 材齢 28日　40.0N/mm²以上
塩化物量	0.30kg／m³以下
試験方法	1）NEXCO試験方法　試験法312−1999「無収縮モルタル品質管理試験方法」による。プレミックス形と現場調合形で混和材が同一の場合の試験はプレミックス形のみとする。 2）塩化物量の試験は、JIS A 1144「フレッシュコンクリート中の水の塩化物イオン濃度試験方法」による。

・ 無収縮モルタルの材料及び調合
材料及び調合
・ 改修標準仕様書[8.2.11]による

13 型枠

せき板の材料　[8.2.7]
・合板
コンクリート及びグラウト打設時の充填性の確認のため、型枠の一部に透明型枠等を使用する場合は、強度、変形等について、事前に監督職員と協議すること
・床型枠用鋼製デッキプレート
・
スリーブの材種　[8.2.7][表8.2.6]
・改修標準仕様書 8.2.7(f)(2)及び改修標準仕様書　表8.2.6による　・
打増し厚さ　[8.7.8]
・打放し仕上げの打増し厚さ(外部に面する部分に限る)
・20mm　・
・打放し仕上げの打増し厚さ(内部に面する部分に限る)
・10mm　・20mm　・
・外装タイル後張り面の打増し処理
・20mm　・
打増し範囲
・図示（床型枠用鋼製デッキプレートの梁側面の打増し部に限る。）
・

14 無筋コンクリート

コンクリートの種類　(6.14.1〜3)
※普通コンクリート　・

設計基準強度 Fc (N/mm²)	スランプ (cm)	セメントの種類	適用箇所
※18 ・	※15 又は18 ・	・普通ポルトランドセメント又は混合セメントのA種	
		・高炉セメントB種 ・フライアッシュセメントB種	

<あと施工アンカー>

15 あと施工アンカーの材料

あと施工アンカーの材料　[8.2.4][表8.2.1]
・金属系アンカー（耐震補強用）
※接着系アンカー
アンカーの種類　※カプセル型回転･打撃式
接着剤の品質　※有機系　・無機系
アンカー筋の種類　・改修標準仕様書8.2.1の異形棒鋼　・全ねじボルト

16 あと施工アンカーの穿孔

穿孔前の既存鉄筋および埋設配管・配線等の探査　[8.11.2]
範囲　・図示
※あと施工アンカー施工範囲全て
方法　※穿孔前に電磁波レーダー法又は電磁波誘導法による既存鉄筋および埋設配管・配線等の探査を行い、位置の墨出を行う
・はつり出しによる
穿孔機械（金属検知により電源供給が停止できる付属装置等を使用する）
※ハンマードリル
・コアドリル
既存コンクリートの不良箇所の確認
※アンカー施工部位の既存コンクリートは目荒らし後、目視及び打診により状況を確認し、じゃんか等不良箇所を発見した場合には、監督職員と協議すること。

17 あと施工アンカーの施工確認試験

試験方法　[8.11.5]
・引張試験
・
確認強度
・図示

<鉄骨>

18 鉄骨製作工場

製作工場の加工能力　[8.1.5]
※建築基準法第77条の45第1項に基づき国土交通大臣から性能評価機関として認可を受けた(株)日本鉄骨評価センター及び(株)全国鉄骨評価機構(旧(社)全国鐵構工業協会)の「鉄骨製作工場の性能評価基準」に定める「（　　）グレード」として国土交通大臣から認定を受けた工場又は同等以上の能力のある工場

・監督職員の承諾する製作工場

施工管理技術者
※適用する
・適用しない

19 縁端距離、ボルト間隔、ゲージ等

高力ボルト、普通ボルト及びアンカーボルトの縁端距離、ボルト間隔、ボルト径、ゲージ等　[8.1.6]
※図示　・

20 入熱､パス間温度の溶接条件

鋼材と溶接材料の組合せと溶接条件
・図示
・
適用箇所
・図示
・柱、梁、ブレースのフランジ端部の完全溶け込み溶接部

21 鋼材

鋼材の材質　[8.2.8][表8.2.7]

種類の記号	適用箇所	規格等
SN490B		※JIS規格による
STKR400		※JIS規格による
		※JIS規格による

22 高力ボルト

区分　[8.2.9]
・トルシア形高力ボルト　2種（S10T）
・JIS形高力ボルト　2種（F10T）
高力ボルトの径
※図示　・
すべり係数試験　[8.13.2]
※行わない　・行う

23 溶融亜鉛めっき高力ボルト

セットの種類　(7.2.2)
・1種（F8T相当）　・
摩擦面の処理　(7.12.4)
※ブラスト処理（表面粗度50μmRz以上）
摩擦面の確認方法
・図示
・試験片によるすべり耐力試験

24 溶接接合

スカラップの形状　[8.14.7]
・改良型　・

工事
設計図
改修特記仕様書(その５)

エンドタブの切除
・行なう
適用箇所
・全て　・図示
・行わない

25 溶接部の試験

完全溶込み溶接部の超音波探傷試験　[8.14.11～12]
※行う

26 錆止め塗装

塗料の種別　[8.16.2][8.16.3][7.3.2][表7.3.1][表7.3.2]

鉄鋼面

種別	適用箇所
・改修標準仕様書　表7.3.1 A種	・屋外　(改修標準仕様書8.16.2の範囲以外)　・
・改修標準仕様書　表7.3.1 B種	・屋内　(改修標準仕様書8.16.2の範囲以外)　・
・	・

亜鉛めっき面

種別	適用箇所
・改修標準仕様書　表7.3.2　A種	・屋外、屋内　・
・	・

鋼製スリーブの内側(鉄骨に溶接されたもの)

種別	適用箇所
・改修標準仕様書　表7.3.1　A種	・
・	・

27 耐火被覆材

種類等　(7.9.2～7)[8.17.2]

種類	材料・工法	適用箇所（部位・部分）
・耐火材吹付け	・乾式吹付けロックウール	
	・半乾式吹付けロックウール	
	・湿式ロックウール	
	・	
	・	
・耐火板張り	・繊維混入けい酸カルシウム板	
	・	
・耐火材巻付け	・高耐熱ロックウール	
	・	
・ﾗｽ張りﾓﾙﾀﾙ塗り	―	

材料及び工法は、建築基準法に基づき定められたもの又は認定を受けたものとする。

性能

性能	適用箇所（部位・部分）
・30分耐火	
・1時間耐火	
・2時間耐火	
・3時間耐火	

28 アンカーボルト

適用　(7.2.4)(表7.2.3)(7.10.3)
・構造用アンカーボルト
・JIS B 1220 又は JSS Ⅱ 13-2004 ABR400
・JIS B 1220 又は JSS Ⅱ 13-2004 ABR490
・
・建方用アンカーボルト
材質
・SS400　・
アンカーボルト及びナットのねじの種類の規格、ねじの等級の規格及び仕上げの程度
・標準仕様書　表7.2.3による
・

保持及び埋込み工法　(7.10.3)(表7.10.1)
・構造用
※図示　・
・建方用
・標準仕様書 表7.10.1　（・A種　・B種　・C種）による　・

29 柱底均しモルタル

モルタルの種別　(7.2.9)(7.10.3)(表7.10.1)[8.2.11]
・無収縮モルタル　・
圧縮強度
・図示　・
無収縮モルタルの材料及び調合
材料、調合等
・標準仕様書 7.2.9による　・
品質及び試験方法
・標準仕様書 表7.2.6による　・
工法の種別
・標準仕様書 表7.10.2
・A種［モルタル厚さ50］　・B種［モルタル厚さ30］

30 スタッドボルト

(7.2.5)

径（呼び名）	長さ（呼び長さ）mm	適用箇所
16φ	・80　・100　・120	
19φ	・80　・100　・130　・150	
22φ	・80　・100　・130　・150	

31 溶融亜鉛めっき

種別等　(7.12.3)(表14.2.2)

亜鉛めっきの種別	材料	適用箇所
A種（HDZ55）	最小板厚 6.0mm 以上の形鋼、鋼板	※図示 ・
B種（HDZ45）	最小板厚 3.2mm 以上、6.0mm 未満の形鋼、鋼板	
C種（HDZ35）	普通ボルト・ナット類、アンカーボルト類 最小板厚 1.6mm 以上、3.2mm 未満の形鋼、鋼板	

外観検査　・行う　・行わない
めっき付着量の検査　・行う　・行わない

32 製作精度

※(一社)日本建築学会「JASS 6 鉄骨工事」付則6［鉄骨精度検査基準］による。　(7.3.3)
※通しダイアフラムの許容誤差
・全てのダイアフラムはH12建告第1464号第二号イ(1)(2)に規定する仕様を満足すること
・ダイアフラムをH12建告第1464号第二号イ(1)(2)に規定するただし書きの計算確認有り
補強方法
・「突合わせ継手の食い違い仕口のずれの検査・補強マニュアル」による
・

<耐震>

33 既存部分の処理

適用範囲　[8.19.3][8.20.3][8.21.3]
※既存コンクリートとの打継ぎ面
※既存コンクリートとモルタル又はグラウト材の充てん部の接合面
・

既存コンクリートの目荒しの範囲
・平均深さ 2～5mm（最大7mm）程度の凹面を、全体にわたってつける。
・

既存コンクリートの目荒しの程度
・既存柱、梁面　打継ぎ面の15～30%程度
・既存壁　打継ぎ面の10～15%程度
・

34 現場打ち鉄筋コンクリート壁の増設工事

コンクリートの打込み工法の種類　[8.19.8][8.21.5]
・流込み工法　・圧入工法

35 柱補強

・溶接金網巻き工法及び溶接閉鎖フープ巻き工法　[8.21.5]
・鋼板巻き工法及び帯板巻き付け工法　[8.21.6]
・連続繊維補強工法　[8.21.7]

36 連続繊維シート巻き

材料・形状　[8.2.12]
採用した工法の規定を満足するもの
材質
引張り強度（含浸硬化後）
・2500N/mm^2　以上
・3000N/mm^2　以上
ヤング係数（含浸硬化後）
・2.35×10^5 N/mm^2　程度
・2.00×10^5 N/mm^2　以上
工法　[8.21.7]
※（一財）日本建築防災協会の評価を受けた工法
・

下地調整
ひび割れ部の改修工法の種類　[8.21.7]
・樹脂注入工法　・Uカットシール材充填工法　・シール工法
柱の隅角部の面取り　[8.21.7]
※工法の評価内容による

37 スリットの施工

スリット部の配管等の探査　[8.22.2]
※探査器により探査し、配管等の位置の墨出を行う
・はつり出し

9 環境配慮改修工事

1 アスベスト含有建材の処理工事

[9.1.1.3～5]

施工調査
※アスベスト含有建材の事前調査
工事着手に先立ち、目視及び貸与する設計図書等によりアスベストを含有している吹き付け材、成形板、建築材料等の使用の有無について調査し、監督職員に報告する。

調査範囲（・　・図示　）
貸与資料（　）

・分析によるアスベスト含有建材の調査
分析対象
アモサイト、クリソタイル、クロシドライト、アクチノライト、アンソフィライト、トレモライト
分析方法
※ JIS A 1481「建材製品中のアスベスト含有率測定方法」による
・

材料名	定性分析	定量分析
	・箇所数（　）	・箇所数（　）
	・箇所数（　）	・箇所数（　）
	・箇所数（　）	・箇所数（　）
	・箇所数（　）	・箇所数（　）

サンプル数　1箇所あたり3サンプル
採取箇所　・図示　・

アスベスト粉じん濃度測定
測定時期、場所及び測定点

適用	測定名称	測定時期	測定場所	測定点（各施工箇所ごと）
・	測定 1	処理作業前	処理作業室内	計　点
・	測定 2		調査対象室外部の付近	計　点
・	測定 3	処理作業中	処理作業室内	計　点
・	測定 4		負圧・除じん装置の排出吹出し口	出口吹出し風速1m/s以下の位置 計　点
・	測定 5		処理作業室外(敷地境界)	計　点
・	測定 6	処理作業後(ｼｰﾄ養生中)	処理作業室内	計　点
・	測定 7	処理作業後ｼｰﾄ撤去後1週間以降	処理作業室内	計　点
・	測定 8		調査対象室外部の付近	計　点

測定方法

	測定 3	測定 1,2,4,6,7,8	測定 5
ﾒﾝﾌﾞﾚﾝﾌｨﾙﾀ直径(mm)	25	25	47
試料の吸引流量(l/min)	・1　・	・5　・	・10　・
試料の吸引時間(min)	・5　・	・120　・	・240　・

アスベスト含有建材の処理
・アスベスト含有吹付け材の除去
除去対象範囲　・図示　・
除去工法　※9.1.3 (b) (1)による
除去したアスベスト含有吹付け材等の飛散防止
※密封処理　※湿潤化　・セメント固化
除去したアスベスト含有吹付け材等の処分
・埋立処分(管理型最終処分場)
・中間処理（溶融施設）

・アスベスト含有保温材の除去
除去対象範囲　・図示　・
除去したアスベスト含有保温材の処分
・埋立処分(管理型最終処分場)
・中間処理（溶融施設）

・アスベスト含有成型板の除去
除去対象範囲　・図示　・
除去したアスベスト含有成形板の処分
・アスベスト含有せっこうボード
※埋立処分(管理型最終処分場)
・アスベスト含有せっこうボードを除くアスベスト含有成形板
・埋立処分(管理型最終処分場)
・中間処理（溶融施設）

2　断熱アスファルト防水改修工事

[9.2.1～3]

改修特記仕様書３章による

3　外断熱改修工事 G

[9.3.2～4]

断熱材

種類		厚さ(mm)
・ビーズ法ポリスチレンフォーム保温材		
・押出法ポリスチレンフォーム保温材　(スキンなし)	・保温板（2種b）	
	・保温板（3種b）	
・A種硬質ウレタンフォーム保温材		
・フェノールフォーム保温材　(3種2号を除く)		
・ロックウール		
・グラスウール		

施工箇所　・図示　・
ホルムアルデヒド放散量　※規制対象外　・

外装材

種類	防火性能	備考
・		

既存外壁の措置
既存外壁仕上げ材の撤去　・あり　・なし
下地面の清掃　・行う　・行わない
欠損部の改修工法　・改修標準仕様書4.1.4による　・

工法
通気層の有無　・あり（　mm）　・なし
断熱材の施工　※断熱材製造所の仕様による　・
外装材の施工　・外装材製造所の仕様による　・
建築基準法に基づき定まる風圧力に対応した工法
※適用する（建築基準法に基づき定まる風圧力の（・1　・1.15　・1.3）倍の風圧力に対応した工法）
・適用しない

4　ガラス改修工事

[9.4.2]

複層ガラス

品類	断熱性	日射熱遮へい性	厚さ
・断熱複層ガラス	・1種	U1	・図示
	・2種	U2	・
	・3種	・U-3-1　・U-3-2	
・			

5　断熱・防露改修工事 G

[9.5.2～3]

断熱材のホルムアルデヒド放散量　※規制対象外　・
・断熱材打込み工法

種類		厚さ(mm)
・ビーズ法ポリスチレンフォーム保温材		
※押出法ポリスチレンフォーム保温材　(スキンなし)	・保温板（2種b）	・25　・
	・保温板（3種b）	・25　・
	・	
・A種硬質ウレタンフォーム保温材		
・フェノールフォーム保温材　(3種2号を除く)		

施工箇所　・図示　・

・断熱材現場発泡工法
断熱材の種類　※A種1　・B種1
厚さ（mm）　・25　・30　・
施工箇所　・図示

・現場発泡断熱材
（品質・性能）
工事建築材料等品質性能表による
（試験方法）
工事建築材料等品質性能表による

6　屋上緑化改修工事 G

[9.6.1,2,3]

植栽基盤及び材料
屋上緑化軽量システム　・適用する　・適用しない
芝及び地被類の樹種並びに種類等　※図示　・
見切り材、舗装材、水抜き管、マルチング材等　※図示　・

（品質・性能）
工事建築材料等品質性能表による
（試験方法）
工事建築材料等品質性能表による

工法
建築基準法に基づき定まる風圧力及び積雪荷重に対応した工法
※適用する（建築基準法に基づき定まる風圧力及び積雪荷重の（・1　・1.15　・1.3）倍の風圧力及び積雪荷重に対応した工法）
・適用しない

かん水装置　・設置する（種類　・　・　）
既存保護層の撤去　・行う　・行わない

7　透水性アスファルト舗装改修工事

[9.7.2、3、5～9]

適用範囲：歩道
既存舗装の撤去及び再利用　※図示　・
路床
路床の材料

種別	材料	厚さ(mm)
・盛土	・A種　・B種　・C種　・D種 ・建設汚泥から再生した処理土 G	・図示 ・
・遮断層	・川砂、海砂又は良質な山砂（75μmふるい通過量10%以下） ・	・図示 ・
・凍上抑制層	・再生クラッシャラン G　・クラッシャラン ・切込み砂利 ・川砂、海砂又は良質な山砂（75μmふるい通過量10%以下） ・	・図示 ・
・フィルター層	・砂 ・	・図示 ・

路床安定処理
※添加材料による安定処理
種類　・普通ポルトランドセメント　・フライアッシュセメントB種
・生石灰（・特号　・1号）　・消石灰（・特号　・1号）
・
添加量　kg/m^3（目標CBR　・５以上　・　）
・ジオテキスタイル
単位面積質量　・60g/m²以上　・
厚さ(mm)　・0.5～1.0　・
引張強さ　・98N/5cm（10kgf/5cm）以上　・
透水係数　・1.5×10^{-1}cm/sec以上　・
試験
砂の粒度試験　・行う　・行わない
路床土の支持力比（CBR）試験　・行う　・行わない
路床締固め度の試験　・行う　・行わない

路盤
路盤の構成及び厚さ　・図示　・
路盤材料　※再生材のクラッシャラン G
・クラッシャラン鉄鋼スラグ G
・
・図示
試験
路盤締固め度の試験　※行う　・行わない

舗装

材料	厚さ(mm)
ストレートアスファルト	・図示　・

試験
透水性アスファルト混合物等の抽出試験　・行う　・行わない
舗装の平たん性　※著しい不陸がないもの　・

8　PCB含有シーリング材処分

種類	採取する部位・箇所数	備　考
・PCB 含有シーリング分析調査(第一次判定)	部　位　・図示　・ 箇所数：　箇所	
・PCB 含有シーリング分析調査(第二次判定)	部　位　・図示　・ 箇所数：　箇所	

詳細は現場説明書による

工事設計図
改修特記仕様書(その６)

3）改修仕上表

本仕上表は、当該建築改修工事における各部位・室等の仕上げ等について、標準詳細図などを基に作成するもので、設計の質を確保、能率の向上等を図り、併せて積算、施工等における業務の合理化等を図ることを目的として示したものであり、建築改修工事を発注する際に用いる標準的な仕上表の一例を示すものである。

共通事項

1　各項目の※及び ・ の適用は特記仕様書と同じとする。
2　（○−○○−○）内の数字は建築工事標準詳細図（平成22年版）の詳細番号を示す。
3　（共詳−○○）内の数字は共通詳細図の詳細番号を示す。
4　特記以外の建物内部の木部は、ＥＰ−Ｇ（水系）とする。ただし、和室まわりは塗装なしとする。
5　特記以外の鉄面、亜鉛めっき面は、ＳＯＰ（Ｆ☆☆☆☆）塗りとする。
6　備考欄の「測定対象室（　　）」は特記仕様書の「室内空気中の化学物質の濃度測定」を行う対象室を示し、（　）内数値は測定箇所数を示す。
7　略号は下表による。（［　］は旧JIS略号及び名称を示す。）

略　号	仕上げ材等
ＲＣ（　）	床：標仕表6.2.4による 壁、天井：コンクリート打放し（種別） ［（　）の記載がない場合はコンクリート打ちのままとする］
ＣＢ	コンクリートブロック積み
ＦＳ ［ＮＣ］	複層ビニル床シート ［ビニル床シート］
ＫＴ ［ＣＴ、ＣＴＳ］	コンポジションビニル床タイル ［コンポジションビニル床タイル（半硬質、軟質）］
ＦＴ ［ＨＴ］	複層ビニル床タイル ［ホモジニアスビニル床タイル］
ＫＴ（Ｅ） ［ＶＴ（Ｅ）］	帯電防止コンポジションビニル床タイル ［帯電防止ビニル床タイル］
ＶＢ	ビニル幅木
ＷＢ	木製幅木
ＧＢ−Ｒ	せっこうボード
ＧＢ−ＮＣ	不燃積層せっこうボード（化粧無し：下地張り用）
ＧＢ−ＮＣ（Ｔ）	不燃積層せっこうボード（化粧有り：トラバーチン模様）
ＧＢ−Ｄ	化粧せっこうボード（木目）
ＧＢ−Ｓ	シージングせっこうボード
ＧＢ−Ｆ	強化せっこうボード
ケイカル板	けい酸カルシウム板（タイプ２）
ケイカル板（Ｐ）	吸音用穴あき無石綿セメントけい酸カルシウム板
ＤＲ	ロックウール化粧吸音板（フラットタイプ）
ＤＲ（凹凸）	ロックウール化粧吸音板（凹凸タイプ）
ＤＲ（軒天）	ロックウール化粧吸音板（軒天井用：フラットタイプ）
ＤＲ（軒天凹凸）	ロックウール化粧吸音板（軒天井用：凹凸タイプ）
ＰＦ板	押出法ポリスチレンフォーム保温板
ＲＷ−Ｂ	ロックウールガラスクロス張り
ＧＷ−Ｂ	グラスウールガラスクロス張り

略　号	仕上げ材等
ＳＯＰ	合成樹脂調合ペイント塗り
ＥＰ	合成樹脂エマルションペイント塗り
ＥＰ−Ｔ	合成樹脂エマルションペイント模様塗料塗り
ＥＰ−Ｇ	つや有合成樹脂エマルションペイント塗り
ＮＡＤ	アクリル樹脂系非水分散形塗料塗り
ＦＥ	フタル酸樹脂エナメル塗り
ＣＬ	クリヤラッカー塗り
ＵＣ	ウレタン樹脂ワニス塗り
ＯＳ	油性ステイン塗り
ＤＰ−Ａ	耐候性塗料塗り（フッ素樹脂塗料）
ＤＰ−Ｂ	耐候性塗料塗り（アクリルシリコン樹脂塗料）
ＤＰ−Ｃ	耐候性塗料塗り（ポリウレタン樹脂塗料）
ＷＰ	木材保護塗料塗り
ＬＥ	木部ラッカーエナメル塗り
Ｓ−ＰＲ	せっこうプラスター塗り
Ｄ−ＰＲ	ドロマイトプラスター塗り

外部仕上げ

床

（１）特記以外の下地及び詳細番号は下記による。

仕上げ種別	既存詳細番号	改修後詳細番号
タイル（張り付け面積の小さい場合）		（１−01−５）
タイル（上記以外の場合）		（１−01−６）
ＲＣ		（１−01−３　：ｔ＝10）
天然石（ひき石）		（１−02−９）
モルタル、防水モルタル		（１−01−１）
誘導ブロック		（１−01−７）

壁、柱、はり

（１）特記以外の下地及び詳細番号は下記による。

仕上げ種別	既存詳細番号	改修後詳細番号
磁器質タイル（型枠先付）		（２−01−９）
磁器質タイル（密着張り）		（２−01−４）
ＲＣ	（２−02−9, 12）	（２−02−9, 12）
天然石（ひき石）		（２−02−１〜2）
モルタル、防水モルタル		（２−02−13）
塗材	（２−02−9, 12）	（２−02−9, 12）

（２）改修後のコンクリート打放しの出隅面取りは20mm、出隅角面取りは20×20mmとする。
（３）改修後の下がり壁の仕上げは壁と同じとする。

腰

※壁、柱、はりに同じとする。

屋　根

（１）特記以外の下地及び仕上げは下記による。

既存の仕上げ種別	改修工法	改修後の仕上げ種別

軒　天

（１）特記以外の下地及び詳細番号は下記による。

仕上げ種別	既存詳細番号	改修後詳細番号
ＤＲ（軒天）		（３−01−４）
金属成形板張り		（３−01−９）
フレキシブルボード	（３−01−１）	（３−01−１）

庇

※壁、柱、はり、屋根、軒天に同じとする。

既　存　外　部　仕　上　げ

床	改修内容	腰	改修内容	壁・柱	改修内容	屋　根	改修内容	庇上端	改修内容	庇下端	改修内容	庇はな	改修内容

既　存　内　部　仕　上　げ

階	室　名	下地	床	改修内容	下地	幅木（腰）	改修内容	下地	壁	改修内容	下地	天　井	改修内容	備　考

改修内容凡例

既存		改修	
	Ａ：仕上げ撤去		ａ：仕上げ新設
	Ｂ：図示の仕上げ撤去		ｂ：図示の仕上げ新設
	Ｃ：下地共撤去		ｃ：下地共新設
	Ｄ：図示の下地共撤去		ｄ：図示の下地共新設
	Ｅ：下地の調整		ｅ：塗装の塗り替え
	Ｆ：既存のまま		ｆ：既存のまま

共通事項

1．間仕切りの撤去・新設等の位置は、平面図による。

内部仕上げ

床

（1）特記以外の下地及び詳細番号は下表による。

仕上げ種別	既存詳細番号	改修後詳細番号
FS、KT、FT ［NC、CT、CTS、HT］		（1－01－4：t＝10）RC ・（1－02－2）
磁器質タイル		（1－01－5、－6）
カーペット		・（1－02－4）・（1－02－5）
たたみ		（1－02－3）
天然木化粧複合フローリング		（1－02－8）
RC、床用塗料、防塵用塗料		（1－01－3：t＝10）RC
モルタル、防水モルタル		（1－01－1）防水モルタル厚※15・30

幅木

（1）特記以外の下地及び詳細番号は下表による。

仕上げ種別	既存		改修後	
	詳細番号	高さ(mm)	詳細番号	高さ(mm)
VB			（2－11－1）（2－11－9）	
WB（樹種※杉　・　　　）			（2－11－4）：CL仕上げ	
VS（ビニール床シート巻上げ）			（2－11－2）	

柱　壁

（1）特記以外の下地及び詳細番号は下表による。

仕上げ種別	既存詳細番号	改修後詳細番号
ボード張り（RC又はCB下地）		（GL工法：接着材＝11～13mm）（1枚張り）
ボード張り（軽量鉄骨壁下地：一般壁）		(2-22-1)　(2-24-5, 6：継目処理の場合)
ボード張り（軽量鉄骨壁下地：遮音壁）		(2-23-1)　(2-24-5, 6：継目処理の場合)
陶器質タイル（RC又はCB下地）		（2－01－2）
モルタル		（2－02－13）
吸音材張り（RC又はCB下地）		（2－02－14）

（2）特記以外のボード類は下記による。

種別	既存		改修後	
	厚さ(mm)	備考	厚さ(mm)	備考
GB－R			12.5	塗装仕上げ及び、壁紙張りの場合は継目処理（2－03－6）（2－03－10） ただし、仕上げ等行わない場合は突き付け（2－03－9）（2－03－13）とする。 （二重張りは特記無き限り下張りは上張りと同厚のボードとする）
ケイカル板			8	突付け（V目地） （2－03－17：下地張りはGB-S ） （2－03－12：下地張りは　・GB-S　・ケイカル板）

（3）改修後のコンクリート打放しの出隅面取りは10mmとする。（梁型とも）
（4）改修後の下り壁（3－12－1：※塩ビ製見切縁・アルミ製見切縁）の仕上げは壁と同じとする。ただし、下地張りは無しとする。
（5）改修後のボード壁とRC又はCB壁との取合いは（2－24－4、2－24－7）とする。
（6）改修後のボード壁とサッシ取合いは（2－24－8）とする。
（7）改修後の押入（6－46－1）の壁はGB-R厚さ12.5mm塗装なし突き付けとする。
（8）改修後の陶器質タイルを、軽量鉄骨壁下地のボード面に接着張りを行う場合のボードは、下地張りをGB-S、上張りをケイカル板（突付け）とする。（2－03－13）
（9）化粧ケイカル板を使用する場合の目地処理は（・目地シーリング工法　・アルミジョイナー工法　・　　）とする。

天　井

（1）軽量鉄骨天井下地は（3－21－1）（3－21－2）（3－21－3）（3－41）（3－42）とする。
（2）特記以外のボード類は下表による。

仕上げ種別	既存		改修後	
	詳細番号	厚さ(mm)	詳細番号	厚さ(mm)
DR	（3－01－4）	9	（3－01－4）	※9　・
DR（凹凸）			（3－01－4）	※12　・15
ケイカル板			（3－01－2）	6
GB－NC（T）			（3－01－2）	9.5
GB－D			下地は製造所の仕様とする	12.5
RW又はGW張り			（3－01－12）	25

（3）改修後の押入（6－46－1）の天井はGB－R厚さ12.5mm塗装なし突き付けとする。
（4）改修後の壁～天井の取合いは天井付き目地（3－11－3、4、7、8：※塩ビ製見切縁　・アルミ製見切縁）とする。
（5）DRの下張りは　※ GB－R厚さ12.5mm　・ GB－R厚さ9.5mmとする。
（6）改修後のGB－NC（T）の大きさ　※910×455mm　・910×910mm
（7）改修後の塗装仕上げ及び壁紙張りの場合はGB－R厚さ12.5mm（継目処理）とする。
（8）改修後の外部のDR（軒天）の下張りはGB-S 厚さ12.5mmとする。

下地の区分欄の略号

C：コンクリート下地、コンクリートブロック下地、ALC下地、押出成形セメント板下地
S：軽量鉄骨下地
W：木造下地　　　PF：ポリスチレンフォーム床下地板（床下地のみ）
M：モルタル下地　　OA：フリーアクセスフロア
B：ボード類

改修後外部仕上げ

床	改修内容	腰	改修内容	壁・柱	改修内容	屋根	改修内容	庇上端	改修内容	庇下端	改修内容	庇はな	改修内容

改修後内部仕上げ

室名	下地	床	改修内容	下地	幅木（腰）	改修内容	下地	壁	改修内容	下地	天井	改修内容	備考

工事 設計図		図面番号
改修仕上表		

4）構造関係共通事項及び耐震改修標準詳細図

本耐震改修標準詳細図は、設計に際し、耐震改修工事に関する使用頻度の高い詳細を標準化することにより、耐震性を確保、能率の向上及び寸法の統一化を図り、併せて積算、施工等における業務の合理化等を図ることを目的として示したものであり、耐震改修工事を発注する際に用いる標準的な詳細図の一例を示すものである。

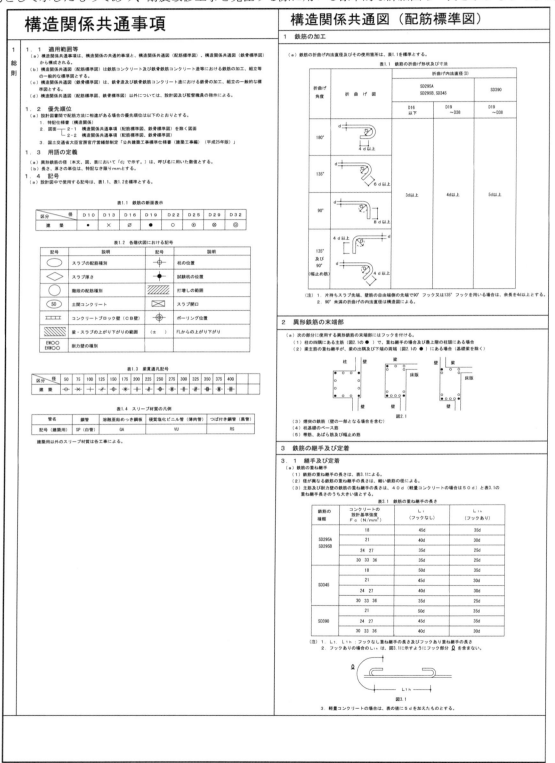

構造関係共通事項

1　総則

1．1　適用範囲等

（a）構造関係共通事項は、構造関係の共通的事項と、構造関係共通図（配筋標準図）、構造関係共通図（鉄骨標準図）から構成される。
（b）構造関係共通図（配筋標準図）は鉄筋コンクリート及び鉄骨鉄筋コンクリート造等における鉄筋の加工、組立等の一般的な標準図とする。
（c）構造関係共通図（鉄骨標準図）は、鉄骨造及び鉄骨鉄筋コンクリート造における鉄骨の加工、組立の一般的な標準図とする。
（d）構造関係共通図（配筋標準図、鉄骨標準図）以外については、設計図及び監督職員の指示による。

1．2　優先順位

（a）設計図書間で配筋方法に相違がある場合の優先順位は以下のとおりとする。
1．特記仕様書（構造関係）
2．図面 ─┬ 2－1　構造関係共通事項（配筋標準図、鉄骨標準図）を除く図面
　　　　　└ 2－2　構造関係共通事項（配筋標準図、鉄骨標準図）
3．国土交通省大臣官房官庁営繕部制定「公共建築工事標準仕様書（建築工事編）（平成25年版）」

1．3　用語の定義

（a）異形鉄筋の径（本文、図、表において「d」で示す。）は、呼び名に用いた数値とする。
（b）長さ、厚さの単位は、特記なき限りmmとする。

1．4　記号

（a）設計図中で使用する記号は、表1.1、表1.2を標準とする。

表1.1　鉄筋の断面表示

区分＼径	D10	D13	D16	D19	D22	D25	D29	D32
建　築	•	×	∅	●	○	⊙	⊗	◎

表1.2　各階伏図における記号

記号	説明	記号	説明
	スラブの配筋種別		杭の位置
	スラブ厚さ		試験杭の位置
	階段の配筋種別		打増しの範囲
SO	土間コンクリート		スラブ開口
	コンクリートブロック壁（CB壁）		ボーリング位置
	梁・スラブの上がり下がりの範囲	（±　）	FLからの上がり下がり
EW○○ EKW○○	耐力壁の種別		

表1.3　梁貫通孔記号

区分＼径	50	75	100	125	150	175	200	225	250	275	300	325	350	375	400		
建　築																	

表1.4　スリーブ材質の凡例

管名	鋼管	溶融亜鉛めっき鋼板	硬質塩化ビニル管（薄肉管）	つば付き鋼管（黒管）
記号（建築用）	SP（白管）	GA	VU	RS

建築用以外のスリーブ材質は各工事による。

構造関係共通図（配筋標準図）

1　鉄筋の加工

（a）鉄筋の折曲げ内法直径及びその使用箇所は、表1.1を標準とする。

表1.1　鉄筋の折曲げ形状及び寸法

折曲げ角度	折曲げ図	折曲げ内法直径(D) SD295A SD295B, SD345 D16以下	折曲げ内法直径(D) SD295A SD295B, SD345 D19～D38	折曲げ内法直径(D) SD390 D19～D38
180°	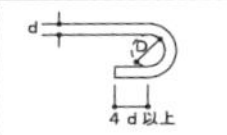	3d以上	4d以上	5d以上
135°	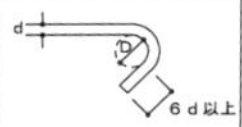			
90°	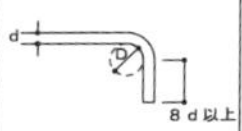			
135°及び90°（幅止め筋）	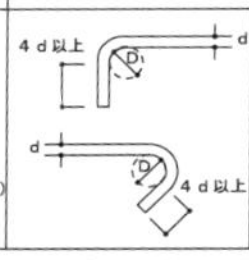			

（注）1．片持ちスラブ先端、壁筋の自由端側の先端で90° フック又は135° フックを用いる場合は、余長を4d以上とする。
2．90° 未満の折曲げの内法直径は構造図による。

2　異形鉄筋の末端部

（a）次の部分に使用する異形鉄筋の末端部にはフックを付ける。
（1）柱の四隅にある主筋（図2.1の ● ）で、重ね継手の場合及び最上階の柱頭にある場合
（2）梁主筋の重ね継手が、梁の出隅及び下端の両端（図2.1の ● ）にある場合（基礎梁を除く）

図2.1

（3）煙突の鉄筋（壁の一部となる場合を含む）
（4）杭基礎のベース筋
（5）帯筋、あばら筋及び幅止め筋

3　鉄筋の継手及び定着

3．1　継手及び定着

（a）鉄筋の重ね継手
（1）鉄筋の重ね継手の長さは、表3.1による。
（2）径が異なる鉄筋の重ね継手の長さは、細い鉄筋の径による。
（3）主筋及び耐力壁の鉄筋の重ね継手の長さは、40d（軽量コンクリートの場合は50d）と表3.1の重ね継手長さのうち大きい値とする。

表3.1　鉄筋の重ね継手の長さ

鉄筋の種類	コンクリートの設計基準強度 Fc（N/mm²）	L_1（フックなし）	L_{1h}（フックあり）
SD295A SD295B	18	45d	35d
	21	40d	30d
	24　27	35d	25d
	30　33　36	35d	25d
SD345	18	50d	35d
	21	45d	30d
	24　27	40d	30d
	30　33　36	35d	25d
SD390	21	50d	35d
	24　27	45d	35d
	30　33　36	40d	30d

（注）1．L_1，L_{1h}：フックなし重ね継手の長さ及びフックあり重ね継手の長さ
2．フックありの場合のL_{1h}は、図3.1に示すようにフック部分 ℓ を含まない。

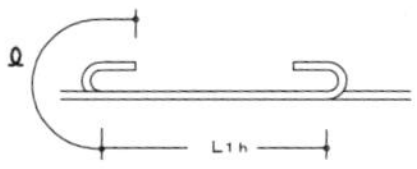

図3.1

3．軽量コンクリートの場合は、表の値に5dを加えたものとする。

（３）隣り合う継手の位置は、表3.2による。
ただし、壁の場合及びスラブ筋でＤ１６以下の場合は除く。
なお、先組み工法等で、柱、梁の主筋の継手を同一箇所に設ける場合は、構造図による。

表3.2　隣り合う継手の位置

重ね継手	フックありの場合	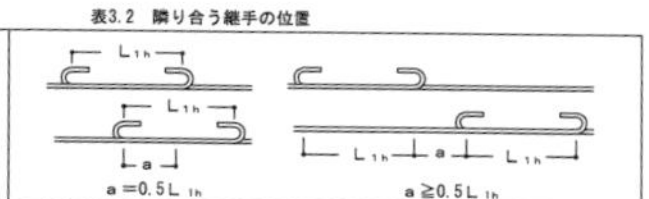
	フックなしの場合	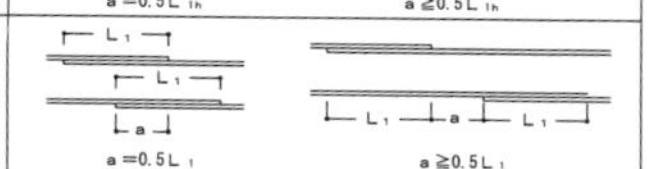
圧接継手	－	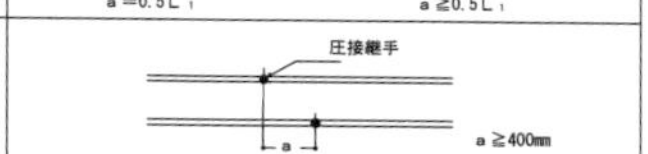
機械式継手	－	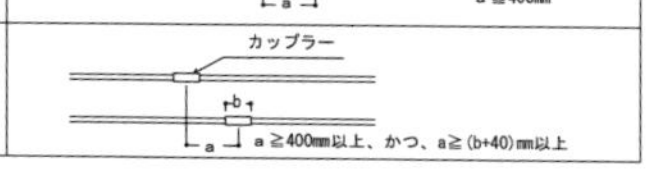

（ｂ）鉄筋の定着
（１）鉄筋の定着の長さは、表3.3による。
柱に取り付ける梁の引張り鉄筋の定着長さは、４０ｄ（軽量コンクリートの場合は５０ｄ）と表3.3の定着長さのうち大きい値とする。

表3.3　鉄筋の定着の長さ

鉄筋の種類	コンクリートの設計基準強度 Ｆｃ（N/mm²）	フックなし L_1	フックなし L_2	フックなし L_3 小梁	フックなし L_3 スラブ	フックあり L_{1h}	フックあり L_{2h}	フックあり L_{3h} 小梁	フックあり L_{3h} スラブ
SD295A SD295B	18	45d	40d	20d	10d かつ 150mm 以上	35d	30d	10d	－
	21	40d	35d			30d	25d		
	24　27	35d	30d			25d	20d		
	30　33　36	35d	30d			25d	20d		
SD345	18	50d	40d			35d	30d		
	21	45d	35d			30d	25d		
	24　27	40d	35d			30d	25d		
	30　33　36	35d	30d			25d	20d		
SD390	21	50d	40d			35d	30d		
	24　27	45d	40d			35d	30d		
	30　33　36	40d	35d			30d	25d		

（注）１．L_1, L_{1h}：２．以外のフックなし直線定着の長さ及びフックあり直線定着の長さ
２．L_2, L_{2h}：割裂破壊のおそれのない箇所へのフックなし直線定着の長さ及びフックあり直線定着の長さ
３．L_3：小梁及びスラブの下端筋のフックなし直線定着長さ。ただし、基礎耐圧スラブ及びこれを受ける小梁は除く。
４．L_{3h}：小梁の下端筋のフックあり直線定着長さ
５．フックあり定着の場合は、図3.2(イ)に示すようにフック部分 ℓ を含まない。また、中間部での折曲げは行わない。
６．軽量コンクリートを使用する場合は、表3.3の値に５ｄを加えたものとする。

（２）梁主筋の柱内定着の方法は図3.2による。
なお、仕口内に縦に折り曲げて定着する鉄筋の定着長さLが、表3.3のフックあり定着の長さを確保できない場合は、全長を表3.3に示すフックなし定着長さとし、かつ、余長を8d、仕口面から鉄筋外面までの投影定着長さを表3.4に示す長さ（かつ、梁主筋の柱内定着においては、原則として、柱せいの3/4倍以上、小梁の場合は1/2以上）をのみ込ませる。
（注）1. La、Lb は、表3.4の鉄筋の投影定着長さを示す。

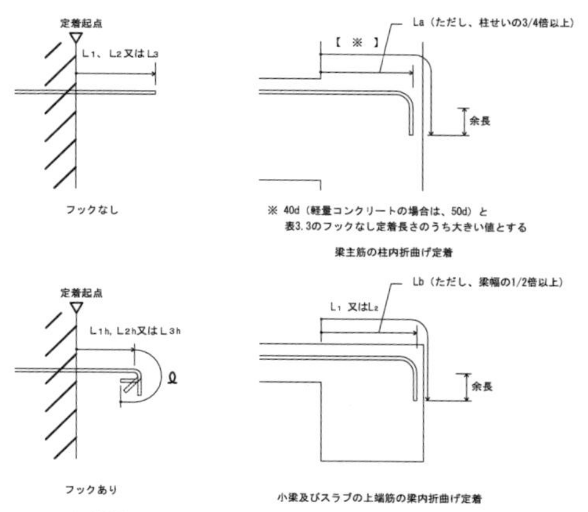

図3.2　定着の方法

表3.4　鉄筋の投影定着長さ

鉄筋の種類	コンクリートの設計基準強度 Ｆｃ（N/mm²）	L_a	L_b
SD295A SD295B	18	20d	15d
	21	15d	15d
	24　27	15d	15d
	30　33　36	15d	15d
SD345	18	20d	20d
	21	20d	20d
	24　27	20d	15d
	30　33　36	15d	15d
SD390	21	20d	20d
	24　27	20d	20d
	30　33　36	20d	15d

（注）１．L_a：梁主筋の柱内折曲げ定着の投影定着長さ（基礎梁、片持ち梁及び片持ちスラブを含む。）
２．L_b：小梁及びスラブの上端筋の梁内折曲げ定着の投影定着長さ（片持ち小梁及び片持ちスラブを除く。）
３．軽量コンクリートの場合は、表の値に５ｄを加えたものとする。

（ｃ）その他の鉄筋の継手及び定着
（１）溶接金網の継手及び定着は、図3.3による。
なお、L_2 及び L_3 は表3.3の（注）による。

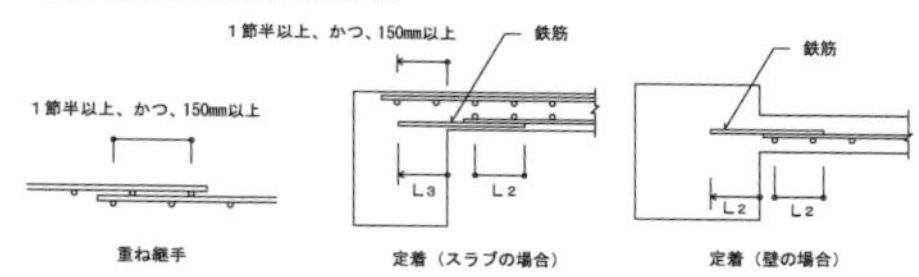

図3.3　溶接金網の継手及び定着

（２）スパイラル筋の継手及び定着は、図3.4による

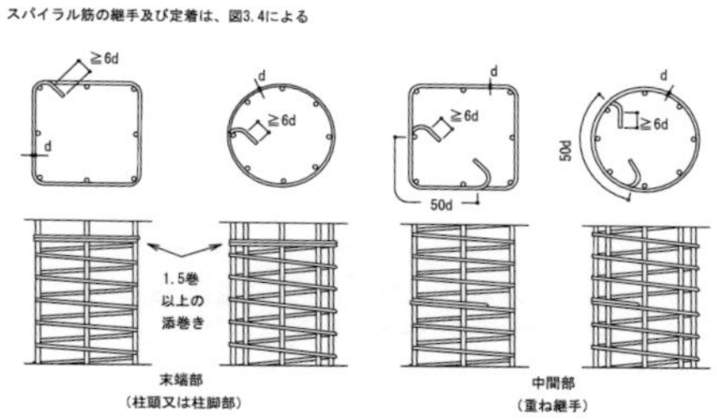

図3.4　スパイラル筋の継手及び定着

４　鉄筋のかぶり及び間隔

４．１　最小かぶり厚さ

（ａ）鉄筋及び溶接金網の最小かぶり厚さは、表4.1による。
ただし、柱及び梁の主筋にＤ２９以上を使用する場合は、主筋のかぶり厚さを径の1.5倍以上確保するように最小かぶり厚さを定める。

表4.1　鉄筋及び溶接金網の最小かぶり厚さ（単位：mm）

構造部分の種別				最小かぶり厚さ
土に接しない部分	スラブ，耐力壁以外の壁	仕上げあり		20
		仕上げなし		30
	柱，梁，耐力壁	屋内	仕上げあり	30
			仕上げなし	30
		屋外	仕上げあり	30
			仕上げなし	40
	擁壁，耐圧スラブ			40
土に接する部分	柱，梁，スラブ，壁			＊40
	基礎，擁壁，耐圧スラブ			＊60
煙突等高熱を受ける部分				60

（注）１．＊印のかぶり厚さは、普通コンクリートに適用し、軽量コンクリートの場合は構造図による。
２．「仕上げあり」とは、モルタル塗り等の仕上げのあるものとし、鉄筋の耐久性上有効でない仕上げ（仕上塗材、塗装等）のものを除く。
３．スラブ、梁、基礎及び擁壁で、直接土に接する部分のかぶり厚さには、捨コンクリートの厚さを含まない。
４．杭基礎の場合のかぶり厚さは、杭天端からとする。
５．塩害を受けるおそれのある部分等、耐久性上不利な箇所は、構造図による。

（ｂ）柱、梁等の鉄筋の加工に用いるかぶり厚さは、最小かぶり厚さに１０mmを加えた数値を標準とする。
（ｃ）鉄筋組立後のかぶり厚さは、最小かぶり厚さ以上とする。
（ｄ）鉄筋相互のあきは図4.1により、次の値のうち最大のもの以上とする。
ただし、機械式継手の場合のあきは、構造図による。
（１）粗骨材の最大寸法の1.25倍
（２）２５mm
（３）隣り合う鉄筋の平均径（呼び名の数値）の1.5倍

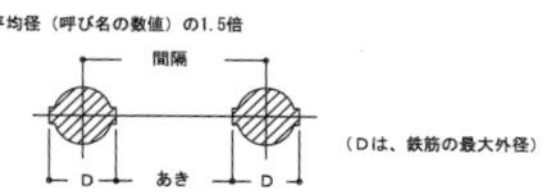

図4.1　鉄筋相互のあき

（ｅ）鉄骨鉄筋コンクリート造の場合、主筋と平行する鉄骨とのあきは（ｄ）による。
（ｆ）貫通孔に接する鉄筋のかぶり、厚さは（ｃ）による。

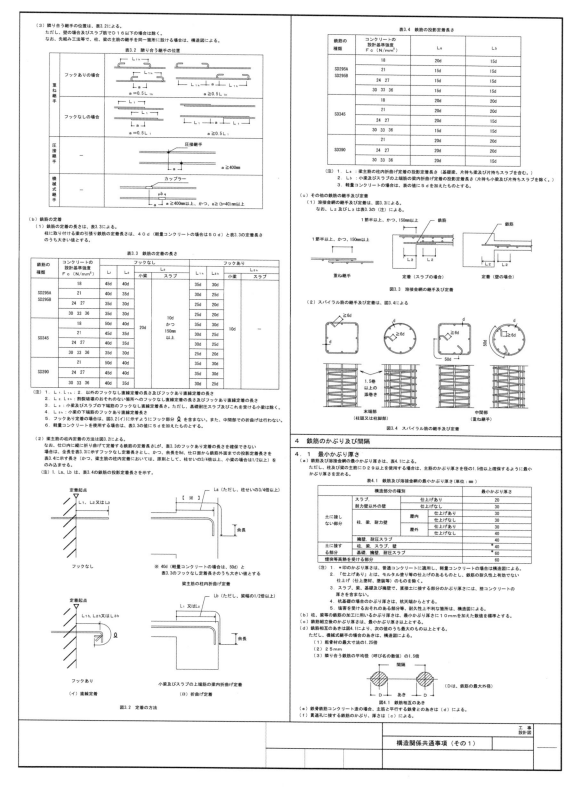

工事
設計図
構造関係共通事項（その１）

一般事項

1．設計図書間で配筋方法に相違がある場合の優先順位は以下のとおりとする。
　1．改修特記仕様書
　2．図面 ┬ 2－1　耐震改修標準図、構造関係共通事項（配筋標準図、鉄骨標準図）を除く図面
　　　　　└ 2－2　耐震改修標準図、構造関係共通事項（配筋標準図、鉄骨標準図）
　3．国土交通省大臣官房官庁営繕部制定「公共建築改修工事標準仕様書（建築工事編）（平成25年度版）」

2．鉄筋の断面表示は、下記による。

記　号	•	×	∅	●	○	⊙	⊗	◎
異形鉄筋	D10	D13	D16	D19	D22	D25	D29	D32

3．各階伏図における記号は下表による。

記　号	説　　明	記　号	説　　明
⬭	スラブの配筋種別	⌖	杭の位置
◇	スラブ厚さ	✚	試験杭の位置
○	階段の配筋種別	▨	打増しの範囲
(S0)	土間コンクリート	⊠	スラブ開口
⊥⊥⊥⊥	コンクリートブロック壁（ＣＢ壁）	◎	ボーリング位置
▧	梁・スラブの上がり下がりの範囲	（±　）	FLからの上がり下がり

4．配筋の種別及び かぶり厚さ
　（1）壁、スラブ、階段等の配筋種別は、標仕 別図 各部配筋（4.1）～（6.2）による。
　（2）目地にシーリングがある場合の最小かぶり厚さは改修標仕（表8.3.6）の「仕上げなし」の項による。
　（3）NW＃＃は新設耐震壁を示し、かぶり厚さ、定着長さ、継手長さは改修標仕による。
　　（＃＃は壁配筋の種別の数値又は符号示す。）

5．壁
　（1）既存壁に開口を設けてはならない。やむを得ず設ける場合は監督員の承諾を受ける。
　（2）割裂補強筋は、改修壁の柱・梁に接する面全てに配置する。
　（3）割裂補強筋は、6∅スパイラル型とし、ピッチ、スパイラル径は特記による。
　（4）割裂補強筋の継手は、2巻以上の重ねとする。

6．あと施工アンカー
　（1）穿孔に使用する機械には、金属探知により電源供給が停止できる付属装置等を使用する。
　（2）コアドリルを用いて穿孔した際に鉄筋に当たった場合は、直ちに穿孔を中止し、
　　監督職員に報告し、指示を受ける。

あと施工アンカー

（1）接着系アンカー

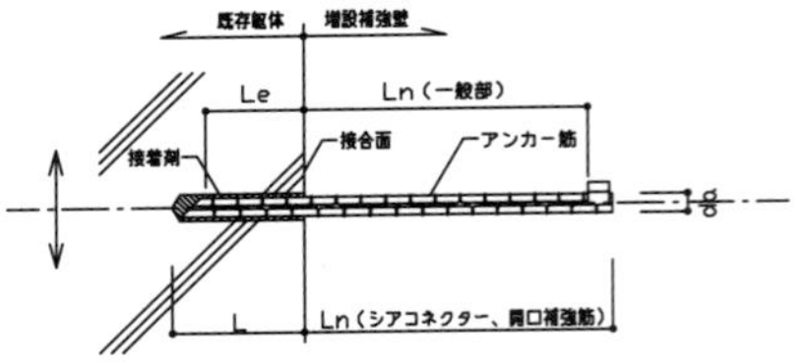

打増しのある場合

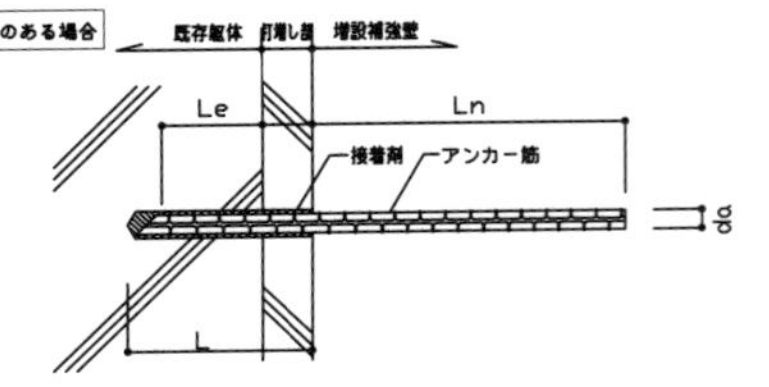

L　：コンクリートの穿孔深さ
Le：アンカーの有効埋め込み長さ
Ln：有効埋め込み長さ・定着長さ
da：アンカー軸部の直径、アンカー筋の呼び名

※ 接着剤は、打増し部を含め、穿孔深さ全域にすき間なく充填すること

アンカー関係共通事項	
接着系アンカーの有効 埋め込み長さ	一般部　:Le ＝7da シアコネクター：Le ＝7da 開口補強筋　:Le ＝12da
接着系アンカーの有効 定着長さ	一般部　：Ln ＝20da シアコネクター：Ln ＝増打壁厚－かぶり厚 開口補強筋　：Ln ＝L1＋50 （＝補強筋との継手長さ＋余長）
アンカー筋形状	一般部　：ナット付き異形棒鋼とし、ナットからねじ山が２山以上でること。 シアコネクター：ナットなし ただし、フォームタイを兼用する場合は、端部にナットを付ける。 開口補強筋　：ナットなし ※既存躯体側の先端形状は45°カットとする。

施工確認試験荷重	
アンカー筋呼び名（da）	荷　重　（kN）
D13	17.0　（kN）
D16	26.4　（kN）
D19	49.5　（kN）
D22	66.8　（kN）

（2）あと施工アンカーの位置と間隔

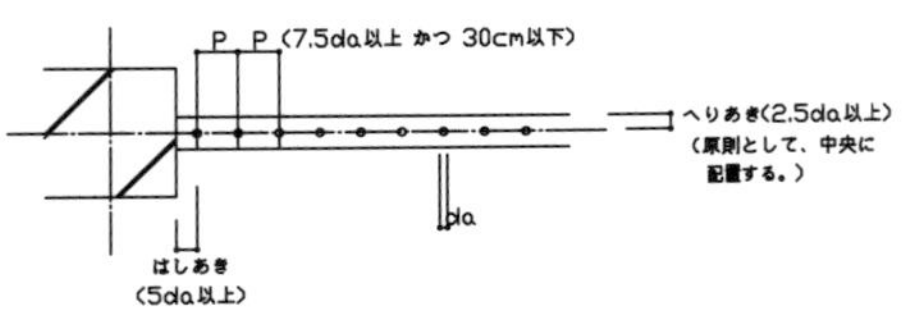

新設・増設壁上部グラウト要領

1. 特記なき新設・増設壁上部は、グラウトを行う。

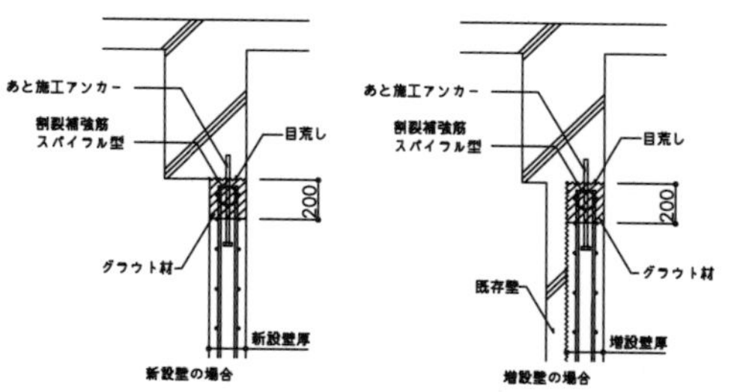

アンカー筋ピッチ標準

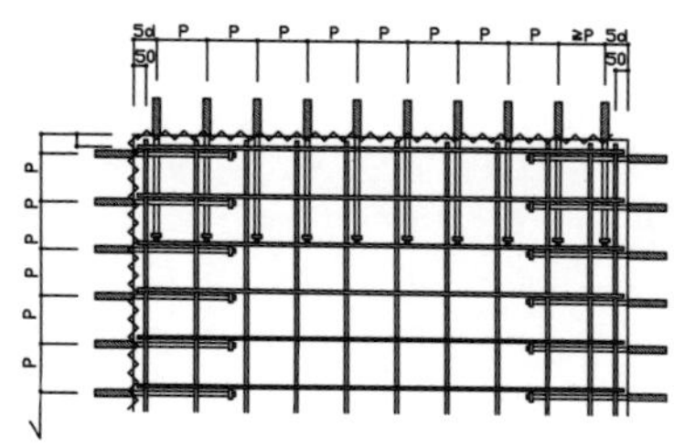

鉄筋フレア溶接要領

1．特記なき鉄筋のフレア溶接は、下図の片面または両面とする。

2．鉄筋のフレア溶接の溶接長さは、ビードの始点(La)及び、クレーター(Lb)を除いた部分の長さとし、寸法は下表による。但し、La 及び Lbは 1d以上とする。

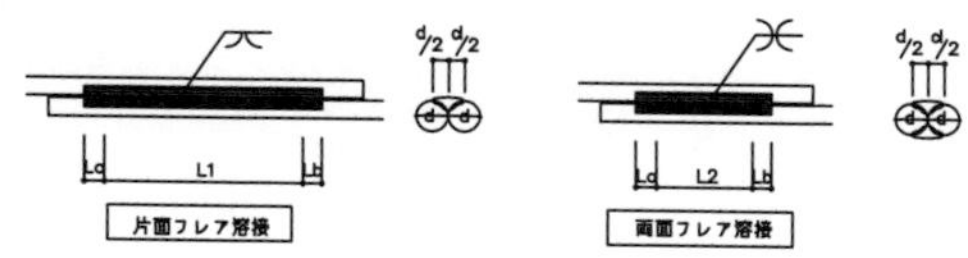

鉄筋径	L1	L2	d
9φ・D10	100mm	–	10mm
13φ・D13	130mm	–	13mm
D16			

既存壁等撤去要領図　S=1/30

注記）特記なき壁等の撤去は下図による。
注記）◁ 印は、コンクリートカッター位置を示し、カッター深さ30とする。
注記）鉄筋切断部には、錆止め塗装を行う。
注記）▨ 部は手はつりを示す。

撤去壁ー梁 取合部（撤去のみの場合）

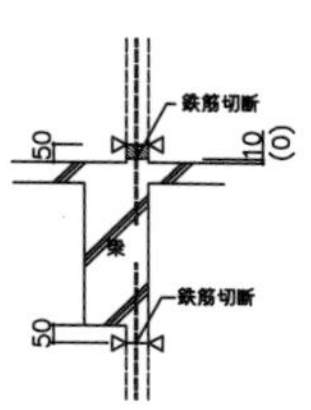

※(　)内の値は、直均し仕上げの場合の鉄筋切断位置を示す。

撤去壁ースラブ 取合部

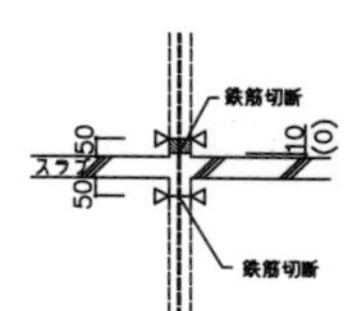

※(　)内の値は、直均し仕上げの場合の鉄筋切断位置を示す。

撤去壁ー梁 取合部（壁を新設する場合）

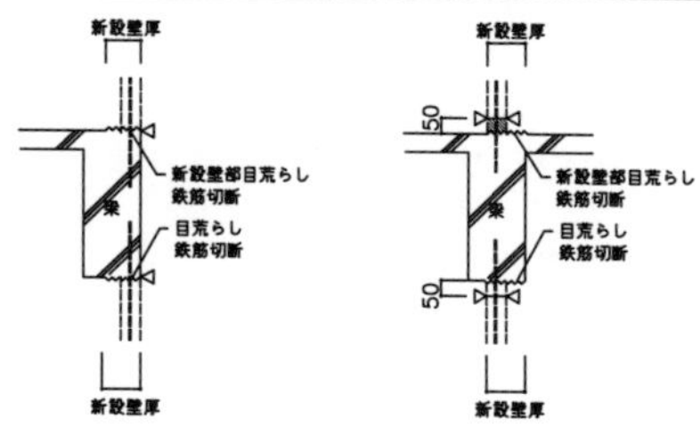

撤去壁ー柱 取合部（撤去のみの場合）

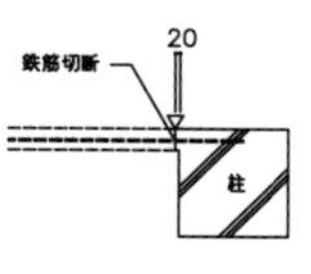

※外気に面する部分の撤去は特記による。

撤去壁ー直交壁 取合部

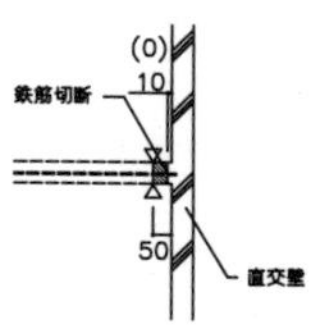

※(　)内の値は、直均し仕上げの場合の鉄筋切断位置を示す。

撤去壁ー柱 取合部（壁を新設する場合）

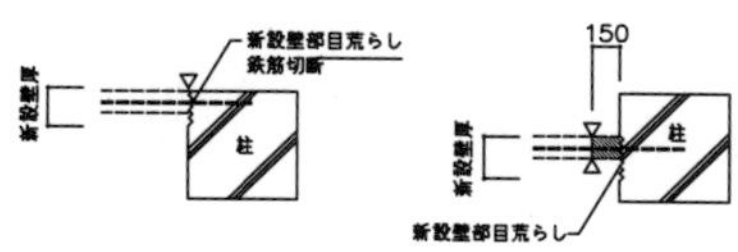

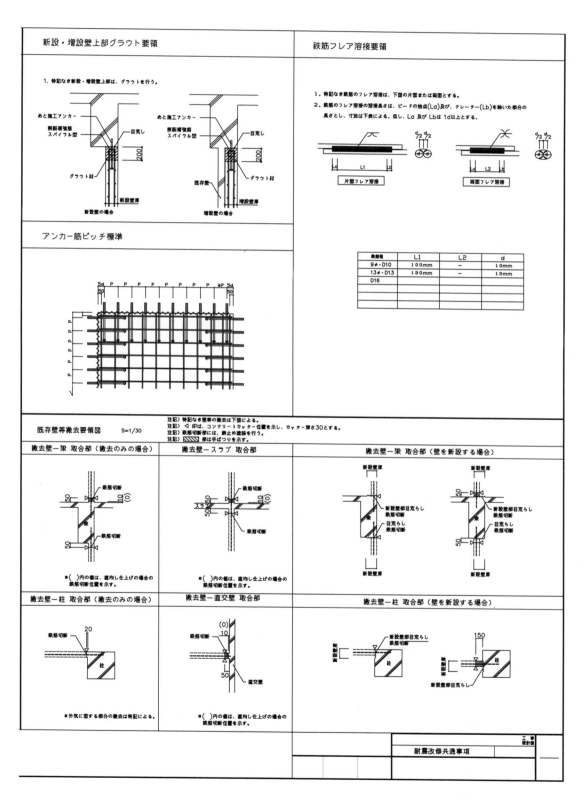

耐震改修共通事項

5）工事区分表

本工事区分表は、当該工事の設計に際し、関連する他工事との間における工事内容・区分等について、重複・漏れ等を事前に防止するために作成したものであり、項目は標準的なものになっている。

従って、改修工事の内容により適宜項目を追加して利用する。

工事区分表

躯体関係

項目		A	E	M	EV		備考
1．ＲＣ造（梁・壁・床）の貫通孔・開口部	貫通孔のスリーブ材及び取付け	○	○	○	○		
	補強を要する型枠材及び取付け	○					
	補強を要しない型枠材及び取付け	○	○	○	○		
	貫通孔・開口部の墨出し	○	○	○	○		
	貫通孔・開口部の補強	○					
	スリーブ・型枠の穴埋め	○	○	○	○		防火区画、防煙区画
2．Ｓ、ＳＲＣ造のはり貫通孔	Ｓ・ＳＲＣ造貫通鋼管スリーブ・補強	○					
	使用されたスリーブの穴埋め	○	○	○	○		防火区画、防煙区画
	予備スリーブの穴埋め	○	○	○	○		防火区画、防煙区画
3．設備機器の基礎	屋内の基礎（建築設計図に記入あるもの）	○					
	屋内の基礎（設備設計図に記入のあるもの）		○	○			
	屋外・屋上の基礎	○					
	屋上基礎で押さえコンにアンカーしない軽微なもの		○	○			
	機器取り付け用アンカー・架台		○	○			
	屋内受水タンク用の基礎	○					
	太陽電池アレイ用架台（支持金物）	○	○				AとEの区分は図示
4. 昇降機関連	昇降路の躯体	○					
	機械室の躯体	○					
	機械室の床開口	○					
	機械室の床配管ピット・蓋	○					
	機械室の上げ床コンクリート打設・仕上	○					
	巻上機周囲のチェッカープレート敷				○		
	昇降路内ピット防水・集水舛	○					
	各階出入口穴あけ・同補強	○					
	三方枠取付・枠廻り埋戻し・同補修				○		
	出入口扉，三方枠及び幕板				○		
	出入口扉，三方枠及び幕板の各補強鉄骨	○					
	昇降路がＲＣ造及びＳＲＣ造の時、軌条・中間ビーム・ブラケット他昇降路内の鋼製部材一式				○		
	昇降路がＳ造の時の中間ビームブラケット受けピース	○					
	機械室天井フック取付	○					
	昇降路内フック取付	○					
	ホール押釦・インジケータ・鋼索などの壁開口	○					
	機械室換気設備			○			
	制御盤（EV機械室内または昇降路内等）から外部インターホンまでの配管・配線工事				○		
	昇降路内ピット点検用タラップ				○		
	点検用コンセント		○				
	制御盤（EV機械室内または昇降路内等）までの動力・照明用電源、アース、防災信号、拡声設備（館内放送用）の配管・配線工事		○				
5．その他	トラフ・ピット類（ふたを含む）	○					
	湧水・汚水ピット・ＲＣ造各種水槽	○					
	同上用防水・マンホール・タラップ等	○					
	避雷設備・同接地工事		○				
	ＡＬＣ板の壁開口・補強	○					
	厨房排水溝	○					
	厨房グリース阻集器			○			
	オイルサービスタンクの防油堤	○					
	フリーアクセスフロア内の防水堤	○					
	配線調査（X線探査含む）	○	○	○			

仕上げ関係

項目		A	E	M			備考
1．軽鉄天井・壁下地	補強を要するボードの切り込み及び下地の補強	○					
	補強を要しないボードの切り込み		○	○			
	開口部の墨出し		○	○			
2．可動間仕切り	切り込み及び補強	○					
	位置ボックス	○					
3．つりボルト及びインサート	設備機器・器具・配管・配線・ダクト用		○	○			
4．外壁まわり	外壁ガラリ及びダクト接続用フランジ	○					
	ウエザーカバー、ベントキャップ			○			
	換気扇（取付枠共）			○			
5．湯沸室まわり	流し台・つり戸棚・水切り棚・コンロ台	○					
	フード（標準詳細図のもの）	○					その他はM
6．浴室まわり	浴室ユニット、複合浴室ユニット、シャワーユニット			○			
	既製浴槽（ふたを含む）			○			
	浴室及び便所の床排水金物			○			
7．便所まわり	洗面カウンター	○					洗面器はM
	鏡（規格寸法のみ）			○			規格外はＡ
	衛生器具ユニット			○			
	身障用手すり	○					衛生器具ユニット取付はM
8．事務室まわり	ファンコイルカバー	○					
	家具組み込みの洗面器			○			切り込みはＡ
9．フリ-アクセスフロア	コンセント		○				
	床パネルの切り込み加工	○					
10．自動扉・電動シャッターまわり	防火戸の自動開閉装置		○				
	上部電動シャッター　本体・制御盤・手動開閉装置・ヒューズ装置	○					
	排煙窓本体・自動開閉装置	○					
	防煙たれ壁本体・駆動装置	○					
	上部電動シャッター，排煙窓及び防煙たれ壁連動制御装置の感知器		○				
	自動扉の本体・駆動装置・検出装置（センサー）	○					
	自動扉の手元電源スイッチ		○				
	電気錠の本体，扉内配線	○					
	電気錠の扉までの配管及び配線		○				
	自動閉鎖装置を取りつける防火戸の切り込み補強及びドアクローザー、フロアヒンジ	○					
	自動扉・電動シャッターからセンサー（付属スイッチ）への配管・配線工事	○					
	自動扉・電動シャッター本体までの配管，配線		○				

凡例
- Ａ：建築工事
- Ｅ：電気設備工事
- Ｍ：機械設備工事
- ＥＶ：エレベーター設備工事

項目		A	E	M			備考
11．その他	２重ピット及びトレンチのマンホールふた	○					
	機器搬入用フック　ビーム	○					
	チェーンブロック		○	○			
	化粧マンホール上ふたの表面仕上げ	○					
	点検口（天井・床下）	○					
	排煙口等の天井仕上材の取付け	○					
	消火器ＢＯＸ設置工事	○					
	煙突底部排水目皿・排水管	○					
	くつふきマット・玄関マット・自動扉マット部床排水金物（目皿共）・排水管	○					
	くつ洗い流し部排水金物・排水管			○			
	ルーフドレン	○					
	雨水配管	○					
	雨水利用設備集水管			○			
屋外排水設備・外構							
1．雨水	屋外雨水排水設備	○					
	桝及び桝ふた	○					
2．雑排水・汚水	屋外雑排水及び屋外汚水排水設備			○			
	桝及び桝ふた			○			
	化粧マンホール上ふたの表面仕上げ	○					
3．植栽	植栽及び客土	○					
4．ユニット形浄化槽	ピット形の躯体及び砂充てん	○					浄化槽本体はM
	上記以外のユニット形浄化槽本体・配管及び据付等			○			
5．屋外オイルタンク	タンク室の躯体及び砂充てん	○					タンク本体はＥ又はM
	上記以外のオイルタンク本体・配管及び据付等		○	○			自家発用はＥ
	配管トレンチ	○					
6．その他	駐車場ガソリントラップ（コンクリート造）	○					

項目		A	E	M			備考
電気配線配管							
	機器付属の制御盤以降の配管配線（接地線共）			○			２次側
	機器付属の制御盤への電源供給配管配線		○				１次側
	自動制御と動力盤との電源供給の渡り配管配線		○				
	機器と付属操作スイッチの渡り配管配線			○			
	煙感知器から連動制御盤を経て防煙ダンパに至る配管配線		○				
	小便器用節水装置の制御盤以降の配管配線			○			
	注油口内アース端子よりのアース用配管配線		○	○			自家発用はＥ

工　事
設計図

工事区分表

6）施工条件明示について

施工条件明示について（通知）

平成14年5月30日　国営計第24号
営繕計画課長から地方整備局等営繕部長あて

国土交通省直轄の営繕工事を請負施工に付する場合における工事の設計図書に明示すべき施工条件について、「建設省営計発第22号」（平成3年3月27日付け）に補足追加し、明示項目及び明示事項（案）をとりまとめたので参考にされたく通知する。

なお、「施工条件明示について」（平成3年3月27日）建設省営計発第22号は廃止する。

記

1．目　的

「対象工事」を施工するにあたって、制約を受ける当該工事に関する施工条件を設計図書に明示することによって、工事の円滑な執行に資することを目的とする。

2．対象工事

平成14年5月30日以降に入札する国土交通省直轄の営繕工事とする。

3．明示項目及び明示事項（案）

別紙

4．明示方法

施工条件は、契約条件となるものであることから、設計図書の中で明示するものとする。また、明示された条件に変更が生じた場合は、契約書の関連する条項に基づき、適切に対応するものとする。

5．その他

⑴　明示されない施工条件、明示事項が不明確な施工条件についても、契約書の関連する条項に基づき甲・乙協議できるものであること。

⑵　現場説明時の質問回答のうち、施工条件に関するものは、質問回答書により、文書化すること。

⑶　施工条件の明示は、工事規模、内容に応じて適切に対応すること。なお、施工方法、機械施設等の仮設については、施工者の創意工夫を損なわないよう表現上留意すること。

別紙

明示項目及び明示事項（案）

明示項目	明　示　事　項
工程関係	1．他の工事の開始又は完了の時期により、当該工事の施工時期、全体工期等に影響がある場合は、影響を受ける部分及び内容並びに他の工事の内容及び開始又は完了の時期 2．施工時期、施工時間及び施工方法が制限される場合は、制限される施工内容、施工時期、施工時間及び施工方法 3．当該工事の関係機関等との協議に未成立のものがある場合は、制約を受ける内容及びその協議内容並びに成立見込み時期 4．関係機関、自治体等との協議の結果、特定の条件が付され当該工事の工程に影響があるある場合は、影響を受ける部分及び内容 5．工事着手前に地下埋設物及び埋蔵文化財等の事前調査を必要とする場合は、その項目及び調査期間。又、地下埋設物等の移設が予定されている場合は、その移設期間 6．設計工程上見込んでいる休日日数以外の作業不能日数等
用地関係	1．施工のための仮用地等として施工者に、官有地等を使用させる場合は、その場所、範囲、時期、期間、使用条件、復旧方法等
公害関係	1．工事に伴う公害防止（騒音、振動、粉塵、排出ガス等防止）のため、施工方法、建設機械・設備、作業時間等の指定が必要な場合は、その内容 2．工事の施工に伴って発生する騒音、振動、地盤沈下、地下水の枯渇等が予測される場合、又は電波障害等に起因する事業損失が懸念される場合は、事前・事後等調査の区分とその調査時期、未然に防止するために必要な調査方法、範囲等
安全対策関係	1．交通安全施設等を指定する場合は、その内容、期間 2．鉄道、ガス、電気、電話、水道等の施設と近接する工事において施工方法、作業時間等に制限がある場合は、その内容 3．落石、雪崩、土砂崩落等に対する防護施設が必要な場合は、その内容 4．交通誘導員の配置を指定する場合は、その内容 5．有毒ガス及び酸素欠乏等の対策として、換気設備等が必要な場合は、その内容
工事用道路関係	1．一般道路を搬入、搬出路として使用する場合 (1)　工事用資機材等の搬入経路、使用期間、使用時間帯等に制限がある場合は、その経路、期間、時間帯等 (2)　搬入、搬出路の使用中及び使用後の処置が必要である場合は、その処理内容 2．仮道路を設置する場合 (1)　仮道路の仕様と設置期間及び工事終了後の処置
仮設備関係	1．仮土留、仮橋、足場等の仮設物を他の工事に引き渡す場合及び引き継いで使用する場合は、その内容、期間、条件等 2．仮設備の構造、工法及びその施工範囲を指定する場合は、その構造、工法及びその施工範囲 3．仮設備の設計条件を指定する場合は、その内容
建設副産物関係	1．建設発生土が発生する場合は、その受入場所及び仮置き場所までの距離等及び処分又は保管条件 2．建設副産物の現場内での再利用又は減量化が必要な場合は、その内容 3．建設副産物及び建設廃棄物が発生する場合は、その処理方法、処理場所等の処理条件 　なお、再資源化処理施設又は最終処分場を指定する場合は、その受入場所、距離等の処分条件
工事支障物件等	1．地上、地下等における占用物件の有無及び占用物件等で工事支障物が存在する場合は、支障物件名、管理者、位置、移設時期、工事方法、防護等 2．地上、地下等の占用物件に係る工事期間と重複して施工する場合は、その工事内容、期間等
排水関係	1．排水の工法、排水処理の方法及び排水の放流先等を指定する場合は、その工法、処理の方法、放流先、予定される排水量、水質基準及び放流費用 2．水替・流入防止施設が必要な場合は、その内容、期間
薬液注入関係	1．薬液注入を行う場合は、設計条件、工法区分、材料種類、施工範囲、削孔数量、削孔延長及び注入量、注入圧等 2．周辺環境に与える影響の調査が必要な場合は、その内容
その他	1．工事現場発生品がある場合は、その品名、数量、現場内での再使用の有無、引き渡し場所等 2．支給材料及び貸与品がある場合は、その品名、数量、品質、規格又は性能、引渡場所、引渡期間等 3．関係機関・自治体等との近接協議に係る条件及びその内容等 4．架設工法を指定する場合は、その施工方法及び施工条件 5．工事用水及び工事用電力等を指定する場合は、その内容 6．新技術・新工法・特許工法を指定する場合は、その内容 7．部分使用を行う必要がある場合は、その箇所及び使用時期

V　参考資料

参考文献

【積算関係】

公共建築工事積算基準（平成25年版）	（一財）建築コスト管理システム研究所
公共建築工事積算基準の解説（建築工事編）（平成23年基準）	（一財）建築コスト管理システム研究所
建築工事数量積算基準・同解説（平成23年版）	（一財）建築コスト管理システム研究所
建築工事内訳書標準書式（建築工事編）（平成24年版）	（一財）建築コスト管理システム研究所
建築工事見積書標準書式（建築工事編）（平成13年版）	（一財）建築コスト管理システム研究所
公共建築設備改修工事の積算マニュアル（平成24年版）	（一財）建築コスト管理システム研究所
建築積算のための仮設計画標準	（一財）建築コスト管理システム研究所

【標準仕様書類】

公共建築改修工事標準仕様書（建築工事編）（平成25年版）	（一財）建築保全センター
公共建築工事標準仕様書（建築工事編）（平成25年版）	（一社）公共建築協会
建築改修工事監理指針（平成25年版）	（一財）建築保全センター
建築工事監理指針（平成25年版）	（一社）公共建築協会
建築工事標準詳細図（平成22年版）	（一社）公共建築協会
官庁施設の総合耐震診断・改修基準及び同解説	（一社）公共建築協会
建築工事における建設副産物管理マニュアル・同解説（平成18年版）	（一社）公共建築協会

—公共建築工事積算基準に基づく—
改訂版 公共建築改修工事の積算マニュアル

2015年２月10日　第２版第１刷発行
2024年８月２日　第２版第４刷発行

監　　修　国土交通省大臣官房官庁営繕部

編集・発行　(一財)建築コスト管理システム研究所
〒105-0003 東京都港区西新橋3-25-33
フロンティア御成門ビル５Ｆ
電話　03(3434)1530 (代)
FAX　03(3434)5476
発　　売　株式会社大成出版社
〒156-0042 東京都世田谷区羽根木1-7-11
電話　03(3321)4131 (代)

印刷／亜細亜印刷

ISBN978-4-8028-3168-0